Karl Simrock
Die deutschen Sprichwörter

Karl Simrock

Die
deutschen
Sprichwörter

Einleitung
von
Wolfgang Mieder

Albatros

Titel der Originalausgabe:
Die deutschen Sprichwörter. Gesammelt von Karl Simrock
© 1988 Philipp Reclam jun. GmbH & Co., Stuttgart

Bibliographische Information der Deutschen Bibliothek
Die Deutsche Bibliothek verzeichnet diese Publikation
in der Deutschen Nationalbibliographie;
detaillierte bibliographische Daten sind im Internet
über http://dnb.ddb.de abrufbar.

© 2003 Patmos Verlag GmbH & Co. KG
Albatros Verlag, Düsseldorf
Umschlaggestaltung: Hauptmann und Kampa, CH-Zürich
Alle Rechte, einschließlich derjenigen des
auszugsweisen Abdrucks sowie der fotomechanischen
und elektronischen Wiedergabe,
vorbehalten.
ISBN 3-491-96080-0
www.patmos.de

Einleitung

Als Hugo Moser im Jahre 1976 seine umfangreiche Studie über Karl Simrocks Leben und Werke zu dessen hundertstem Todestage vorlegte, gab bereits der lange Buchtitel Aufschluß über diesen bedeutenden Mann des vorigen Jahrhunderts: *Karl Simrock. Universitätslehrer und Poet, Germanist und Erneuerer von »Volkspoesie« und älterer »Nationalliteratur«. Ein Stück Literatur-, Bildungs- und Wissenschaftsgeschichte des 19. Jahrhunderts.* Am 28. August 1802 in Bonn geboren, zeigte Simrock bereits als Schüler reges Interesse an der älteren deutschen Dichtung. 1818 immatrikulierte er sich an der neu gegründeten Universität in Bonn als Jurastudent, was ihn jedoch nicht davon abhielt, literarische Vorlesungen von Ernst Moritz Arndt und August Wilhelm Schlegel zu besuchen. Außerdem lernte er Heinrich Hoffmann von Fallersleben und Heinrich Heine kennen, die großen Einfluß auf seinen dichterischen und wissenschaftlichen Werdegang hatten. Als er 1822 zum Abschluß seines Rechtsstudiums nach Berlin übersiedelte, kam er dort auch mit Adalbert von Chamisso sowie den beiden großen Germanisten Wilhelm Wackernagel und Karl Lachmann in Verbindung. Beruflich war er jedoch seit 1826 als Referendar am Kammergericht in Berlin tätig. Aus dieser Stellung wurde er allerdings 1830 wegen seiner auch dichterisch dargestellten Begeisterung an der Juli-Revolution entlassen. Dieses Ereignis führte zu dem Entschluß, sich auf sein Weingut Menzenberg bei Bonn zurückzuziehen, um sich ganz seinen schriftstellerischen und wissenschaftlichen Arbeiten zu widmen. Seit 1834 glücklich verheiratet, erhielt er 1850 eine Professur für deutsche Sprache und Literatur an der Bonner Universität. Als Dichter und Germanist zählte er Ferdinand Freiligrath, Emanuel Geibel und vor allem die gesamte Familie Grimm zu seinen Freunden. Bis zu seinem Tode am 18. Juli 1876 hielt er Vorlesungen über ältere deutsche Sprache und Literatur, Mythologie, das

8   *Einleitung*

Nibelungenlied, Walther von der Vogelweide und zuweilen
auch über Goethes *Faust*.

Das Schaffen Simrocks ist so gewaltig, daß hier nur einige
Höhepunkte erwähnt werden können. Von Karl Goedeke
stammt eine detaillierte Bibliographie, und Hugo Moser hat
Simrocks vielfältige Werke bestens charakterisiert. In seinen
eigenen Dichtungen zeigt sich Simrock als Schriftsteller spät-
romantisch-biedermeierlicher Prägung, der vor allem die
Rhein-Gegend und ihre Kultur in Gedichten und Balladen
besang (vgl. *Gedichte*, 1844; *Gedichte. Neue Auswahl*, 1863;
Dichtungen. Eigenes und Angeeignetes, 1872). Zeit seines
Lebens hat sich Simrock mit der mittelhochdeutschen Litera-
tur beschäftigt und wichtige Werke in neuhochdeutscher
Übersetzung herausgegeben: *Das Nibelungenlied* (1827),
Gedichte Walthers von der Vogelweide (1833), *Wolframs von
Eschenbach Parzival und Titurel* (1842), *Gudrun* (1843), *Tri-
stan und Isolde* (1855), *Freidanks Bescheidenheit* (1867) usw.
Wenn diese Übersetzungen auch keine wissenschaftlichen
Ausgaben sind, so waren es doch gerade die Bücher Simrocks, die die Ergebnisse der jungen Germanistik und ihrer
großen Wissenschaftler Karl Lachmann, Jacob Grimm, Wilhelm Grimm u. a. unter das Volk brachten. Dies gilt auch für
Simrocks Übersetzungen und Ausgaben der *Edda* (1851) und
des *Beowulf* (1859). Auch um die frühneuhochdeutsche Literatur hat Simrock sich große Verdienste erworben, wie allein
folgende Ausgaben erkennen lassen: *Faust. Das Volksbuch
und das Puppenspiel* (1846), *Sebastian Brants Narrenschiff*
(1872) und *Schimpf und Ernst nach Johannes Pauli* (1876).
Hierher gehören auch die vielen Werke älterer deutscher
Literatur, die Simrock unter dem Sammeltitel *Die deutschen
Volksbücher* (1839–67) in 58 Bänden herausgegeben hat,
wobei *Die deutschen Sprichwörter* (1846) den zwanzigsten
Band bilden.

Es soll nicht unerwähnt bleiben, daß Karl Simrock zu den
großen deutschen Shakespeare-Übersetzern gehört. Auch
eine seiner ersten wissenschaftlichen Veröffentlichungen

Einleitung

befaßt sich mit dem englischen Dichter: *Quellen des Shake-speare in Novellen, Märchen und Sagen* (1831, zusammen mit Theodor Echtermeyer und Ludwig Henschel). Schon der Titel dieses dreiteiligen Werkes läßt erkennen, daß Simrock vor allem auch volkskundliche Interessen hatte. Dazu seien wenigstens die Titel folgender Bücher genannt: *Rheinsagen aus dem Munde des Volkes und deutscher Dichter* (1837), *Das deutsche Kinderbuch. Altherkömmliche Reime, Lieder, Erzählungen, Übungen, Räthsel und Scherze für Kinder* (1848), *Die geschichtlichen deutschen Sagen aus dem Munde des Volks und deutscher Dichter* (1850), *Das deutsche Räthselbuch* (1850), *Die deutschen Volkslieder* (1851), *Legenden* (1855), *Deutsche Weihnachtslieder* (1859), *Deutsche Märchen* (1864), *Aesops Leben und Fabeln* (1866) und *Deutsche Kriegslieder* (1870). Bei diesen Sammlungen wird der Einfluß seiner Freunde Jacob und Wilhelm Grimm besonders deutlich, die bereits 1815 zum Sammeln von Märchen, Sagen, Volksliedern, Rätseln, Sprichwörtern usw. aufgerufen hatten. Allerdings zeigt sich Simrock weniger als textkritischer Wissenschaftler im Sinne von Jacob Grimm. Ihm war eher die ästhetisch-literarische Bearbeitung überlieferter Texte wichtig, wie sie auch von Achim von Arnim und Clemens Brentano, zum Teil auch von Wilhelm Grimm in späteren Ausgaben der *Kinder- und Hausmärchen*, bevorzugt wurde. So handelt es sich bei vielen der längeren Prosawerke um Wiederabdrucke oder Nachdichtungen bereits veröffentlichter Texte. Von volkskundlicher Sammeltätigkeit, die auf exakter Feldforschung beruht, kann dabei nicht die Rede sein. Trotzdem waren es gerade seine Ausgaben der deutschen Volksdichtung, die, als »Volksbücher« relativ billig, einen beachtlichen Erfolg auf dem Büchermarkt verzeichneten.

Bei den Volksliedern, Rätseln und Sprichwörtern erweist sich Simrock jedoch als volkskundlicher Sammler, der sogar im Vorwort seiner *Deutschen Sprichwörter* den Leser mit folgenden Versen zum Weitersammeln auffordert:

10 *Einleitung*

> Drum, lieber Leser, nimm vorlieb
> Mit dem, was ich hier niederschrieb.
> Schreib du hinzu, was noch gebricht,
> Mach's besser, aber zürne nicht. (S. 24.)

Überhaupt spürt man in seinem kurzen Vorwort zu dieser Sprichwörtersammlung den Wunsch, die deutschen Sprichwörter so vollständig wie möglich zu sammeln, ehe viele davon in Vergessenheit geraten: »Nur allzusehr schwindet aus der heutigen Bücher- und Rednersprache die selbwachsene, körnige Kraft des sprichwörtlichen Ausdrucks; eine abstrakte, verschliffene, blasse Redeweise hat jene sinnliche, bildreiche, markige Sprache unserer Altvordern verdrängt, die nationale Färbung geht immer mehr verloren, alles sieht fahl und verwaschen aus« (S. 23). So läßt sich Simrock unter die Volkskundler des 19. Jahrhunderts einreihen, die durch ihre Sammeltätigkeit altüberlieferte Volksdichtung vor dem Untergang bewahren wollten. Wie heutige Forschungen zum Sprichwort allerdings immer wieder zeigen, war diese Sorge kaum berechtigt, denn Sprichwörter spielen auch in der modernen technologischen Welt eine beachtliche Rolle – einmal natürlich im mündlichen Gebrauch, nicht weniger aber in schriftlicher Form. Mag das Sprichwort auch öfter in variierter oder parodierter Form auftreten, so wird es trotzdem noch in seinem ursprünglichen Wortlaut verwendet. Als Ausdruck der Lebensweisheit haben Sprichwörter auch in der modernen Welt ihren Wert nicht verloren, und sie werden weiterhin ihre wenngleich nicht immer universelle Gültigkeit behalten.

Als Quellen für seine große Sammlung erwähnt Simrock die von ihm herausgegebenen Volksbücher sowie drei der einflußreichen Sprichwörtersammlungen des 16. Jahrhunderts: Heinrich Bebel, *Proverbia Germanica* (1508), Johannes Agricola, *Sybenhundert und fünfftzig Teütscher Sprichwörter* (1534) und Sebastian Franck, *Sprichwörter / Schöne / Weise / Herrliche Clugreden / vnnd Hoffsprüch* (1541). Sicherlich aber kannte er auch die beiden gewaltigen Sammlungen von Friedrich Petri, *Der Teutschen Weißheit* (1604/ 1605), und Christoph Lehmann, *Florilegium Politicum* (1630), die beide über 20000 Sprichwörter enthalten. Simrocks Sammlung von 12396 Sprichwörtern (die a- und b-Nummern nicht gerechnet) ist also keineswegs die umfangreichste. Doch dafür geht Simrock weit über die drei Sammlungen des frühen 19. Jahrhunderts hinaus, die ihm als Volkskundler und Germanisten sicherlich ebenfalls bekannt waren: Johann Michael Sailer, *Die Weisheit auf der Gasse* (1810), Wilhelm Körte, *Die Sprichwörter und sprichwörtlichen Redensarten der Deutschen* (1837) und Josua Eiselein, *Die Sprichwörter und Sinnreden des deutschen Volkes* (1840). Erst das fünfbändige *Deutsche Sprichwörterlexikon* (1867 bis 1880) von Karl Friedrich Wilhelm Wander mit seinen rund 250000 Sprichwörtern hat Simrocks Sammlung überflügelt. Aber Wanders Sammlung sowie die von Körte und Eiselein sind wissenschaftliche Kompilationen mit gelegentlichen Anmerkungen, Varianten und Paralleltexten aus anderen Sprachen. Zum »Volksbuch« ist nur Simrocks Sammlung geworden, die schon zu seinen Lebzeiten mehrmals nachgedruckt wurde.* Es zeigt sich, daß es Simrock mit seinem Buch tatsächlich gelungen ist, »dem Volk zu geben, was des Volkes ist« (S. 23). Als Zusammenstellung der bekanntesten deutschen Sprichwörter hat dieses »Volksbuch« nichts an Wert verloren.

Es ist kein Geheimnis, daß die Herausgeber von Sprichwörtersammlungen schon seit Jahrhunderten voneinander abschreiben. Das hat offensichtlich auch Karl Simrock mit den bereits erwähnten Sammlungen getan. Doch wissen wir, daß er sich gerade auf dem Gebiete der Sprichwörter auch als Sammler betätigt hat. Vor allem hatte er Dortchen Grimm, die Frau Wilhelm Grimms, dazu bewegen können, ihm

---

* Auch im 20. Jahrhundert hat es an zwei Nachdrucken (1974 und 1978) nicht gefehlt, und der Lothar Borowsky Verlag brachte um 1978 einen gekürzten anonymen Neudruck mit dem Titel *Hunde, die bellen, beißen nicht* heraus. Vgl. die Literaturhinweise.

aus dem Volksmund gesammelte Sprichwörter zu schicken. Einige Briefe geben Aufschluß über diese Zusammenarbeit. Am 11. Mai 1852 bedankt sich Karl Simrock in einem Brief an ihren Sohn Herman Grimm für die Zusendung einiger Sprichwortbelege: »Es ist sehr lieb und freundlich von der Mutter, daß sie ihre goldenen Sp. Wörter u. Redensarten für mich zu Papiere bringt, und so den alten Erinnerungen Luft macht.« Am Weihnachtsabend 1852 schreibt Simrock sehr ähnlich an die Tochter Auguste Grimm: »Endlich sagen Sie doch der lieben Mutter Dank für alle ihre schönen körnigen Sprüche und auf die Frage, ob ich auch dies oder das gebrauchen könne, ich könne eben Alles gebrauchen was ihr im Sinne liegt.« Und im Jahre 1855 enthält ein kurzer Brief Dortchen Grimms an Simrocks Tochter Agnes folgende Botschaft, die zeigt, daß ihr Sammeleifer noch nicht verebbt war: »Ich habe wieder allerlei für den Vater, ich bin sehr zaghaft, daß er schon alles weiß, es thut aber nichts ich schicke es doch gelegentlich.« Hier sei beiläufig erwähnt, daß Dortchen Grimm einen noch größeren Einfluß auf die sprichwörtlichen Elemente der *Kinder- und Hausmärchen* ausgeübt hat. Sie hat ihrem Mann Wilhelm Grimm wiederholt Vorschläge für sprichwörtliche Ergänzungen in den Märchentexten gemacht, die dann später von Wilhelm in die Texte der verschiedenen Auflagen der Märchen eingefügt wurden.

Was nun Aufbau und Inhalt von Simrocks Sammlung betrifft, so sei zuerst bemerkt, daß es sich nur um Texte handelt; jegliche sprachliche oder kulturgeschichtliche Erläuterung fehlt. Das war in einer populären Massensammlung auch kaum nötig, und wer als Wissenschaftler solche Ausführungen verlangte, konnte ja zu den Sammlungen von Körte und Eiselein greifen. Von Körtes Sammlung wird Simrock das Aufbauprinzip übernommen haben: Die 12396 Sprichwörter sind durchnumeriert und nach einem Hauptstichwort (meistens dem Subjekt) alphabetisiert. Die unter einem Stichwort versammelten Texte sind dagegen nicht mehr alphabetisiert, sondern eher nach inhaltlichen Gesichtspunkten geord-

Einleitung 13

net, wobei die Verwendung in Singular oder Plural keine
Rolle spielt, so z. B. unter »Hund«:

5055. Liegt der Hund, so beißen ihn alle.
5056. Tote Hunde beißen nicht.
5057. Da liegt der Hund begraben.
5058. Begoßne Hunde fürchten das Wasser.
5059. Er schüttelt es ab wie der Hund den Regen.

Außerdem bemerkt man an diesem Beispiel, daß Simrock hier
und da auch sprichwörtliche Redensarten aufgenommen hat,
ohne sie von den Sprichwörtern abzusetzen. Die fortlaufende
Numerierung wurde leider im zweiten Druck der Sammlung
von 1847 fortgelassen; nur beim betreffenden Buchstaben stehen die Nummern der dort verzeichneten Texte, also z. B.
»H (Nr. 4201–5235)«. Unverständlich bleibt auch, warum
die »Nachlese« (Nr. 12260–12396) des Erstdrucks nicht in
den zweiten Druck eingearbeitet wurde: Da man die Sammlung neu gesetzt hat, wäre es ein leichtes gewesen, die Nachlese in den Neudruck zu integrieren. Auch die späteren
Drucke (alles exakte Nachdrucke des zweiten Druckes von
1847) haben an diesem Umstand nichts geändert. Erwähnt
werden soll auch, daß alle Auflagen dieselbe Anzahl von
Sprichwörtern enthalten, obwohl öfter behauptet wurde, daß
Simrock seine zweite Ausgabe um rund 600 Texte erweitert
habe. Diese Diskrepanz ergibt sich daraus, daß man im zweiten Druck die im Erstdruck mit a- und b-Nummern (z. B.
2260a »Wer zu viel faßt, läßt viel fallen«, 2260b »Leere Fässer
klingen hohl«) eingeschobenen Texte separat gezählt hat.
Auch hat man die zweite Ausgabe und deren Nachdrucke in
kleinerem Format gedruckt, so daß die Seitenzahl von 591 auf
677 gestiegen ist. Die durchgehende Numerierung ist Recht-
fertigung genug, dieser Neuausgabe den Erstdruck von 1846
zugrunde zu legen.

Auch einige offensichtliche sinnentstellende Fehler sind in
der zweiten Ausgabe und deren Nachdrucken nicht verbessert worden. Hier nur einige Beispiele, wobei die Berich-

tigungen hier in Klammern hinzugefügt sind: »Nur nicht
ängstlich, sagte der Hase (Hahn) zum Regenwurm und fraß
ihn auf« (Nr. 351), »Ein Freund in der Not (Nähe) ist besser
als ein Bruder in der Ferne« (Nr. 2712), »Listige (Bissige)
Hunde haben zerbissene Ohren, böse Hunde zerbissen Fell«
(Nr. 5027), »Es ist armer Jungfern Schande (Schade), daß sie
schön sind« (Nr. 5338), »Offenbare Nester (Netze) scheuen
alle Vögel« (Nr. 7507), »Das Recht ist wohl ein guter Mann,
aber nicht immer (es fehlt: der Richter)« (Nr. 8211), »Schreiber und Studenten sind der Welt Segenten (Regenten)«
(Nr. 9191) und »Gemeinsam Unglück rüstet (tröstet) wohl«
(Nr. 10699). Solche Schnitzer sind im vorliegenden Neudruck selbstverständlich verbessert.

Wissenschaftlich gesehen, erfuhr Simrocks Sammlung die
größte Anerkennung dadurch, daß Jacob und Wilhelm
Grimm zahlreiche Belege daraus in die von ihnen herausgegebenen Bände des *Deutschen Wörterbuchs* (1854–63) aufnah-
men. Und auch Karl Friedrich Wilhelm Wander hat eigent-
lich die gesamte Sammlung in sein großes *Deutsches Sprichwörterlexikon* eingearbeitet. All dies hat Karl Simrock gewiß
sehr erfreut, doch wichtiger als der wissenschaftliche Wert
seiner Sammlung war ihm wohl doch der Umstand, daß sie
einen so großen Anklang beim Publikum gefunden hatte. Er
wollte mit diesem Buch ein »Volksbuch« schreiben, und dies
ist ihm gelungen. Bis zum heutigen Tage dürfte es die popu-
lärste Sprichwörtersammlung der deutschen Sprache sein.
Als handliches Nachschlagewerk erweist es weiterhin zuver-
lässige Dienste und summiert das deutsche Sprichwörtergut
bis etwa zur Mitte des 19. Jahrhunderts. Im Jahre 1922 fällte
der Sprichwörterforscher Friedrich Seiler folgendes Urteil
über Simrocks Sammlung: »Da sie zugleich billig, handlich
und bequem zu gebrauchen ist, so ist sie noch immer die in
der Lesewelt am meisten gebrauchte Sprichwörtersammlung.« Die nun vorliegende neue Ausgabe wird das Ihrige
tun, dieses Volksbuch einer weiteren Lesergeneration

zugänglich zu machen. Wer sich mit Sprichwörtern befaßt, sei es als Wissenschaftler oder als Laie, wird zweifelsohne immer auch zu Karl Simrocks *Deutschen Sprichwörtern* greifen und dort den ganzen Reichtum der Überlieferung widergespiegelt finden.

Wolfgang Mieder

Literaturhinweise

Ausgaben

Die Deutschen Sprichwörter. Gesammelt. Frankfurt am Main: H. L. Brönner, 1846. 591 S. [Simrocks Name erscheint nicht auf dem Titelblatt. Er wird aber als Herausgeber der 58 Bände enthaltenden Reihe »Die Deutschen Volksbücher«, Frankfurt a. M.: H. L. Brönner, 1839–67, genannt. Simrocks Sprichwörtersammlung ist der 20. Band dieser Volksbücherreihe.] – Nachdr. mit einem Nachw. von Hermann Bausinger. Dortmund: Die bibliophilen Taschenbücher, 1978.

[Dasselbe unter dem Titel:] Die deutschen Volksbücher. Gesammelt und in ihrer ursprünglichen Echtheit wiederhergestellt von Karl Simrock. Fünfter Band[: Deutsche Sprichwörter]. Frankfurt a. M.: Heinr. Ludw. Brönner, 1846. 591 S. [Es handelt sich um den 5. Band der 13bändigen Ausgabe »Die deutschen Volksbücher«, Frankfurt a. M.: H. L. Brönner, 1845–67, die wiederholt nachgedruckt wurde.]

[Dasselbe.] Neue Ausgabe. 2. Aufl. Basel: Benno Schwabe, 1892. 677 S. – Nachdr. (13 Bde. in 7 Bdn.). Bd. 3. Hildesheim / New York: Georg Olms, 1974.

[Anonym:] Hunde, die bellen, beißen nicht. Sprichwörter aus aller Welt. Welsermühl: Lothar Borowsky, 1978. 396 S. [Enthält 10000 numerierte Sprichwörter aus Simrock (S. 5–352) und einen Anhang von parallelen Sprichwörtern in deutscher, englischer und französischer Sprache (S. 353–396). Mit anonymen Illustrationen, die folgendem Werk entnommen wurden: Jean Ignace Grandville: Cent Proverbes. Paris: Fournier, 1844.]

Zu Simrocks Sprichwörtersammlung

Chlosta, Christoph / Grzybek, Peter / Roos, Undine: Wer kennt denn heute noch den Simrock? Ergebnisse einer empirischen Untersuchung zur Bekanntheit deutscher Sprichwörter in traditionellen Sammlungen. In: Sprachbilder zwischen Theorie und Praxis. Hrsg. von Christoph Chlosta, Peter Grzybek und Elisabeth Piirainen. Bochum 1994. S. 31–60.

Literaturhinweise

Mieder, Wolfgang: Geschichte und Probleme der neuhochdeutschen Sprichwörterlexikogaphie. In: Studien zur neuhochdeutschen Lexikographie. Hrsg. von Herbert Ernst Wiegand. Bd. 5. Hildesheim 1984. S. 307–358. Bes. S. 327 f.

– »Findet, so werdet ihr suchen!« Die Brüder Grimm und das Sprichwort. Bern 1986. S. 29, 62 f., 101 f., 105–108, 122 f.

– Das Sprichwörterbuch. In: Wörterbücher. Ein internationales Handbuch zur Lexikographie. Hrsg. von Franz Josef Hausmann, Oskar Reichmann, Herbert Ernst Wiegand und Ladislav Zgusta. Bd. 1. Berlin 1989. S. 1033–44. Bes. S. 1034 f.

– Sprichwörter/Redensarten – Parömiologie. Heidelberg 1999. S. 11, 42.

– (Hrsg.): Deutsche Sprichwörterforschung des 19. Jahrhunderts. Bern 1984. S. 49, 95, 102, 104, 169, 203, 298, 307.

Moser, Hugo: Rätsel und Sprichwörter. In: H. M.: Karl Simrock. Universitätslehrer und Poet, Germanist und Erneuerer von »Volkspoesie« und älterer »Nationalliteratur«. Ein Stück Literatur-, Bildungs- und Wissenschaftsgeschichte des 19. Jahrhunderts. Berlin/Bonn 1976. S. 68–70.

Röhrich, Lutz / Mieder, Wolfgang: Sprichwort. Stuttgart 1977. S. 44, 50.

Seiler, Friedrich: Deutsche Sprichwörterkunde. München 1922. Nachdr. 1967. S. 144 f.

Wander, Karl Friedrich Wilhelm: Deutsches Sprichwörterlexikon. Bd. 3. Leipzig 1873. Nachdr. Darmstadt 1964. S. VI f.

Zu Karl Simrock

Denecke, Ludwig: Dortchen Grimm, Karl Simrock, Salomon Hirzel und Jacob Grimms Arbeit am deutschen Wörterbuch. In: Der Brükkenschlag. Verpflichtendes Erbe. Festschrift für Walther Ottendorff-Simrock. Hrsg. von Theodor Seidenfaden. Bonn 1972. S. 37–49.

Düntzer, Heinrich: Erinnerungen an Karl Simrock. Zum 28. August 1875. In: Monatschrift für rheinisch-westfälische Geschichtsforschung und Alterthumskunde 2 (1876) S. 321–345, 501–531; 3 (1877) S. 1–18, 159–186.

– Karl Simrock. In: Historisch-politische Blätter 79 (1877) S. 484–490; 80 (1877) S. 777–784.

Fränkel, Ludwig: Von Karl Simrocks Wesen und Dichtung. Drei Hinweise. In: Zeitschrift für deutschen Unterricht 20 (1906) S. 575–585.

18 *Literaturhinweise*

Goedeke, Karl: Karl Joseph Simrock. In: K. G.: Grundriss zur Geschichte der deutschen Dichtung. Bd. 13. Dresden 1938. S. 553–577.
– Karl Joseph Simrock (Nachtrag). In: K. G.: Grundriss zur Geschichte der deutschen Dichtung. Hrsg. von Herbert Jacob. Bd. 14. Berlin 1959. S. 769–772.
Hocker, Nikolaus: Karl Simrock. In: Daheim 11 (1874/75) S. 388–392.
– Karl Simrock. Sein Leben und seine Werke. Leipzig 1877.
Joesten, Joseph: Karl Simrock als nationaler Dichter. In: Dichterstimmen der Gegenwart 21 (1907) S. 39–47.
Lohmüller, Ilse Marie: Karl Simrocks Amelungenlied (Eine Quellenanalyse). Diss. Bonn 1944.
Moser, Hugo: Karl Simrock als Erneuerer mittelhochdeutscher Dichtung. Bemerkungen zu seinem Verfahren. In: Festschrift für Hans Eggers zum 65. Geburtstag. Hrsg. von Herbert Backes und Birgitta Mogge. Tübingen 1972. S. 458–483.
– Zu Simrocks Erneuerungen deutscher Volksbücher. In: Festschrift Matthias Zender. Studien zu Volkskultur, Sprache und Landesgeschichte. Hrsg. von Edith Ennen, Günter Wiegelmann und Ursula Hagen. Bd. 2. Bonn 1972. S. 910–927.
– Karl Simrock. Universitätslehrer und Poet, Germanist und Erneuerer von »Volkspoesie« und älterer »Nationalliteratur«. Ein Stück Literatur-, Bildungs- und Wissenschaftsgeschichte des 19. Jahrhunderts. Berlin/Bonn 1976.
Naumann, Hans: Karl Simrock und die deutsche Philologie in Bonn. Bonn 1944.
Ottendorff-Simrock, Walther: Das Haus Simrock. Ein Beitrag zur Geschichte der kulturtragenden Familien des Rheinlandes. Ratingen 1942. ²1954.
– Die Grimms und die Simrocks in Briefen 1830 bis 1864. Bonn 1966. [Über Sprichwörter bes. S. 9, 40, 78, 108, 117.]
Pinkwart, Doris: Karl Simrock: Bonner Bürger, Dichter und Professor. Dokumentation einer Ausstellung. Bonn 1979.
Schröder, Edward: Karl Joseph Simrock. In: Allgemeine Deutsche Biographie. Leipzig 1892. Bd. 34. S. 382–385.
Schützeichel, Rudolf: Karl Simrocks Bonner Idioticon. In: Rheinische Vierteljahresblätter 33 (1969) S. 388–393.
Voetz, Lothar: Karl Simrocks Bonner Idioticon. Eine quellenkritische Untersuchung. Bonn 1973.
Wippermann, F[erdinand]: Karl Simrock. In: Die Bücherwelt 5 (1907/08) S. 207–211.

Zu dieser Ausgabe

Der Text der vorliegenden Ausgabe folgt:

> Die deutschen Volksbücher. Gesammelt und in ihrer ursprünglichen Echtheit wiederhergestellt von Karl Simrock. Fünfter Band[: Deutsche Sprichwörter]. Frankfurt a. M.: Heinr. Ludw. Brönner, 1846.

Diese [Titel-]Ausgabe ist identisch mit der im gleichen Jahr als Band 20 in der Reihe »Die Deutschen Volksbücher« erschienenen Sammlung *Die Deutschen Sprichwörter* (siehe die Literaturhinweise).

Orthographie und Interpunktion wurden behutsam dem heutigen Gebrauch angeglichen, bei Wahrung des Lautstandes und sprachlicher Eigenheiten.

Um die originale und zitierfähige Numerierung der Simrockschen Sammlung bewahren zu können, mußten in unserer orthographisch modernisierten Ausgabe einige Unstimmigkeiten innerhalb der alphabetischen Ordnung in Kauf genommen werden, die im wesentlichen die Buchstaben *C/K*, *I/J* und *T* betreffen. Wörter wie »Kapelle«, »Kollege«, »Kompromiß«, »Kredit« usw., die ihrer lateinischen Herkunft halber früher mit *C* geschrieben wurden, müssen unter eben diesem Buchstaben gesucht werden. *I* und *J* sind als ein Buchstabe behandelt. Früher mit *Th* geschriebene Wörter wie »Tat«, »Teil«, »Tor«, »Tränen« usw. finden sich an der entsprechenden Stelle des Alphabets. Im übrigen weist auch die Originalausgabe kleinere Inkorrektheiten bei der alphabetischen Reihenfolge auf.

Offensichtliche Druckversehen wurden stillschweigend korrigiert. Die Fehlerlisten zu Simrocks Sammlung bei Karl Friedrich Wilhelm Wander (Hrsg.), *Deutsches Sprichwörterlexikon. Ein Hausschatz für das deutsche Volk*, Bd. 3, Leipzig 1873, Nachdr. Darmstadt 1964, S. VI f., und Friedrich Seiler, *Deutsche Sprichwörterkunde*, München 1922, S. 144 f., sind in den vorliegenden Neudruck eingearbeitet. Darüber hinausgehende Korrekturen wurden in eckigen Klammern ergänzt.

Hervorhebungen in der Druckvorlage durch Sperrung oder Großschreibung sind hier einheitlich kursiv wiedergegeben, wobei die Groß- zu Kleinschreibung normalisiert wurde.

Deutsche Sprichwörter

Vorwort

Dem Volk zu geben, was des Volkes ist, durfte man ihm seine Sprichwörter am wenigsten vorenthalten, diesen seit tausend Jahren gehäuften Schatz, zu welchem es selbst seinen gesunden Verstand, seine Sinnes- und Anschauungsweise, seine Rechtsgewohnheiten und Lebenserfahrungen, ja einen Teil seiner Lebensschicksale in goldenen Sprüchen ausgeprägt hat.

Nur allzusehr schwindet aus der heutigen Bücher- und Rednersprache die selbwachsene, körnige Kraft des sprichwörtlichen Ausdrucks; eine abstrakte, verschliffene, blasse Redeweise hat jene sinnliche, bildreiche, markige Sprache unserer Altvordern verdrängt, die nationale Färbung geht immer mehr verloren, alles sieht fahl und verwaschen aus, im besten Fall wie aus dem Französischen übersetzt. Darüber klage ich nicht zuerst; aber lassen wir es nicht bei der Klage bewenden: geben wir dem Volke, was des Volkes ist und was ihm seine Schriftsteller vorenthalten. Der Tag wird kommen, wo es selber reden wird, und dann wird es ja hoffentlich deutsch reden.

In mehren der gangbaren Volksbücher, als *Bürgerlust, Finkenritter, sinnreicher Hirnschleifer, Herzog Ernst* (Anhang), fanden sich schon Sprichwörter und Sprüche zusammengestellt; in keinem aber war man auch nur darauf ausgegangen, den ganzen, freilich unermeßlichen Schatz auf einen Haufen zu bringen, wie das andere nicht zunächst für das Volk bestimmte Sammlungen seit Heinrich Bebelius, Johann Agricola, Sebastian Franck sich zur Aufgabe machten. Die deutschen Volksbücher enthielten also statt *einer* Sprichwörtersammlung mehre, statt einer, die auf Vollständigkeit ausging und sie einigermaßen erreichte, deren drei bis vier, die durchaus nicht darauf ausgingen und sie noch viel weniger erreichten. Es konnte nicht fehlen, daß manche Sprichwörter sich in allen diesen Sammlungen fanden, während so viel tausend

andere in keiner derselben zu finden waren. Also Unvollständigkeit und Wiederholungen! Um letztere wo nicht ganz zu
vermeiden, doch möglichst zu vermindern, bedurfte es hier
nur der Verschmelzung der vorhandenen Sammlungen in
eine; der Unvollständigkeit mußte aber auch dann noch
durch fleißiges Nachsammeln – seines Fleißes darf sich jeder
rühmen – nach Kräften abgeholfen werden. Unbedingte
Vollständigkeit wird man niemals verlangen dürfen: alle
Sprichwörter aufzuschreiben ist so wenig möglich als die
Sterne zu zählen oder die See auszuschöpfen; man darf sich
nicht einmal einbilden, keins der vornehmsten und gangbar-
sten vergessen zu haben; aber wer nach einem goldenen Rade
trachtet, dem wird doch wenigstens eine Speiche davon; wer
tut, was er kann, ist wert, daß er lebt; wer redlich ficht, wird
gekrönt und überdies: Allzuviel zerreißt den Sack.

Drum, lieber Leser, nimm vorlieb
Mit dem, was ich hier niederschrieb.
Schreib du hinzu, was noch gebricht,
Mach's besser, aber zürne nicht.
Wieviel hier fehlt, all dieser Fehler
Bin ich kein Dieb noch auch ein Hehler.
Dazu macht mich das Sprichwort dreister:
Wer am Wege baut, hat viele Meister;
Und muß *ich* gleich mich schelten lassen,
Sei *du* nicht Hans in allen Gassen.

A

1. Wer A sagt, muß auch B sagen.
2. Wer den Aal hält bei dem Schwanz,
   Dem bleibt er weder halb noch ganz.
3. Wer einen Aal fangen will, macht erst das Wasser trüb.
4. Beter en Aap
   As en Schaap.
5. Wo Aas ist, da sammeln sich die Adler.
6. Bist du ein Geier, so warte aufs Aas.
7. Kein greulicher Aas denn von Menschen.
8. Abbitte ist die beste Buße.
9. Nicht mehr tun ist die beste Abbitte.
10. Abends wird der Faule fleißig.
11. Abends putzt sich des Kuhhirten Frau.
12. Abends vull,
    Morgens null.
13. Besser ohne Abendessen zu Bette gehen als mit Schulden
    aufstehen.
14. Wer sich abends den Magen nicht überlädt, dem tut morgens der Kopf nicht weh.
15. Je näher der Abend, je weiter nach Haus.
16. Je später der Abend, je schöner die Leute.
17. Es ist noch nicht aller Tage Abend.
18. Wer weiß, was der Abend bringt?
19. Abendrot
    Bringt gut Morgenbrot.
20. Abendrot,
    Gutwetterbot.

21. Der Abend rot, der Morgen grau
    Bringt das schönste Tagesblau.
22. Abendsegen, Morgensegen.
23. In wichtigen Dingen soll man nicht abenteuern.
24. Alles wär' gut, wär' kein Aber dabei.
25. Aber, Wenn und Gar
    Sind des Teufels War.
26. Nichts ist so gut, es habe denn sein Aber.
27. Es kann nicht jeder um Ablaß gen Rom ziehen.
28. Das heißt Ablaß gen Rom tragen.
29. Abrechnen ist gut bezahlen.
30. Absicht ist die Seele der Tat.
31. Abschlag ist gute Zahlung.
32. Freundlich abschlagen ist besser als mit Unwillen geben.
33. Kurz abschlagen ist Freundschaft.
34. Umführen und nicht abschlagen heißt müde machen.
35. Wie der Abt, so die Mönche.
36. Demütiger Mönch, hoffärtiger Abt.
37. Wo der Abt die Würfel legt, da dobbeln die Mönche.
38. Wenn der Abt die Würfel auflegt, hat das Konvent Macht
    zu spielen.
39. Ei, wer wollte das nicht? sprach der Abt von Posen.
40. Sieh dich vor, daß es dir nicht ergehe wie dem Abt von
    Fuld.
41. Die Mönche verneigen sich nicht vor dem Abt, sondern
    vor seinen Schüsseln.
42. Viele Stimmen machen den Abt.
43. Gott ist ein Herr, der Abt ein Mönch.
44. Der Abwesende muß Haar lassen.
45. Wer akzeptiert, muß bezahlen.

46. Wer sich Akzisoren setzen läßt, braucht keine Blutegel.

47. Man findet manchen Tropf, der nie nach Aachen kam.

48. Das geschieht, wenn der Teufel von Aachen kommt.

49. Nordwind,
    Aachner Kind,
    Lütticher Blut
    Tut selten gut.

50. Da hatt' er zu tun wie Meibom zu Aachen.

51. Läßt du dir auf den Achseln sitzen, so sitzt man dir gar auf
    dem Kopfe.

52. Wer auf beiden Achseln trägt, setzt sich zwischen zwei
    Stühlen in die Asche.

53. Besser in Acht als in Hacht.

54. Acht und Aberacht macht sechzehn.

55. Gib acht ist mehr als Reue.

56. Gib acht, es sind Schindeln auf dem Dache!

57. Achtest du mein,
    So acht ich dein.

58. Es soll ein jeder Achtung haben:
    Der Kaufmann, wenn die Ware geht,
    Der Schiffer, wenn der Wind sich dreht,
    Der Winzer, wenn die Traube schwillt,
    Der Bauer, wenn der Roggen gilt.

59. Es ist ein Ding, wie man's achtet.

60. Wer seinen Acker mit Fleiß baut, soll Brots genug haben.

61. Wer den Acker pflegt, den pflegt der Acker.

62. Ungebauter Acker trägt selten gut Korn.

63. Soll sich der Acker wohl lösen, so muß man ihn auch
    wohl gürten.

64. Wie man den Acker bestellt, so trägt er.

65. Wer den Acker nicht baut,
    Dem wächst Unkraut.

66. Was der Acker nicht trägt, muß der Buckel tragen.

67. Das ist mein Acker und mein Pflug.

68. Man soll den Acker nicht zu wohl düngen.

69. Ackersmann,
    Schlackersmann,
    Ich lobe mir den Handwerksmann.

70. Ackerwerk,
    Wackerwerk.

71. Es gehen viel Stierbuben auf *einen* rechten Ackersmann.

72. Kein Ackersmann so gut, er ziehe wohl krumme Furchen.

73. Die Pfarrer bauen den Acker Gottes und die Ärzte den Gottesacker.

74. Als Adam hackt' und Eva spann,
    Wer war da der Edelmann?

75. Adam muß eine Eva han,
    Die er zeiht, was *er* getan.

76. Der Hosenteufel findet Statt
    Seit Adams grünem Feigenblatt.

77. Keiner, der nicht nach Adam schmecke
    Und der Eva Unterröcke.

78. Ade, Welt, ich geh ins Kloster!

79. Ade, Welt, ich geh ins Tyrol!

80. Ade, Lieb, ich kann nicht weinen:
    Verlier ich dich, ich weiß noch einen.

81. Adel,
    Tadel.

82. Aller Adel hat einen Misthaufen zum Vater und die Fäulnis zur Mutter.

Adel – Adler 29

83. Adel sitzt im Gemüte,
    Nicht im Geblüte.

84. Die Tugend adelt mehr als das Geblüt.

85. Tugend macht edel, aber Adel gibt keine Tugend.

86. Adelig und edel sind zweierlei.

87. Adelig, was ehrlich.

88. *Eines* Adels sind wir alle.

89. Adel hat kein Erbrecht.

90. Geloben ist adelig, halten bäurisch.

91. Fromm, klug, weis und mild
    Gehört in des Adels Schild.

92. Die Söhne sind adeliger denn die Väter, denn sie haben
    ein Glied mehr.

93. Adelsbrief und Hofsuppen
    Sind gemeiner denn ein Bauernjuppen.

94. Ein Jude lieh' keinen Pfennig auf alten Adel.

95. Adel, Tugend, Kunst
    Sind ohne Geld umsunst.

96. Er ist von dem Adel, der die Nas am Ärmel wischt.

97. Wer einem zu Ader lassen will, der muß ihn auch verbin-
    den können.

98. Man muß jedem lassen, nachdem er Adern hat.

99. Den ersten mäßig,
    Den andern fräßig,
    Den dritten toll und voll,
    So bekommt uns das Aderlassen wohl.

100. Adler fängt nicht Fliegen.

101. Adler fängt keine Mücken.

102. Der Adler heckt keine Zeislein.

103. Adler brüten keine Tauben.

104. Küh und Schafe gehen miteinander, aber der Adler steigt allein.

105. Der Adler sieht das Luder wohl, aber nicht den Jäger.

106. Ein alter Adler ist stärker als eine junge Krähe.

107. Adler haben große Flügel, aber auch scharfe Klauen.

108. Advokaten,
Schadvokaten.

109. Advokaten und Soldaten
Sind des Teufels Spielkamraden.

110. Ein Advokat und ein Wagenrad wollen geschmiert sein.

111. Der beste Advokat, der schlimmste Nachbar.

112. Es geht einem so glatt ein wie dem Teufel eine Advokatenseele.

113. Ein Aff bleibt Aff,
Werd' er König oder Pfaff.

114. Affen bleiben Affen, wenn man sie auch in Sammet kleidet.

115. Affen und Pfaffen
Lassen sich nicht strafen.

116. Affen sind Affen, wenn sie schon Chorröcke tragen.

117. Der schönste Aff ist ein Unflat.

118. Affen fängt man mit großen Bundschuhen.

119. Je höher der Affe steigt,
Je mehr er den Hintern zeigt.

120. O Äffin, was sind Eure Jungen schön!

121. Lieber Aff, sieh erst auf dich,
Dann lobe oder schelte mich.

122. Afterreden und Zorn gehören sich nicht über Tisch.

123. Es wird schrecklich über Ägypten regnen.

124. An dem Halm erkennt man noch, wie groß die Ähre war.

125. Besser albern und fest als schön und kraus.

126. Der Alchemie ist niemand wert.

127. Alefanz
Macht die Schuhe ganz.

128. Alexander der Große
War klein zu Rosse.

129. Allein ist einem am besten.

130. Besser allein
Als in böser Gemein.

131. Als Christus allein war, versuchte ihn der Teufel.

132. Wenn du allein bist, so denke, daß Gott und dein Gewissen bei dir sind.

133. Man ist nie weniger allein denn allein.

134. Wer allein schläft, bleibt lange kalt,
Zwei wärmen sich einander bald.

135. Allein getan, allein gebüßt.

136. Was du allein willst wissen, das sage niemand.

137. Wer es allen recht machen will, muß früh aufstehen (soll noch geboren werden).

138. Wer tun will, was allen gefallt,
Muß Atem haben warm und kalt.

139. Wer allen genügen kann,
Der lösche *mich* aus und schreibe sich an.

140. Wer aller Leute Stichblatt ist, kann gut parieren.

141. Wer allen dienen will, kommt immer am schlimmsten weg.

142. Wer allen dient, macht sich keinem verbindlich.

143. Mit allen essen, mit keinem es halten.

144. Was allen gefällt, ist schwer zu behalten.

145. Wer alles will verfechten,
Der hat gar viel zu rechten.

146. Wer alles verfechten will, darf nie das Schwert einstecken.

147. Wer alles will, bekommt nichts.

148. Alles verzehrt vor seinem End,
Macht ein richtig Testament.

149. Allerlei ist zweierlei.

150. Allgemach kommt auch weit.

151. Allgemach
Kommt wohl nach.

152. Gottes Allmacht ist allzeit ausgenommen.

153. Allmanns Freund, jedermanns Geck.

154. Was Allmann sagt, ist gerne wahr.

155. Allemann wat: dat deelt schoon.

156. Auf Allmende zu weiden ist niemand verboten.

157. Wenn Allzu dazu kommt, taugt Nichts was.

158. Allzubehend hat's oft verfehlt.

159. Allzufrüh kommt auch unrecht.

160. Allzugemein macht verachtet (dich klein).

161. Allzugerecht
Tut unrecht.

162. Allzugut ist liederlich.

163. Allzuklug ist dumm.

164. Allzumild hilft zur Armut.

165. Allzuscharf macht schartig.

166. Allzuspitz wird leicht stumpf.

167. Allzuspitzig
Ist nicht witzig.

168. Allzuspitzig sticht nicht.

169. Allzuweis ist töricht.

Allzuwitzig – Alt

170. Allzuwitzig
Ist unnützig.

171. Almosen ist des Reichen bester Schatz.

172. Almosen, das von Herzen kommt,
Dem Geber wie dem Nehmer frommt.

173. Almosengeben armet nicht,
Kirchengehen säumet nicht,
Wagenschmieren hindert nicht,
Unrecht Gut wuchert nicht,
Gottes Wort trügt nicht.

174. Besser nichts geben als geraubtes Almosen.

175. Wer dem Altar dient, soll auch vom Altar leben.

176. Wer vom Altar lebt, soll auch dem Altar dienen.

177. Man soll nicht einen Altar entblößen, um den andern zu
decken.

178. Umsonst wird kein Altar gedeckt.

179. Wer alt will werden, tue beizeiten dazu.

180. Werde jung alt, so bleibst du lang alt.

181. Wer nicht alt werden will, mag sich jung hängen lassen.

182. Keiner so alt, der nicht noch ein Jahr leben will, und
keiner so jung, der nicht heute sterben kann.

183. Es ist niemand gern alt, und doch will jedermann gern alt
werden.

184. Altklug
Nie Frucht trug.

185. Wird man grau und alt,
Gibt's allerlei Gestalt.

186. Was alt wird, brummt gern.

187. Alte Leute sind wunderlich: das nimmt ihnen niemand
als die Schaufel.

188. Alte Leute sind wunderlich: wenn es regnet, wollen sie Heu machen.

189. Alte Leute werden pumplich.

190. Alte Leute sind zweimal Kinder.

191. Alte Leute sind bös jung machen.

192. Auf den Winter folgt ein Sommer, aber alte Leute werden nie wieder jung.

193. Alte Leute, alte Ränke,
Junge Füchse, neue Schwänke.

194. Alte Leute,
Alte Häute.

195. Alte Leute, alte Pferd
Hält niemand wert.

196. Alte Leute müssen ihre Stärke aus der Schüssel nehmen.

197. Alte Leute sitzen gerne warm.

198. Alte Leute sehen am besten in die Ferne.

199. Man soll das Alte nicht ab-, das Neue nicht aufbringen.

200. Das Alte
Behalte.

201. Das Alte klappert, das Neue klingt.

202. Alte soll man ehren,
Junge soll man lehren,
Weise soll man fragen,
Narren vertragen.

203. Vom Teufel das Gelüste,
So wer die Alte küßte
Und eine Junge wüßte.

204. Die Alten
Sind gut zu behalten.

205. Bei den Alten
Wird man gut gehalten.

206. Die Alten sind der Jungen Spott.

207. Die Alten sind auch keine Narren gewesen.

208. Was die Alten gebaut, können die Jungen nicht unter Dach halten.

209. Die Alten müssen die Jungen lehren.

210. Wie die Alten sungen,
So zwitschern die Jungen.

211. Was die Alten sündigten, das büßen oft die Jungen.

212. Die Alten zum Rat,
Die Jungen zur Tat.

213. Mit den Alten soll man ratschlagen und mit den Jungen fechten.

214. Gebare jung und tu als ein Alter.

215. Ein Alter sieht besser hinter sich als ein Junger vor sich.

216. Will unser Herrgott einen Narren, so macht er einen alten Mann zum Witwer.

217. Ein Alter, so ein jung Weib heiratet, lädt den Tod zu Gaste.

218. Heirat der Alten ist ein Ladschreiben an den Totengräber.

219. Ein junges Weib bei einem alten Mann ist des Tags eine Ehefrau und des Nachts eine Witwe.

220. Alter Mann macht junger Frau Freude wie der Floh im Ohr.

221. Alter Mann und junges Weib, gewisse Kinder,
Junger Mann und altes Weib, nur arme Sünder.

222. Alter Mann und jung Weib besser als alt Weib und junger Mann.

223. Es nimmt kein Weib einen alten Mann um Gottes willen.

224. Tanzt ein Alter, so macht er großen Staub.

225. Des Alten Stab sind seine Zähne.

226. Ofen, Bett und Kanne
Sind gut dem alten Manne.

227. Die Alten sind zäh,
Geben tut ihnen weh.

228. Die Alten reden von altem Käs.

229. Alter Mann, guter Rat.

230. Auf alten Mann bauen ist mißlich.

231. Der alte Mann schmeckt nach dem jungen.

232. Der tut dem Alten nicht Unrecht, der ihm eine Abendmahlzeit stiehlt.

233. Schwere Arbeit in der Jugend ist sanfte Ruhe im Alter.

234. Wo das Alter einzieht, da zieht es nicht wieder aus.

235. Das Alter soll man ehren,
Der Jugend soll man wehren.

236. Alter wünscht jedermann, und so es kommt, haßt man's.

237. Alter
Ist ein schweres Malter.

238. Alter kommt mit mancherlei.

239. Alter hilft vor Torheit nicht.

240. Alter schadet der Torheit nicht,
Jugend schadet der Weisheit nicht.

241. Alter macht zwar immer weiß, aber nicht immer weise.

242. Im Alter
Kommt der Psalter.

243. Als David kam ins Alter,
Da sang er fromme Psalter.

244. Das Alter ist an sich selbst eine Krankheit.

245. Das Alter ist eine Krankheit, daran man sterben muß.

246. Das Alter ist ein Spital, das alle Krankheiten aufnimmt.

247. Das Alter hat den Kalender am Leib.

248. Das Alter erfährt alle Tage eine neue Zeitung.

249. Ein gut Alter ist besser denn eine böse Jugend.

250. Das Alter macht aus Blumen Wachs.

251. Dem Alter soll man nicht ins Maul sehen.

252. Wer im Alter jung sein will, muß in der Jugend alt sein.

253. Wer 's Alter nicht ehrt,
Ist des Alters nicht wert.

254. Das Alter geht vor.

255. Man kann dem Alter vorlaufen, aber nicht vorraten.

256. Das Alter gehört in den Rat.

257. Das Alter in den Rat,
Die Frau ins Bad.

258. An Höfen fällt es schwer, hohes Alter zu erreichen.

259. Jedes Alter hat seine Weise.

260. Je länger, je ärger,
Je älter, je kärger.

261. Wer altet,
Der kaltet.

262. Der Amboß ist des Lärms gewohnt.

263. Der Amboß fragt nach keinem Streich.

264. Der Amboß erschrickt vor dem Hammer nicht.

265. Ameisen haben auch Galle.

266. Amen ist des lieben Gottes großes Siegel.

267. Das ist so gewiß als Amen in der Kirche.

268. Du hast Ammenweise: was das Kind nicht verzehrt, issest du.

269. Soll die Ampel brennen, so muß man Öl zugießen.

270. Amt ohne Sold macht Diebe.

271. Kein Ämtchen so klein, es ist Henkens wert.

272. Es ist kein Ämtlein,
Es hat sein Schlämplein.

273. Ämtchen bringt Käppchen.

274. Wem Gott ein Amt gibt, dem gibt er auch Verstand.

275. Das Amt lehrt den Mann.

276. Das Amt macht wohl satt, aber nicht klug.

277. Verkauft der Fürst das Amt, so hält der Amtmann offenen Markt.

278. Ämter und Zünfte müssen so rein sein, als wären sie von Tauben gelesen.

279. Was unehrlich ist, das können die Ämter nicht leiden.

280. Ämter wären schon gut, wenn nur das Rechnungtun nicht wäre.

281. Jedermann will den Amtsschimmel reiten.

282. Wer ein Amt bekommt, bleibt nicht, wie er ist, Lung und Leber kehren sich um.

283. Überkommt einer ein Amt, so redet er nicht mehr seine Sprache, er hebt an schwäbisch (hochdeutsch) zu reden.

284. Neue Schuhe und neue Beamten liegen härter an als die alten.

285. Weil die Obrigkeiten in der Schrift Götter heißen, so meint jeder Amtmann, er wär' ein Ölgötz.

286. Mancher Amtmann gibt seinem Herrn einen Nutzen vor, da sieben Schäden hinter sind.

287. Amtleute geben dem Herrn ein Ei
Und nehmen den Untertanen zwei.

288. Amtleute sollen die Bauern hegen und nicht fegen,
Sich ihrer erbarmen und sie nicht verarmen,
In Not erfreuen, nicht mit Strafe bedräuen,
Ihre Arbeit ehren und nicht beschweren.

Amtmann – Ändern 39

289. Der Mensch ist eher geboren als der Amtmann.

290. Die Ämter sind Gottes, die Amtleute des Teufels.

291. Man soll die Ämter mit Leuten, nicht die Leute mit Ämtern versehen.

292. Zu Ämtern braucht man nicht Landeskinder, sondern Männer.

293. Das Amtskleid ist der Deckschalk.

294. Amt wird keinem zur Ehe gegeben, drum soll man's brauchen, weil man's hat.

295. Hast du kein Geld, so werd ein Amtmann, sagte jener Hofnarr zu seinem Fürsten.

296. Wer ein Amt genommen,
     Ist der Freiheit verkommen.

297. Warte deines Amtes.

298. Was deines Amtes nicht ist, da laß deinen Fürwitz.

299. Wer anbeißt, läßt selten davon.

300. Spar deine Andacht nicht bis aufs Tanzhaus und deine Fastnacht nicht bis zum Karfreitag.

301. Er liegt in der Andacht wie der Pfaff vor dem Palmesel.

302. Andere sehen zu, *er* hat zugegriffen.

303. Frage nicht, was andre machen,
     Acht auf deine eignen Sachen.

304. Andrer Mann, andres Glück.

305. Auf andre Leute jeder sicht,
     Doch niemand merkt, was *ihm* gebricht.

306. Wer sich auf andre verläßt, der ist verlassen.

307. Mit anderer Sachen muß man behutsamer umgehen als mit seinen eigenen.

308. Ändern und bessern sind zwei.

309. Was man nicht kann ändern,
     Das muß man lassen schlendern.

310. Was du nicht ändern kannst, das nimm geduldig hin.

311. Es muß ein Ding einen Anfang haben.

312. Aller Anfang ist schwer.

313. Aller Anfang ist schwer, sprach der Dieb und stahl zuerst einen Amboß.

314. Anfangen ist leicht,
Beharren ist Kunst.

315. Der Anfänger (Erfinder) ist aller Ehren wert.

316. Anfang ist kein Meisterstück.

317. Schlechter Anfang
Gewinnt Krebsgang.

318. Böser Anfang, böses Ende.

319. Schlimmer Anfang bringt wohl gut Ende.

320. Guter Anfang, gut Behagen,
Das Ende muß die Last tragen.

321. Es liegt nicht am wohl Anfangen, sondern am wohl Enden.

322. Anfang und Ende
Reichen sich die Hände.

323. Wo ein Anfang ist, muß auch ein Ende sein.

324. Wer viel anfängt, endet wenig.

325. Anfang heiß, Mittel lau, Ende kalt.

326. Besser nicht anfangen denn erliegen.

327. Guter Anfang ist halbe Arbeit.

328. Wer's links anfängt, dem geht's links.

329. Was einer angefangen oder zugeschnitten, soll ein anderer nicht ausmachen.

330. Dem Anfang muß man widerstreben.

331. Anfechtung macht gute Christen.

332. Angeboren
Ist unverloren.

Angel – Anschlag 41

333. Wer nichts an die Angel steckt, der fängt nichts.

334. Angle, willst du Fische fangen.

335. Ein Angler muß wissen, wann er ziehen soll.

336. Wenn du die Angel ziehst zu früh,
     So fängst du nie.

337. Man muß die Angel einwerfen und die Fisch heraus-
     ziehen.

338. Die Angel zieht auch wohl unwillige Fische.

339. Wer allzeit angelt,
     Dem nimmer mangelt.

340. Angerührt,
     Heimgeführt.

341. Angesicht,
     Falscher Wicht.

342. Das Angesicht verrät den Mann.

343. Das Angesicht ist der größte Verräter.

344. Das Angesicht macht die Rechnung.

345. Das Angesicht weiset's aus.

346. Freundlich Angesicht ist halb Zugemüse.

347. Schönes Angesicht verkauft einen grindigen A–.

348. Man muß die Sache angreifen, wo man sie fassen kann.

349. Angst und Schrecken bringt den Lahmen auf die Beine.

350. Angst macht auch den Alten laufen.

351. Nur nicht ängstlich, sagte der Hahn zum Regenwurm,
     da fraß er ihn auf.

352. Anschauen macht Gedanken.

353. Anschauen macht Liebe,
     Gelegenheit Diebe.

354. Anschläge gehen mit der Sonne auf und nieder.

355. Viel Anschläge gehen zurück in *einem* Jahr.

356. An Anschlägen verliert man am meisten.

357. Große Anschläge haben kleinen Nachdruck.

358. Die hölzernen Anschläge sind die besten.

359. Die Anschläge der Zimmerleute halten am längsten.

360. Eichene Anschläge rotten nicht.

361. Er hat einen anschlägigen Kopf, wenn er die Treppe herunterfällt.

362. Das Ansehen hat man umsonst.

363. Das Ansehen schlägt die Leute.

364. Wächst das Ansehn spannenlang,
Wächst die Torheit ellenlang.

365. Ansehen macht gedenken.

366. Was wohl ansetzt,
Läßt gute Letzt.

367. Wer sich anspannen läßt, der muß ziehen.

368. Wer nicht angespannt hat, dem kann man nicht vorspannen.

369. Keine Antwort ist auch eine Antwort.

370. Es gehört nicht auf alle Fragen Antwort.

371. Gute Antwort bricht den Zorn.

372. Wer antwortet auf unnützes Gespei,
Der macht aus *einem* Unglück zwei.

373. Anwerbung macht keine Verbindung.

374. Anweisung ist keine Zahlung.

375. Der Apfel fällt nicht weit vom Stamm.

376. *Ein* fauler Apfel steckt hundert an.

377. *Ein* fauler Apfel macht zehn.

378. Ein Apfel, der runzelt, fault nicht bald.

379. Ei, beim Blitz!
Das ist ein süßer Apfelschnitz!

380. Der Apfel schmeckt süß, um den man die Wache betrügt.

381. Es sind süße Äpfel, welche der Hüter übersieht.

382. Wer in einen sauern Apfel gebissen hat, dem schmeckt der süße desto besser.

383. Schöne Äpfel sind auch wohl sauer.

384. Rote Äpfel sind auch faul.

385. Der Apfel sieht rot, doch sitzt ein Wurm darin.

386. Ist in schönem Apfel kein Wurm, so wäre doch gern einer drin.

387. Der Baum trägt sich selbst keine Äpfel.

388. Wer sonst nichts hat, der gibt Äpfel und Birn.

389. Wenn Äpfel und Nüsse kommen, soll man schäkern.

390. Man muß sich nicht Äpfel für Zitronen verkaufen lassen.

391. Da schwimmen wir Äpfel, sprach der Roßdreck und schwamm unter Äpfeln den Bach hinab.

392. Dem Apotheker traue der Teufel, beide haben viel Büchsen.

393. So kauft man's in der Apotheke.

394. Übel gesprochen ist wohl appelliert.

395. Der Appetit kommt, wenn man was Gutes vor sich hat.

396. Am ersten April
     Schickt man die Narren, wohin man will.

397. April
     Tut, was er will.

398. Ist der April auch noch so gut,
     Schneit's dem Bauern auf den Hut.

399. Aprilen-Blut
     Tut selten gut.

400. Trockner April
Ist nicht des Bauern Will;
Aprilen-Regen
Ist ihm gelegen.

401. Der April
Setzt das Korn, wie er will.

402. Wenn April bläst in sein Horn,
So steht es gut um Heu und Korn.

403. Aprilflöcklein
Bringen Maiglöcklein.

404. Arbeit ist bei Armut gut.

405. Wo Arbeit das Haus bewacht, kann Armut nicht hinein.

406. Arbeit ist des Ruhmes Mutter.

407. Arbeit hat bittere Wurzel, aber süße Frucht.

408. Arbeit
Gewinnt allezeit.

409. Arbeit gewinnt allezeit etwas.

410. Arbeit gewinnt Feuer aus Steinen.

411. Arbeit gebiert Ruhe.

412. Nach getaner Arbeit ist gut ruhen.

413. Wer nicht arbeitet, soll auch nicht essen.

414. Wer nicht arbeiten will,
Der lass' das Brot auch liegen still.

415. Arbeiten bringt Brot,
Faulenzen Hungersnot.

416. Arbeit hat allezeit Vorrat.

417. Um Arbeit ist alles feil.

418. An Gottes großem Kram sind alle Waren um Arbeit feil.

419. Dem Arbeiter hilft Gott.

420. Die Arbeit ist unser, das Gedeihen Gottes.

421. Willst du nicht arbeiten, so hilft dir kein Beten.

Arbeiten – Arg

422. Wer treulich arbeitet, betet zwiefältig.

423. Jeder Arbeiter ist seines Lohnes wert.

424. Die Arbeit auf dem Rücken trägt
Den Lohn, wie man zu sagen pflegt.

425. Schmutzige Arbeit, blankes Geld.

426. Wer vorher nicht reich gewesen, dem tut die Arbeit nicht
wehe.

427. Ungewohnte Arbeit bringt Beulen.

428. Arbeitsamkeit ist die beste Lotterie.

429. Arbeitsschweiß an Händen hat mehr Ehre als ein goldener Ring am Finger.

430. Wer nicht gerne arbeitet, hat bald Feierabend gemacht.

431. Dem Arbeiter ein Brot, dem Feierer zwei.

432. *Ein* Arbeiter muß zwei Feierer haben.

433. Arbeit und Sparen macht reiche Knechte.

434. Arbeiten und sparen macht zusehends reich.

435. Wer Arbeit liebt und sparsam zehrt,
Der sich in aller Welt ernährt.

436. Arbeit ohne Vorteil wird sauer.

437. Von großer Arbeit starben die Pferde.

438. Es ist bös arbeiten und Wasser trinken.

439. Wer schießen soll, muß laden, wer arbeiten soll, muß
essen.

440. Pferdearbeit, Zeisigfutter.

441. Der eine hat Arbeit und Fleiß,
Der andre Nutzen und Preis.

442. Wer der Arbeit zusieht, wird davon nicht müde.

443. Zuviel Arbeiter richten wenig aus.

444. Wer nach großer Arbeit trachtet, dem wird sie zuteil.

445. Arg läßt ärger Kind.

446. Wer Arges tut, der scheut das Licht.

447. Dem Ärgsten gibt man das beste Teil.

448. Es gilt keine Arglist,
Wo sich findet Merklist.

449. Arglist ist nicht Weisheit.

450. Argwohn ißt mit dem Teufel aus *einer* Schüssel.

451. Argwohn ist des Teufels Hure.

452. Argwohn ist ein Schalk.

453. Der Argwohn ist ein Schalk, und wie er ist, verdenkt er
jedermann.

454. Argwohn betrügt den Mann.

455. Argwohn ist kein Beweis.

456. Dem Argwohn gehört ein Beil.

457. Argwohn riecht den Braten, eh' das Kalb geschlachtet
ist.

458. Argwohn sieht einen weißen Hund für einen Müllers-
knecht an.

459. Besser den Arm brechen als den Hals.

460. Armschmalz tut's.

461. Da weiß ich keinen Ärmel anzusetzen.

462. Wenn man die Armbrust überspannt, so zerspringt sie.

463. Arm oder Reich,
Der Tod macht alles gleich.

464. Arm und Reich: Schlimm und Schlemm.

465. Besser arm in Ehren als reich mit Schanden.

466. Es wird keiner arm, als der nicht rechnen kann.

467. Arm sein ist eine Kunst, wer's kann!

468. Arm und fromm war nur bei Joseph im Stalle.

469. Arm ist nicht, wer wenig hat, sondern wer viel bedarf.

470. Lang arm, lang unselig.

471. Arme haben die Kinder,
     Reiche die Rinder.

472. Der Arme behält seine Hühner, der Reiche seine Toch-
     ter nicht lange.

473. Reicher Leute Krankheit und armer Leute Braten riecht
     man weit.

474. Es gilt mir gleich eine Arme oder eine Reiche, wenn sie
     nur Geld hat.

475. Die Armen müssen tanzen, wie die Reichen pfeiffen.

476. Der Reichen Schatzung ist: die Armen müssen die Haut
     hergeben.

477. Die Armen helfen die Füchse fangen,
     Die Reichen in den Pelzen prangen.

478. Die Armen helfen alle,
     Daß kein Reicher falle.

479. Laß dem Armen auch sein Brot.

480. Der Arme ißt, wann er was hat, der Reiche, wann er will.

481. Wer den Armen leiht, dem zahlt Gott die Zinsen.

482. Wer einem Armen hilft, gedenkt an sich selber.

483. Dem Armen gegeben ist wohl gesät.

484. Armen geben ist gewisse Einnahme.

485. Wer Armen gibt, wird nimmer arm.

486. Wer den Armen sein Ohr verstopft,
     Den hört St. Peter nicht, wenn er klopft.

487. Der Armen Herberg ist bei Helfdirgott.

488. Der Arme
     Heißt Gott erbarme.

489. Arme mag man haben, Bettler nicht.

490. Dem Armen hilf, den Bettler verjag.

491. Blödigkeit ist dem Armen wenig nütz.

492. Armer, der sich schämt, bekommt nichts.

493. Bekommt der Arme ein Stück Brot, so reißt es ihm der Hund aus der Hand.

494. Arme Leute kennt niemand.

495. Armer Mann, unwerter Gast.

496. Der Arme gehört hinter die Tür.

497. Es ist besser, die Armen sitzen vor deiner Tür, als du vor ihrer.

498. Der Arme muß in den Sack.

499. Arme Leute sollen nicht lecker sein.

500. Arm Mann lecker hat seinen Willen nicht.

501. Ein armer Mann ist selten ein Graf.

502. Armer Leute Pracht
Währt über Nacht:
Zween Tage weiß Brot,
Darnach Jammer und Not.

503. Armer Leute Hoffart währt nicht lange.

504. An armer Leute Hoffart wischt der Teufel den A–.

505. Armer Leute Hoffart und Kälbermist
Verriechen gern in kurzer Frist.

506. Arme Leute kochen dünne Grütze.

507. Es ist viel Speise in den Furchen der Armen.

508. Arme Leute schlafen für wohl essen.

509. Arme Leute haben bald abgespeist.

510. Armer Leute Gäste gehen früh nach Haus.

511. Gift findet man nicht in armer Leute Küchen.

512. Arme Leute sind in ihrem eignen Hause nicht daheim.

513. Arme Leute haben weit heim.

514. Armer Leute Reden gilt nicht.

515. Armer Leute Reden gehen viel in einen Sack.

516. In armer Leute Mund verdirbt viel Weisheit.

517. Es verdirbt viel Weisheit in eines armen Mannes Tasche.

518. Armer Leute Witz gilt nicht, Wasserkrug ist nicht klug.

519. Es gebührt sich wohl, daß ein armer Mann Konrad heiße.

520. An armer Leute Bart lernt der Junge scheren.

521. Der Arme schläft in Sicherheit.

522. Armen hat nie kein Geld gebrochen
Als den Sonntag und die ganze Wochen.

523. Ich wollte, wer gern arm wäre, daß er sein Lebtag müßte arm sein.

524. Armut und Hunger
Haben manchen Junger.

525. Armut ist des Reichen Kuh.

526. Armut ist des Reichtums Hand und Fuß.

527. Was die Armut schwer macht, macht auch den Reichtum schwer.

528. Zwischen Armut und Reichtum ist das beste Leben.

529. Armut studiert,
Reichtum bankettiert.

530. Wer Armut ertragen kann, ist reich genug.

531. Fröhliche Armut
Ist Reichtum ohne Gut.

532. Armut ist ein fröhlich Ding.

533. Armut ist nicht Armut, sie sei denn nicht fröhlich.

534. Armut macht nicht arm,
Sie sei denn, daß Gott erbarm'.

535. Der Armut geht wenig ab, dem Geize alles.

536. Armut ist angenehm.

537. Armut
Ist fürs Podagra gut.

538. Armut
Ist für Torheit gut.

539. Armut
Ist der Taschen gut.

540. Armut
Aller Tür zutut.

541. Wenn die Armut zur Tür eingeht, fliegt die Liebe zum Tempel hinaus.

542. Armut ist ein unwerter Gast.

543. Armut ist eine Last,
Alter ein unwerter Gast.

544. Armut und Alter, das sind zwei schwere Bürden, es wär' an einer genug.

545. Armut tut dem Alter weh.

546. Junges Blut,
Spar dein Gut,
Armut im Alter wehe tut.

547. An der Armut will jeder den Schuh wischen.

548. Armut erfährt viel.

549. In der Armut lernt man Freunde kennen.

550. Armut ein Schalk
Macht fetten Balg.

551. Armut macht unverschämt.

552. Armut ist eine Haderkatz.

553. Armut geht nicht betteln.

554. Armut hat allenthalb Geleit.

555. Armut hütet wohl.

556. Armut lähmt nicht.

557. Armut sucht neue Wege.

Armut – A–

558. Armut findet alle Weg und Stege.

559. Armut findet alles auf den ersten Griff.

560. Armut sucht List.

561. Armut hat einen Sinn mehr – die Not.

562. Armut ist der sechste Sinn.

563. Armut lehrt Künste.

564. Armut [ist] der Künste Mutter.

565. Wär' Armut nicht, so wär' keine Kunst.

566. Armut ist eine Kunst, wer's kann!

567. Armut lehrt geigen.

568. Armut hat Städte gebaut.

569. Armut ist listig, sie fängt auch einen Fuchs.

570. Armut ist keine Sünde.

571. Es ist keine Sünde denn Armut.

572. Was aus Armut geschieht, soll man leicht vergeben.

573. Armut ist keine Schande noch Unehre.

574. Armut schändet nicht, aber Laster schänden.

575. Armut ist keine Schande, aber ein leerer Sack steht nicht gut aufrecht.

576. Armut ist auslagefrei.

577. Armut kann nicht verlieren,
Armut kann nicht regieren.

578. Es taugt kein A– ohne Bezwang.

579. Paulus spricht zu Peter:
Reib den A–, so geht er.

580. Faule Hunde reiten auf dem A–, wenn sie jagen sollen.

581. Wer selten reitet, dem tut der A– weh.

582. Aus einem verzagten A– fährt kein fröhlicher F–.

583. Art läßt nicht von Art,
Der Bock nicht seinen Bart,
Das Speck nicht von der Schwart.

584. Was artig ist, ist klein.

585. Es geht zu wie an König Artus' Hof: die Hunde tragen
ganze Köpfe davon.

586. Arznei
Ist galgenfrei.

587. Teure Arznei hilft immer, wenn nicht dem Kranken,
doch dem Apotheker.

588. *Eine* Arznei dient nicht für allen Schaden.

589. Arznei hilft, wenn Gott will,
Wo nicht, so ist's des Lebens Ziel.

590. Arzt, hilf dir selber.

591. Neuer Arzt, neuer Kirchhof.

592. Junger Arzt, höckriger Kirchhof.

593. Gelinder Arzt bei faulem Schaden macht Übel ärger.

594. Weichlicher Arzt macht faule Wunden.

595. Tröste Gott den Kranken, der den Arzt zum Erben
setzt.

596. Ärzte sind unseres Herrgotts Menschenflicker.

597. Der sicherste Arzt ist Vetter Knochenmann.

598. Die Ärzte müssen alt, die Apotheker reich und die Bar-
bierer jung sein.

599. Asch vor, Asch nach.

600. Von der Aschen in die Glut.

601. Man sieht's an der Asche noch, wo der Topf gestanden
hat.

602. Man bläst so lang in die Asche, bis einem die Funken in
die Augen stieben.

603. Mancher hat mehr in der Aschen
Als ein anderer in der Taschen.

604. Er sammelt die Asche und verstreut das Mehl.

605. Einen bösen Ast soll man leiden des Baumes willen.

606. Auf einen knorrigen Ast gehört ein derber Keil.

607. Bösem Aste scharfe Axt.

608. Er ist am kurzen Atem gestorben.

609. Was man nicht aufhalten kann, soll man laufen lassen.

610. Aufrecht hat Gott lieb.

611. Aufschieb
Ist ein Tagedieb.

612. Aufgeschoben
Ist nicht aufgehoben.

613. Man muß früh aufstehen, wenn man früh fertig werden will.

614. Früh aufstehen macht nicht eher tagen.

615. Aug um Auge, Zahn um Zahn.

616. Das Auge ist des Herzens Zeuge.

617. Was die Augen sehen, glaubt das Herz.

618. Was die Augen sehen, betrügt das Herz nicht.

619. Was das Auge nicht sieht, beschwert das Herz nicht.

620. Das Auge sieht's,
Im Herzen glüht's.

621. *Ein* Auge ist Notdurft, zwei Hoffart.

622. Mancher sieht mit *einem* Auge mehr als ein anderer mit zweien.

623. Mancher schlaft mit offnen Augen wie der Hase.

624. Draußen hat man hundert Augen, daheim kaum eins.

625. Zwei Augen sehen mehr als eins.

626. Vier Augen sehen mehr als zwei.

627. Mit vielen Augen ist besser sehen denn mit einem.

628. Zwei Augen, zwei Ohren, nur *ein* Mund!

629. Um *ein* Auge wär' die Kuh blind!

630. Wer nur *ein* Auge hat, ist allzeit bange dafür (wischt es genau).

631. *Ein* Aug ist lieb.

632. Wenn das Aug nicht sehen will,
So helfen weder Licht noch Brill.

633. Wer seine Augen im Brillenfutter hat, der kann viel übersehen.

634. Wer die Augen bei sich hat, stolpert nicht.

635. Wer die Augen nicht auftut, muß den Beutel auftun.

636. Wer einkauft, hat hundert Augen nötig, wer verkauft, nur eins.

637. Wem die Augen in der Jugend ausgestochen sind, der sieht sein Lebtag nichts.

638. Böse Augen sehen nie nichts Gutes.

639. *Ein* bös Auge verderbt das andere.

640. Man muß hinten und vorn Augen haben.

641. Wer mit fremden Augen sieht, sieht je länger je weniger.

642. Die Augen sind keinem von Butter gemacht.

643. Die Augen sind größer als der Bauch.

644. Das Auge sieht sich nimmer satt.

645. Den Geiz und die Augen kann niemand erfüllen.

646. Die Augen glauben sich selbst, die Ohren andern Leuten.

647. *Ein* Augenzeuge gilt mehr denn zehn Ohrenzeugen.

648. Augenschein ist aller Welt Zeugnis.

649. Aus den Augen, aus dem Sinn.

650. Die Augen sind der Liebe Pforten.

651. Blaue Augen, Himmelsaugen,
Braune Augen, Liebesaugen,
Schwarze Augen, Diebesaugen.

652. Augenblick
Gibt das Glück.

653. Im Augenblick kann sich begeben,
Was man nie gedacht im Leben.

654. Augendienen tut nie kein Gut.

655. Augenfreund, Rückenfeind.

656. Augenfreunde, falsche Freunde.

657. Was der August nicht kocht, läßt der September unge-
braten.

658. Der Ausgang wird's lehren.

659. Weibern und Jungfrauen war ausgehen nie so gut,
daheimbleiben war besser.

660. Aushorcher und Angeber
Sind des Teufels Netzeweber.

661. Beim Auskehren wird sich's finden – wer in die Stube
hofiert hat.

662. Wer mich auslacht, kann mich auch wieder einlachen.

663. Jeder hüte sich vor der ersten Auslage.

664. Jeder ist seiner Worte bester Ausleger.

665. Viele wissen viel, aber keiner hat ausgelernt.

666. Was man ausleiht, bessert sich nicht.

667. Gute Ausrede ist drei Batzen wert.

668. Wer austeilen will, muß auch einnehmen.

669. Wer ausgibt, muß auch einnehmen.

670. Ausweichen muß man zur Rechten.

671. Wer nicht auszieht, kommt nicht heim.

672. Außen fix, innen nix,
Außen nix, innen fix.

673. Wenn es aufs Äußerste kommt, so bricht's.

B

674. Vor Geld fallen Baals Brüder
Wie vor dem goldnen Kalbe nieder.

675. Bacchus der Vater, Venus die Mutter, Ira die Hebamm
Erzeugen das Podagram.

676. Wenn Bacchus das Feuer schürt, so sitzt Venus beim
Ofen.

677. Überm Bach wohnen auch Leute.

678. Mancher flieht einen Bach und fällt in den Rhein.

679. Aus dem Sächli wird ein Sach,
Aus dem Rünsli wird ein Bach.

680. Wer dem Bächlein nachgeht, kommt zu dem Brunnen.

681. Viel Bächlein machen auch einen Strom.

682. Die kleinen Bächlein laufen in die großen.

683. Die Backen aufgeblasen, der König kommt!

684. Backen und Brauen gerät nicht allzeit wohl.

685. Was einer nicht backt, das braut der andre.

686. Gegen den Backofen ist übel gähnen.

687. Vor dem Backofen wachsen keine Kräuter, und ob sie da
wüchsen, sie würden doch durch die Hitze verbrennen, die daraus geht.

688. Bad, Wein und Weiber
Erquicken unsre Leiber.
Bad, Wein und Weiber
Verderben unsre Leiber.

689. Wer viel ins Bad geht, der wird viel gewaschen.

690. Mancher reist krätzig ins Bad und kommt räudig wieder
heim.

691. Es hilft kein Bad an einem Juden oder Raben.

692. Baden
Wendet nicht allen Schaden.

693. Was zu Baden geschieht, muß man zu Baden liegen
lassen.

694. Wer ertappt wird, muß das Bad austragen.

695. Man soll das Kind nicht mit dem Bade verschütten.

696. Gott ist kein Bayer.

697. Die Edelleute in Bayern mögen jagen, so weit sich das
Blaue am Himmel erstreckt.

698. Bald ist angenehm.

699. Bald geben ist doppelt geben.

700. Gib bald,
So wird der Dank alt.

701. Bald getan ist viel getan.

702. Was bald wird, vergeht auch bald wieder.

703. Wer bald anfängt, muß bald aufhören.

704. Was bald auffliegt, fliegt bald ab.

705. Bald angerannt ist halb gefochten.

706. Bald aufgezuckt, bald hingeworfen.

707. Bald reich, bald arm, bald gar nichts.

708. Wer den Balg verliert, muß den Schwanz dreingeben.

709. Er hat mehr auf dem Balg, als das Fleisch wert ist.

710. Man sieht den Splitter im fremden Auge, im eignen den Balken nicht.

711. Wir wollen's an den Balken schreiben, wo's Geißen und Kälber nicht ablecken.

712. Ein gut gespielter Ball findet immer sein Loch.

713. Verbessert durch Johann Ballhorn.

714. Trachte auf die Bank, du kommst wohl darunter.

715. Wer unter die Bank will, den stößt man bald darunter.

716. Unter der Bank neidet man keinen.

717. Auf ungewischter Bank ist gut finden.

718. Wer auf der Bank schläft, den sticht weder Feder noch Stroh.

719. Guter Bankettier, guter Bankerottier.

720. Bär und Büffel können keinen Fuchs fangen.

721. Allen Tieren ist Friede gesetzt außer Bären und Wölfen.

722. Man soll die Bärenhaut nicht verkaufen, ehe der Bär gestochen ist.

723. Du suchst den Bären und stehst vor ihm.

724. Es ist besser einen Bären loslassen als einen Bären anbinden.

725. Die Bären brummen.

726. Barmherzigkeit macht viel Freunde.

727. Regnet's auf St. Barnabas,
Rehren die Trauben bis ins Faß.

728. Der Bart ziert den Mann.

729. Der Bart wackert den Mann.

730. Der Bart war früher als der Mann.

731. Wo kein Bart, da ist auch kein Verstand.

732. Bärte schlagen die Leute nicht.

733. Machte der Bart heilig, so wär' der Geißbock Heiliger Vater.

734. Niemand speit in den eignen Bart.

735. Wer sich im Bart grasen läßt, dem hofiert man zuletzt ins Maul.

736. Wasch mir den Bart, so wasch ich dir die Hand.

737. Laß dir darum keinen Bart wachsen.

738. Wer den Bart läßt wachsen, der hat eine Schalkheit getan oder hat eine im Sinn.

739. Man soll nicht um des Kaisers Bart streiten.

740. Schwarzer Kopf, roter Bart,
Böse Art.

741. Schlägst du mich mit der Barte, schlag ich dich mit dem Beile.

742. Wie sich Bartelmäus hält,
So ist der ganze Herbst bestellt.

743. Bartelmies
Spart Botter onn Kies,
Lingen-Hosen onn Strüh-Höt.

744. Bartel weiß schon, wo er den Most holt.

745. Hört up, Liefmann:
Kennt gy nit de grote König Basan?

746. Er sieht aus wie der Tod zu Basel.

747. Keine Mutter trägt einen Bastard.

748. Ein Bastard bringt so groß Brot für einen Pfennig als ein Ehekind.

749. Ein böser Batzen, der seinen Herrn nicht lösen will.

750. Fünfzehn Batzen um *einen* Gulden.

751. Ein guter Batzen, der einen Gulden erspart.

752. Besser ein geschwinder Batzen als ein langsamer Sechser.

753. Der Bauch ist ein großer Schalk.

754. Der Bauch macht Huren und Buben.

755. Der Bauch ist ein böser Ratgeber.

756. Der Bauch macht uns alle zu Schelmen.

757. Man füllt leichter den Bauch als die Augen.

758. Der Bauch ist ein Wirtshaus,
Die Gäste gehen ein und aus.

759. Voller Bauch,
Ein fauler Gauch.

760. Voller Bauch studiert nicht gern.

761. Mit vollem Bauch ist gut Fastenpredigt halten.

762. Voller Bauch lobt das Fasten.

763. Von Worten wird der Bauch nicht voll.

764. Der Bauch läßt sich nichts vorlügen.

765. Der Bauch hat keine Ohren.

766. Wenn der Bauch voll ist, ist das Haupt blöde.

767. Auf vollem Bauch steht ein fröhlich Haupt.

768. Ist der Bauch satt, so ist das Herz froh.

769. Volle Schläuche,
Dicke Bäuche.

770. Bauchknecht
Ist ein groß Geschlecht.

771. Wenn der Bauch schwillt,
Sieht man, wo es gilt.

772. Besser in die weite Welt als im engen Bauch.

773. Der Teufel greift die Leute am Bauch an, wo sie am
weichsten sind.

774. Der Bauch ist *ihm* so weich wie mir.

775. Bauen kann nur Habich, nicht Hättich.

776. Bauen macht den Beutel schlapp.

777. Bauen ist eine Lust, nur kostet es Geld.

778. Wer bauen will, muß zwei Pfennige für einen rechnen.

779. Willst du um den Bau nicht weinen,
Baue nur mit eignen Steinen.

780. Viel Bäue scheue:
Häuser soll man stützen,
Gelder soll man nützen.

781. Wer baut, findet Geld.

782. Wer hinter mir baut, muß hinter mir wohnen.

783. Wer nach mir kommt, der mag nach mir bauen.

784. Laß dem Bauern sein Schwein.

785. Lieber, laß Bauern auch Leute sein.

786. Der Bauer und sein Stier
Sind *ein* Tier.

787. Caute! die Bauern verstehen auch Latein.

788. Gemach ins Dorf, die Bauern sind trunken!

789. So lernt man den Bauern die Künste ab.

790. Bauern sagen auch etwan wahr.

791. Die Bauern lehren einen Mores.

792. Bauern machen Fürsten.

793. Den Bauern erkennt man an der Gabel,
Den Advokaten am Schnabel.

794. Der Bauer ist nicht zu verderben, man hau' ihm denn
Hand und Fuß ab.

795. Wer einen Bauern plagen will, nehme einen Bauern
dazu.

796. Wer einen Bauern betrügen will, muß einen Bauern mitbringen.

797. Will man Bauern verderben, so setze man einen über den
andern.

798. Wenn der Bauer nicht muß,
Rührt er weder Hand noch Fuß.

799. Den Bauern gehört Haberstroh.

800. Rüben in die Bauern, Heu in die Ochsen.

801. Weiden und Bauern muß man alle drei Jahr beschneiden, sonst werden sie zu geil.

802. Wenn sich der Bauer nicht bückt, so ackert er nicht gut.

803. Der Bauer
Ist ein Lauer.

804. Es ist kein Messer, das schärfer schiert,
Als wenn der Bauer ein Edelmann wird.

805. Wird der Bauer ein Edelmann,
So guckt er den Pflug mit Brillen an.

806. Wenn der Bauer aufs Pferd kommt, reitet er schärfer als der Edelmann.

807. Ein reicher Bauer kennt seine Verwandten nicht.

808. Der Bauer bleibt ein Bauer, auch wenn er schläft bis Mittag.

809. Gibt der Bauer,
So sieht er sauer.

810. Wenn man einen Bauern bittet, so schwellen ihm die Stiefel.

811. Bittet man den Bauern, so schwillt ihm der Bauch.

812. Wenn man den Bauern bittet, wird er um eine Spanne länger.

813. Was der Bauer nicht kennt, das frißt er nicht.

814. Was weiß der Bauer von Gurkensalat? Er ißt ihn mit der Mistgabel.

815. Was versteht ein Bauer von Safran?

816. Auch der Bauer ißt nichts ungesalzen.

817. Der Bauer glaubt nur seinem Vater.

818. Ein verdorbener Bauer gibt einen guten Hof- und Schirrmeister ab.

819. Der Bauer muß dienen, wie er bespannt ist.

820. Laß dem Bauern die Kirmes, so bleibst du ungeschlagen.

821. Selbst gesponnen, selbst gemacht,
Rein dabei, ist Bauerntracht.

822. Wer kein Edelmann ist, gilt als ein Bauer.

823. Es kostet den Bauern was, so er der Edelleute Gevatter
sein will.

824. Die Bauern schlagen einander tot, aber die Edelleute
machen einander die Kinder.

825. Ein Bauer kommt so bald in den Himmel als ein Edelmann.

826. Besser ein reicher Bauer denn ein armer Edelmann.

827. Besser ein gesunder Bauer denn ein kranker Kaiser.

828. Bauerndienst, Bauernlohn,
Herrendienst, Herrenlohn.

829. Den Bauern ist gut pfeifen.

830. Hinter sich hinaus tragen die Bauern die Spieße.

831. Er fährt hinein wie der Bauer in die Stiefeln.

832. Die Bauern sind alle zukünftiges Jahr reich.

833. Bauern hätten gut leben, wenn sie's wüßten.

834. Der Bauer ist stolzer als der Barbier, er darf auf sein
Werk hofieren.

835. Wenn de Bur wat hat,
Hat he keen Fatt.

836. Wie der Baum, so die Frucht.

837. Wie der Baum, so die Birne,
Wie die Frau, so die Dirne.

838. Den Baum erkennt man an den Früchten.

839. Den Baum an der Frucht,
Den Buben an der Zucht.

840. Auch ein guter Baum bringt ungleiches Obst.

841. Wer den Baum gepflanzt hat, genießt selten seine Frucht.

842. Der Baum genießt seiner Äpfel nicht.

843. In kleinsten Raum
Pflanz einen Baum
Und pflege sein,
Er trägt dir's ein.

844. Gute Bäume tragen zeitig.

845. Krumme Bäume tragen so viel Obst als die geraden.

846. Große Bäume geben mehr Schatten als Früchte.

847. Man ehrt den Baum des Schattens wegen.

848. Man neigt dem Baum, der Nutzen bringt.

849. Den Baum, darunter man schauern will, soll man ehren.

850. Unter altem Baum ist gut schauern.

851. Den Baum muß man biegen, weil er jung ist.

852. Alte Bäume sind bös biegen.

853. An jungen Bäumen, wenn sie gerade wachsen sollen, muß man immer etwas abhauen.

854. Ein alter Baum ist schwer verpflanzen.

855. Es ist dafür gesorgt, daß die Bäume nicht in den Himmel wachsen.

856. Hoher Baum fängt viel Wind.

857. Je höher der Baum, je schwerer sein Fall.

858. Es ist kein Baum, der nicht zuvor ein Sträuchlein gewesen.

859. Man muß um *eines* Baumes willen nicht den ganzen Wald ausrotten.

860. Liegt der Baum, so klaubt jedermann Holz.

861. Es fällt kein Baum auf *einen* Hieb.

862. Es ist nicht allen Bäumen *eine* Rinde gewachsen.

863. Im Becher ersaufen mehr als im Meer.

Becher – Beichte 65

864. Es ertrinken mehr im Becher als in der Donau.

865. Man muß Bäckerskindern keine Stutten geben.

866. Er macht's wie der Bäcker, der steckt das Brot in den
Ofen und bleibt selber draußen.

867. Bedenke, warum du hier bist.

868. Was hilft gut bedacht,
Wird's nicht gut gemacht?

869. Besser bedient werden als dienen.

870. Bedingen bricht Landrecht.

871. Wer wohl befiehlt, dem wird wohl gehorsamt.

872. Wem viel befohlen ist, von dem wird viel gefordert.

873. Wer nichts begehrt, dem geht nichts ab.

874. Wer viel begehrt, dem mangelt viel.

875. Begierde setzt Sporen in die Haut.

876. Begierde ist Kaiser.

877. Des Menschen Leben nimmt immer ab, aber seine
Begierden nehmen täglich zu.

878. Vorm Beginnen
Sich besinnen
Macht gewinnen.

879. Erst besinn's,
Dann beginn's.

880. Wer weiß, wer den andern begräbt?

881. Begrabner Schatz, verborgner Sinn
Bringen niemand Gewinn.

882. Behendigkeit ist keine Hexerei.

883. Beharrlichkeit trägt den Sieg davon.

884. Beharrlichkeit überwindet alles.

885. Behaupten ist nicht beweisen.

886. Beicht
Macht leicht.

887. Wer recht beichtet, dem gibt man rechte Buße.

888. Wie man beichtet, wird man absolviert.

889. Beichte sonder Reu,
Freundschaft sonder Treu,
Gebet ohne Innigkeit
Ist verlorne Arbeit.

890. Dem Beichtvater, Arzt und Advokaten darf man nichts verschweigen.

891. Wirf das Beil nicht so weit hinweg, daß du's nicht wieder holen könntest.

892. Beinahe bringt keine Mücke um.

893. Es müßten starke Beine sein, die gute Tage ertragen können.

894. Mit kranken Beinen ist schlimm nach Rom laufen.

895. Es kostet auch Beine, wenn man auf Stecken reitet.

896. So gut mit beiden Beinen im Stock als mit einem.

897. Wer gute Beine hat, hat oft schlechte Stiefeln.

898. Beine gibt man nicht zu Hofe.

899. Du hast dem Kind die Beine noch nicht gesehen.

900. Er hat was um und an, zu beißen und zu brocken.

901. Böses Beispiel verderbt gute Sitten.

902. Beiwohnung macht Freundschaft.

903. Bekannte Bahn und alte Freunde sind die besten.

904. Ganz bekannt, halb gebüßt.

905. Bekennen bricht den Hals.

906. Dem Beklagten gebührt das letzte Wort.

907. Den Beladenen soll man nicht meiden.

908. Man muß Belzebue mit Belzebue vertreiben.

909. Einer macht Bendel, der andre schneidet sie ab.

910. Je höher Berg, je tiefer Tal.

Berg – Bescheren   67

911. Es war kein Berg so hoch, das Tal war so niedrig.

912. Lobe die Berge und bleib in der Ebene.

913. Berg und Tal kommen nicht zusammen, aber Menschen.

914. Man muß nicht alle Berge ebnen wollen.

915. Kommst du nicht auf den Berg, so bleib doch nicht in der Ebene.

916. Wenn's auf dem Berg gereift hat, so ist im Tal alles erfroren.

917. Hinter dem Berge wohnen auch Leute.

918. Die Alten sollen das Bergsteigen den Jungen befehlen.

919. Gemach fährt den Berg hinauf.

920. Bergab leite mich, bergauf schone mich, in der Ebene brauche mich, sagt das Pferd.

921. Bergauf sachte,
Bergab achte,
Gradaus trachte.

922. Steile Berge hinansteigen fordert im Anfang langsame Schritte.

923. Sprich nicht hui, eh du über den Berg kommst.

924. Viel Bergleute, viel Arschleder.

925. Ein Bergmeister soll von Schlegel und Eisen herkommen.

926. Viele sind berufen, aber wenige auserwählt.

927. Was Gott beschert,
Ist unverwehrt.

928. Was beschert ist, entläuft nicht.

929. Was ich nicht bekomme, ist mir nicht beschert gewesen.

930. Was einem nicht beschert ist, das führt eine Mücke auf dem Schwanz dahin.

931. Es ist alles beschert Ding.

932. Dem ist oft nichts beschert,
     Der allzuviel begehrt.

933. Es ist oft dem einen (zu)gedacht und dem andern beschert.

934. Man muß beschert für bedacht nehmen.

935. Wenn Bescherung ist, soll man den Sack auftun und das Zuknüpfen nicht vergessen.

936. Bescheidenheit,
     Das schönste Kleid.

937. Wir wollen es heunt beschlafen.

938. Besch– Kinder soll man nicht wegwerfen.

939. Das Besehen hat man umsonst.

940. Neue Besen kehren gut.

941. Neue Besen kehren gut, aber die alten fegen die Ecken rein.

942. Wenn der Besen verbraucht ist, so sieht man erst, wozu er gedient hat.

943. Wenn der Besen verbraucht ist, so muß er in den Ofen.

944. Aus *einem* Reis wird kein Besen.

945. Die Besen kann man am wohlfeilsten geben, die man fertig stiehlt.

946. Je nachdem man einem will, steckt man ihm Maien oder Besen.

947. Bist du besessen, so lasse dich bannen.

948. Die Besiegten dürfen nicht mucksen.

949. Glücklich, wer im Besitz ist.

950. Wer viel besitzt, hat viel zu streiten.

951. Besser ist besser.

952. Besser ist besser, sagte Kobessen Steffen, da ging er hinter der Scheuer weg zwischen die Nelken sitzen.

953. Es kommt kein Besserer.

Besser – Beste

954. Besser kommt selten nach.

955. Man spricht, es wird böser oder besser; weil aber das Glück rund ist und das Beste selten nachkommt, so begibt es sich eher, daß es böser als besser wird.

956. Bessern ist oft bösern.

957. Bösern ist nicht bessern.

958. Bessern und bösern steht in gleicher Waage.

959. Man ändert sich oft und bessert sich selten.

960. Ändern ist nicht bessern.

961. Besser machen, die beste Buße.

962. Wer sich heut nicht bessert, wird morgen ärger.

963. Das Bessere ist ein Feind des Guten.

964. All Ding, das sich bessert, ist gut.

965. Besserung ist niemand verboten.

966. Wer Besserung ins Alter spart,
Hat seine Sache schlecht verwahrt.

967. Er bessert sich wie der Pelz im Waschen.

968. Er bessert sich wie Kolers Most, der ist Essig worden.

969. Er bessert sich wie sauer Bier.

970. Er bessert sich wie junge Wölfe.

971. Es ist hart, ein Besseres riechen und ein Schlechteres kriegen.

972. Das Beste kauft man am wohlfeilsten.

973. Das Beste ist, was man in der Hand hat.

974. Vergiß das Beste nicht!

975. Das Beste spart man auf die Letzte.

976. Der Mann ist weis und wohlgelehrt,
Der alle Ding zum Besten kehrt.

977. Das Beste wird gedacht, das Böseste geredet.

978. Das Beste gehört in den Pfaffen.

70   *Beten – Betrügen*

979. Beten ist kein Katzengeschrei.

980. Beten
Lernt man in Nöten.

981. Zum Beten
Kann man nicht nöten.

982. Not lehrt beten.

983. Kurz Gebet, tiefe Andacht.

984. Beten ohne Andacht
Heißt dem Teufel ein Opfer gebracht.

985. Gebet ohne Innigkeit
Ist verlorne Arbeit.

986. Bete und arbeite.

987. Recht beten, halbe Arbeit.

988. Bete, als hülfe kein Arbeiten, arbeite, als hülfe kein
Beten.

989. Viel Gebet und wenig Werke.

990. Wohl gebetet ist halb studiert.

991. Das Gebet ist ein Rauchwerk, das dem Teufel Kopfweh
macht.

992. Wie einer betet, so wird er erhört.

993. Was brauch ich zu beten? sagte Kunz, hab ich doch das
Essen vom Schloß.

994. Beten gehört für die Pfarrer.

995. Dem Betrübten ist übel geigen.

996. Betrug
Ist der Krämer Wagen und Pflug.

997. Wer dich einmal betrogen hat, dem traue dein Lebtag
nicht wieder.

998. Wenn jemand mich einmal betrügt, so verzeih' es ihm
Gott, betrügt er mich zum zweitenmal, so verzeih' es
mir Gott.

999. Der erste Betrug ist ärger als der letzte.

1000. Wer den andern betrügt, der macht einen Sack, darin er sich selbst fangen wird.

1001. Betrug währt nicht länger als der Soldaten Hoffart und der Witwen Andacht.

1002. Betrug hat Jacobs Stimme und Esaus Hand.

1003. Betrügen ist ehrlicher denn stehlen.

1004. Wer einen Betrüger betrügt und einen Dieb bestiehlt, erhält hundert Jahr Ablaß.

1005. Im Bett
Ist alles wett.

1006. Wie man sich bettet, so schläft man auch.

1007. Wie du dir gebettet hast, so liege.

1008. Wie einer sein Bett macht, so mag er drauf liegen.

1009. Auf harten Betten liegt man sanft,
Auf weichen Betten liegt man hart.

1010. Wer sein Bett verkauft, muß auf Stroh liegen.

1011. Junge Bettschwester, alte Betschwester.

1012. Wer sein Bett macht am Morgen,
Braucht am Tag nicht zu sorgen.

1013. Früh zu Bett, früh wieder auf
Macht gesund und reich in Kauf.

1014. Ist das Bett beschritten,
Ist das Recht erstritten.

1015. Wer im Bett liegt, ist ein braver Mann.

1016. Bettel hat langen Zettel: man trägt aller Welt Garn darin.

1017. Wer sich des Bettels nicht schämt, nährt sich reichlich.

1018. Es sind viel reiche Bettler auf Erden.

1019. Betteln ist ein Orden,
Darin viel zu Herrn sind worden.

72   *Bettler*

1020. Der wahre Bettler ist der wahre König.

1021. Bettler sind Freiherrn.

1022. Kein Bettler ist je Hungers gestorben.

1023. Bettler fasten selten.

1024. Bei vielen bekommt der Bettler viel.

1025. Bettel und Geiz kann niemand erfüllen.

1026. Der Bettler hat vollauf ohne Müh und Arbeit.

1027. Beim Bettlerhandwerk verdirbt niemand.

1028. Betteln ist besser als stehlen.

1029. Von Betteln wird man nicht arm, nur unwert.

1030. Je schwächer der Bettler, je stärker die Krücke,
      Je ärger der Schalk, je größer das Glücke.

1031. Am Tag ein Bettler, nachts ein Dieb.

1032. Was der Bettler fischt, kann man nicht alles auf der
      Waage wiegen.

1033. Der Bettler greift nie fehl.

1034. Bettelbrot, teuer Brot.

1035. Schwerredenden Kindern hilft es, Bettelbrot zu essen.

1036. Bettelsack ist bodenlos.

1037. Bettelsack sagt, ich habe nie genug.

1038. Betteln viele in *einen* Sack, so wird er bald voll.

1039. Bettelsack steht allzeit leer.

1040. Bettelsack hat ein gähnend Maul.

1041. Der Bettler sagt nie: es ist zuviel.

1042. Kein Bettler erschrickt vor einem großen Stück.

1043. Wem der Bettelstab einmal in der Hand erwarmt, der
      tut nimmer gut zur Arbeit.

1044. Der Bettler treibt das goldne faule Handwerk, davon er
      sechs Tage feiert und den siebenten vor der Kirche
      sitzt.

1045. Geht es an die Steuer zum gemeinen Nutzen, so sucht jedermann den Bettelmantel hervor.

1046. Bettler und Krämer sind nie vom Weg ab.

1047. Betteln und Brotheischen geht in einen Sack.

1048. Ein Bettler neidet den andern.

1049. Einem Bettler ist es leid, wenn er den andern betteln sieht.

1050. Die Bettler sind den Hunden feind und die Hunde den Bettlern.

1051. Es ist ein schlechter Bettler, der nicht *eine* Türe meiden kann.

1052. Wenn ein Bettler aufs Pferd kommt, so kann ihm kein Teufel mehr voreilen.

1053. Kommt der Bettler auf den Gaul,
So wird er stolz wie König Saul.

1054. Weh den Eseln oder Pferden,
So die Bettler reiten werden.

1055. Wenn der Bettler nichts haben soll, so verliert er das Brot aus der Tasche.

1056. Unverschämt wird ein guter Bettler.

1057. Tragt her,
Mehr her,
Gebt mir,
Mangelt ihr:
So läuten der Bettler Glocken.

1058. Es hat wohl mehr denn *ein* König gebettelt.

1059. Man soll die Beute nicht vor dem Siege teilen.

1060. Alte Beutel schließen übel.

1061. Aus fremden Beuteln ist gut blechen.

1062. Aus andrer Leute Beutel ist gut zehren.

1063. Tu den Beutel nicht weiter auf, als er geschlitzt ist.

1064. Nach dem Beutel richte den Schnabel.

1065. Wer nichts im Beutel hat, muß mit der Haut zahlen.

1066. Beutelschneiderei ist die beste Kunst.

1067. Wer in seinen Beutel lügt,
Niemand als sich selbst betrügt.

1068. Wo mein Beutel aufgeht, da raucht meine Küche.

1069. Wenn der große Beutel kommt, so verwirft man den kleinen.

1070. So geht es in der Welt,
Der eine hat den Beutel, der andre hat das Geld.

1071. Wer zu viel beweist, beweist nichts.

1072. Klingende Beweise überführen am besten.

1073. Es ist keinem zu verdenken, der bezahlt sein will.

1074. Wer gut bezahlt, mag wieder borgen.

1075. Gleich wieder ist die beste Bezahlung.

1076. Wo kein Bezwang, da ist keine Ehre.

1077. Bibel, Babel, Bubel.

1078. Im Munde Bibel,
Im Herzen übel.

1079. Wie einer liest die Bibel,
So steht seines Hauses Giebel.

1080. Ich strafe mein Weib mit guten Worten, sagte jener Bauer, da warf er ihr die Bibel an den Hals.

1081. Biber und Otter haben keine Hege.

1082. Biedermanns Erbe liegt in allen Landen.

1083. Es muß biegen oder brechen!

1084. Lieber biegen als brechen.

1085. Eine Biene ist so gut als eine Hand voll Fliegen.

1086. Bier und Wein folgt dem Zapfen.

1087. Es war gut Bier, aber der Zapfen ist ab.

1088. Das Bier schmeckt gern nach dem Faß.

1089. Er bietet es aus wie sauer Bier.

1090. Bier auf Wein,
Das laß sein;
Wein auf Bier,
Das rat ich dir.

1090a. Achternao löpp dünne Beer.

1091. Bieten und Widerbieten macht den Kauf.

1092. Was kein Bildstock werden will, das wird ein Sautrog.

1093. Bildstock weist andern den Weg und geht ihn selbst nicht.

1094. Was billig und recht ist, ist Gott lieb.

1095. Billigkeit muß das Recht meistern.

1096. Bims bringt selten Wasser.

1097. Wenn die Birne reif ist, fällt sie vom Baum.

1098. Gerät der erste Wurf nicht, so fällt die Birne beim zweiten.

1099. Kleine Birne, langer Stiel.

1100. Er weiß, was Bisam ist und was Marderdreck.

1101. Bischof oder Bader.

1102. Wir können nicht alle Bischof werden, man muß auch Bader haben.

1103. Jeder Bischof ist Papst in seinem Sprengel und jeder Pfaff Bischof in seiner Parochie.

1104. Man muß den Bissen nicht größer machen als das Maul.

1105. Es ist ein übler Bissen, daran man erstickt.

1106. Auf einen guten Bissen gehört ein guter Trunk.

1107. Bitten ist lang, befehlen kurz.

1108. Bittens und Wünschens geht viel in einen Sack.

1109. Großer Herrn Bitten ist Befehlen.

76   *Bitte – Blei*

1110. Guter Herren Bitte ist Mordgeschrei.

1111. Die Bitte ist immer heiß, der Dank kalt.

1112. Wer verzagt ist im Bitten, macht den andern beherzt im
       Abschlagen.

1113. Wie gebeten, abgeschlagen.

1114. Man soll niemand seine erste Bitte abschlagen.

1115. Wer für den andern bittet (betet), erlöst sich selbst.

1116. Bittkauf, teurer Kauf.

1117. Wer sie bäte,
       Wer weiß, was sie täte?

1118. Bitter im Mund,
       Dem Herzen gesund.

1119. Wer nicht Bitter gekostet hat, weiß nicht, was Süß ist.

1119a. Bes du geck, Sting, dä Blaffert es got.

1120. Außen blank,
       Innen Stank.

1121. Blasen und schlucken zumal ist schwer.

1122. Es ist bös blasen mit vollem Munde.

1123. Besser hart geblasen als den Mund verbrannt.

1124. Wenn die Blase zu voll ist, zerplatzt sie.

1125. Behalt dir ein gut Blatt auf die Letzt.

1126. Er nimmt kein Blatt vors Maul.

1127. Das Blättchen hat sich gewandt.

1128. Nach den Blättern fallen die Bäume.

1129. Ich habe schon mehr Blätter rauschen hören.

1130. Wenn die Blatter voll ist, so zerspringt sie.

1131. Mancher schießt ins Blaue und trifft ins Schwarze.

1132. Wer nicht kann blechen,
       Der lasse das Zechen.

1133. Er verkauft Blei für Gold.

1134. Er bleibt bei dem Mann wie der Has bei dem Hunde.

1135. Er bleibt lang aus, der nicht kommt.

1136. Es gibt Blicke, es wären ihrer neun genug zum Tode.

1137. Unter Blinden ist der Einäugige König.

1138. Unter Blinden kann auch der Bucklige König sein.

1139. Besser einäugig als gar blind.

1140. Ein Blinder spottet des Hinkenden.

1141. Wenn der Blinde den Lahmen trägt, kommen sie beide fort.

1142. Ein Blinder weist dem andern den Weg.

1143. Wenn ein Blinder den andern führt, fallen sie beide in den Graben.

1144. Ein blinder Mann schoß einen Vogel.

1145. Wenn Blinde und Scheele zusammenkommen, stoßen sie einander über den Haufen.

1146. Wir wollen sehen, sagt der Blinde.

1147. Er übersieht's wie der Blinde das Dorf.

1148. Was soll der Blinde mit dem Spiegel?

1149. Blinder Mann, ein armer Mann;
Noch ist das ein ärmrer Mann,
Der sein Weib nicht zwingen kann.

1150. Blinder Mann, ein armer Mann,
Hätt' er auch Seid und Sammet an.

1151. Besser blind an den Augen als blind am Gemüt.

1152. Wenn ich *dich* nicht hätte und meine Augen nicht, so wär' ich blind.

1153. Du urteilst wie der Blinde von der Farbe.

1154. Es schlägt nicht immer ein, wenn es blitzt.

1155. Ist kein Block im Wege, so fällt man über einen Span.

1156. Von großen Blöcken haut man große Späne.

1157. Zum groben Block gehört eine Bauernaxt.

1158. Man muß manch ästigen Block ungespalten lassen.

1159. Blödes Herz buhlt keine schöne Frau.

1160. Wo man blöken hört, da sind auch Schafe im Lande.

1161. Gemalte Blumen riechen nicht.

1162. Schöne Blumen stehn nicht lang am Wege.

1163. Nicht alle Blumen taugen zum Sträußchen.

1164. Eine Blume macht keinen Kranz.

1165. Ist die Blüte abgefallen, so haut man darum den Baum nicht um.

1166. Es wird ihm in die Blüten regnen.

1167. Blut fordert Blut.

1168. Blut ist dicker als Wasser.

1169. Blut kriecht, worin es nicht gehen kann.

1170. Blut rinnt zusammen, hat der Geißbock gesagt.

1171. Der Nächste am Blut,
Der Erste zum Gut.

1172. Der Bock weiß, daß er Hörner hat.

1173. Alte Böcke, steife Hörner.

1174. Je älter der Bock, je härter das Horn.

1175. Ich hatte mich drauf verlassen wie der Bock auf die Hörner.

1176. Die Welt lohnt wie der Bock, wenn er Hörner kriegt.

1177. Der Bock läßt wohl von Bart,
Aber nicht von Art.

1178. Wider stößigen Bock wird kein Prozeß erkannt.

1179. Man muß den Bock nicht zum Gärtner setzen.

1180. Er setzt den Bock auf die Haberkiste.

1181. Ist gleich der Bock aus dem Hause, so bleibt der Gestank doch darin.

1182. Ein grindiger Bock ist einer goldenen Ziege wert.

1183. *Ein* Bock zeigt den andern an.

1184. Barbati praecedant, sagte Magister Fuchs, da stieß er einen Bock die Treppe hinunter.

1185. Er will den Bock melken.

1186. Er ziert die Gesellschaft wie der Bock den Marstall.

1187. Wer den Boden im Wasser nicht sieht, der lasse den Fuß heraus.

1188. Wenn der Boden zu fett ist, so erstickt die Frucht.

1189. Von Bodmerei ist man keine Haverei schuldig.

1190. Der jüngste Bodmereibrief geht allen andern dergleichen vor.

1191. Der Geld auf Bodmerei gibt, läuft Risiko dafür.

1192. Spann den Bogen nicht zu strenge,
Soll er halten in die Länge.

1193. Man soll den Bogen nicht überspannen, noch den Esel übergürten.

1194. Wer den Bogen überspannt, der sprengt ihn.

1195. Was gute Bohnen sind, die schneiden sich von selbst.

1196. Das geht über das Bohnenlied.

1197. Es läßt sich nicht alles Holz zu Bolzen drehen.

1198. Man muß nicht alles zu Bolzen drehen.

1199. Der Bolz findet die Meise wohl.

1200. Er dreht die Bolzen und läßt andere schießen.

1201. Bona dies
Nur wegen der lieben quies.

1202. Was man über Bord wirft, macht keine Jungen mehr.

1203. Borgen
Macht Sorgen.

1204. Borgen macht Sorgen, Wiedergeben macht Sauersehen.

1205. Wer gern borgt, bezahlt nicht gern.

1206. Der Borger muß auf den Zahler denken.

1207. Borgen tut nur einmal wohl.

1208. Borgen und Jucken tut nur eine Weile wohl.

1209. Wer will borgen,
Der komme morgen.

1210. Laß die sorgen,
Die uns borgen.

1211. Lang geborgt ist nicht geschenkt.

1212. Wer borgt ohne Bürgen und Pfand,
Dem sitzt ein Wurm im Verstand.

1213. Borchhard ist Lehnhards Knecht.

1214. Wer will verderben,
Der borge Geld und kaufe Erben.

1215. Wer borgen will, soll nicht viel dingen.

1216. Bös ist, was nicht zu bessern ist.

1217. Mancher verbösert und glaubt, er verbessert.

1218. Von böser Art soll man auch keine Jungen lassen bleiben.

1219. Des Bösten
Soll man sich getrösten.

1220. Böses hört man immer mehr als Gutes.

1221. Böses erfährt man zeitig genug.

1222. Das Böse glaubt man gern.

1223. Des Bösen denkt man lange.

1224. Das Böse schreibt man in Stein, das Gute in Staub.

1225. Böses muß man mit Bösem vertreiben.

1226. Böses muß man mit Bösem überbösen.

1227. Wenn er noch so böse ist, er muß sich doch selber ausziehen.

Böse – Brack 81

1228. Der Böse ist nimmer böse, denn so er sich fromm stellt.

1229. Wer Böses tut, daß Gutes draus komm',
Ist er kein Schalk, ist er doch nicht fromm.

1230. Bös und Bös vergleicht sich gern.

1231. Das Böse lernt sich von selbst.

1232. Bosheit ist bald gelernt.

1233. Böses kommt geritten,
Geht aber weg mit Schritten.

1234. Böses läßt sich leicht verrichten,
Aber nicht leicht wieder schlichten.

1235. Ein Ding ist nicht bös, wenn man's gut versteht.

1236. Keine Kunst, eine gute Sache zu gewinnen, sondern
eine böse.

1237. Böses bleibt nicht ungestraft.

1238. Tu nichts Böses, so widerfährt dir nichts Böses.

1239. Bosheit tut sich selbst den größten Schaden.

1240. Der Bösen Wohlstand ist der Frommen Jammer.

1241. Wer des Bösen schont, schadet den Frommen.

1242. Ein böser Mensch ist wie eine Kohle: er brennt oder
schwärzt.

1243. Es ist nichts so bös, es ist zu etwas gut.

1244. Die Bosheit steht dir in den Augen.

1245. Unwilliger Bote, guter Prophet.

1246. Üble Botschaft kommt immer zu früh.

1247. Wer schlechte Botschaft bringt, kommt früh genug.

1248. Üble Botschaft verdient kein Botenbrot.

1249. Wenn man selbst geht, so betrügt einen der Bote nicht.

1250. Der hinkende Bote kommt hinterdrein.

1251. Botmäßigkeit ist nicht flugs Gerichtsbarkeit.

1252. Es beißt kein Brack eine Bräckin.

1253. Die Bratwurst sucht man nicht im Hundestall.

1254. Es ist ein magerer Braten, davon nichts tropft.

1255. Wo's der Brauch ist, singt man den Pumpernickel in der Kirche.

1256. Wo's der Brauch ist, legt man die Kuh ins Bett.

1257. Brauche, was du willst, und gewarte, was Gott will.

1258. Beim Brauen gesungen, gerät das Bier.

1259. Das Brauen bringt den Bürgern eine goldene Nahrung.

1260. Brauwerk ist keine Kaufmannschaft.

1261. Wo ein Brauhaus steht, kann kein Backhaus stehen.

1262. Braunschweig, wärst du wasserreich,
Käm' nicht leicht ein Land dir gleich.

1263. Jeden deucht seine Braut die schönste.

1264. Wer 's Glück hat, führt die Braut heim.

1265. Brautleute sind vor Gott schon Eheleute.

1266. Weinende Braut, lachende Frau.

1267. Der glücklichen Braut regnet es in den Schoß.

1268. Auf der armen Braut Gelöbnis trinkt der Schenk zuerst.

1269. Ist die Braut nicht reich, so hat sie doch ihr Mütterliches.

1270. Bitte die Braut,
So schreit sie laut.

1271. Sachte mit der Braut am Sande!

1272. Das ist die Braut, um die man tanzt.

1273. Für einen Bräutigam ist gut Bürge sein.

1274. Den Brei, den du angerührt, mußt du ausessen.

1275. Iß den selbstgekochten Brei.

1276. Iß deinen Brei und halt dein Maul.

1277. Man geht so lang um den Brei, bis er kalt wird.

Brei – Brief 83

1278. Der Brei wird nicht so heiß gegessen, als er aufgetragen wird.

1279. Es kann niemand zwei Breie in *einer* Pfanne kochen.

1280. Man muß den Brei nicht weiter treten, als er von selbst fließt.

1281. Wenn es Brei regnet, hab ich keinen Löffel.

1282. Es ist so breit, als es lang ist.

1283. Er hat sich breitschlagen lassen.

1284. Die Bremen haben die Gerechtigkeit von alters her, daß sie Blut saugen.

1285. Wer stehlen will und nicht hangen,
Geh' nach Bremen und lasse sich fangen.

1286. Was dich nicht brennt, blase nicht.

1287. Was dich nicht brennt, sollst du nicht löschen.

1288. Wenn Heu und Stroh beisammen sind, so brennt es gern.

1289. Ein Brand alleine brennt nicht lange.

1290. Gebrannte Kinder scheuen das Feuer.

1291. Wer sich einmal verbrannt hat, bläst hernach die Suppe.

1292. Als alles brannte, brannte das Wasser nicht.

1293. Man soll das Brett bohren, wo es am dünnsten ist.

1294. Wer reich werden will, muß zuerst dicke Bretter bohren.

1295. Wer ein Schreiner werden will, muß auch harte Bretter bohren lernen.

1296. Bricht ein Ring, so bricht die ganze Kette.

1297. Die Welt ist nirgend mit Brettern vernagelt.

1298. Er kann durch ein Brett sehen, wenn's ein Loch hat.

1299. Briefe sind besser denn Zeugen.

1300. Die ältesten Briefe gehen vor.

1301. Kurze Briefe, viel Glaubens; lange Briefe, wenig Glaubens.

1302. Ein Brieflein wäre gut dabei.

1303. Die Brieg und die Breg
Bringen die Donau zuweg.

1304. Er bedarf keiner Brille, der wohl durch die Finger sieht.

1305. Ich will ihm eine Brille auf die Nase setzen.

1306. Dazu muß man die hölzerne Brille aufsetzen.

1307. Wer bringt, ist willkommen.

1308. Dicke Brocken geben fette Vögel.

1309. Da bring ich's, sagte Paul, und fiel damit zur Tür hinein.

1310. Es ist ein schlimmer Brocken, daran man würgen muß.

1311. Er brockt mehr ein, als zehn ausessen können.

1312. Was du einbrockst, mußt du ausessen.

1313. Brocke nicht mehr, als du essen magst.

1314. Ein Stück Brot in der Tasche ist besser als eine Feder auf dem Hut.

1315. Wer Brot hat, dem gibt (leiht) man Brot.

1316. Eigen Brot nährt am besten.

1317. Wer lange Brot ißt, der wird alt.

1318. Wer sein Brot allein ißt, muß auch sein Pferd allein satteln.

1319. Kein Mahl taugt ohne Brot.

1320. Es ist ein teures Brot, das einen Kuchen kostet.

1321. Vorgegessen Brot
Bringt Not.

1322. Vorgegessen Brot macht faule Arbeiter.

1323. Gegessen Brot soll man gedenken.

1324. Fremd Brot (Schwarzes Brot)
      Macht Backen rot.
1325. Fremd Brot schmeckt wohl.
1326. Gebetteltes Brot schmeckt süß.
1327. Brot backt man nicht ohne Mehl.
1328. Wer will werden reich,
      Schneid' das Brot fein gleich.
1329. Spar dein Brot, es kommen Eier!
1330. Wes Brot ich esse, des Lied ich singe.
1331. Die in eines Brot sind, müssen auch in seinem Besten
      sein.
1332. Man ißt so lange weißes Brot, bis man nach schwarzem
      verlangt.
1333. Man muß sich mit Brot behelfen, bis man Fleisch be-
      kommt.
1334. Wer's feine Brot vorißt, muß das grobe nachessen.
1335. Man soll ihm den Brotkorb höher hängen.
1336. Anderwärts ist auch gut Brot essen.
1337. Überall backt man das Brot im Ofen.
1338. Ungegönnt Brot macht auch satt (wird auch gegessen).
1339. Brot und Wein gibt auch eine Suppe.
1340. Das Brot sei leicht, der Käse schwer.
1341. Dazu gehört mehr als Brot essen.
1342. Der Tag ist ihm eher im Hause denn Brot.
1343. Glücklich über die Bruck
      Verlacht man Nepomuck.
1344. Von Brückengeld ist niemand frei.
1345. Gleiche Brüder, gleiche Kappen.
1346. Bruderzorn, Höllenzorn.

1347. Bruderzwist
Gar heftig ist.

1348. Brüder haben *ein* Geblüte,
Aber selten *ein* Gemüte.

1349. Bruderliebe
Sieht oft trübe.

1350. Viel Brüder
Machen schmale Güter.

1351. Je mehr der Brunnen gebraucht wird, je mehr gibt er
Wasser.

1352. Wenn der Brunnen trocken ist, schätzt man erst das
Wasser.

1353. Trinke, wenn du am Brunnen bist.

1354. Je näher dem Brunnen, je frischer das Wasser.

1355. Wenn man den Brunnen verstopfen will, muß man die
Quelle suchen.

1356. Aus kleinen Brunnen trinkt man sich ebenso satt als aus
großen.

1357. An kleinen Brunnen löscht man auch den Durst.

1358. Kleine Brunnen sind leicht erschöpft.

1359. Von lautern Brunnen fließen lautre Wasser.

1360. Wenn das Kind ertrunken ist, deckt man den Brunnen.

1361. Die Hoffnung ist in den Brunnen gefallen.

1362. Böser Brunnen, in den man das Wasser tragen muß.

1363. Wenn alle in den Brunnen springen, würdest du nach-
springen?

1364. Man bohrt leichter einen Brunnen, als daß man verfal-
lene aufdeckt.

1365. Brunze nicht gegen den Wind.

1366. Große Brüste verheißen viel und geben wenig.

1367. *Ein* Bube macht mehr Buben.

1368. Gott straft Buben mit Buben.

1369. Die Buben haben Lust zu reiten und zu kriegen,
Die Mädchen zu Docken (Puppen) und zu Wiegen.

1370. In Rams sticht der Bub die Dame.

1371. Wenn dich die bösen Buben locken, so folge ihnen nicht.

1372. Man kann Bären und Bauern zähmen, warum nicht auch böse Buben?

1373. Es macht oft ein Bube, daß sein viel fromme Leute entgelten müssen.

1374. Der Bube bleibt ein Bube auch unter dem Chorrock.

1375. Gib einem Buben eine Frau und einem Kind einen Vogel, es ist beider Schade.

1376. Bücher geben keine Handgriffe.

1377. In schönen Büchern blättert man gern.

1377a. Er liest gern in Büchern, wo man die Blätter mit dem Knie umwendet.

1377b. Er hat ein Buch durch ein Nachbarloch gesehen.

1378. Er hat drei Buchstaben auf einem Lebkuchen gegessen.

1379. Der Buchstabe tötet, der Geist macht lebendig.

1380. Hält der Buchstab dich gefangen,
Kannst du nicht zum Geist gelangen.

1381. Der Buchstabe ist ein Sklave.

1382. Drei Buchstaben machen uns eigen und frei (Eva, Ave).

1383. Dazu hat Buchholz kein Geld.

1384. Wer aus vielen Büchsen schießt, trifft selten die Scheibe.

1385. Oft ist auch eine rostige Büchse geladen.

1386. Bücken muß man sich, wenn man durch die Welt will.

1387. Bücke dich eher dreimal zuviel als einmal zuwenig.

1388. Er mag sich nicht bücken:
Ihm steckt ein Schelmenbein im Rücken.

1389. Es ist gut hinter dem Buckler fechten.

1390. Ein Büffel ist ein groß Tier, doch kann er keinen Fuchs fangen.

1391. Buhlen
Verderbt die Schulen.

1392. Buhler geben schlechte Krieger.

1393. Buhlen bauen selten große Häuser.

1394. So manches Gras aus der Erde sprießt, so manche Gefahr aus Buhlschaft.

1395. Der Buhler Zorn
Ist der Liebe Sporn.

1396. Buhlschaft
Leidet keine Gesellschaft.

1397. Buhlschaft
Ist mit Galle behaft.

1398. Buhlschaft schlägt zu den Augen heraus.

1399. Die Buhler wissen allezeit, wieviel es geschlagen hat.

1400. Bündnis macht die Schwachen stark.

1401. Mein Buhl die schönste.

1402. Wer nicht Buntge heißen will, muß keine Flecken haben.

1403. Es gibt mehr als *eine* bunte Kuh.

1404. Gleiche Bürde bricht keinem den Rücken.

1405. Leichte Bürde wird in die Länge schwer.

1406. Gleiche Bürde hält feste Freundschaft.

1407. Bürgen
Soll man würgen.

Bürger – Butter   89

1408. Bürger und Bauer
       Scheidet nichts denn die Mauer.

1409. Wenn die Bürger zu Rathaus gehen, so geht der Bauer
       vor.

1410. Wollen die Bürger mit Fürsten gehen, so müssen sie
       Geld oder Haar lassen.

1411. Einmal Bürgermeister, allzeit Bürgermeister.

1412. Wo der Bürgermeister selbst ein Beck ist, da backt man
       das Brot zu klein.

1413. Reicht der Busch dem Reiter an die Sporen,
       So hat der Bauer sein Recht verloren.

1414. Der eine klopft auf den Busch, der andre fängt den
       Vogel.

1415. Büsche haben Ohren und Felder Augen.

1416. Wer alle Büsche scheut, kommt selten zu Holze.

1417. Greif in den eignen Busen.

1418. Buße gehört auf die Sünd
       Wie die Laus in den Grind.

1419. Nicht wieder tun ist die beste Buße.

1420. Es gibt viel Büßer, aber wenig Lasser.

1421. Mancher büßt, was andere verbrochen haben.

1422. Der Büttel löst das Gebot auf, das der Amtmann
       schließt.

1423. Butter verderbt keine Kost.

1424. Butter bei die Fische!

1425. Gelbe Butter am Spunde
       Ist nicht immer gut auf dem Grunde.

1426. Das ist Butter an den Galgen.

1427. Er steht wie Butter an der Sonne.

1428. Seine Butter muß immer oben schwimmen.

1429. Es geht nichts für ein gut Butterbrot, es ist besser als den ganzen Tag gar nichts.

1430. Es will nicht buttern!

1431. Bylbrief geht vor Bodmereibrief.

C*

1432. Der Kalendermacher macht den Kalender, aber unser Herrgott das Wetter.

1433. Er macht Kalender fürs verwichne Jahr.

1434. Ein Kantor gäb' einen guten Küchenmeister.

1435. Die Kanzelei ist eines Fürsten Herz.

1436. Keine Kapelle so klein,
Des Jahrs muß einmal Kirmes drin sein.

1436a. Wo Gott eine Kapelle hat, baut der Teufel eine Kirche daneben.

1436b. Es geschieht oft, daß die Kapuziner Haarbeutel tragen.

1436c. Er weiß, wie man die Kastanien aus den Kohlen nimmt.

1437. Kastrat ist ein Kammerherr, dem man beide Knöpfe abgeschnitten und nur den Schlüssel gelassen hat.

1437a. An dem ist Chrisom und Tauf verloren.

1438. Christen und Könige sollen wissen, was sie glauben.

1439. Je frommer der Christ, je größer Kreuz.

1440. Des Christen Herz auf Rosen geht,
Wenn's mitten unterm Kreuze steht.

---

* Zur Schreibung C/K siehe Seite 19.

Christus – Kollege 91

1441. Christus hat viel Diener, aber wenig Nachfolger.

1442. Wer Christo nachfolgt, der kommt an den Galgen.

1443. Christen sind dünn gesät.

1444. Christentum vererbt sich nicht.

1445. Christus wird noch täglich gekreuzigt.

1446. Christus läßt wohl sinken,
      Aber nicht ertrinken.

1447. Christus ist unser Fleisch und wir sein Gebein.

1448. Christentum ein ewiger Feiertag.

1449. Antichristus kann Christum nicht predigen.

1450. Christen haben keine Nachbarn.

1451. Wir haben ein ganz ander Christentum als Christus.

1452. Was nicht nimmt Christus,
      Das nimmt Fiskus.

1453. Der Edelleute Feste fallen selten in den Christmond.

1454. Ist es Corporis Christi klar,
      Bringt es uns ein gutes Jahr.

1455. Wenn's dem Herrn Christus ins Grab regnet, gibt's
      einen trockenen Sommer.

1455a. Helle Christnacht, finstre Scheuer,
       Finstre Christnacht, helle Scheuer.

1456. Chresdag an der Dühr,
      Ostern öm et Für.

1457. Grüner Christtag, weiße Ostern.

1458. Er hat einen Christoffel, der ihn übers Wasser trägt.

1459. Die Herren von der Klerisei
      Versalzen uns gar oft den Brei.

1460. He is van Clev,
      He hätt lever alt dat he geef.

1461. Vor einem Kollegen behüt' uns der liebe Herrgott.

1462. Kumpanei
Ist Lumperei.

1463. In Komplimenten ist Sparsamkeit höflich.

1464. Laß dich ein auf Kompromiß,
So verlierst du gewiß.

1465. Keine schönere Konkordanz, denn so Herz und Mund
zusammenstimmen.

1466. Concilium hin, Concilium her,
Ist's Menschenlehr, so gilt's nicht mehr.

1467. Mein Vater ist der Höchste in Konstanz, sprach die
Tochter des Turmwarts.

1468. Konstanz das größte, Basel das lustigste, Straßburg das
edelste, Speyer das andächtigste, Worms das ärmste,
Mainz das würdigste, Trier das älteste, Köln das
reichste Hochstift.

1469. General oder gar Korporal.

1469a. Ein schlechter Korporal, der nicht denkt General zu
werden.

1470. Cras, cras ist der Raben Sang.

1471. Kredit ist besser denn bar Geld.

1472. Wer den Kredit verloren hat, der ist tot für die Welt.

1473. Er stirbt sine lux sine crux.

D

1474. Putzen wollen alle den Dacht (Docht), aber keiner will
Öl zugießen.

1474a. Dachten sind keine Lichter.

Daheim – Dank 93

1475. Daheim bin ich König.

1476. Daheim,
Geheim.

1477. Daheim ist *ein* Mann zwei.

1478. Ost und West,
Daheim das Best.

1479. Daheim muß man bewandert sein.

1480. Draußen hundert Augen, daheim ein Maulwurf.

1481. Der Weise ist daheim, wohin der Wind ihn weht.

1482. Daheim ist gut gelehrt sein.

1483. Daheim gilt unser Kreuzer einen Batzen.

1484. Daheim erzogen Kind
Ist in der Fremde wie ein Rind.

1485. Was einer daheim hat, das braucht er nicht außen zu suchen.

1486. Der Fisch ist gern im Wasser, der Vogel in der Luft, das brave Weib daheim.

1487. Eine Mühle, die nicht umgeht, ein Backofen, der nicht heizt, und eine Mutter, die nicht gerne daheim ist, sind unwert.

1488. Wer die Dame berührt, muß des Spieles pflegen.

1489. Danken kostet nichts und gefällt Gott und Menschen wohl.

1490. Wenn Danken einen Batzen kostete, behielt' es mancher zurück.

1491. Dankbar sein
Bricht kein Bein.

1492. Dankbarkeit gefällt,
Undank haßt die ganze Welt.

1493. Mit Dank hab' schmalzt man keine Suppe.

1494. Von leerem Dank
Wird die Küche mank.

1495. Was du mit Gelde nicht bezahlen kannst, bezahle
wenigstens mit Dank.

1496. Später Dank, schlechter Dank.

1497. Wo ich aß und nicht trank,
Da weiß ich keinen Dank.

1498. Er darbt's am Halse und frißt's selber.

1499. Es gehen viel Wege nach Darbstett und Mangelburg.

1500. Einmal müssen wir alle dran.

1501. Lieber leeren Darm
Als müden Arm.

1502. Lieber einen Darm im Leibe gesprengt,
Als dem Wirt ein Tröpfchen geschenkt.

1503. Darna einer deit,
Darna idt im geit.

1504. Darnach es mich ansieht, darnach tu ich.

1505. Darnach ward's Tag.

1506. Worauf einer sein Datum setzt, das lernt er.

1507. Wenn's gehen soll, muß man den Daumen rühren.

1508. Er hat, was vor dem Daumen hergeht.

1509. Er hat die Gicht im Daumen.

1510. Ich kann mit dem Daumen nicht mehr so recht nach-
kommen.

1511. Er hält ihm den Daumen.

1512. Daus Eß hat nichts,
Sechs Zink gibt nichts,
Quatuor drei
Helfen frei.

1513. Daus Eß, hast du mein Pferd nicht gesehen?

1514. Wer davor ist, muß hindurch.

Decke – Denken 95

1515. Man muß sich strecken
Nach der Decken.

1516. Ist die Decke über den Kopf, so sind die Eheleute gleich reich.

1517. Jeder Degen hat seine Scheide.

1518. Ein anderes ist der Degen, ein anderes die Feder.

1519. Jeder Degen hat seine Scheide, aber nicht jede Scheid ihren Degen.

1520. Es gibt mehr Scheiden als Degen.

1521. Wenn die Scheide nicht will, kann der Degen nicht hinein.

1522. Hast du ein Schwert, so hab ich einen Degen.

1523. Man soll einen Degen sechzig Jahre lang tragen um einer einzigen bösen Stunde willen.

1524. Was nicht dein ist, lasse liegen.

1525. Auf deine Weise magst du essen, aber auf anderer Leute Art mußt du dich kleiden.

1526. Deinetwegen wird kein Ochse kalben.

1527. Demut
Ist zu allen Dingen gut.

1528. Demut ist eine Mutter der Ehre.

1529. Kein Gewand kleidet schöner als Demut.

1530. Demut, diese schöne Tugend,
Ziert das Alter wie die Jugend.

1531. Zuviel Demut ist Hochmut.

1532. Besser demütig gefahren als stolz zu Fuß gegangen.

1533. Denk nicht daran, so tut's nicht weh.

1534. Ich denk's, sagt Faulenz, möcht er nicht ja sagen.

1535. Ich denke mein Teil.

1536. Er denkt länger als seine Mutter.

1537. Er denkt drei Meilen hinter Gott.

1538. Er denkt noch, daß St. Peter in die Schule gegangen.

1539. Denk auf den alten Mann.

1540. Man muß immer weiter denken, als man kommt.

1541. Um Denken
Kann man keinen kränken.

1542. Was ich denk und tu,
Trau ich andern zu.

1543. Denk nichts, was nicht alle Leute wissen dürfen,
Rede nichts, was nicht alle Leute hören dürfen,
Tu nichts, was nicht alle Leute sehen dürfen.

1544. Es ist viel an einem guten Deuter gelegen.

1545. Deutscher Mann, Ehrenmann.

1546. Gott läßt keinen Deutschen verderben.

1547. Gott verläßt keinen Deutschen: hungert ihn nicht, so
dürstet ihn doch.

1548. Wer im Krieg will Unglück han,
Fang es mit den Deutschen an.

1549. Die Deutschen kriegen mit Eisen, nicht mit Gold.

1550. Deutscher Sinn ist Ehrenpreis,
Deutsches Herz Vergißmeinnicht,
Deutsche Treue Augentrost.

1551. Nicht zu starr und nicht zu zart
Ist so deutscher Schlag und Art.

1552. Deutsch und gut.

1553. Das beste Deutsch ist, das von Herzen geht.

1554. Wenn ich nicht das liebe bißchen Deutsch könnte, so
könnt' ich nichts.

1555. Was macht der Deutsche nicht fürs Geld?

1556. Sorg für dich
Und dann für mich.

Dich – Dieb

1557. Sieh erst auf dich und die Deinen,
Dann schilt mich und die Meinen.

1558. Blick erst auf dich,
Dann richte mich.

1559. Wie dir um mich
Ist mir um dich.

1560. Nicht alle können dichten,
Doch wollen alle richten.

1561. Dichten und Malen sind freie Künste.

1562. Reimschmiede genug, aber wenig Dichter.

1563. Dicktun ist mein Reichtum, zwei Pfennige mein Vermögen.

1564. Dicktun ist mein Leben; Bruder, leih mir einen Sechser.

1564a. Es geht nicht wie bei der Äpfelfrau, daß man sich den dicksten heraussucht.

1565. Kleine Diebe hängt man, große läßt man laufen.

1566. Kleine Diebe hängt man ins Feld,
Die großen ins Geld.

1567. Ein kleiner Dieb an Galgen muß,
Von großen nimmt man Pfennigsbuß.

1568. Kleine Diebe hängt man, vor großen zieht man den Hut ab.

1569. Kleine Diebe hängt man an den Galgen, die großen an goldene Ketten.

1570. Große Diebe hängen die kleinen.

1571. Der Dieb meint, sie stehlen alle.

1572. Jeder ist ein Dieb in seiner Nahrung.

1573. Ein jeder Dieb
Stiehlt Frauenlieb.

1574. Zeitiger Dieb verrät sich selbst.

98   *Dieb*

1575. Wenn der Dieb zum Galgen zeitig ist, so bringt er den
      Strang selbst mit.

1576. Einen zeitigen Dieb erläuft ein hinkender Scherge.

1577. Wer einmal stiehlt, heißt allzeit Dieb.

1578. Den Dieb soll man henken,
      Die Hur ertränken.

1579. Dem Diebe will kein Baum gefallen, daran er hänge.

1580. Einem Diebe ist nicht gut stehlen.

1581. Nicht alle sind Diebe, die der Hund anbellt.

1582. Schält' ein Dieb den andern Dieb,
      Das wäre den Nachbarn lieb.

1583. Wenn sich zwei Diebe schelten, so kriegt ein ehrlicher
      Mann seine Kuh wieder.

1584. Wohin der Dieb mit dem Strang,
      Dahin gehört der Hirsch mit dem Fang.

1585. Ein Dieb hat viel Rechts.

1586. Ein Dieb ist nirgend besser als am Galgen.

1587. Wäre kein Dieb, so wäre kein Galgen.

1588. Es gibt mehr Diebe als Galgen.

1589. Hing' man alle Diebe heuer,
      Die Galgen würden teuer.

1590. Bedarf man eines Diebes, so nehme man ihn vom Gal-
      gen; hat man ihn gebraucht, so henke man ihn wieder
      dran.

1591. Wer einen Dieb laufen läßt, den fängt man an seiner
      Statt.

1592. Wenn der Dieb sich nähren (retten) möchte, käm' er
      nicht an den Galgen.

1593. Junger Dieb, alter Galgenschwengel.

1594. Man hängt keinen Dieb, eh man ihn hat.

1595. Er zög' einem Dieb die Hosen vom Galgen aus, wie Kunz Zwerg.

1596. Kommt der Dieb zum Eide
Und der Wolf zur Heide,
Gewonnen Spiel für beide.

1597. Kluger Dieb hält sein Nest rein.

1598. Ein Dieb stiehlt sich selten reich.

1599. Sie verstehen einander wie Diebe beim Jahrmarkt.

1599a. Getreuer Diener ist ein verborgner Schatz.

1599b. Treuem Diener spart Gott den Dank zusammen.

1600. Getreuen Dienst lohnt Gott.

1601. Guter Dienst bleibt unverloren.

1602. Getreuen Diener findet man nicht auf dem Trödel-markt.

1603. Was man einem treuen Diener gibt, ist alles zuwenig, was man einem untreuen gibt, alles zuviel.

1604. Wenn der Diener reich wird und der Herr arm, so taugen beide nichts.

1605. Alte Diener, Hund und Pferd
Sind bei Hof in gleichem Wert.

1606. Der Diener Ehre, der Herren Ehre.

1607. Wer vernünftig gebieten kann, dem ist gut dienen.

1608. Diener sind wie Rechenpfennige: wie sie der Herr legt, so gelten sie.

1609. Dienst um Dienst ist keine Kuppelei.

1610. Dienst wird um Dienst zu Haus geladen.

1611. *Ein* Dienst ist des andern wert.

1612. Dienst um Geld
Ist Welt.

1613. Geld um Dienst ist nicht dankenswert.

Dienen – Dingen

1614. Wer dient, ist so gut, als wer lohnt.

1615. Es ist keiner so groß, er braucht Dienste.

1616. Gezwungner Dienst hat keine Kraft.

1617. Ungebetner Dienst hat keinen Dank.

1618. Angebotner Dienst ist unwert (halb umsonst).

1619. Angebotner Dienst ist henkenswert.

1620. Saurer Dienst, kleiner Gewinn.

1621. Lebe für dich:
Dienst hat Müh auf sich.

1622. Wer keinem Herrn dient, ist halber Herr.

1623. Wer sein selbst sein kann, diene keinem.

1624. Niemand wird zu dienen gedrungen, der zu sterben bereit ist.

1625. Dienstjahre sind keine Herrenjahre.

1626. Es ist eine Schande, lange dienen und doch ungeschickt bleiben.

1627. Diez verläßt sich auf den Kiezen,
Kiez verläßt sich auf den Diezen.

1628. Jedes Ding hat zwei Seiten.

1629. All Ding ist nur eine Weile schön.

1630. Es ist ein Ding, wie man es achtet.

1631. Könnte man jedes Ding zweimal machen,
So stünd' es besser um alle Sachen.

1632. Wer alle Dinge wüßte, würde bald reich.

1633. Es geht nicht mit rechten Dingen zu.

1634. Die Dinge scheinen,
Die Menschen meinen.

1635. Ein jeder dingt so genau, als er kann.

1636. Genau gedungen und richtig bezahlt.

Dingen – Donnern

1637. Was hilft genau gedingt,
Wenn man das Geld nicht bringt?

1638. Was hilft Dingen, wenn man nicht kaufen kann?

1639. Wer in Dinkel fällt, kommt staubig heraus.

1640. Das Dintenfaß steht auf des Kaisers Tisch.

1641. Man disputiert mehr über die Schale als über den Kern.

1642. Disteln sind des Esels Salat.

1643. Disteln tragen keine Trauben.

1644. Ein Doktor und ein Bauer wissen mehr denn ein Doktor alleine.

1645. Mit einem Fischerbuben von neun Jahren ist besser über den Rhein fahren als mit einem Doktor von siebzig.

1646. Ein Doktor kann wohl ein Narr, aber ein Narr kein Doktor sein.

1647. Es fällt kein Doktor vom Himmel.

1648. Es sind nicht alle Doktoren, die rote Hüte tragen.

1649. Habe den Doktor zum Freund und den Apotheker zum Vetter, sterben mußt du doch.

1650. Er ist Doktor, sie ist Meister.

1651. Dohlen hecken keine Tauben.

1652. Donau und Rhein fließen nicht zusammen.

1653. Die Donau ist noch nicht verbrennt.

1654. Auf Donner folgt gern Regen.

1655. Den Sommer schändet kein Donnerwetter.

1656. Früher Donner, später Hunger.

1657. Donner im Winterquartal
Bringt Eiszapfen ohne Zahl.

1658. Es schlägt nicht immer ein, wenn es donnert.

1659. Donnerleder! sagte der Bauer, der die vierzehn Nothelfer angerufen hatte, weil er nicht auf sein Pferd konnte: Donnerleder, daß sie auch alle vierzehn kommen mußten! da war er von der andern Seite wieder herabgefallen.

1660. Doppelt genäht hält gut.

1661. Auf dem Dorf ist gut predigen.

1662. Wenn das Dorf brennt, so steht des Pfaffen Haus in Rauch.

1663. Im Dorfe Frieden ist besser als Krieg in der Stadt.

1664. Dörfer haben auch Weichbild.

1665. Kein Dorf so klein, es hat jährlich seine Kirmes.

1666. Der viel Dörfer hat, ist edel.

1667. Leichter ein Dorf vertan als ein Haus erworben.

1668. Ich komme doch noch ins Dorf, sagt der Wolf.

1669. Unter Dornen wachsen Rosen.

1670. Daß man der Dornen acht',
Haben die Rosen gemacht.

1671. Fürchte nicht der Dornen Stechen,
Willst du schöne Rosen brechen.

1672. Dorn und Disteln stechen sehr,
Falsche Zungen noch viel mehr.

1673. Besser in Dorn und Disteln baden
Als mit falschen Zungen sein beladen.

1674. Ein Dorn sticht, ein Degen durchbohrt.

1675. Von Dornen kann man keine Trauben lesen.

1676. Was ein Dorn werden will, spitzt sich früh.

1677. Unter den Dornen leg Schuh an.

1678. St. Dorothee
Bringt den meisten Schnee.

Dost – Dreck 103

1678a. Dost, Harthau und weiße Heid
Tun dem Teufel viel Leid.

1679. Besser einen Dotter als die eitle Schale.

1680. Langer Draht
Gibt eine faule Naht.

1681. Draußen Ruhm erlangen bedarf Schnaufens.

1682. Von Dräuen stirbt man nicht.

1683. Wer von Dräuen stirbt, den soll man mit Eselsfürzen zu
Grabe läuten.

1684. Es ist dir gedroht wie einer fetten Gans.

1685. Wer droht,
Macht dich nicht tot.

1686. Die einem drohen, wollen einem nichts tun.

1687. Wer droht, warnt.

1688. Die besten Feinde sind, die zuvor drohen.

1689. Mancher droht und zittert vor Furcht.

1690. Bedrohter Mann lebt dreißig Jahr.

1691. Dreck muß den Misthaufen mehren.

1692. Je mehr man den Dreck rührt, je mehr stinkt er.

1692a. Was soll der Dreck als stinken!

1693. Wer den Dreck rührt, muß ihn auch riechen.

1694. Verrochnen Dreck soll man nicht rütteln.

1695. Der hat seinen Dreck nicht weggetan, der ihn unter sein
Fenster fegt.

1696. Das heißt dem Dreck eine Ohrfeige geben.

1697. Wenn der Dreck Mist wird, will er gefahren sein.

1698. Er denkt nicht, daß Dreck sein Vetter ist.

1699. Dreckdorf,
Speckdorf.

104   *Dreck – Drescher*

1700. Wenn es schneit in den Dreck,
      So friert es, daß es bäckt.

1701. Wenn es friert in den Dreck,
      Ist der Winter ein Geck.

1702. Schneit es in den Dreck,
      So geht man drüber weg.

1703. Aller guten Dinge sind drei.

1704. Drei ist uneben.

1705. Das dritte Haupt trägt schwer.

1706. Was dreie wissen, erfahren bald dreißig.

1707. Was zweien zu weit, ist dreien zu enge.

1708. Dreie leben friedlich, wenn zweie nicht daheim sind.

1709. Behüt' euch Gott vor drei Gabelstichen, sie machen
      neun Löcher.

1710. Dreimal ist Bubenrecht.

1711. Gib dem Buben einen Dreier und tu es selbst.

1711 a. Hier ist ein Dreier: kauf dir einen Strick.

1712. Dreitägiger Gast
      Ist eine Last.
      Dreitägiger Fisch
      Taugt nicht zum Tisch.

1713. Drei Dinge sind nicht zu ermüden: ein Knab auf der
      Gassen, ein Mädchen beim Tanz, ein Pfaff im Opfer.

1714. Drei Dinge tragen, was man ihnen auflädt: eines Weibs-
      bild Kopf, eines Esels Rücken, eines Mönchs Ge-
      wissen.

1715. Dem Dreisten und dem Schalk gib gleiches Stück.

1716. Wenn die Drescher Feierabend haben, liegen die Flegel
      auf dem Tisch.

1717. Dem Drescher gehört ein Flegel in die Hand.

Dreschen – Dürre   105

1718. Wenn man ihm rufet: drisch!,
      Versteht er gern: zu Tisch.

1719. Heimlicher Druck ist unerträglich.

1720. Halt *du* dich wohl, ich kann es nicht.

1721. Dukaten werden beschnitten, Pfennige nicht.

1722. Duck dich, Seel, es kommt ein Platzregen!

1723. Dulden und Hoffen ist der Christen Losung.

1724. Dulden, Schweigen, Lachen
      Hilft viel bösen Sachen.

1725. Je dummer der Mensch, desto größer das Glück.

1726. Hans kommt durch seine Dummheit fort.

1727. Die Dümmsten
      Sind überall die Schlimmsten.

1728. So dumm als ein Hinterviertel vom Schafe.

1729. Zuviel Dünger düngt nicht wohl.

1730. Im Dunkeln
      Ist gut munkeln,
      Aber nicht gut Flöhe fangen.

1731. Dünkel geht auf Stelzen.

1732. Meister Gutdünkel ist aller Ketzerei Großvater.

1733. Wo Dünkel über den Augen liegt, da kann kein Licht
      hinein.

1734. Laßdünken macht den Tanz gut.

1735. Am Dünken und gespannten Tuch geht viel ein.

1736. Wer ein Ding anfängt mit Dünken, dem geht es aus mit
      Reuen.

1737. Dünn geschlagen ist bald geschliffen.

1738. Auf ein schief Düppen gehört ein schiefer Deckel.

1739. Dürr Holz unten im Feuer frißt das grüne oben auf.

1740. Nach großer Dürre großer Regen.

1741. Dürr und gesund
Läuft hindurch wie ein Jägerhund.

1742. Im Dustern
Ist gut schmustern.

1743. Im Düstern ist gut flüstern, aber nicht gut Flöhe
fangen.

1744. Im Düstern maust die Katz am besten.

1745. Quidvives em Düstern, halt de Pörk em Dag öm.

1746. Durst kommt von Dürre.

1747. Durst ist der beste Kellner.

1748. Durst macht aus Wasser Wein.

1749. Man sagt wohl von vielem Saufen, aber nicht von großem Durst.

1750. Wer nicht Wasser mag, den dürstet nicht.

1751. Wer nicht dürstet, ist dem Durstigen hart.

1752. Du bist von Düttichheim, da die Tannenzapfen
wachsen.

E

1753. So eben wie der Weg über den St. Gotthard.

1754. Es ist eben Vieh wie Stall, Gurr wie Gaul, Mann wie
Roß, Deckel wie Hafen, Maul wie Salat.

1755. Im Kloster Ebrach liegt der Teufel und seine Mutter
begraben.

1756. Der getreue Eckart warnt jedermann.

1757. Edel macht das Gemüt,
Nicht das Geblüt.

1758. Edel ist, der edel tut.

1759. Edel sein ist gar viel mehr
Als adlig von den Eltern her.

1760. Geburt macht nicht edel.

1761. Wer edle Taten tut,
Der ist edel Blut.

1762. Der ist recht edel in der Welt,
Der Tugend liebt und nicht das Geld.

1763. Edel werden ist viel mehr
Als adlig sein von Eltern her.

1764. Geh ins Beinhaus
Und lies eines Edelmanns Kopf heraus.

1765. Edelleute
Schlüpfen oft in Bubenhäute.

1766. Wenn man manchem Edelmann die Bauernader auf-
schnitte, müßte er sich zu Tode bluten.

1767. Gut edel, Blut arm.

1768. Er ist der erste Edelmann von seinem Geschlecht.

1769. Da man schrieb der Edel und Fest,
Da stund die Sach am allerbest;
Da man schrieb Hochgeboren,
Da war Hopf und Malz verloren.

1770. Wo Edelleute sind, da sind auch Hasen.

1771. Man lasse den Edelleuten ihr Wildbret, den Bauern ihre
Kirmes und den Hunden ihre Hochzeit, so bleibt
man ungerauft.

1772. Hast du einen Edelmann zum Meier,
So bekommst du weder Zinsen, Hühner noch Eier.

1773. Der Edle zürnt nicht lange.

1774. Ein Edelstein gilt so viel,
Als ein reicher Narr dafür geben will.

1775. Der Egel läßt nicht ab, er sei denn Blutes voll.

1776. Was die Egge bestrichen und die Hacke bedecket, das
       folgt dem Erbe.

1777. Graf Ego baut den Acker wohl und hat schöne Pferde.

1778. Was geht das Graf Ego an?

1779. Gezwungene Ehe,
       Des Herzens Wehe.

1780. Ehestand,
       Ehrenstand.

1781. Ehestand ist der heiligste Orden.

1782. Wer entbehrt der Ehe,
       Lebt weder wohl noch wehe.

1783. Wie wohl und wie wehe
       Wird manchem in der Ehe!

1784. Die Ehe ist Himmel und Hölle.

1785. Selten wohl und allzeit wehe
       Ist das täglich Brot der Ehe.

1786. Ehestand,
       Wehestand.

1787. Früh Eh,
       Früh Weh.

1788. Ehestand ist kein Geschleck.

1789. Die Ehen werden im Himmel geschlossen, und die Tor-
       heiten auf Erden begangen.

1790. Haben Ehleut *einen* Sinn,
       So ist das Unglück selbst Gewinn.

1790a. Solcher Ehmann ist der best,
        Der 's Herz bei der Frauen läßt.

1791. Gesellentreue nicht besteht,
       Ehweibs Treu über alles geht.
       Brüder und Mütter lieben sehr,
       Aber ein Ehweib noch viel mehr.

Ehstand – Ehre 109

1792. Viel Gaben
Muß der Ehstand haben.

1793. In der Ehe mag kein Frieden sein,
Regiert darin das Mein und Dein.

1794. Aus dem Ehbett soll man nicht schwatzen.

1795. Sollten alle Ehebrecher graue Röcke tragen, so würde
das Tuch teuer.

1796. Ehre, dem Ehre gebührt.

1797. Ehr
Ist zu hüten schwer.

1798. Je mehr Ehr,
Je mehr Beschwer.

1799. Ehren
Beschweren;
Würden
Sind Bürden.

1800. Zu große Ehre ist halbe Schande.

1801. Übrige Ehr ist halbe Schande.

1802. Ehre vor der Welt ist Schaden im Beutel.

1803. Zu Ehren soll man nichts sparen.

1804. Was man zu Ehren erspart, das führt der Teufel sonst
hin.

1805. Ehr und Geld
Treibt alle Welt.

1806. Ehre macht Künstler.

1807. Geld verloren, nichts verloren,
Mut verloren, viel verloren,
Ehre verloren, alles verloren.

1808. Verloren Ehr
Kehrt nimmermehr.

1809. Ehre, Glauben, Augen vertragen keinen Spaß.

1810. Wenn die Ehre einen Riß bekommt, so klafft sie.

1811. Ein Riß in die Ehr
Heilt nimmermehr.

1812. Ehr und Eid
Gilt mehr als Land und Leut.

1813. Ehre geht doch billig vor Gut.

1814. Ehre und Hoffart sind Zwillinge.

1815. Ehre ist der Tugend Schatten.

1816. Ehre ist der Tugend Lohn.

1817. Eine Ehre ist der andern wert.

1818. Wenn mancher Mann wüßte, wer mancher Mann wäre,
Tät' mancher Mann manchem Mann manchmal mehr
Ehre.

1819. Ehre geht den Ehren vor.

1820. Wer zu Ehren kommen will, muß zuvor leiden.

1821. Eitle Ehr ertrinkt bald.

1822. Eitel Ehr überlebt den dritten Tag nicht.

1823. Eitel Ehr
Ist ein bös Geschwär.

1824. Eitel Ehr ist fahrende Hab,
Heute lieb, morgen schabab.

1825. Ehre folgt dem, der sie flieht, und flieht den, der sie
jagt.

1826. Flieh Ehre, so läuft sie dir nach.

1827. Die sich oft der Ehre wehren,
Wollen sich der Ehre näh'ren.

1828. Viel Demütige fliehen scheinbar die Ehre, wünschen
aber nichts mehr, als daß man sie damit jagte.

1829. Wächst die Ehre spannenlang,
Wächst die Torheit ellenlang.

1830. Ehr und Lohn machen getreue Diener.

Ehre – Ehrlich 111

1831. Es ist keine Ehre, so man im schlimmen Wege vorangehen muß.

1832. Wer Ehre verdient, hat sie nicht, und wer sie hat, verdient sie nicht.

1833. Wer mich nicht ehren will, lasse mich ungelästert.

1834. Wer seine Ehre zum Pfande setzt, dem ist übel borgen.

1835. Ehrenworte binden nicht.

1836. Ehrenwort ist drum kein wahr Wort.

1837. Ehrgeiz lebt vom Wind.

1838. Ehrhunger ist auch ein Hunger.

1839. Ehrkauf,
Reukauf.

1840. Ehrsucht,
Ehrflucht.

1841. Ehrbar stolz ist neunmal stolz.

1842. Ehrbar und fromm dringt durch die Wolken, das andre
muß zurückbleiben.

1843. Ehrlich währt am längsten.

1844. Ehrlich währt am längsten,
Schuftig lebt in Ängsten.

1845. Ehrlich währt ewig.

1846. Ehrlich oder tot.

1847. Ehrlich macht reich, aber langsam geht's her.

1848. Ehrlich scheut kein Licht.

1849. Wer ehrlich ist, braucht nicht viel Heimlichkeit.

1850. Wer sich ehrlich will ernähren,
Muß viel flicken und wenig zehren.

1851. Zwischen ehrlichen Leuten bedarf's keiner Rechnung.

1852. Lieber zehn ehrlich machen als *einen* zum Schelm.

1853. Besser ehrlich gestorben
Als schändlich verdorben.

1854. Ehrliche Leute, aber schlechte Musikanten.

1855. Der Mann ist ehrenwert,
Der alle Dinge zum Besten kehrt.

1856. Besser gutlos denn ehrlos.

1857. Besser gottlos denn ehrlos.

1858. Jedem ein Ei,
Dem braven Schweppermann zwei.

1859. Besser ein halbes Ei als gar keins.

1860. Besser halb Ei als eitel Schale.

1861. Besser heut ein Ei als morgen ein Küchlein.

1862. Ein faules Ei
Verderbt den ganzen Brei.

1863. Faule Eier und stinkende Butter gehören zusammen.

1864. Wer viel Eier hat, der macht viel Schalen.

1865. Ein Ei geht in vierundzwanzig Stunden durch drei
Leiber.

1866. Man wirft nicht mit Eiern nach Sperlingen.

1867. Man gibt nicht viel Goldes um ein Ei.

1868. Auf ein Ei gehört ein Trunk,
Auf den Apfel ein Sprung.

1869. Wer viel Eier hat, backt viel Kuchen.

1870. Eier in der Pfanne geben Kuchen, aber keine Kücken.

1871. Aus gebratenen Eiern kommen keine Hühner.

1872. Kümmre dich nicht um ungelegte Eier.

1873. Ungelegte Eier geben ungewisse Küchlein.

1874. Aus ungelegten Eiern werden spät junge Hühner.

1875. Bös Ei, bös Küchlein.

1876. Das Ei will klüger sein als die Henne.

Ei – Eid 113

1877. Er wartet des Eis und läßt die Henne fliegen.

1878. Seine Eier sollen mehr gelten als andrer Leute Hühner.

1879. Er legt gern Eier in Andermanns Nester.

1880. Er kann Pferdeeier essen, wo unsereins mit Hühnereiern vorlieb nehmen muß.

1881. Haben wir nicht Eier, so braten wir das Nest.

1882. Wer Eier unter den Füßen hat, muß leise auftreten.

1883. Wenn Gott die Eier zerbrechen will, so setzt er Narren darüber.

1884. Wenn man einen Wagen mit Eiern umwirft, so kann man die ganze Zahl nicht mehr zusammenbringen.

1885. Man darf die Eier nicht wannen, man ißt sie wohl mit dem Staube.

1886. Alte Eier,
Alte Freier,
Alter Gaul
Sind meistens faul.

1887. Seine Eier haben allzeit zwei Dotter.

1888. Ei ist Ei, sagte der Küster, aber *er* nahm das Gänsei.

1889. Auf Eiern tanzen und mit Weibern umgehen muß gelernt werden sieben Jahr und einen Tag.

1890. Man muß mit ihm umgehen wie mit einem weichen Ei.

1891. Dat sall wahl wat heschen, sädd et Niklöschen, do feel et met der Röz Eier den Hartberg heraf.

1891a. Tu den Eierkuchen unter dem Arm hinweg.

1892. Es fällt keine Eiche
Vom ersten Streiche.

1893. Den Eichbaum vor die Stadt, Eichenlaub stinkt.

1894. Braune Eicheln die besten.

1895. Eid macht mündig.

1896. Gezwungner Eid
Ist Gott leid.

1897. Der Eid ist ein End alles Haders.

1898. Lieber Land und Leut verloren
Als einen falschen Eid geschworen.

1899. Eid schwören ist nicht Rüben graben.

1900. Stäch' ein Eid wie ein Dorn,
Es würde nicht so viel geschworn.

1901. Wer einen Eid bricht, lästert Gott.

1902. Die Hand, so den Eid aufnimmt, kann ihn auch er-
lassen.

1903. *Ein* Eid hebt den andern auf.

1904. Du magst nicht mit *einer* Tochter zwei Eidame machen.

1905. Blinder Eifer schadet nur.

1906. Ohne Eifersucht keine Liebe.

1907. Eifersucht ist eine Leidenschaft,
Die mit Eifer sucht, was Leiden schafft.

1908. Wohl dem, der sich mit Ehren
Am eignen Herd mag nähren.

1909. Eigen Herd
Ist Goldes wert;
Ist er gleich arm,
Hält er doch warm.

1910. Eigen Feuer kocht wohl.

1911. Eigen Nest
Hält wie Mauer fest.

1912. Eigen Kohl
Schmeckt wohl.

1913. Wir verachten das Eigne und lieben das Fremde.

Eigene – Eigenwille

1914. Eigne Hühner, teure Eier,
Eigne Glocken, teu'r Gebeier,
Eigne Pferde, teure Fracht,
Eigne Hunde, teure Jagd.

1915. In eigener Sache ist niemand klug.

1916. Wer sein eigner Herr kann sein,
Geh' keinen Dienst bei Herren ein.

1917. Guck in dein eigen Häfelein.

1918. Sieh in dein eigen Spiel.

1919. Eigenliebe
Weckt des Hasses Triebe.

1920. Eigenlieb
Ist niemand lieb.

1921. Eigenliebe
Macht die Augen trübe.

1922. Eigenlieb
Ist ein Dieb.

1923. Eigennutz,
Ein schlechter Putz.

1924. Gottes Wort wär' nicht so schwer,
Wenn nur der Eigennutz nicht wär'.

1925. Eigennützig,
Keinem nützlich.

1926. Eigenruhm ist scheltenswert.

1927. Eigenruhm ist Neides Same.

1928. Eigenruhm steht niemand wohl an denn dem Alter.

1929. Sei nicht eigensinnig wie Hans, der sollte an den Galgen
und wollte nicht.

1930. Er ist eigen wie Johann Fink, der wollte nicht am Pranger stehen.

1931. Eigenwille brennt in der Hölle.

1932. Eil
Bringt im Kriege Heil.

1933. Eile
Bringt Weile.

1933a. Eile
Mit Weile.

1934. Eilesehr brach den Hals.

1935. Wer zu sehr eilt, kommt langsam heim.

1936. Eile tut nicht gut, sagte jene Magd und brach ein Bein über einem Strohhalm, als sie vier Wochen war aus gewesen zur Kirmes.

1937. Wer zu sehr eilt, wird langsam fertig.

1938. Nichts übereile,
Gut Ding will Weile.

1939. Eilen
Verführt die Eulen.

1940. Eilte der Hund nicht, so bräct' er nicht blinde Jungen zur Welt.

1941. *Ein* Gott, *ein* Rock, *ein* Weib.

1942. Besser *ein* Übel als zwei.

1943. Hab *einen* Pfennig lieb wie vier,
Fehlt dir's an Wein, so trinke Bier.

1944. Für *ein* gut Stück am Menschen soll man fünf böse abrechnen.

1945. Auf *einem* Beine steht (geht) man nicht.

1946. Eine Stunde nach zwölf ist es eins, was man tue.

1947. Eines Mannes Rede ist keine Rede,
Man soll sie billig hören beede.

1948. Was dem einen recht ist, ist dem andern billig.

1949. Der *einen* beleidigt, dräut vielen.

1950. Wer *einen* erwürgt, darf zehn ermorden.

1951. Eines Mannes wegen bleibt kein Pflug stehen.

1951a. Einer kann nicht alles.

1952. Ein Mann, kein Mann.

1953. Ein Mann kann keinen Tanz machen.

1954. Der eine sät, der andre schneidet.

1955. Der eine gibt mir Geld, der andre bezahlt mich.

1956. Einer läßt sich einessen und einarbeiten.

1957. Liegt einer im Bette bei einer im Kloster,
So beten sie schwerlich ein Paternoster.

1958. Man soll das eine tun und das andre nicht lassen.

1959. Man muß das ein und andre sagen.

1960. Eins nach dem andern, so wird man kahl.

1961. Eins nach dem andern, so ißt der Bauer seine Wurst.

1962. Eins ums andre, nichts umsonst.

1963. Einem wie dem andern, so geschieht keinem Unrecht.

1964. Man muß eins ins andre rechnen.

1965. Eins macht keins.

1966. Eins macht keins, was sich aber paart, das dreit sich gern.

1967. Eins ist besser denn uneins.

1968. Was einem zu weit ist, ist dreien zu eng und nur zweien gerecht.

1969. Einen für einen, so fängst du sie alle.

1970. Wir ziehen alle an *einem* Joche.

1971. Wir ziehen alle *ein* Seil.

1972. Wir gehen durch *ein* Tor in die Kirche.

1973. Ich und du tragen Wasser an *einer* Stange.

1974. Unsere Kleider sind von einerlei Faden.

1975. Wir haben nicht alle *einen* Kopf, sonst müßten wir alle *einen* Hut haben.

118   *Eine – Einmal*

1976. Hat er keine, so will er verzagen,
      Hat er eine, so ist er geschlagen.

1977. Ein Pfennig in der Sparbüchse macht mehr Gerassel, als
      wenn sie voll wäre.

1978. Ein Pfennig klingt nicht.

1979. Einbildung vor der Zeit
      Hindert Geschicklichkeit.

1980. Einbildung (und Furcht) ist ärger als die Pestilenz.

1981. Einfach, aber niedlich, sagte der Teufel und strich sich
      den Sterz erbsengrün an.

1982. Einfalt
      Hat schöne Gestalt.

1983. Einfalt
      Wird alt.

1984. Die Einfalt meint, wenn es vor ihrer Türe naß ist, so
      regnet's allenthalben.

1985. Einfalt hat einen Teufel betrogen.

1986. Einfältig
      Ist neunfältig.

1987. Eingebracht Gut ergreift auch Erbgut.

1988. Eingenoß baut, Zweigenoß reißt nieder.

1989. Das beste Einkommen ist Redlichkeit.

1990. Keine festere Mauer denn Einigkeit.

1991. Wo Einigkeit ist, wohnt Gott.

1992. Vereint sind auch die Schwachen mächtig.

1993. Einigkeit ein festes Band,
      Hält zusammen Leut und Land.

1994. Einmal, keinmal.

1995. Einmal geht hin.

1996. Einmal geht hin, kommt aber zum andernmal nicht
      wieder.

Einmal – Eisen

1997. Einmal ist keine Gewohnheit.

1998. Einmal des Jahrs ist nicht oft.

1999. Einmal ist nicht immer,
Zweimal ist schon schlimmer,
Dreimal ist nicht wohlgetan,
Viermal fängt die Sünd an.

2000. Einmal ist genug, das zweitemal ist der Tod.

2001. Einmal betroffen, neunmal getan.

2002. Einmal erröten macht zehnmal erblassen.

2003. Einmal gegeben, einmal genommen,
Den dritten Tag in die Hölle gekommen.

2004. Einsamkeit
Bringt Traurigkeit.

2005. Einsamkeit
Ist eine Schule der Weisheit.

2006. Der Einsame ist entweder ein Engel oder ein Teufel.

2007. Was man nicht am Einschuß hat, das hat man am Zettel.

2008. Einsiedler sind nicht alle so fromm, als sie sich stellen.

2009. Eintracht
Bringt Macht.

2010. Eintracht trägt ein.

2011. Einziger Sohn, liebes Kind.

2012. Auf dem Eise ist nicht gut gehen.

2013. Eisen wetzt Eisen.

2014. Kalt Eisen brennt nicht.

2015. Eisen kalt und hart
Im Feuer schmeidig ward.

2016. Wenn das Eisen glüht, soll man's schmieden.

2017. Man soll das Eisen schmieden, weil es heiß ist.

2018. *Ein* Eisen macht das andere scharf.

2019. Eiserner Hafen und irdener Topf ist ungleiche Gesellschaft.

2020. Eisern Vieh
Stirbt nie.

2021. Wer ekel ist, entbehrt manch guten Bissen.

2022. Eitelkeit,
Ein schlimmes Kleid.

2023. Es ist alles eitel.

2024. Bist du leer im Beutel,
So ist alles eitel.

2025. Elend ist unbegrabner Tod.

2026. Das größte Elend ist, kein Elend tragen können.

2027. Die Elle dauert länger als der Kram.

2028. Mit kurzer Elle kann man viel messen.

2029. Mit gleicher Elle wird *dir* gemessen.

2030. Erlenholz und rotes Haar,
Sind aus gutem Grunde rar.

2031. Drei Schlösser auf *einem* Berg,
Drei Kirchen auf *einem* Kirchhof,
Drei Städt in *einem* Tal
Hat ganz Elsaß überall.

2032. Die Elster läßt ihr Hüpfen nicht.

2033. Junge Elster lernt ihr Hüpfen von der alten.

2034. Keine Elster heckt eine Taube.

2035. Wer eine Elster ausschickt, dem kommt ein bunter Vogel wieder.

2036. Durch Geschwätz verrät die Elster ihr Nest.

2037. Der Elster ist ein Ei gestohlen!

2038. Man stiehlt auch wohl der Elster ein Ei.

Eltern – Endlich   121

2039. Eltern verachten ist ein Stück von einem gottlosen Menschen.

2040. Wer den Eltern nicht folgen will, muß endlich dem Büttel folgen.

2041. Wer den Eltern nicht folgt, hat einen dummen Mut.

2042. Böse Eltern machen fromme Kinder.

2043. Nachlässige Eltern ziehen keine guten Kinder.

2044. Die Eltern haben die Kinder lieber als die Kinder die Eltern.

2044a. Eltern sollen den Zaum, solange sie leben, nicht aus den Händen geben.

2045. Oft essen die Eltern Holzäpfel, davon den Kindern die Zähne stumpf werden.

2046. Wer die Eltern ehrt, den ehrt Gott wieder.

2047. Wer empfing, der rede; wer gab, der schweige.

2048. Ende gut, alles gut.

2049. Das Ende bewährt alle Dinge.

2050. Am Ende soll man ein Ding loben.

2051. Am Ende weiß man, wieviel es geschlagen hat.

2052. Am Ende sieht man cujus toni.

2053. An den Enden erkennt man die Naht.

2054. Am Ende kennt man das Gewebe.

2055. Das Ende muß die Last tragen.

2056. Das dicke Ende kommt nach.

2057. Was du tust, bedenk das Ende.

2058. Bedenk das Ende, so wirst du nimmermehr Böses tun.

2059. Wohl anfangen ist gut, wohl enden ist besser.

2060. All Ding hat ein Ende und die Mettwurst hat zwei.

2061. Endlich bleibt nicht ewig aus.

2062. Endlich ist nicht ewig.

2063. Was dir zu eng ist, das leg nicht an.

2064. Eng und wohl ist besser als weit und wehe.

2065. Schöner Engel, vorn mit einem B!

2066. Ein Engel flog durchs Zimmer.

2067. Junger Engel, alter Teufel.

2068. Einer ist des andern Engel oder Teufel.

2069. Schreib auf des Teufels Horn: guter Engel, und viele glauben's.

2070. Halte jeden für einen Engel und schließ die Sachen vor ihm als vor einem Diebe.

2071. England ist der Weiber Paradies, der Knechte Fegfeuer und der Pferde Hölle.

2072. Die Eule trägt ihr Recht auf dem Buckel.

2073. Ich rede von Enten, und du antwortest mir von Gänsen.

2074. Wie kommen die Enten aus, die doch so breite Schnäbel haben?

2075. Entbehr und genieße.

2076. Wer wohl entbehren kann, kann wohl haben.

2077. Mancher muß entgelten, was er nie genossen hat.

2078. Schneller Entschluß
Bringt Verdruß.

2079. An Entschuldigungen wird es niemand leicht fehlen.

2080. Entschuldigen Sie, sagte der Teufel und gab einem einen Fußtritt.

2081. Entweder, oder!

2082. Entzwei und gebiete!

2083. Niemand stirbt ohne Erben.

2084. Wer will wohl und selig sterben,
Laß sein Gut den rechten Erben.

Erben – Erfahrung   123

2085. Wer sich verläßt aufs Erben,
Mag als ein Narr versterben.

2086. Viele Erben machen schmale Teile.

2087. Der nächste zur Sippe, der nächste zum Erbe.

2088. Erfnis is gein Winste.

2089. Erbherr, Oberherr.

2090. Die blutige Hand nimmt kein Erbe.

2091. Erbschaft ist oft kein Gewinn.

2092. Wer einen Heller erbt, muß einen Taler bezahlen.

2093. Die Schulden sind der nächste Erbe.

2094. Der Tod erbt den Lebendigen.

2095. Auf Allzuviel und Zwerge
Stirbt weder Leh'n noch Erbe.

2096. Die nächste Niftel erbt die Gerade.

2097. Guter Wille ist kein Erbe.

2098. Der Erben Weinen ist heimlich Lachen.

2099. Du hast noch kein Erbe mit ihnen geteilt!

2100. Nichts ist teurer, als was man erbittet.

2101. Der Teufel hat Erbsen auf ihm gedroschen.

2102. Drei Erbsen in der Hülse machen mehr Lärm, als wenn
sie voll wäre.

2103. Was die Erde gibt, das nimmt sie wieder.

2103a. Die Erde kann gegen den Himmel nicht pochen.

2103b. Ich bin über die Erde erhaben, sagte der Dieb, da hing
er am Galgen.

2104. Erfahren
Kommt mit den Jahren.

2105. Erfahren wir's nicht neu, so erfahren wir's doch alt.

2106. Erfahrung ist Meister.

2106a. Erfahrung ist die beste Lehrmeisterin.

2107. Ein Erfahrener ist besser als zehn Gelehrte.

2108. Ein Erfahrener ist über einen Studierten.

2109. Ein unerfahrener Mann ist ein ungesalzenes Kraut.

2109a. Erfahrung macht klug.

2110. Erfahr's, so weißt du's!

2111. Erfahrung ist ein langer Weg.

2111a. Erfahrung ist eine teure Schule.

2112. Erfahrung ist der Narren Vernunft.

2113. Wer viel erfährt, muß viel leiden.

2114. Besser erhalten als vorbehalten.

2115. Erhalten ist so löblich als erwerben.

2116. Eine gute Erinnerung kann nicht schaden.

2117. Ernst mit Scherz
Trifft das Herz.

2118. Scherze nicht mit Ernst.

2119. In der Ernte sind die Hühner taub.

2120. Wie du säst, so wirst du ernten.

2121. Nach böser Ernte säe.

2122. Man muß schneiden, wann Ernte ist.

2123. Lebe, wie du Ernte hast.

2124. In der Ernte ist zwischen Pfarrer und Bauern kein Unterschied.

2125. Die Ernte steht noch in weitem Felde.

2126. Der erste fängt an.

2127. Wer zuerst kommt, mahlt zuerst.

2128. Der erste beim Herd setzt seinen Topf, wohin er will.

2129. Der erste beim Feuer setzt sich am nächsten.

2130. Die Ersten sollen die Letzten sein.

2131. Wer sich ertränken will, der soll sich in einem lautern
Wasser ertränken.

2132. Erwäg's, dann wag's.

2133. Wer nicht erwirbt,
Der verdirbt.

2134. Erziehst du dir einen Raben,
So wird er dir zum Dank die Augen ausgraben.

2135. Wohl erzogen
Hat selten gelogen.

2136. Wer erzieht, der regiert.

2137. Wo man den Esel krönt,
Da ist Stadt und Land gehöhnt.

2138. Den Esel kennt man bei den Ohren,
Am Angesicht den Mohren
Und bei den Worten den Toren.

2139. Man kann einem Esel wohl den Schwanz verbergen,
aber die Ohren läßt er vorgucken.

2140. Man findet manchen Esel, der nie Säcke trug.

2141. Man ruft den Esel nicht zu Hofe, denn daß er Säcke
trage.

2142. Wer sich zum Esel macht, der muß Säcke tragen.

2143. Wer sich zum Esel macht, dem will jeder seine Säcke
auflegen.

2144. Den Esel will jedermann reiten.

2145. Viel Säcke sind des Esels Tod.

2146. Ein Esel schimpft den andern Sackträger (Langohr).

2147. Der Esel schimpft das Maul[tier] Langohr.

2148. Solange der Esel trägt, ist er dem Müller lieb.

2149. Wenn der Esel in die Mühle kommt, so sagt er i–ah.

2150. Besser Esel treiben als selber Säcke tragen.

2151. Gezwungen trägt der Esel Säcke, ledig tät' er keinen Schritt.

2152. Wenn der Esel nicht will, so muß er.

2153. Der Sack trägt den Esel zur Mühle.

2154. Er schlägt auf den Sack und meint den Esel.

2155. Er schlägt einen Esel heraus und zehn hinein.

2156. Der Esel und sein Treiber denken nicht überein.

2157. Wenn der Esel seine Tracht hat, so weiß er, wie er gehen soll.

2158. Wenn dem Esel zu wohl ist, so gumpet er.

2159. Wenn dem Esel zu wohl ist, so geht er aufs Eis und bricht ein Bein.

2160. Es ist Eselsweisheit, wieder auf das Eis zu gehen, auf dem man gefallen ist.

2161. Wer ist eselweis,
Geht nur einmal aufs Eis.

2162. Den Esel führt man nur einmal aufs Eis.

2163. Wo sich der Esel einmal stößt, da nimmt er sich in acht.

2164. Der Esel hat von Jugend auf graue Haare.

2165. Ein Esel bleibt ein Esel, käm' er auch nach Rom.

2166. Zieht ein Esel über Rhein,
Kommt ein I–ah wieder heim.

2167. Wenn der Esel weit läuft, ist er darum nicht gelehrt.

2168. Wenn zwei Esel einander unterrichten, wird keiner ein Doktor.

2169. Er schickt sich wie der Esel zum Lautenschlagen.

2170. Was tut der Esel mit der Sackpfeife?

2171. Die Welt hat sich umgekehrt,
Drum hab ich arme Esel pfeifen gelehrt.

Esel 127

2172. Vom krähenden Hahn zum Esel gehen heißt *einen* Gesang hören.

2173. Esel singen schlecht, weil sie zu hoch anstimmen.

2174. Es ist mehr als *ein* Esel, der Martin heißt.

2175. Ein Esel frißt keine Feigen. Warum?

2176. Vom Esel kann man nicht Wolle fordern.

2177. Wo sich der Esel wälzt, da muß er Haare lassen.

2178. Brauch einen Esel, wenn du kein Pferd hast.

2179. Er ziert sein Geschlecht wie der Esel den Roßmarkt.

2180. Er kommt vom Pferd auf den Esel.

2181. Man soll den Esel nicht übergürten.

2182. Er reitet einen bösen Esel: das Geckenpferd!

2183. Der Esel hat lieber Stroh denn Gold.

2184. Dem Esel Haferstroh, dem Pferd den Hafer.

2185. Dem Esel, der 's Korn zur Mühle trägt, wird die Spreu.

2186. Der Esel trägt das Korn in die Mühle und bekommt Disteln.

2187. Esel dulden stumm:
Allzugut ist dumm.

2188. Eselsarbeit und Zeisigsfutter
Ist des Überdrusses Mutter.

2189. Es geht ihm wie dem Esel, der zwei Brüdern diente: jedweder meinte, er sei beim andern gefüttert worden.

2190. Es ist ihm so leid, als wenn dem Esel der Sack entfällt.

2191. Wir wollen ihn bitten, wie man den Esel tut!

2192. Auf einen Eselskopf sind Laugen umsonst.

2193. Ein Esel sollte immer auf der Weide sein, denn wo er frißt, da wächst es, wo er sch–, da düngt er's, wo er seicht, da wässert er's, und wo er sich wälzt, da zerbricht er die Schollen.

2194. Er sucht den Esel und sitzt darauf.

2195. Essen und Trinken hält Leib und Seele zusammen.

2196. Essen und Trinken muß sein, und wären alle Bäume Galgen.

2197. Wo sechse essen, spürt man den siebenten nicht.

2198. Es ist bös essen, wo kein Brot ist.

2199. Vor Essens wird kein Tanz.

2200. Eß ich mit, so schweig ich.

2201. Vor dem Essen hängt man's Maul,
Nach dem Essen ist man faul.

2202. Nach dem Essen sollst du stehen
Oder tausend Schritte gehen.

2203. Es ist kein Tierlein so vergessen,
Es ruht ein Stündlein auf sein Essen.

2204. Je weniger man ißt, je länger ißt man.

2205. Viel Essen, viel Krankheit.

2206. Wie einer ist, so arbeitet er auch.

2207. Täglich essen, täglich arbeiten.

2208. Wer mit will essen,
Muß auch mit dreschen.

2209. Selber essen macht feist.

2210. Glücklicher, der gern äße und hat's nicht, als der's hat und mag's nicht.

2211. Esset, was ihr findet, und denkt, was ihr wollt.

2212. Ich esse, was ich mag, und leide, was ich muß.

2213. So du das Essen mitbringst, brauchst du nur den Wein zu bezahlen.

2214. Wo man ißt, geh hinzu, wo man Geld zählt, geh hinweg.

2215. Geschenkter Essig ist besser als gekaufter Honig.

Essigfaß – Exempel 129

2216. Niemand sieht gern in ein Essigfaß.

2217. Auf ein Etcetera folgt eine Ohrfeige.

2218. Etwas ist besser als gar nichts.

2219. Eulen hecken keine Falken.

2220. Eine Eule heckt keinen Blaufuß.

2221. Jeden dünkt seine Eule ein Falk.

2222. Besser bei einer Eule gesessen als mit Falken geflogen.

2223. Die Eule gewinnt Adlersfedern.

2224. Beize mit Eulen, wenn du keinen Schuhu hast.

2225. Wo Eulen und Kauze einander gute Nacht sagen.

2226. Es ist keine Eule, die nicht schwüre, sie hätte die schönsten Jungen.

2227. Es gefällt ihm wie den Eulen das Tageslicht und den Dieben die Laternen.

2228. Die Eule lobt den Tag nicht.

2229. Die Eule weiß nichts vom Sonntage.

2230. Spotte nicht mit der Eule, das ist auch ein Vogel.

2231. Ewig ist ein langer Kauf.

2232. Es währt nicht ewig, daß zweie einen raufen.

2233. Was nicht eine bestimmte, gemessene und gewidmete Zeit hat, das wird alleweg auf ewig verstanden.

2234. Kommt es zur Exekution,
So sucht man Dilation.

2235. Ein Exempel macht keine Regel.

2236. Gut Exempel, halbe Predigt.

F

2237. Fabian, Sebastian
Läßt den Saft in die Bäume gahn.

2238. Was die Fackel verzehrt, ist Fahrnis.

2239. Des Menschen Leben hängt an einem Faden.

2240. Wer zu feinen Faden spinnt, dem bricht er leichtlich.

2241. Nichts erhöht des Mannes Schild als Fahnlehn.

2242. Fahr nur her, ich bin schon da.

2243. Eine Fahre,
Eine Ahre.

2244. Laß fahren, was nicht bleiben will!

2245. Fahrende Hab acht nicht für eigen.

2246. So eins nicht Falken hat, muß es mit Eulen beizen.

2247. Mancher entfleucht dem Falken und wird vom Sperber
gehalten.

2248. Fallen ist keine Schande, aber liegen bleiben.

2249. Fallen ist menschlich, liegen bleiben teuflisch.

2250. Darnach es fällt!

2251. Wer da fällt,
Über den läuft alle Welt.

2252. Es fällt wohl ein Pferd und hat doch vier Füße.

2253. Wer nicht fällt, braucht nicht aufzustehen.

2254. Falsch Lieb, falsch Freund, falsch War, falsch Geld
Find't man jetzt in aller Welt.

2255. Brennte Falschheit wie Feuer,
So wär' das Holz nicht halb so teuer.

2256. Vor Augen gut, falsch hinterrück,
Das nennt die Welt ein Meisterstück.

2257. Fang an *deinem* Weinberg an zu schneiden.

2258. Fangvielan richt wenig aus.

2259. Treib einen Farren nach Montpellier,
Kommt er heim, er bleibt ein Stier.

2260. F–s und Wünschens halber darf niemand aus dem Bette
steigen.

2260a. Wer zu viel faßt, läßt viel fallen.

2260b. Leere Fässer klingen hohl.

2261. Volle Fässer klingen nicht, leere desto mehr.

2262. Je voller das Faß, je gelinder der Klang.

2263. Was zuerst ins Faß kommt, darnach schmeckt es
immer.

2263a. Alte Fässer rinnen gern.

2264. Fülle ein leer Faß, so siehst du, wo es rinnt.

2265. Wenn das Faß rinnt, muß man die Reifen treiben.

2265a. Man klopft so lang an den Reifen, bis dem Faß der
Boden ausspringt.

2265b. Man trinkt wohl aus *einem* Faß, aber nicht all aus
einer Kanne.

2266. Es ist noch nicht in dem Fasse, worin es gären soll.

2267. Wenn nicht viel im Faß ist, kann man nicht viel daraus
zapfen.

2268. Leeres Faß
Macht nicht naß.

2269. Wenn das Faß leer ist, so wischen die Freunde das Maul
und gehen.

2269a. Was man in ein unsauber Faß gießt, das säuert bald.

2270. In den Fasten
Leeren die Bauern Keller und Kasten.

2271. Jeder Fasttag hat drei Freßtage.

2272. Heute ein Faster, morgen ein Fresser.

2273. Lange fasten ist nicht Brot sparen.

2274. Wo Fasten ist und Beten, da bleibt keine Metz im Haus.

2275. Wer übel ißt, der fastet genug.

2276. Laß ihn eine Weile fasten, so vergeht ihm das Tanzen.

2277. Der Vollbauch lobt das Fasten.

2278. Nach Fasten kommt Ostern (Paschen).

2279. Nach der Fastnacht immer die Fasten.

2280. Man ruft so lange Fastelabend, bis die Faste kommt.

2281. Es ist nicht allzeit Fastelabend.

2282. Grüne Fastnacht, weiße Ostern.

2282a. Halte Fastnacht, daß du gute Ostern habest.

2283. Es geht alles mit dem Fastelabend durch.

2284. Wenn's nach Fastnacht lange Eiszapfen gibt, wird der Flachs schön lang.

2285. Trockne Fasten, gutes Jahr.

2286. Faule haben allzeit Feiertag.

2287. Faule Leute haben lange Tage.

2288. Faule Leute haben faule Anschläge.

2289. Der Faule trägt, der Fleißige läuft sich zu Tode.

2290. Dem Faulen gefällt kein Block, den er kloben soll.

2291. Faulert bohrt nicht gerne dicke Bretter.

2292. Faulert muß zerrissen gehn.

2293. Wer mit faulen Leuten haushält, dem gnade Gott.

2294. Der faulsten Sau gehört allweg der größte Dreck.

2295. Besser ein fauler Dieb als ein fauler Knecht.

2296. Der Faulenz und das Lüderli
Sind zwei Zwillingsbrüderli.

2297. Dem Faulen wächst das Seine unter der Stauden.

2298. Dem Faulpelz geht die Arbeit von der Hand
Wie das Pech von der Wand.

2299. Der Faule sucht einen Herrn, der ihm in der Woche
sieben Feiertage gibt.

2300. Der Faule spricht: es will nicht Nacht werden.

2301. Die Faulen kehren sich lang im Bett und wenden dem
Teufel den Braten.

2301 a. Der Faule hat keine Färbung.

2302. Sei nimmer faul,
Das Jahr hat gar ein großes Maul.

2303. Der Faulen ist es ein guter Schutz, daß sie ein Kindlein
hat.

2304. Er ist nur eben so viel gesalzen, daß er nicht faule.

2305. Nach Faulheit folgt Krankheit.

2306. Faulheit lohnt mit Armut.

2307. Faulheit ist der Schlüssel zur Armut.

2308. Man soll keine Faust im Sacke machen.

2309. Besser in die Faust als ins Gesicht lachen.

2310. Das paßt wie die Faust aufs Auge.

2311. Er hat's faustdick hinter den Ohren.

2312. Faustrecht
War nie schlecht.

2313. Wer fechten will, muß der Streiche warten.

2314. Die besten Fechter werden erschlagen,
Die besten Schwimmer kriegt 's Wasser beim Kragen.

2315. Wer redlich ficht, wird gekrönt.

2316. Es stinkt in der Fechtschule.

2317. Federn zieren den Vogel.

2318. Das Ansehen ist in den Federn.

2319. An den Federn erkennt man den Vogel.

2320. Die Feder läßt ihm gut –
Hinter dem Ohr, nicht auf dem Hut.

2321. Die Feder auf den Hut, das Schwert an die Seite.

2322. Die Feder regiert das Schwert, drum steckt man sie auf den Hut.

2323. Die Feder schwimmt obenan.

2324. Mancher will fliegen, eh er Federn hat.

2325. Wer höher fliegt, als er Federn hat,
Der kommt zum Lohn in Spott und Schad.

2326. Willst du nicht lernen mit der Feder schreiben, so schreib mit der Mistgabel.

2327. Viel Federn machen ein Bett.

2328. Wenn der Wind in einen Haufen Federn stößt, so sind sie bald zerstreut.

2329. Ich will eine Feder aufblasen.

2330. Besser umkehren denn fehlgehen.

2331. Anderer Fehler sind gute Lehrer.

2332. Niemand sieht seine eigenen Fehler.

2333. Wer seinen Fehler nicht erkennt, kann ihn nicht verbessern.

2334. Wer keinen Fehler hat, muß im Grabe liegen.

2335. Wir fehlen alle, sprach die Äbtissin, als ihr der Bauch schwoll.

2336. Wer zeitig feiern will, muß fleißig arbeiten.

2337. Wer alle Tage feiert, der fragt nichts nach dem Sonntag.

2338. Feiertag, Fülltag.

2339. Viel Feiertage machen schlechte Werkeltage.

2340. Nach viel Feiertagen kommt selten ein guter Werktag.

2341. Wer nicht gerne arbeitet, hat bald Feierabend gemacht.

2342. Wer nichts recht tut, hat nie Feierabend.

2343. Die zu sehr eilen, haben spät Feierabend.

Feiertag – Feind

2344. Heute haben wir einen Feiertag, aber zu Castell mistet
man die Ställe.

2345. Am Feiertage gesponnen hält nicht.

2346. Feiertagskleider werden bald Alltagshosen.

2347. Es war noch kein Feierkleid, das nicht Alltagskleid geworden.

2348. Man liest keine Feigen von Dornhecken.

2349. Wer die Feigen frißt, muß sie wieder speien.

2350. Wer reife Feigen essen kann,
Seinen Daumen leckt derselbe Mann.

2351. Dem Feigen weist das Glück den Rücken.

2352. Es ist alle Tage der dritte Teil der Welt feil.

2353. Der viel feilscht, hat wenig Geld.

2354. Man soll nicht feilschen, was man nicht kaufen will.

2355. Was ich vom Feinde bekomme, das ist mein.

2356. Je mehr Feinde, je mehr Ehre; viel Feinde, viel Beute.

2357. Erschrockner Feind ist auch erschlagen.

2358. Ein geschlagener Feind ist noch nicht überwunden.

2359. Den Feind schlägt man eher mit Rat als mit Tat.

2360. Dem fliehenden Feinde baue goldne Brücken.

2361. Außer den Marken muß man den Feind angreifen.

2362. Dem Feinde mit Gift nachstellen ist auch unehrlich.

2363. Feindes Gaben gelten nicht.

2364. Feindes Geschenke
Haben Ränke.

2365. Wer drei Feinde hat, muß sich mit zweien vertragen.

2366. Alte Feindschaft wird leicht neu.

2367. Versöhntem Feinde traue nicht.

136   *Feindschaft – Ferkel*

2368. Versöhnter Feindschaft und geflickter Freundschaft ist wenig zu trauen.

2369. Besser offener Feind als zweideutiger Freund.

2370. Fleuch lachende Feinde und kitzelnde Freunde.

2371. Wer Feinde schont und Freunde erzürnt, ist sich selbst feind.

2372. *Ein* Feind ist zuviel und hundert Freunde nicht genug.

2373. Meines Freundes Feind ist oft mein bester Freund.

2374. Wenn einer keinen Feind hat, so geht's ihm übel.

2375. Feindes Mund spricht selten gut.

2376. Geschwätziger Feind ist schlimmer, denn der da schweiget.

2377. Der Feinde Fehler soll man kennen, aber nicht nennen.

2378. Kleine Feinde und kleine Wunden verachtet kein Weiser.

2379. Das Feld hat Augen, der Wald Ohren.

2380. Wenn Feinde gute Worte geben, haben sie Böses im Sinne.

2381. Ein stinkend Fellchen
Gibt klinkend Geldchen.

2382. Gib nie das Fell, wo du mit der Wolle zahlen kannst.

2383. Es sitzt ihm noch zwischen Fell und Fleisch.

2384. Besser ein Fenster aus als ein Haus ein.

2385. Fenster brechen alle von selbst.

2386. Was man ferne holt, ist süß.

2387. Willst du was finden, such's nicht fern.

2388. Wer in der Ferne pocht, schweigt in der Nähe.

2389. Wem das Ferkel geboten wird, soll den Sack bereit haben.

2390. Wenn das Ferkel träumt, so ist's von Trebern.

Ferkel – Feuer

2391. Ferkel sind Ferkel, und zieht man ihm eine Chorkapp an, legt es sich doch in den Dreck.

2392. Wenn das Ferkel satt ist, stößt es den Trog um.

2393. Wo der Ferkel viel sind, da ist das Gespül dünn.

2394. Er ist fertig bis aufs Leimen.

2395. Je größer das Fest, je schlimmer der Teufel.

2396. Man muß die Feste feiern, wie sie fallen.

2396a. Zu fest hält nicht, zu los bindet nicht.

2397. Das Fett will allzeit oben schwimmen.

2398. Fett schwimmt oben, und ist es auch nur Hundsfett.

2399. Fett schwimmt oben, sagte Barthel, da lebte er noch.

2400. Fett wird leicht ranzig.

2401. Fette Kuchen, mager Erbe.

2401a. Je fetter der Ochs, je schlechter das Fell.

2402. Manchen hält man für fett und ist nur geschwollen.

2403. Feuer fängt mit Funken an.

2404. Wer ins Feuer bläst, dem fliegen die Funken in die Augen.

2405. Wer des Feuers bedarf, sucht es in der Asche.

2406. Wer ein Feuer will löschen, muß anfangs die Funken ersticken.

2407. Feuer hört nicht auf zu brennen, man tue denn das Holz weg.

2408. Wer 's Feuer austun will, ziehe den Brand hinweg.

2409. Gespalten Holz fängt leicht Feuer.

2410. Lösche das Feuer, eh es ausschlägt.

2411. Zerstreutes Feuer brennt nicht lange.

2412. Das Feuer, das mich nicht brennt, lösch ich nicht.

2413. Wer anderer Feuer schürt, dem verlöscht das eigene.

2414. Fremdes Feuer ist nie so hell als der Rauch daheim.

2415. Wer das Feuer haben will, muß den Rauch leiden.

2416. Wo Rauch aufgeht, muß Feuer sein.

2417. Feuer im Herzen gibt Rauch in den Kopf.

2418. Wenn das Feuer in der Küche ausgeht, so löscht es auch in den Herzen aus.

2419. Feuer bei Stroh
Brennt lichterloh.

2420. Kommt Feu'r und Stroh zusammen,
So gibt es gerne Flammen.

2421. Gelindes Feuer gibt süßes Malz.

2422. Klein Feuer
Gibt süß Malz dem Bräuer.

2423. Gut Feuer macht fertigen Koch.

2424. Wärme dich, weil das Feuer brennt.

2425. Feuer, Husten und Krätze lassen sich nicht verbergen.

2426. Feuer und Wasser sind zwei gute Diener, aber schlimme Herrn.

2427. Es ist schwer, Feuer im Schoße tragen.

2428. Wo man mit Feuerbränden wirft, da bläst der Teufel in die Asche.

2429. Mit Feuer und Blut wird auch getauft in Märtyrerzeit.

2430. Fides ist geschlagen tot,
Justitia lebt in großer Not,
Pietas liegt auf dem Stroh,
Humilitas schreit mordio,
Superbia ist auserkoren,
Patientia hat den Streit verloren,
Veritas ist gen Himmel geflogen,
Treu und Ehr über Meer gezogen,
Betteln geht die Frömmigkeit,
Tyrannis führt das Szepter weit,
Invidia ist worden los,

Filial – Finger 139

Caritas ist nackt und bloß,
Tugend ist des Lands vertrieben,
Untreu und Bosheit drin verblieben.

2431. Filial gehört zur Mutter wie die Küchlein zur Henne.

2432. Die Filialisten gehören der Mutter tot und lebendig.

2433. Finanz
Verliert die Schanz.

2434. Es findet wohl auch ein Blinder ein Hufeisen.

2435. Es findet wohl auch ein blindes Huhn ein Weizenkorn.

2436. Wer findet, eh verloren ist, der stirbt, eh er krank wird.

2437. Gefundenes verhohlen
Ist so gut wie gestohlen.

2438. Der erste Finder ist auch der erste Muter.

2439. Findest du was nach ihm, so ist's nicht Sünde, es aufzu-
heben.

2440. Wir haben es also gefunden, wir müssen es also bleiben
lassen.

2441. Findelkinder, arme Kinder.

2442. Man muß bisweilen durch die Finger sehen.

2443. Die ungeraden Finger werden eben, sobald man die
Hand schließt.

2444. Wer dem andern den Finger ins Maul steckt, der will
gebissen sein.

2445. Drei Finger im Salzfaß ist der Bauern Wappen.

2446. Fünf Finger sind so gut als ein Bootshaken.

2447. Fünf Finger fassen mehr als zwei Gabeln.

2448. Seine Finger heißen Greifzu.

2449. Ist der Finger beringt,
So ist die Jungfrau bedingt.

2450. Wenn man einem den Finger bietet, will er gleich die
ganze Hand haben.

2451. Wer die Finger zwischen Tür und Angel steckt, der klemmt sich gern.

2452. Der Finger lehrt den Hintern –.

2453. Wer seine Finger in alle Löcher steckt, der zieht sie oft übel heraus.

2454. Das hat er nicht aus den Fingern gesogen.

2455. Mein kleiner Finger hat es mir gesagt.

2456. Sein kleiner Finger ist gescheiter als du mit Haut und Haar.

2457. Er leckt die Finger darnach bis an den Ellenbogen.

2458. Im Finstern ist gut mausen.

2459. Die Finsternis sei noch so dicht,
Dem Lichte widersteht sie nicht.

2460. Wer im Finstern doppelt, verliert die Würfel.

2460a. Firnen Wein,
Brezeln drein.

2461. Frische Fische, gute Fische.

2462. Dreitägiger Fisch
Taugt auf keinen Tisch.

2463. Wenn gekochter Fisch ins dritte Wasser kommt, wird er ungesund.

2464. Gesottenem Fisch hilft das Wasser nichts.

2465. Der Fisch fängt am Kopf an zu stinken.

2466. Fische und Frauen sind am besten am Sterz.

2467. Der Fisch will dreimal schwimmen, im Wasser, im Schmalz und im Wein.

2468. Die Fische haben gut leben, sie trinken, wann sie wollen.

2469. Große Fische fressen die kleinen.

2470. Von kleinen Fischen werden die Hechte groß.

Fisch – Fischteich 141

2471. Besser ein kleiner Fisch
Als gar nichts auf dem Tisch.

2472. Ein kleiner Fisch auf dem Tisch ist besser als ein großer
im Bach.

2473. Kleine Fische machen den großen den Markt.

2474. Fischefangen, Vogelstellen
Verdarb schon manchen Junggesellen.

2475. Fischen un Jagen
Git hungrige Magen
Un fludrige Blagen.

2476. Halb Fisch, halb Fleisch ist Fisch noch Fleisch:
Gar Fisch ist Fisch, gar Fleisch ist Fleisch.

2477. Lehre mich die Karpfen nicht kennen, mein Vater war
ein Fischer.

2478. Kein Fisch ohne Gräte, kein Mensch ohne Mängel.

2479. Fische fängt man mit Angeln, Leute mit Worten.

2480. Wer Fische fangen will, muß vorher die Netze flicken.

2481. Dem Fisch den Köder, der Maus den Speck.

2482. Man soll nicht rufen: holt Fische, eh man sie hat.

2483. Rufe nicht Fisch, du habest ihn denn bei den Kiefern.

2484. Wenn man's am wenigsten denkt, liegt ein Fisch in den
Reusen.

2485. Mancher denkt zu fischen und krebst nur.

2486. Nach Fischen Nüß, nach Fleisch iß Käse.

2487. Der Fisch will schwimmen.

2488. In solchen Wassern fängt man solche Fische.

2489. Hier stehn wir Fische, sagt der Stichling zur Schnecke.

2490. Fische, wenn du beim Wasser bist.

2491. Von Fischen und Engeln ist nicht gut predigen (denn es
weiß niemand, welches er oder sie sind).

2492. Du kannst mir keinen Fischteich in Brand stecken.

2493. Er ist nicht zu kühn, der nicht fisten darf auf freiem Feld.

2494. Oben fix,
Unten nix.

2495. Kurzer Flachs gibt auch langen Faden.

2496. Wer nicht spinnt, behält seinen Flachs.

2497. Flachs und Reben
Geben nichts vergeben.

2498. Man muß den Flachs nicht loben,
Man hab' ihn denn am Kloben.

2499. Es geht so blutig her wie im Fladenkrieg.

2500. Lieber aus der Flaschen
Als aus der Taschen.

2500a. Er findet jeder Flasche den Stöpfel.

2501. Man plätzt nicht neue Flecke auf alte Juppen.

2502. Vom Flecke
Zum Zwecke!

2503. Wo ein schöner Fleck ist, da schmeißt der Teufel ein Kloster hin oder einen Edelmann.

2504. Auf das schönste Fleisch sitzen gern Schmeißfliegen.

2504a. Schön Fleisch ist schwer vor den Fliegen zu bewahren.

2505. Kein teurer Fleisch als Roß- und Weiberfleisch.

2506. Man bekommt kein Fleisch ohne Beilage.

2507. Je näher dem Bein, je süßer das Fleisch.

2508. Altes Fleisch gibt fette Suppen.

2509. Es steckt ihm im Fleisch und nicht im Haar, man schör' es sonst ab.

2510. Faul Fleisch muß man mit Ätzen
Ergetzen.

2511. Krank Fleisch, kranker Geist.

2512. Wegen einem Stück Fleisch geben die Hunde die
Freundschaft auf.

2512a. Wenn der Fleischer füttert, will er mästen.

2513. Fleiß
Bricht Eis.

2514. Fleiß
Geht sicher auf dem Eis.

2515. Zuviel Fleiß
Fällt auf dem Eis.

2516. Fleiß
Wird gelehrt und weis.

2517. Hans ohne Fleiß
Wird nimmer weis.

2518. Fleiß überwindet alles.

2519. Fleiß und Übung machen gute Schüler.

2520. Fleiß ist des Glückes Vater.

2521. Der Jugend Fleiß, des Alters Ehre.

2522. Fleiß bringt Brot,
Faulheit Not.

2523. Um Fleiß und Mühe
Gibt Gott Schaf und Kühe.

2524. Viel Fleiß und wenig Gewissen macht den Beutel voll.

2525. Dem Fleißigen guckt der Hunger wohl zuweilen ins
Fenster, aber ins Haus darf er nicht kommen.

2526. Fleiß hat immer was übrig.

2527. Der Fleißige tut sich nimmer genug.

2528. Seines Fleißes darf sich jeder rühmen.

2529. Fleißiger Herr macht fleißige Diener.

2530. Fleißig, wie der Hund den Flöhen wehrt.

2531. Besser ein Flick denn ein Fleck.

2532. Besser ein Flick als ein Loch.

144   *Flicken – Fliehen*

2533. Er hat den Flicken neben das Loch gesetzt.

2534. Der Flicken muß allemal größer sein als das Loch.

2535. Was Fliegen lockt, das lockt auch Freunde.

2536. Fliegen und Freunde kommen im Sommer.

2537. Hungrige Fliegen stechen übel.

2538. Feiste Fliegen stechen minder.

2539. Die Fliege setzt sich immer auf ein mager Pferd.

2540. Wer krank ist, den ärgert die Fliege an der Wand.

2541. Zwei Fliegen mit einem Schlag.

2542. Mit *einem* Tropfen Honig fängt man mehr Fliegen als
       mit einem Oxhoft Essig.

2543. Wenn die Fliege nisten will, sucht sie Löcher.

2544. Er kam gezogen wie die Flieg aus der Buttermilch.

2545. Man soll nicht eher fliegen wollen, als bis man Federn
       hat.

2546. Er will fliegen, eh er flügg ist.

2547. Nicht alle fliehen, so den Rücken wenden.

2548. Die Flucht siegt.

2549. Besser ehrlich geflohen, denn schändlich gefochten.

2550. Kannst du fliehen, versteh mit Ehren, so fliehe.

2551. Die auf der fliehenden Seite haben nie gesiegt.

2552. Fliehst du,
       So liegst du.

2553. Kein Flüchtiger wird gekrönt.

2554. Flüchtig Mann, schuldig Mann.

2555. Den Flüchtigen soll man verfolgen.

2556. Wer flieht, gibt sich schuldig.

2557. Wer flieht, wird gejagt.

2558. Wer flieht, eh man ihn jagt,
       Ist allzu verzagt.

Fliehen – Frage 145

2559. Wer selber fleucht,
Den jagt man leicht.

2560. Nach den Flitterwochen
Kommen die Zitterwochen.

2561. Je fetter der Floh, je magerer der Hund.

2562. Steigt der Floh übers Knie,
So wird ihm, er weiß nicht wie.

2563. Hungrige Flöhe
Tun wehe.

2564. Man sieht die Flöhe besser auf einem weißen Tuche als
auf einem schwarzen.

2565. Leichter einer Wanne Flöhe hüten als eines Weibes.

2566. Er hört die Flöhe husten.

2567. Auch gut, hat der Bauer gesagt, da hatt' er einen Floh
gefangen; er war aber auf den Läusefang aus.

2568. Flöten, das sind schlechte Pfeifen, kühren (schwatzen)
ist kein Geld.

2569. Fluch
Ruht auf Betrug.

2570. Ungerechter Fluch trifft nicht.

2571. Fluchen läutet dem Teufel zur Messe.

2572. Was du mir fluchst, das bestehe dein Hals.

2573. So weit die Flur geht, so weit geht auch das Gericht.

2574. Alle Flüsse laufen ins Meer.

2575. Es ist nicht Not, daß man den Bach in den Fluß leite.

2576. Aus klattrigen Fohlen werden die schönsten Hengste.

2577. Folge, so bist du selig.

2578. Drei F–haare ziehen stärker als ein hänfen Seil.

2579. Alle Frachten lichten, sagte der Schiffer, da warf er
seine Frau über Bord.

2580. Eine Frage steht frei.

2581. Mit Fragen kommt man durch die Welt.

2582. Besser zweimal fragen als einmal irregehen.

2583. Fragen kostet kein Geld und wird einem kein Zahn davon stumpf.

2584. Mit Fragen kommt man nach Rom.

2585. Mit Fragen wird man berichtet.

2586. Wie man fragt, wird man berichtet.

2587. Wer viel fragt, der wird viel gewiesen.

2588. Wer sich des Fragens schämt, der schämt sich des Lernens.

2589. Wer viel fragt,
Dem wird viel gesagt.

2590. Durch Fragen wird man klug, aber unwert.

2591. Wer viel fragt, der lasse sich auch fragen.

2592. Auf eine Frage gehört eine Verantwortung.

2593. Nicht auf jede Frage gehört eine Antwort.

2594. *Ein* Narr kann mehr fragen als zehn Gescheite beantworten.

2595. Es ist noch manche Frage, die ihre Antwort nicht hat.

2596. Ich frage nach Äpfeln, und du antwortest mir von Birnen.

2597. So fragt man die Bauern aus.

2598. Frage nicht, wie, sondern was man redet.

2599. Wer lange fragt, gibt nicht gern.

2600. Mancher fragt, wie es mir geh',
Ging' es mir wohl, es tät' ihm weh.

2601. Einen Franken soll man sich zum Freund, aber nicht zum Nachbar wünschen.

2602. Zu den erschlagenen Franken gehört eine große Hölle.

2603. Wäre Frankfurt mein, so wollt ich's in Mainz verzehren.

2604. Die Franzosen singen vor dem Essen.

2605. Ein ledernes Koller und die Franzosen sind eine ewige Tracht.

2606. Fraß bringt mehr um als das Schwert.

2607. Der Fraß richtet sich mit den Zähnen sein Grab zu.

2607a. An zweien Tischen erzieht man einen Fraß.

2608. Die Frau muß selber sein die Magd,
Soll's gehen, wie es ihr behagt.

2609. Wie die Frau, so die Magd.

2610. Der Frau Augen kochen wohl, die der Magd nicht.

2611. Die karge Frau geht am meisten zur Kiste.

2612. Wo die Frau wirtschaftet, wächst der Speck am Balken.

2613. Was die Frau erspart, ist so gut, als was der Mann erwirbt.

2614. Sechsmal sechs ist sechsunddreißig,
Ist der Mann auch noch so fleißig
Und die Frau ist liederlich,
Geht die Wirtschaft hinter sich.

2615. Wo die Frau im Hause regiert, ist der Teufel Hausknecht.

2616. Frauenrat und Rübensaat gerät alle sieben Jahre.

2617. Die Frau kann mit der Schürze mehr aus dem Hause tragen, als der Mann mit dem Erntewagen einfährt.

2618. Wenn der Mann einlöffelt und die Frau ausscheffelt, muß die Wirtschaft zugrunde gehen.

2619. Eine Frau kann mit dem Fingerhut mehr verschütten, als der Mann mit dem Eimer schöpfen kann.

2620. Es gibt nur *eine* böse Frau auf der Welt, aber jeder glaubt, *er* habe sie.

2621. Frauenart
Greift dem Mann an den Bart.

2622. Wo eine Frau,
Macht's den Mann grau.

2623. Wird die Frau zur Bübin, so erfährt es der Mann am
letzten.

2624. Wenn die Frauen gut gehen und die Kühe (Bienen) gut
stehen, kann der Mann reich werden.

2625. Kein Kleid steht einer Frau besser als Schweigen.

2626. Wenn zwei Frauen zusammenkommen,
Wird die dritte in die Hechel genommen.

2627. Drei Frauen, drei Gänse und drei Frösche machen
einen Jahrmarkt.

2628. Ein Haus, darin zwei Frauen sind, wird nicht rein ge-
fegt.

2629. Zwei Frauen in *einem* Haus sind ihrer drei zuviel.

2630. Frauenfleisch ist leichter zu bekommen denn Kalbfleisch.

2631. Wer *einen* Fuß im Frauenhaus hat, der hat den andern
im Spital.

2632. Frauengunst
War nie umsunst.

2633. Frauen haben langes Haar und kurzen Sinn.

2634. Frauen haben lange Kleider und kurzen Mut.

2635. An einer Frau und an einer Mühle gibt es immer was zu
flicken.

2636. Wer Frauen hütet, wütet.

2637. Willst du eine Frau nehmen, so zieh die Ohren mehr als
die Augen zu Rat.

2638. Frauen und Jungfrauen soll man loben, es sei wahr oder
erlogen.

2639. Wo keine Frau, da geschieht dem Kranken weh.

2640. Frauen und Geld
Regieren die Welt.

2641. Bescheidne Frauen haben an den Ohren noch Augen.

2642. Frauenkleider decken wohl.

2643. Eine Frau mag ihre Ehre wohl kränken.

2644. Eine Frau sitzt nicht auf Eid und Pflicht.

2645. Vornehme Frauen gebären in drei Monaten.

2646. Fräulein von der Hutsche,
Wenn sie fahren will, hat sie keine Kutsche.

2646a. Es ist nicht mehr Betrug als an den Frauleuten.

2647. Frei Mann, frei Gut.

2648. Freiheit geht über Silber und Gold.

2649. Freiheit geht vor Gold,
Sprach die Wachtel und flog ins Holz.

2650. Freiheit und eigener Herd
Sind großes Geldes wert.

2651. Freiheit ist lieber als Aug und Leben.

2652. Freiheit drückt den Hut frisch in die Augen und wandelt aufrecht.

2653. Freie Leute stecken in keiner Bubenhaut.

2654. Freie Leute und treue Freunde strafen ins Angesicht.

2655. Freiheit, wie gering,
Ist doch ein gut Ding.

2656. Wer für die Freiheit streitet, hat zwanzig Hände und noch so viel Herz.

2657. Kein schärfer Schwert, denn das für Freiheit streitet!

2658. Besser frei in der Fremde als Knecht daheim.

2659. Zu frei
Bringt Reu.

2660. Das freie Schaf frißt der Wolf.

2661. Freiheit gibt Urlaub zur Bosheit.

150   *Freiheit – Fremde*

2662. Je mehr Freiheit, je mehr Mutwille.

2663. Freiheit ist von Gott, Freiheiten vom Teufel.

2664. Jung gefreit
      Hat niemand gereut.

2665. Zu früh gefreit
      Hat manchen gereut.

2666. Freien ist so süße
      Wie gebratne Lämmerfüße.

2667. Freien zu Morgen
      Bringt zu Abend Sorgen.

2668. Freien und Backen gerät nicht immer.

2669. Wer freien will, hat vier Scheffel über dem Gesicht.

2670. Freien ist wie Pferdekauf:
      Freier, tu die Augen auf.

2671. Übers Jahr lobt man erst die Freite.

2672. Es freit sich am besten, wo der Kessel über dem Herde
      hängt.

2673. Zum Freien gehört mehr als ein Paar Schuhe.

2674. Wer freien will, muß erst ausdienen.

2675. Alle Freier sind reich und alle Gefangenen arm.

2676. Ein Freitaler ist neun Groschen.

2677. Je mehr es schreit,
      Je bälder es freit.

2678. Des Menschen Freien
      Sein Verderben oder Gedeihen.

2679. Ungefreit, unverworren.

2680. Wo viel Freier sind, da sind wenig Nehmer.

2681. Freitagswetter, Sonntagswetter.

2682. Fremde macht Leute.

2683. In der Fremde ist gut wanken,
      Aber nicht gut kranken.

Fremd – Freund

2684. Fremde Sprache, fremde Sitte.

2685. Spiel nicht in der Fremde,
Sonst verlierst du Rock und Hemde.

2686. Dem Fremden soll man die Ehre lassen.

2687. Wer eilt nach fremdem Gut,
Auf den wartet Armut.

2688. Wer nach fremdem Gute trachtet, der verliert mit Recht
das seine.

2689. Man muß mit fremden Sachen behutsamer umgehen als
mit seinen eigenen.

2690. Städte und Lande werden nie so sehr verwüstet, als
wenn man fremde Leute in den Rat nimmt.

2691. Fremde Leute tun oft mehr als Blutsfreunde.

2692. An fremden Hunden und Kindern ist das Brot verloren.

2693. Fressen,
Vergessen.

2694. Fressen und Saufen macht die Ärzte reich.

2695. Es wird kein Fresser geboren, er wird erzogen.

2696. Keine Freud
Ohne Leid.

2697. Nach Freude folgt Leid.

2698. Freud und Leid sind nahe Nachbarn.

2699. Jede Freud hat ein Leid auf dem Rücken.

2700. Freud und Leid sind einander zur Ehe gegeben.

2701. Zwischen Freud und Leid
Ist die Brücke nicht breit.

2702. Wer ohne Freund ist, lebt nur halb.

2703. *Ein* guter Freund ist mehr wert als hundert Verwandte.

2704. Freundschaft ist des Lebens Salz.

152 *Freund*

2705. Guter Freund, ein edles Kleinod.

2706. Gut Freund, gut Pfand.

2707. Freunde tun mehr Not
Als Feuer, Wasser und Brot.

2708. Sonder Geld ist besser denn sonder Freund.

2709. Ohne Bruder kann man leben, nicht ohne Freund.

2710. Die nächsten Freunde,
Die ärgsten Feinde.

2711. Je näher Freundschaft, je bittrer Feindschaft.

2712. Ein Freund in der Nähe ist besser als ein Bruder in der
Ferne.

2713. Es sind nicht Freunde, die ferne sind.

2714. Freunde sind gut am Wege.

2715. Gute Freunde findet man nicht am Wege.

2716. Alte Wege und alte Freunde soll man in Würden halten.

2717. Besser Freund in der Ferne als Feind in der Nähe.

2718. Es fehlt der Welt noch an Münz, Holz und guten
Freunden.

2719. »Freundschaft geht vor allem Ding.«
Das lügst du, sagt der Pfenning,
Denn wo ich kehr und wende,
Hat Freundschaft gar ein Ende.

2720. Bei *dem* Freunde halte still,
Der dich nur, nicht das Deine will.

2721. Alter Freunde, alten Weins und alter Schwerter soll
man sich trösten.

2722. Alt Freund, alt Wein, alt Geld
Führt den Preis in aller Welt.

2723. Die alten Freunde die besten.

2724. Alte Freunde soll man nicht verkaufen, denn man weiß
nicht, wie die neuen geraten.

Freund

2725. Neuem Freund und altem Haus ist nicht viel zu trauen.

2726. Neuer Freund, neuer Wein.

2727. Freundschaft, die der Wein gemacht,
Währt wie der Wein nur *eine* Nacht.

2728. Bewährter Freund, versuchtes Schwert,
Die sind in Nöten Goldes wert.

2729. Freunde mit dem Mund,
Einer auf ein Pfund;
Freunde in der Not,
Tausend auf ein Lot.

2730. Freund in der Not,
Freund im Tod,
Freund hinterm Rücken
Sind drei starke Brücken.

2731. Freunde in der Not
Gehn zehen auf ein Lot,
Und sollen sie behülflich sein,
Gehn zehen auf ein Quentlein.

2732. Viel Freunde und wenig Nothelfer.

2733. Ein Freund in der Not ist ein Freund in der Tat.

2734. Freunde sind gut, aber wehe dem, der ihrer bedarf in
der Not.

2735. Glück macht Freunde, aber Not bewährt sie.

2736. Glück ist der Freunde Sommer.

2737. Glück macht Freunde, Unglück prüft sie.

2738. Glück ist der Freunde Sommer und Ernte, Unglück
aller Freunde Winter.

2739. Siedet der Topf, so blüht die Freundschaft.

2740. Dem es wohl ergeht, der hat manchen Freund.

2741. Es ist nicht jeder dein Freund, der dich anlacht.

2742. Lach mich an, gib mich hin,
Ist des falschen Freundes Sinn.

2743. Wer Freund sei,
Sagt die Armut frei.

2744. Den Freund zu erkennen, mußt du erst ein Scheffel Salz
mit ihm gegessen haben.

2745. Es gehen viel Freunde in ein kleines Haus.

2746. Verkehrte Freundschaft ist Feindschaft.

2747. Eines Freund,
Keines Feind.

2748. Jedermanns Gesell ist niemands Freund.

2749. Sei nicht Allerwelts Freund.

2750. Allerwelts Freund, jedermanns Geck.

2751. Jedermanns Freund, jedermanns Narr.

2752. Den Freund strafe heimlich, lobe ihn öffentlich.

2753. Freundes Gebrechen soll man kennen und tragen,
Nicht aber nennen und nagen.

2754. Freundes Schläge, liebe Schläge.

2755. Besser ein sauersehender Freund als ein süßlächelnder
Feind.

2756. Freundes Stimme, Gottes Stimme.

2757. Ein Freund ist des andern Spiegel.

2758. Läßt du deinem Freund Unrecht tun, so bist du selbst
kein Biedermann.

2759. Freundes Unrecht gestatten ist selber Unrecht tun.

2760. Will ein Freund borgen,
Vertröst ihn nicht auf morgen.

2761. Wenn ein Freund bittet, da ist kein Morgen.

2762. Freundes Hülfe reitet nicht auf der Ochsenpost.

2763. Was der Freund bekommt, ist unverloren.

2764. Freundschaft verdirbt durch Schweigen.

2765. Der Person Freund, der Sache Feind.

2766. Wer zwischen zwei Freunden Richter ist, verliert den einen.

2767. Guter Freunde Schelten und Versöhnen findet sich von selbst.

2768. Geflickte Freundschaft wird selten wieder ganz.

2769. *Eine* Freundschaft macht die andre.

2770. Der Freunde müssen mindestens zwei sein.

2771. Die besten Freunde stecken im Beutel.

2772. Gut ist der Freunde Rat, aber ihn nicht brauchen ist besser.

2773. Freundschaft und guter Wille macht kein Recht.

2774. Ein wenig Verwandtschaft hält gute Freundschaft.

2775. Große Freundschaft und Geschlecht
Machen krumme Sachen recht.

2776. Guter Freund kommt ungeladen.

2777. Behüte mich Gott vor meinen Freunden, mit den Feinden will ich schon fertig werden.

2778. Wer als Freund nicht nützt, kann als Feind viel schaden.

2779. Friede düngt den Acker.

2780. Friede ernährt,
Unfriede verzehrt.

2781. Fried und Einigkeit haben alle Städt erbaut.

2782. *Eine* Kuh im Frieden ist besser als drei im Kriege.

2783. Besser ein Ei im Frieden als ein Ochs im Kriege.

2784. Fried und ein neugebautes Haus sind nimmer zu teuer.

2785. Besser ein bäuerlicher Frieden als ein bürgerlicher Krieg.

2786. Unbilliger Frieden ist besser als gerechter Krieg.

2787. Besser gewisser Frieden als ungewisser Sieg.

2788. Des lieben Friedens willen läßt man sich viel gefallen.

2789. Man kann nicht länger Frieden halten, als der Nachbar will.

2790. Wer Friede haben will, muß zum Kriege rüsten.

2791. Friede macht Reichtum, Reichtum macht Übermut, Übermut bringt Krieg, Krieg bringt Armut, Armut macht Demut, Demut macht wieder Frieden.

2792. Der ewige Frieden ist auf dem Kirchhofe.

2793. Wer ausschlägt, bricht den Frieden.

2794. Wer Frieden haben will, tut übel, daß er Streit anfängt.

2795. Jeden friert nach seinen Kleidern.

2796. Frisch gezückt
Ist halb geglückt.

2797. Wenn Gott ein Land segnet, so gibt er ihm einen weisen Fürsten und einen langen Frieden.

2798. Frisch gewagt ist halb gewonnen.

2799. Frisch von Leder ist halb gewonnen.

2800. Frisch gewagt, halb geschwommen.

2801. Frisch begonnen,
Halb gewonnen.

2802. Frisch gezuckt ist halb gefochten.

2803. Frisch angelaufen ist halb besiegt.

2804. Frisch dran
Töt't halb den Mann.

2805. Frisch und fröhlich zu seiner Zeit,
Fromm und treu in Ewigkeit.

2806. Fröhlich in Ehren
Mag niemand wehren.

2807. Fröhlich Gemüt,
Gesundes Geblüt.

2808. Froh Gemüt, halb Zehrgeld.

2809. Sehr fröhlich, gefährlich,
Sehr traurig, beschwerlich.

2810. Mancher ist fröhlich und sein Herz erfährt's nicht.

2811. Ich lebe, weiß nicht wie lang,
Ich sterbe, weiß nicht wann,
Ich fahre, weiß nicht wohin,
Mich wundert, daß ich noch fröhlich bin.

2812. Wer sich stößt an ein Stroh,
Wird sein Leben nicht froh.

2813. Immer fröhlich ist selten reich.

2814. Fromm sein ist zu allen Dingen gut.

2815. Sei fromm, Gott sieht's.

2816. Fromm sein ist allein Gewinn.

2817. Es gehört viel zur Haushaltung, aber noch mehr zur
Frömmigkeit.

2818. Niemand kann frommer sein, als es ihm Gott hat zugemessen.

2819. Es wäre oft einer fromm, wenn man ihn sein ließe.

2820. Fromme Leute sitzen weit auseinander.

2821. Fromme Leute sind dünn gesät.

2822. Der ist fromm, der ungezählt Geld wiedergibt.

2823. Fromme Leute müssen täglich Lehrgeld zahlen.

2824. Fromme Leute lobt jedermann und läßt sie betteln.

2825. Frommer Mann
Hilft, wo er kann.

2826. Frommer Mann, bös Weib.

2827. Fromme Leute zürnen nicht lange.

2828. Ein Ding freundlich auslegen ist eines frommen Gemüts.

2829. Mit Frommen und Bösen wird das Haus erfüllt.

2830. Wer sich zu Frommen setzt, der steht bei Frommen auf.

2831. Bei den Frommen ist man daheim.

2832. Bei frommen Leuten verliert man nichts.

2833. Es ist gut wohnen, wo fromme Leute sind.

2834. Der Frommen Gesellschaft ist aller Heiligen Gemeinschaft.

2835. Dem Frommen legt man ein Kissen unter, dem Schalke zwei.

2836. *Einem* Frommen gefallen ist besser denn vielen Bösen.

2837. Der Fromme liebt jeden, der Böse niemand.

2838. Wo man viel von Frömmigkeit sagt, da ist man selten fromm.

2839. Ein Stein ist auch fromm, doch stößt man sich übel daran.

2840. Der nichts kann als fromm sein, muß betteln.

2841. Die Frösche sind allweg des Storchen Speise.

2842. Wo Frösche sind, da sind auch Störche.

2843. Die Frösche tun sich selber Schaden,
Wenn sie den Storch zu Hause laden.

2844. Der Frosch läßt das Quaken nicht.

2845. Die Frösche gehn dem Bache zu, legt man sie schon an Ketten.

2846. Setz einen Frosch auf goldnen Stuhl,
Er hüpft doch wieder in den Pfuhl.

2847. Man tritt den Frosch so lange, daß er pfeift.

2848. Ein Frosch kann nicht singen wie eine Nachtigall.

2849. Was ein Frosch werden will, muß erst ein Kühleskopp gewesen sein.

2850. Er kann nichts dazu, daß die Frösche keine Schwänze haben.

Frucht – Fuchs   159

2851. Die Frucht ist wie der Baum.

2852. Verbotne Frucht schmeckt am besten.

2853. Früh aufstehn und früh freien
      Tät niemand gereuen.

2854. Wer früh aufsteht, viel verzehrt,
      Wer spät aufsteht, den Gott ernährt.

2855. Früh auf und spät nieder
      Bringt verlornes Gut wieder.

2856. Früh nieder, spät auf
      Hat unlangen Lauf.

2857. Wer im Ruf ist, früh aufzustehen, mag lange schlafen.

2858. Frühregen und Frühgäste bleiben selten über Nacht.

2859. Früh gesattelt, spät geritten.

2860. Man muß sich früh auf den Weg machen, wenn man
      früh ankommen will.

2861. Frühwitzige Kinder leben nicht lange, aber Spätobst
      liegt lange.

2862. Früher Witz, baldiger Aberwitz.

2863. Was früh zeitig wird, fault bald.

2864. Je früher reif, je früher faul.

2865. Wer immer zu früh zu kommen meint, kommt oft zu
      spät.

2866. Wer im Frühjahr nicht sät, wird im Spätjahr nicht
      ernten.

2867. Stirbt der Fuchs, so gilt der Balg.

2868. Jeder Fuchs pflegt seines Balgs.

2869. Alter Fuchs kommt nicht ins Garn.

2870. Der Fuchs geht nicht zum zweitenmal ins Garn.

2871. Wenn der Fuchs Gänse fangen will, so wedelt er mit
      dem Schwanze.

160   *Fuchs*

2872. Der Fuchs kann seinen Schwanz nicht bergen.

2873. Wenn der Fuchs predigt, so hüte der Gänse.

2874. Wenn der Fuchs die Gänse lehrt, so ist ihr Kragen sein Schulgeld.

2875. Wer mit Füchsen zu tun hat, muß den Hühnerstall zuhalten.

2876. Der Fuchs ändert den Pelz und behält den Schalk.

2877. Der Fuchs verkehrt wohl seine Haut, aber nicht sein Gemüt.

2878. Der Fuchs grüßt den Zaun um des Gartens willen.

2879. Es ist ein armer Fuchs, der nur *ein* Loch hat.

2880. Man fängt auch wohl den gescheiten Fuchs.

2881. Schlafender Fuchs fängt kein Huhn.

2882. Zwei Füchse in *einem* Loch.

2883. Den Fuchs muß man mit Füchsen fangen.

2884. Man fängt keinen Fuchs außer im Fuchsbalge.

2885. Man schickt Füchse aus, um Füchse zu fangen.

2886. Wer Fuchs mit Füchsen fangen will,
Bedarf wohl guter Witze viel.

2887. Wenn der Fuchs zeitig ist, trägt er selber den Balg zum Kürschner.

2888. Alle listigen Füchse kommen endlich beim Kürschner in der Beize zusammen.

2889. Wo der Fuchs liegt, da tut er keinen Schaden.

2890. Wo der Fuchs sein Lager hat, da raubt er nicht.

2891. An einem Fuchs bricht man nicht Wildbann.

2892. Wenn man den Fuchs nicht beißen will, so kann man keinen Hund finden.

2893. Was der Fuchs nicht kann erschleichen,
Da muß des Löwen Klau hinreichen.

Fuchs – Fund 161

2894. Er ist weder Fuchs noch Hase.

2895. Man muß Fuchs und Hase sein, Weiß und Schwarz können.

2896. Fuchsschwänzer sind den Herren lieb,
Stehlen doch mehr als ein Dieb.

2897. Fuchs ohne Tücke
Ist ein Tausend-Glücke.

2898. Fug
Bricht und macht den Krug.

2899. Wer gäbe, solange man nähme, der vergäbe sich vor Nacht, wenn er auch dreier Fugger Gut hätte.

2900. Fühlen lehrt glauben.

2901. Alter Fuhrmann hört noch gerne klatschen.

2902. Wenn der Fuhrmann nicht mehr fahren kann, so knallt er mit der Peitsche.

2903. Fauler Fuhrmann spannt lieber aus denn an.

2904. Es ist kein Fuhrmann so gut, er fährt bisweilen aus dem Gleise.

2905. Wer gern fährt, schreckt sich nicht am Fuhrmann.

2906. Wo es eben geht, ist gut Fuhrmann sein.

2907. Fuhrmanns Tasche steht allzeit offen.

2908. Dem Mann ein Vogel, sagte jener Fuhrmann und legte die Gans vor sich.

2909. Wer Gott läßt Fuhrmann sein, dem geht sein Fuhrwerk wie geschmiert.

2910. Unseres Herrgotts Fuhrwerk geht langsam und wohl.

2911. Böser Leute Fahrt währt nicht lange, denn Gott ist nicht beim Fuhrwerk.

2912. Es zog schon mancher ein Füllen auf, das ihm selbst vors Schienbein schlug.

2913. Neue Fünde kommen von armen Leuten.

2914. Einen Fund verhehlen
Ist so gut wie Stehlen.

2915. Gefunden, gefunden wiedergib,
Geschenktes Gut nimmer gib.

2916. Dein Fund, mein Halb.

2917. Halb gefunden, mein.

2918. Man muß bisweilen fünf gerade sein lassen.

2919. Er wird seine funfzehn Heller schon kriegen.

2920. Funfzehen Batzen für einen Gulden.

2920a. Funfzehn, halt den Sack auf.

2921. Funken machen Feuer.

2922. Ein Fünkchen ist auch Feuer.

2922a. Aus einem kleinen Fünklein kann ein großes Feuer
werden.

2923. Das Feuer fängt vom Funken an, vom Funken brennt
das Haus.

2924. Oppenheim ging an den Funken an.

2925. Der Funke glimmt auch unter der toten Asche.

2926. Wer sich vor Funken fürchtet, der gibt keinen Schmied
ab.

2927. Furcht hütet übel.

2928. Furcht richtet alles anders an, als es gekocht ist.

2929. Dem Furchtsamen rauschen alle Blätter.

2930. Wer sich fürchtet, der lauf' in die Kirche.

2931. Es kommt mehr Furcht von innen heraus als von außen
hinein.

2932. Der alle Hecken fürchtet, soll nicht in den Wald fahren
jagen.

2933. Ich fürchte mich vor zehen nicht, wenn ich allein bin.

2934. Wo Furcht, da Scham; wo Scham, da Ehre.

Furcht – Fürst 163

2935. Wo Furcht, da Ehre.

2936. Wer sich nicht fürchtet, dem ist keine Übeltat zu groß.

2937. Fürchte, die dich fürchten.

2938. Fürsten sollen geduldige Ohren haben.

2938a. Fürsten können Schimpf, aber keinen Schaden leiden.

2939. Fürsten haben lange Hände und viel Ohren.

2940. Die Fürsten haben viel Augen, lassen aber nur zwei sehen.

2941. Die den Fürsten verführen, vergiften den Brunnen des Landes.

2942. Was die Fürsten geigen, müssen die Untertanen tanzen.

2943. Wenn sich die Fürsten an einen Fuß stoßen, so müssen die Untertanen hinken.

2944. Schönem Wetter und Fürstenlächeln ist nicht zu trauen.

2945. Fürstengunst, Aprilenwetter,
Frauenlieb und Rosenblätter,
Würfelspiel und Kartenglück
Wechseln jeden Augenblick.

2946. Wenn der Fürst seinen Untertanen einen Apfel nimmt, so nehmen seine Diener den ganzen Baum.

2947. Ein Fürst ist so selten im Himmel als ein Hirsch in eines armen Mannes Küche.

2948. Jeder Fürst ist Kaiser in seinem Lande.

2949. Man ändert nicht die Fürsten, es wechseln nur die Namen.

2950. Des Fürsten Schatz liegt am sichersten in des Volkes Händen.

2951. Unter reichen Fürsten ist gut sitzen.

2952. Neue Fürsten, neue Gesetze.

2953. Fürsten und Ärzten sind viel Tote eine Schande.

2954. Fürwitz
Ist Jungfrauen wenig nütz.

2955. Fürwitz macht die Jungfrau teuer.

2956. Eigene F– riechen wohl.

2957. Alte F– stinken.

2958. Er macht aus einem F– einen Donnerschlag.

2959. Es hinkt keiner an des andern Fuß.

2960. Bist du übel zu Fuß, so brich zuerst auf.

2961. Weil dir die Füße noch los sind, so geh.

2962. Wenn die Füße gebunden sind, so läuft die Zunge am
meisten.

2963. Besser mit den Füßen gestrauchelt als mit der Zunge.

2964. Man soll Fuß bei Mahl halten.

2965. Fuß vor Fuß geht man fern.

2966. Fußschemel fallen auch um, aber nicht hoch.

2967. Wer sucht einen Fußsteig, wo die Straße gerade ist?

2968. Auf vielbetretenem Fußsteig wächst kein Gras.

2969. Futteln (im Spiel betrügen) befindet sich.

2970. Wer gut futtert,
Der gut buttert.

2971. Mit Füttern wird keine Zeit verloren.

G

2972. Die Gaben sind wie die Geber.

2973. Alle guten Gaben kommen von oben.

2974. Schnelle Gaben hat Gott lieb.

Gabe – Galle

2975. Unzeitige Gabe verdient keinen Dank.

2976. Langsame Gabe verliert den Dank.

2977. Wer mit der Gabe zaudert, hat den Dank schon eingenommen.

2978. Wer mir gab, der lehrte mich geben.

2979. Gaben macht der Wille gut.

2980. Mit Gaben fängt man die Götter.

2981. Mit der Gabel ist's ein Ehr:
Mit dem Löffel kriegt man mehr.

2982. Wenn *einer* gähnt, so gähnen sie alle.

2983. Wenn *ein* Giehnlöffel gähnt, so gähnt auch der andere.

2984. Was zum Galgen geboren ist, ersäuft nicht.

2985. Wer am Galgen vertrocknen soll, ersäuft nicht im Wasser.

2986. Die Galgen hat man abgeschafft, die Diebe sind geblieben.

2987. Wenn du einen vom Galgen lösest, der brächte dich selber gerne dran.

2988. Was hilft ein goldener Galgen, so man dran hängen muß?

2989. Er schlägt sich an einen goldenen Galgen.

2990. Wenn man einen [Dieb] brauchen kann, so nimmt man ihn vom Galgen.

2991. Nur an den Galgen, eh er umfällt.

2992. Auf St. Gall
Bleibt die Kuh im Stall.

2993. St. Gallen
Läßt den Schnee fallen.

2994. Wer nicht Galle versucht hat, weiß nicht, wie Honig schmeckt.

2995. Kleine Tierlein haben auch Galle.

2996. Wer im Galopp lebt, fährt im Trab zum Teufel.

2997. Der Gang vermag tausend Gulden.

2998. Der schwächste Gänger soll vorangehen.

2999. Es flog ein Gänslein über Meer
Und kam ein Gickgack wieder her.

3000. Wenn *eine* Gans trinkt, so trinken sie alle.

3001. Wer kann allen Gänsen Schuh machen?

3002. Die weiße Gans brütet gut.

3003. Die Gans lehrt den Schwan singen.

3004. Die Gans geht so lange zur Küche, bis sie am Spieß
stecken bleibt.

3005. Wenn die Gans das Wasser sieht, so zappelt ihr der
Steiß.

3006. Jede Gans hat ihren Kopf.

3007. Wo Gänse sind, da ist Geschnatter, und wo Frauen, da
sind viel Mären.

3008. Die Weiber haben *einen* Witz mehr als die Gänse: wenn
es regnet, so gehen sie ins Trockne.

3009. Die Gänse gehen überall barfuß.

3010. Mit den Gänsen sollen wir trinken, aber nicht essen.

3011. Wenn man die Gans zum Ganter setzt, so bleibt der
Ganter der Mann, der es sein soll.

3012. Junge Gänse wollen die alten zur Tränke führen.

3013. Sievven Gönnse sievven Johr
Git en Barre (Bette) un noch nit schwor.

3014. Er hält's mit den kurzen Gänsefedern.

3015. Es ist nicht der Gänse wegen.

3016. Es geht an die letzte Garbe.

3017. Die Welt will grob Garn.

3018. Er bummelt wie eine fette Gans.

3019. Garnstellen fängt nicht Vögel, sondern Zuziehen.

3020. Wie das Garn, so das Tuch.

3021. Garaus ist gut pfalzgräflich.

3022. Garaus,
So wird ein voller Bruder draus.

3023. Garaus macht böse Hosen.

3024. Garten
Muß man warten.

3025. Gartenwerk,
Wartenwerk.

3026. Wer seinen Garten verpachtet, darf nicht drin pflücken.

3027. Es wird dir im Garten wachsen.

3028. Gart, wende deinen Namen.

3029. Wer in allen Gassen wohnt, wohnt übel.

3030. Stolz auf der Gasse,
Kein Heller in der Tasche!

3031. Gassenengel, Hausteufel!

3032. An dem Gaste wird's verspürt,
Wie der Wirt den Handel führt.

3033. Schlimmer Gast, der den Wirt vertreibt!

3034. Ungeladener Gast
Ist eine Last.

3035. Ungeladenem Gast ist nicht gestuhlt.

3036. Ungebetene Gäste setzt man hinter den Feuerherd.

3037. Darnach die Gäste sind, brät man die Bücklinge.

3038. Guter Gast kommt ungeladen.

3039. Die liebsten Gäste kommen von selbst.

3040. Darnach der Gast,
Darnach der Quast.

3041. Dreitägiger Gast
Ist jedermann zur Last.

3042. Den ersten Tag ein Gast,
Den zweiten eine Last,
Den dritten stinkt er fast.

3043. Ein Gast ist wie ein Fisch,
Er bleibt nicht lange frisch.

3044. Wenn der Gast am liebsten ist, soll er wandern.

3045. Laß den Gast ziehen, eh das Gewitter ausbricht.

3046. Bequem dich, Gast,
Sonst bist zur Last.

3047. Man empfängt die Gäste freundlich mit Mund und Hand und mit Herzen, wie Gott wohl weiß.

3048. Wenn man einen zu Gast ladet, stößt man ihm das Maul auf den Tisch.

3049. Wer Gäste lädt, gehe vorher hübsch auf den Fleischmarkt.

3050. Geh nicht zu armer Bursch zu Gast,
So du dein Speis nicht bei dir hast.

3051. Neue Gäste hält man gut.

3052. Sieben Gäste, gute Zahl,
Neune halten böses Mahl.

3053. Über neun und unter drei
Halte keine Gasterei.

3054. Die Narren haben Gastereien, die Weisen essen sich satt.

3055. Arme Gäste sendet uns Gott zu.

3056. Es ist nicht gut Gäste laden, deren man nicht mächtig ist.

3057. Er kann weder gatzen noch Eier legen.

3058. Einem geschenkten Gaul
Sieht man nicht ins Maul.

3059. Geschenktem Gaul sieh nicht ins Maul: nimm's, die Haut ist dankenswert.

Gaul – Geben   169

3060. Ein guter Gaul zieht dreimal.

3061. Einen guten Gaul muß man nicht zu oft reiten.

3062. Mit bösen Gäulen bricht man das Eis.

3063. Groß und faul
Ist auch ein Gaul.

3064. Man reitet den Gaul erst, wenn man ihn hat.

3065. Auch der beste Gaul stolpert einmal.

3066. Wer dem Gaul seinen Willen läßt, den wirft er aus dem
Sattel.

3067. Voller Gaul springt.

3068. Wenn ein alter Gaul in Gang kommt, so ist er nicht
mehr zu halten.

3069. Wenn die alten Gäule gehend werden, so ist kein
Halten.

3070. Blinder Gaul geht grade zu.

3071. Ich will den Gaul gewinnen oder den Sattel verlieren.

3072. Du suchst den Gaul und reitest drauf.

3073. Geben und Wiedergeben hält die Freundschaft zusammen.

3074. Mit Geben wuchert man am meisten.

3075. Der gewinnt mit Geben, der Würdigen gibt.

3076. Einen guten Geber segnet Gott.

3077. Einen fröhlichen Geber hat Gott lieb.

3078. Geben ist seliger denn Nehmen.

3079. Ich gebe, wie ich's habe, und nehme, wie ich's kriege.

3080. Gib blind, nimm sehend.

3081. Gib Arsch, nimm Arsch.

3082. Wer gibt, was er hat, ist wert, daß er lebt.

3083. Wer einem was geben will, soll nicht erst fragen, ob er's
haben wolle.

3084. Was du niemand geben willst, sollst du auch von niemand verlangen.

3085. Geben und doch behalten gilt nichts.

3086. Niemand kann geben und behalten.

3087. Wer viel fragt, der gibt nicht gerne.

3088. Wer gern gibt, fragt nicht lange.

3089. Wer gerne gibt, läßt sich nicht lange bitten.

3090. Er ist nicht von Gebingen, sondern von Nehmingen.

3091. Ich geb's um ein Stück Brot.

3092. Wer gibt,
Der liebt.

3093. Wer gibt, der ist lieb.

3094. Gibmir hat's Genick gebrochen.

3095. Gibst du mir, so geh ich mit dir.

3096. Gib, und laß jedem das Seine.

3097. Gegeben Gut gehört sich viel.

3098. Er gibt mit dem Mund, aber die Hände halten fest.

3099. Er hat nur zwei Hände, eine zum Nehmen, eine zum Behalten; die zum Geben fehlt ihm.

3100. Es gibt alles gern an ihm, ohne die Hände.

3101. Er gibt gern – seinem Maul, wenn ihn hungert.

3102. Er gäbe Gott und allen seinen Heiligen nicht einen Heller.

3103. Er gibt nicht gerne mehr, als er im Auge leiden kann.

3104. Wem man gibt, der schreibt's in Sand,
Wem man nimmt, in Stahl und Eisen.

3105. Wer geht nach Giebichenstein,
Kommt selten wieder heim.

3106. Gebet ohne Inbrunst, Vogel ohne Flügel.

3107. Kurz Gebet, tiefe Andacht.

Gebet – Gedanke   171

3107a. Kurz Gebet, lange Mettwurst.

3108. Das Gebet macht der Witwe einen Wall um ihr Hütt-
lein.

3109. Wohl gebetet ist halb studiert.

3110. Viel Gebet, wenig Werke.

3111. Golden Gebiß macht's Pferd nicht besser.

3112. Elendiglich ausgesehen ist genug gebeten.

3113. Gebieten ohne Straf und Macht
Macht Herren und Gebot veracht.

3114. Das eilfte Gebot heißt: laß dich nicht erwischen!

3115. Das eilfte Gebot heißt: laß dich nicht verblüffen!

3116. Gebrannt ist nicht gebraten.

3117. Gebrauch tut mehr
Als Meisterlehr.

3118. Eigenes Gebrechen sieht man nicht.

3119. Geburt ist etwas, Bildung mehr.

3120. Wie einer ist geboren,
So wird er geschoren.

3121. Bei jeder Geburt wird eine Leiche angesagt.

3122. Geck, loß Geck elanns.

3123. Geckewerk gitt Geckegaarn.

3124. Je älter der Geck, je schlimmer.

3125. Wer einen Gecken aussendet, dem kommt ein Narr
wieder.

3126. Es ist kein Mann so klug vom Rat,
Der nichts von einem Gecken hat;
Jedoch ist der ein kluger Mann,
Der seinen Geck verbergen kann.

3127. Wer nicht weiß, was das für ein Geck ist, der kann's an
seinem Pferde sehen.

3128. Gedanken sind zollfrei.

3129. Gedanken sind zollfrei, aber nicht höllenfrei.

3130. An Gedanken und gespanntem Tuche geht viel ein.

3131. Die besten Gedanken kommen hinten nach.

3132. Die ersten Gedanken sind die besten.

3133. Gedinge bricht Landrecht.

3134. Am Geding ist keine Folge.

3135. Gedingt Pferd macht kurze Meilen.

3136. Durch Gedränge
Zum Gepränge.

3137. Geduld überwindet alles.

3138. Geduld überwindet Holzäpfel.

3139. Geduld überwindet Schweinsbraten.

3140. Geduld frißt den Teufel.

3141. Geduld ist stärker denn Diamant.

3142. Leichter trägt, was er trägt,
Wer Geduld zur Bürde legt.

3143. Geduld ist das beste Pflaster für alle Schwären.

3144. Mit Geduld und Zeit
Wird Maulbeerblatt zum Atlaskleid.

3145. Geduld und Batzen gehen viel in *einen* Sack.

3146. Geduld ist ein edel Kraut, wächst aber nicht in allen Gärten.

3147. Die Stärke wächst im Geduldgarten.

3148. Geduld ist die Seelenspeis.

3149. Geduld ist der Seelen Schild.

3150. An der Geduld erkennt man den Mann.

3151. Der Geduldige treibt den Ungeduldigen aus dem Lande.

3152. Im Glück sind wir alle geduldig.

3153. Geduld lädt Gewalt zu Haus.

Geduld – Geige 173

3154. Habt Geduld
Mit andrer Schuld.

3155. Geduld zu hoch gespannt wird rasend.

3156. Ist die Gefahr vorüber, wird der Heilige ausgelacht.

3157. Wer sich in Gefahr begibt, kommt darin um.

3158. Gefahr wird nicht ohne Gefahr vertrieben.

3159. Verachtete Gefahr
Kommt vor dem Jahr.

3160. Wer Gefahr nicht fliehen kann,
Stehe tapfer als ein Mann.

3161. Gefährte munter kürzt die Meilen.

3162. Beredter Gefährte ist so gut wie ein Wagen.

3163. Kein Gefängnis ist schön und keine Braut häßlich.

3164. Was man in ein unsauber Gefäß schüttet, das versauert.

3165. Es hält so lange geflickt als ganz.

3166. Die Gegenwart ist unser.

3167. Gegenwehr ist nicht verboten.

3168. Gehorsam ist besser denn Opfer.

3169. Gehorsam macht fromm.

3170. Was nicht will gehen,
Das laß stehen.

3171. Einem gehenden Manne nimmt man kein Pferd.

3172. Neben dem Pferd gegangen ist nicht geritten.

3173. Männer verschweigen fremde, Weiber eigene Geheimnisse.

3173a. Wer befehlen will, muß gehorchen lernen.

3174. Was gehörnt ist, will immer gestoßen haben.

3175. Das ist gehüpft wie gesprungen.

3176. Wer einen Geier schindet, hat einen magern Vogel.

3177. Alte Geigen bezieht man auch mit neuen Saiten.

3178. Kleine Geige ist oft mit *einem* Fidelbogen nicht zufrieden.

3179. In vierzig Wochen wird sich's zeigen,
Wie man gespielt hat auf der Geigen.

3180. Nährt die Fidel ihren Mann,
So nimmt sie ihn zum Geiger an.

3181. Oft muß man spielen, wie die Geige will.

3182. Geige den Leuten, wie du willst, du geigst selten allen recht.

3183. Ein Geiger zerreißt viel Saiten, eh er Meister ist.

3184. Geiger und Pfeifer
Sind keine Scherenschleifer.

3185. Alle guten Geister
Loben ihren Meister.

3186. Alle guten Geister loben Gott.

3187. Du sollst allen Geistern nicht glauben.

3188. Große Geister begegnen sich.

3189. Man sieht wohl, wes Geistes Kind er ist.

3190. Hoe groter Geest,
Hoe groter Beest.

3191. Wenn man nach einem Geist schlägt, so verwundet man sich selber.

3192. Die Geistlichen sollen bei ihrer Bibel bleiben.

3193. Wer die Geiß angenommen hat, muß sie hüten.

3194. Wer die Geiß anbindet, muß sie hüten.

3195. Die Geiß soll weiden, wo sie angebunden ist.

3196. Wenn der Geiß wohl ist, so scharrt sie.

3197. Gott weiß wohl, warum er der Geiß den Schwanz abgehauen hat.

3198. Die Geiß will auch einen langen Sterz.

Geiß – Geizige   175

3199. Wer die Geiß im Hause hat, dem kommt der Bock vor die Tür.

3200. Die Geiß kriegt früh einen Bart.

3201. Alte Geiß leckt auch gern Salz.

3202. Junge Geiß leckt Salz, alte Geiß frißt Sack und Salz.

3203. Was recht ist, hat Gott lieb:
Wer eine Geiß stiehlt, ist kein Bocksdieb.

3204. Der Geiz ist die Wurzel alles Übels.

3205. Der Geiz hat keinen Boden.

3206. Den Geiz und die Augen kann niemand füllen.

3207. Dem Geiz ist nichts zu viel.

3208. Der Geiz und der Bettelsack sind bodenlos.

3209. Je mehr der Geizige hat,
Je weniger wird er satt.

3210. Der Geiz wächst mit dem Gelde.

3211. Der Geiz will nicht leiden, daß man das Licht bei ihm anzünde.

3212. Der Natur ist wenig, dem Geiz nichts genug.

3213. Der Geiz ist seine eigene Stiefmutter.

3214. Der Geiz muß Hunger leiden, weil der Teufel den Schlüssel zum Geldkasten hat.

3215. Man kann einem Geizigen nicht mehr Unglück wünschen, denn daß er lange lebe.

3216. Der Geizige ist das Roß, das Wein fährt und Wasser säuft.

3217. Ein Reicher und Geiziger ist Salomons Esel.

3218. Geiz ist die größte Armut.

3219. Dem Armen geht viel ab, dem Geizigen alles.

3220. Der Geizige ist ein reicher Bettler.

3221. Geiz sucht seinen Himmel im Kot.

3222. Der Geiz macht sich seine Höllenfahrt sauer.

3223. Der Geizige trägt seine Seele feil.

3224. Gott gibt dem Geizhals die Kost, aber der Teufel ist der Koch.

3225. Geizhalses Gut, des Teufels Opferherd.

3226. Der Geiz hat seinen Gott im Kasten.

3227. Wenn alle Sünden alt werden, wird der Geiz jung.

3228. Alle Laster nehmen mit der Zeit ab, nur Geiz und Lüge nehmen zu.

3229. Den Geizhals und ein fettes Schwein
Sieht man im Tod erst nützlich sein.

3230. Geiz und Ehr
Treibt über Meer.

3231. Nicht zu geben, findet der Geizige allweg Ursach.

3232. Des Geizes Schlund
Ist ohne Grund.

3233. Gut gekaut
Ist halb verdaut.

3234. Geld
Regiert die Welt.

3235. Redet Geld,
So schweigt die Welt.

3236. Mit Geld
Probiert man die Welt.

3237. Geld
Behält das Feld,
Spielt den Meister in der Welt.

3238. Geld
Ist der größte Held.

Geld

3239. Hat einer Geld,
So ist er ein Held,
Und der mit goldnen Äpfeln werfen kann, behält das
Feld.

3240. Geld ist die Welt und die Welt ist Geld.

3241. Geld ist der Meister.

3242. Wo Geld redet, da gilt alle Rede nicht.

3243. Geld ist der Mann,
Der's kann.

3244. Geld ist der Nerv.

3245. Geld ist die Losung.

3246. Geld macht Schälke.

3247. Das liebe Geld kann alles.

3248. Geld schließt auch die Hölle auf.

3249. Für Geld und gute Worte kann man alles haben.

3250. Geld kann den Teufel in ein Glas bannen.

3251. Geld, das stumm ist,
Macht recht, was krumm ist.

3252. Sobald das Geld im Kasten klingt,
Alsbald die Seel in Himmel springt.

3253. Kupfern Geld, hölzerne Seelmeß.

3254. Wo kein Geld ist, da ist auch keine Vergebung der
Sünden.

3255. Geld her, Geld her, klingen die Glocken, wenn gleich
der Pfaff tot ist.

3256. Geld kann nicht Unrecht tun.

3257. Gute Nacht, Tugend: hab ich Geld, so bin ich lieb.

3258. Hätt' ich Geld, ich wäre fromm genug.

3259. Hätt' ich dein Geld und du meine Tugend!

3260. Geld wird nicht gehenkt.

3261. Geld erklärt den Text und die Glosse.

3262. Geld vor, Recht nach.

3263. Schimmelig Geld macht edel.

3264. Die Mutter ein Hur, der Vater ein Dieb,
Hast du Geld, so bist du lieb.

3265. Herz, wo Geld.

3266. Geld ist der Adel,
Geld ist ohne Tadel.

3267. Alt Geld macht neuen Adel.

3268. Geld heißt Junker.

3269. Geld im Säckel duzt den Wirt.

3270. Federn machen den Vogel flügg, Geld den Mann.

3271. Gesundheit und Geld
Durchstreifen die Welt.

3272. Wo Geld vorangeht, da stehn alle Wege offen.

3273. Geld schweigt nicht, wo es ist.

3274. Geld fährt auf hohen Schlitten, Armut muß zu Fuße
gehn.

3275. Geld im Beutel vertreibt die Schwermut.

3276. Geld ist Königin, Tugend und Kunst ihre Schüsselwa-
scherinnen.

3277. Hast du Geld, so setz dich nieder,
Hast du keins, so scher dich wieder.

3278. Hast du Geld, so tritt herfür,
Hast du keins, so such die Tür.

3279. Wer kein Geld hat, muß mit der Haut bezahlen.

3280. Wer kein Geld hat, dem entfällt keine Münze.

3281. Wer kein Geld hat, dem fällt es nicht durch die Finger.

3282. Wer kein Geld hat, braucht nicht zu Markt zu gehen.

3283. Geld ist die beste Ware, sie gilt Sommer und Winter.

Geld

3284. Geld macht den Markt.

3285. Für Geld kann man den Teufel tanzen sehen.

3286. Bar Geld lacht.

3287. Bar Geld kauft.

3288. Bar Geld kauft wohlfeil.

3289. Bar Geld ist gute Ware.

3290. Groß Geld, großer Glaube.

3291. Besser ein Mann ohne Geld als Geld ohne Mann.

3292. Geld, das tät's.

3293. Geld führt den Krieg.

3294. Frisch Geld,
Frischer Held.

3295. Kein Geld, kein Schweizer.

3296. Das Geld ist, wo man's in Ehren hält.

3297. Einer hat's, der andere hat's gehabt, der dritte hätt' es
gern.

3298. Kannst du das Geld brauchen, so bist du sein Herr, wo
nicht sein Knecht.

3299. Man muß dem Gelde gebieten, nicht gehorchen.

3300. Das Geld zu rechter Zeit veracht,
Hat manchem großen Nutz gebracht.

3301. Geld genommen,
Um Freiheit gekommen.

3302. Wer nach Geld heiratet, verliert seine Freiheit.

3303. Ist das Geld die Braut, so taugt die Ehe selten was.

3304. Er freit die Person und meint das Geld.

3305. Hast du Geld, so spiel,
Hast du keins, so stiehl.

3306. Das Geld hat Podagras Art: wo es ist, da bleibt's.

3307. Wo Geld ist, da ist der Teufel; wo keins ist, da ist er zweimal.

[3308. *fehlt bei Simrock.*]

3309. Die Gewaltigen handeln mit Geld, die Schwachen mit Recht.

3310. Aus viel Beuteln ist gut Geld zählen.

3311. Viel Geld, viel Freunde.

3312. Nimmer Geld, nimmer Gesell.

3313. Wo Geld kehrt und wendet,
Hat die Freundschaft bald ein End.

3314. Geld macht nicht reich,
Es sei denn reich
Das Herz zugleich.

3315. Geld will einen guten Vormund haben.

3316. Was hilft das Geld in der Kiste, wenn der Teufel den Schlüssel dazu hat?

3317. Was soll Geld,
Das nicht wandert durch die Welt?

3318. Zwei Schelme braucht Geld und Gut,
Einen, der's gewinnt, und einen, der's vertut.

3319. Geld hat einen feigen Hals.

3320. Geld hat keine Zipfel.

3321. Es hängt kein Geldsack hundert Jahr vor der Tür, aber auch kein Bettelsack.

3322. Geld bringt Gunst,
Aber nicht Kunst.

3323. Wo Geld und Gut,
Da ist kein Mut.

3324. Geld hat manchen an den Galgen gebracht.

3325. Am Gelde riecht man es nicht, womit es verdient ist.

Geld – Gelegenheit

3326. Man muß das Geld von den Leuten nehmen, von Bäumen kann man's nicht schütteln.

3327. Klein Geld, kleine Arbeit.

3328. Schlechtes Geld kommt immer wieder.

3329. Es ist alle Tage gut Geld annehmen.

3330. Bei Geld ist gut wohnen.

3331. Wer Geld in der Tasche hat, braucht keinen Staat zu machen.

3332. Geliehen Geld soll man lachend bezahlen.

3333. Was macht man nicht alles fürs Geld! sprach der Narr, da sah er einen Affen.

3334. Schon wieder Geld, das die Frau nicht weiß.

3335. Sein Geld ist so dumm wie er.

3336. Er hat Geld wie Heu, nur nicht so lang.

3337. Es kostet ja kein Geld, hat der Bauer gesagt, da walkte er seinen Jungen durch.

3338. Man kann sich doch kein Geld aus den Rippen schneiden.

3338a. Geldhunger,
Wen machst du nicht zum Unger?

3339. Geldsüchtig,
Wassersüchtig.

3340. Gelegenheit macht Diebe.

3341. Wer *eine* Gelegenheit hat, soll auf die andre nicht warten.

3342. Wer die Gelegenheit versäumt, dem weist sie den Hintern.

3343. Man muß die Gelegenheit am Stirnhaar fassen.

3344. Gelegenheit hat vorn langes, hinten kurzes Haar.

3345. So die Gelegenheit grüßt, soll man ihr danken.

Gelegenheit – Geloben

3346. Wenn man keine Gelegenheit hat, muß man eine machen.

3347. Die Gelehrten,
Die Verkehrten.

3348. Je gelehrter,
Je verkehrter.

3349. Es ist kein Gelehrter, er hat einen Schiefer.

3350. Gelehrte Leute sind auch oft große Narren.

3351. Die Gelehrtesten sind nicht immer die Klügsten.

3352. Gelehrten ist gut predigen.

3353. Mit gelehrten Worten überredet man Bauern.

3354. Von den Gelehrten leidet Christus am meisten.

3355. Gelehrte Leute wissen's, tapfre tun's.

3356. Gelehrte sagen, ich hab's gelesen, Soldaten, ich hab's getan.

3357. Es fällt kein Gelehrter vom Himmel.

3358. Man schläft sich nicht gelehrt.

3359. Gelehrte Leute und Bienen müssen wohl in acht genommen werden.

3360. Das wollen wir den Gelehrten befehlen.

3361. Die Ladung bringt das Geleit mit sich.

3362. Wer des Geleits will genießen, muß sich geleitlich halten.

3363. Wer des Geleites will genießen,
Muß nicht neue Böcke schießen.

3364. Worte brechen kein Geleit.

3365. Wer will, daß ihm gelinge,
Seh' selbst zu seinem Dinge.

3366. Wenn es wohl gelingt, sind alle Hebammen gut.

3367. Geloben ist ehrlich,
Halten beschwerlich.

Gelübde – Gemein

3368. Gelübde bricht Landrecht.

3369. Wer etwas will gelten,
Der komme selten.

3370. Gemach geht auch weit.

3371. Gehgemach und Lebelang sind Brüder.

3372. Gemach in die Kohlen geblasen,
So fährt dir kein Staub in die Nasen.

3373. Gemach ins Dorf, die Bauern sitzen über den Eiern.

3374. Wer will haben gut Gemach,
Bleibe unter Dach und Fach.

3375. Willst du haben Gemach,
Bleib unter deinem Dach;
Willst du haben Ruh,
So bleib bei deiner Kuh.

3376. Tu gemach, willt haben Gemach.

3377. Klein Gemach, groß Gemach.

3378. Gemalte Blumen riechen nicht.

3379. Nicht gemalt hat er's gesehn.

3380. Gemein
Ist selten ein.

3381. Gemein
Ist unrein.

3382. Wer dient der Gemein et similibus horum,
Der hat Undank in fine laborum.

3383. Wer der Gemeinde dient, hat einen übeln Herrn.

3384. Gemeines Gut geht zumeist verloren.

3385. Hilft's nicht allein,
So hilft's doch im Gemein.

[3386. *fehlt bei Simrock.*]

3387. Gemein Gebet und gemeiner Fluch vermögen viel.

3388. Gemein Geplärr
Ist nie ganz leer.

3389. Gemein Gerücht ist selten erlogen.

3390. Gemeine Verzeihung hat keine Kraft.

3391. Gemeines Unglück ist leicht verschmerzt.

3392. Hätt's nicht gemeint, ist der Welt Spruch.

3393. Gemsen steigen hoch und werden doch gefangen.

3394. Das Gemüt ist reich und arm, nicht die Kiste.

3395. Besser genährt
Als gelehrt.

3396. Genäsch will Streiche.

3397. Wo es genau ist, da muß man's genau nehmen.

3398. Wer will mit genießen,
Muß auch mit schießen.

3399. Der eine hat den Genuß,
Der andre den Verdruß.

3400. Du hast den Genuß,
So hab auch den Verdruß.

3401. Drei Dinge leiden keinen Genossen: Regiment, Liebe,
Geheimnis.

3402. Genug ist besser als zuviel.

3403. Genug haben ist mehr als viel haben.

3404. Reich genug, wer sich genügen läßt.

3405. Mir genügt,
Wie's Gott fügt.

3406. Es ist genug, so man sich genügen läßt.

3407. Genug ist genug, hat der Geiger gegeigt.

3408. Genug macht Unruhe.

3409. Was man genug hat, dessen wird man satt.

3410. Allzuviel ist nicht genug.

3411. Genug geht viel in einen Sack.

3412. Genug ist über einen Sack voll.

3413. St. Georg und St. Marks
Drohen viel Args.

3414. Auf St. Gürgen
Soll man die Küh von der Weide schürgen.

3415. Klein Gepäck ist groß Gemach.

3416. Manches wird besser gepfiffen als gesagt.

3417. Gerade hat viel Ungerade.

3418. Die Gerade geht nicht über die Brücke.

3419. Geradezu gibt guten Renner.

3420. Geradezu gibt gute Schützen.

3421. Geradezu ist der nächste Weg.

3422. Geradedurch, das hält den Stich.

3423. Geradeweg, wie der Teufel die Bauern holt.

3424. Es gerät nicht alles und mißrät nicht alles.

3425. Man schimpft den Gerber nicht, so man ihn schäbigen
Kerl nennt.

3426. Man darf dem Gerber das Leder nicht stehlen, um den
Armen Schuhe daraus zu machen.

3427. Der Gerechte muß viel leiden.

3428. Für Gerechte gibt es keine Gesetze.

3429. Gerechte tun das Rechte recht.

3430. Der Gerechte erbarmt sich seines Viehs.

3431. Ein Gerechter ist Gottes Augapfel.

3432. Wenn man die Gerechtigkeit biegt, so bricht sie.

3433. Du arme Gerechtigkeit,
Liegst im Bett und hast kein Kleid!

3434. Erst gerecht, dann wohltätig.

3435. Gered't ist gered't, man kann's mit keinem Schwamm auswischen.

3436. Gerhaber (Vormünder) sind Gernhaber.

3437. So weit die Flur geht, so weit geht auch das Gericht.

3438. Viel Gerichte machen viel essen.

3439. Besser ein Gericht Kraut mit Liebe als ein gemästeter Ochs mit Haß.

3440. Viel Gerichte, viel Krankheiten.

3441. Wer geringe Dinge wenig acht't,
Sich um geringre Mühe macht.

3442. Kein Ding ist so gering, es ist einer Bitte wert.

3443. Wer gerne krank ist, der lacht den Arzt aus.

3444. Wer gerne trägt, dem lädt jedermann auf.

3445. Was man gerne tut, ist keine Arbeit.

3446. Gern gesehn kommt ungebeten.

3447. Wo ich gerne bin,
Da darf ich nicht hin;
Aber was ich nicht mag,
Das hab ich alle Tag.

3448. An *den* Ort, wo ich gerne bin,
Zieht man mich an *ei'm* Härlein hin.

3449. Was man gerne tut, kommt einem nicht schwer an.

3450. So gern, als die Füchse Birnen essen.

3451. Gerste mit gutem Aufgang
Wird selten lang.

3452. Die Gerste wird vor dem Hafer reif.

3453. Er wächst wie die reife Gerste.

3454. Gerüchte ist der Klage Anfang.

3455. Er hat mit St. Gertrud einen Wettlauf getan.

3456. Das Gerücht tötet den Mann.

Gerücht – Geschehen 187

3457. Das Gerücht ist immer größer denn die Wahrheit.

3458. Wie gerungen,
So gelungen.

3459. Gesamt Gut,
Verdammt Gut.

3460. Teilung bricht gesamte Hand.

3461. Mutschierung bricht keine gesamte Hand.

3462. Der gesamten Hand muß man Folge leisten.

3463. Der Gesandte ist unverletzlich.

3464. Am Gesang kennt man den Vogel.

3465. Süßer Gesang hat manchen Vogel betrogen.

3466. Geschehen ist geschehen.

3467. Es ist geschehen, man kann nichts mehr daran verderben, sagte die Maid.

3468. Was geschehen soll,
Das fügt sich wohl.

3469. Geschieht's,
Man sieht's.

3470. Zu geschehenen Dingen soll man das Beste reden.

3471. Geschehenes zum Besten wende,
Daß Schaden sich mit Nutzen ende.

3472. Geschehene Dinge leiden keinen Rat.

3473. Man sagt so lange von einem Dinge, bis es geschieht.

3474. Nachdem ein Ding geschehen ist, sind alle Graben voll Weisheit.

3474a. Es ist bald um einen Menschen geschehen, und kostet so viel, zu erziehen.

3475. Das geschah in dem Jahr, da Karfreitag auf einen Mittwoch fiel.

3475a. Do dat geschach,
Do brannt de Bach,
Do leschte de Buure met Strüh.

3476. Der Gescheitere gibt nach.

3476a. Der Gescheite soll den Narren auf dem Rücken tragen.

3477. Gescheite Hahnen frißt der Fuchs auch.

3478. Gescheite Hündlein trägt der Wolf ins Holz.

3479. Geschenke
Haben ihre Schwänke.

3480. Geschenke
Bringen Ränke.

3481. Geschenke
Machen dem Wort Gelenke.

3482. Geschenk macht leibeigen.

3483. Geschenke halten die Freundschaft warm.

3484. Geschenke müssen sich gleich bleiben oder wachsen.

3485. Geschenkt und wieder genommen ist schlimmer als gestohlen.

3486. Was nichts taugt, ist geschenkt zu teuer.

3487. Er hat weder Geschick noch Gelenk.

3488. Es ist kein Geschlecht, darin es nicht Huren und Buben gibt.

3489. Geschleck will Streiche haben.

3490. Geschrei macht den Wolf größer, als er ist.

3491. Geschrei hat oft gelogen,
Nicht immer betrogen.

3492. Wenn's über einen her gehen soll, ist jedes Geschrei gut genug.

3493. Wie das Geschrei
Ist auch das Ei.

3494. Viel Geschrei und wenig Wolle.

3495. Viel Geschrei und wenig Wolle, sprach der Teufel, da
schor er ein Schwein.

3496. Viel Geschrei und wenig Wolle, sagte der Teufel und
zog seiner Großmutter die Haare eins nach dem andern aus dem H–.

3497. Bös Geschwätz verderbt gute Sitten.

3498. Man tut geschwind, was lange reut.

3499. Geschwindigkeit ist keine Hexerei.

3500. Geschwind wie der Wind,
Wer nicht sieht, der ist blind.

3501. Geschwind! eh die Katz ein Ei legt und die Bücklinge
lammen.

3502. Besser geschworen
Als verloren.

3503. Wohl gesäckelt, wohl gehalten.

3504. Ein böser Geselle
Führt den andern zur Hölle.

3505. Gesellensitten und Räuden erben.

3506. Böse Gesellschaft verderbt gute Sitten.

3507. Gesellschaft malt einen am besten.

3508. An den Gesellen erkennt man den Gesellen.

3509. Guter Gesell, böser Kindvater.

3510. Gesellentreue selten besteht,
Eheweibstreu über alles geht.

3511. Niemands Geselle
Komme nicht über deine Schwelle.

3512. Wer einen Gesellen bei sich hat, der hat auch einen
Meister bei sich.

3513. Er ziert die Gesellschaft wie der Esel den Roßmarkt.

3514. Gut gesessen
Ist halb gegessen.

3515. Neu Gesetz machen ist leicht, aber die Handhaben
daran fehlen immer.

3516. Gesetz ohne Strafe, Glocke ohne Klöppel.

3517. Neuem Gesetz folgt neuer Betrug.

3518. Sobald Gesetz ersonnen,
Wird Betrug gesponnen.

3519. Es ist kein Gesetz, es hat ein Loch, wer's finden kann.

3520. Wer ein Gesetz gibt, muß darüber wachen.

3521. Je mehr Gesetze, je mehr Sünde.

3521a. Je mehr Gesetze, je weniger Recht.

3522. Mit wenigen Gesetzen regiert man wohl.

3523. Gesetze macht man nicht wie Karnickel.

3524. Viel Gesetz, viel Übertretung.

3525. Wer das Gesetz gibt, ist nicht daran gebunden.

3526. Gesetz muß Gesetz brechen.

3527. Gesetz weicht der Gnade.

3528. Not, Person und Zeit
Machen die Gesetze eng und weit.

3529. Das Gesicht
Verrät den Wicht.

3530. Ein freundlich Gesicht,
Das beste Gericht.

3531. Schöne Gesichter
Haben viel Richter.

3532. Niemand schändet sein eigen Gesicht.

3533. Niemand hat ein so scharf Gesicht, daß er dem andern
in den Beutel sieht.

3534. Er hat ein scharf Gesicht, er sieht durch eine eichene
Tür.

3535. Gesinde soll weder finden noch verlieren.

Gesinde – Gestreichter 191

3536. Das Gesinde soll arbeiten; was im Hause zu feiern ist,
das können Herr und Frau selber verrichten.

3537. Das ist recht Hudelmanns Gesind,
Das langsam schafft und trinkt geschwind.

3538. Was das Gesinde einbrockt, muß der Hausvater ausessen.

3539. Man straft gern am Gesind,
Was verbrochen hat das Kind.

3540. Wie einer gesinnt ist, so ist er auch geschnäbelt.

3541. Gespalten Holz fängt gerne Feuer.

3542. Gespalten Geschirr klappert.

3543. Wo ein Gespenst ist, ist der Teufel nicht weit.

3544. Gespenster mußt du nicht zitieren,
Du wollest dich denn selbst vexieren.

3545. Wie das Gespinst,
So der Gewinst.

3546. Es ist nichts so fein gesponnen,
Es kommt doch endlich an die Sonnen.

3547. Gespött
Zerreißt dir kein Bett.

3548. Gut Gespräch
Kürzt den Weg.

3549. Schöne Gestalt
Verliert sich bald.

3550. Schöne Gestalt
Hat große Gewalt.

3551. Die Gestalt im Spiegel, das Herz im Wein.

3552. Man kauft den Wein nicht nach der Gestalt des Fasses.

3553. Der ist ein Gestreichter, so mit dem Engel gestritten
hat.

3554. Wenn ein Gestüte vergehen soll, beißt ein Pferd dem andern den Schwanz ab.

3555. Gesundheit ist der größte Reichtum.

3556. Der Gesunde weiß nicht, wie reich er ist.

3557. Gesundheit schätzt man erst, wenn man krank wird.

3558. Die Gesunden und Kranken
Haben ungleiche Gedanken.

3559. Der Gesunde kann dem Kranken wohl raten.

3560. Ein Gesunder ist geschickt zu wandeln, ein Weiser zu handeln, ein Sanftmütiger zu überkommen.

3561. Gesund und arbeitsam verzehrt das Seine nimmermehr.

3562. Drei Dinge sind gesund:
Fülle nicht den Schlund,
Übe dich all Stund,
Lauf nicht wie ein Hund.

3563. Gevatter übern Zaun, Gevatter wieder herüber.

3564. Wer einen Wolf zum Gevatter hat, der schenk' ihm unterm Mantel einen Hund ins Kindbett.

3565. Was mir einer gewähren muß, das kann er mir nicht entwehren.

3566. Vor Gewalt ist man zu gewähren nicht schuldig.

3567. Gewalt geht vor Recht
(Das klagt manch armer Knecht).

3568. Wo Gewalt geht vor Recht,
Bin ich lieber Herr denn Knecht.

3569. Wenn Gewalt kommt, ist Recht tot.

3570. Wo Gewalt Recht hat, hat das Recht keine Gewalt.

3571. Eine Hand voll Gewalt ist besser als ein Sack voll Recht.

3572. Wo Gewalt Herr ist, da ist Gerechtigkeit Knecht.

3573. Läßt Gewalt sich blicken,
Geht das Recht auf Krücken.

Gewalt – Gewinn

3574. Wo Gewalt Richter ist, da ist bös rechten.

3575. Es ist besser der Gewalt mit dem Recht widerstehen als mit dem Eisen.

3576. Wer zur Gewalt schweigt, verliert sein Recht.

3577. Lieber Gewalt denn Unrecht.

3578. Gewalt
Wird nicht alt.

3579. Gewalt und Lügen
Nicht lange trügen.

3580. Was mit Gewalt erhalten wird, hat keine Wehre.

3581. Gewalt macht schnellen Vertrag.

3582. Gewalt kann man mit Gewalt vertreiben.

3583. Gewalt wird leicht vermessen.

3584. Bei großer Gewalt ist große Narrheit.

3585. Mit Gewalt kann man eine Violine an einem Eichbaum entzweischlagen.

3586. Gewalt soll gütig sein.

3587. Hier bin ich gewesen, her komm ich nicht wieder.

3588. Wo er hinkömmt, da ist's gut gewesen oder will schlimm werden.

3589. Wahre deines Gewerbes, so wahrt es dich.

3590. Gewinn wagt alles.

3591. Böser Gewinn
Fährt bald hin.

3592. Böser Gewinn ist Schaden.

3593. Böser Gewinn faselt nicht.

3594. Gewinnen ist der Abend vor Verlieren.

3595. Gewinn ist nicht Gewinn, er sei denn gerecht.

3596. Es ist selten ein Gewinn ohne des andern Schaden.

3597. Allzeit gewinnen macht verdächtig,
Allzeit verlieren macht verächtlich.

3598. Bei großem Gewinn ist großer Betrug.

3599. Gewinn schmeckt fein,
So klein er mag sein.

3600. Ein kleiner Gewinn und oft ist besser als ein großer und
selten.

3601. Kleiner Gewinn hält den großen Hauptstuhl beisammen.

3602. Gewinn riecht gut, und wenn er aus dem Abtritt käme.

3603. Gewinn will Beine haben.

3604. Wer gewinnen will, muß einsetzen.

3605. Der gewinnt übel, der alles vertut.

3606. Der zuerst gewann,
Wird zuletzt ein armer Mann.

3607. Gewinn ich nichts, so verlier ich nichts.

3608. Er kann vor Gewinn nicht reich werden.

3609. Solchen Gewinn schmiert man an die Peitsche!

3610. Er gewinnt das Kratzen hinter den Ohren.

3611. Er wirft überzwerch und gewinnt kreuzweis.

3612. Gewiß geht vor Ungewiß.

3613. *Ein* Gewiß ist besser als zehn Ungewiß.

3614. Ein gut Gewissen ist ein guter Brustfleck.

3615. Ein gut Gewissen
Ist ein sanftes Ruhekissen.

3616. Gut Gewissen macht ein fröhlich Gesicht.

3617. Gutes Gewissen ist täglich Wohlleben.

3618. Am Ende ist nichts ohne Furcht als ein gut Gewissen.

3619. Gut Gewissen und armer Herd
Ist Gott und aller Ehren wert.

Gewissen – Gewohnheit

3620. Das Gewissen ist des Menschen Gott.

3621. Das Gewissen ist des Menschen Schuldbuch.

3622. Eigen Gewissen ist mehr denn tausend Zeugen.

3623. Das Gewissen sagt uns wohl,
Was man tun und meiden soll.

3624. Dem Gewissen kann man keinen Affen drehen.

3625. Man entgeht wohl der Strafe, aber nicht dem Gewissen.

3626. Das Gewissen verführt niemand.

3627. Ein bös Gewissen hat Wolfszähne.

3628. Ein bös Gewissen ist die Hölle auf Erden.

3629. Bös Gewissen, böser Gast,
Weder Ruhe noch Rast.

3630. Böses Gewissen verraten die Augen.

3631. Mancher hat ein so enges Gewissen, man möchte mit einem Fuder Heu hindurchfahren.

3632. Mancher hat ein weites Gewissen wie Franziskaner-ärmel.

3633. Gewohnheit ist die andere Natur.

3634. Jung gewohnt, alt getan.

3635. Gewohnheit hat leichte Bürde.

3636. Gewohnheit lindert alle Ding.

3637. Gewohnheit ist wie ein eisern Pfaid (Hemd).

3638. Gewohnheit wächst mit den Jahren.

3639. Gewohnheit will Recht haben.

3640. Nimmt Gewohnheit überhand,
Kommt sie über all das Land.

3641. Alte Gewohnheit ist stärker als Brief und Siegel.

3642. Alte Gewohnheit soll man nicht brechen.

3643. Gewohnheit entschuldigt nicht, sondern erschwert.

3644. Gewohn's, so kommt's dich nicht hart an.

3645. Gewohn's, Mudel, gewohn's, sprach der Beck, als er mit der Katze den Ofen auskehrte.

3646. Was doch die Gewohnheit tut, sprach der Schneider, da warf er einen Lappen von seinem eigenen Tuch in die Hölle.

3647. Wie gewonnen,
So zerronnen.

3648. Gut gewonnen ist gut zu halten.

3649. Gewonnen, wo Geld steht!

3650. Er weiß weder Gicks noch Gacks.

3651. Am Giebel und am Dach
Spürt man des Wirtes Hausgemach.

3652. Gießen ist ein Schleifstein.

3653. Gift wirkt nicht in Gift.

3654. Jeder gilt, so viel er hat.

3655. Hast du den Gipfel des Turmes erlangt, so gedenke nicht über die Spitze.

3656. Köstliche Mahle heißen Giselmahle.

3657. Gissen
Ist Missen.

3658. Wer durchs Gitter sieht, sieht oft, was er nicht gerne sieht.

3659. Es ertrinken mehr im Glas als in allen Wassern.

3660. Wer ein gläsernes Dach hat, muß nicht mit Steinen werfen.

3661. Glatt geschliffen ist bald gewetzt.

3662. Glauben, Auge, Glimpf
Leiden keinen Schimpf.

3663. Der Glaube macht selig.

3664. Der Glaube macht selig, der Tod störrig.

Glauben – Gleich 197

3665. Wie man glaubt, so geschieht einem.

3666. Wie man glaubt, so lebt man,
Wie man lebt, so stirbt man,
Wie man stirbt, so fährt man,
Wie man fährt, so bleibt man.

3667. Hätten wir alle *einen* Glauben,
Gott und das gemeine Beste vor Augen,
Guten Frieden und recht Gericht,
Eine Elle, Maß und Gewicht,
Gleiche Münze und gutes Geld,
So stünd' es wohl in aller Welt.

3668. Glaub ist von Dingen, die man nicht sieht.

3669. Wo weder Glauben an Himmel noch Hölle,
Da zieht der Teufel alle Gefälle.

3670. Das ist der ärgste Glaube, der nichts glaubt, als was ihm
gefällt.

3671. Der Glauben empfängt, die Liebe gibt.

3672. Wer's nicht glaubt, ist drum kein Ketzer.

3673. Wer leicht glaubt,
Wird leicht betaubt.

3674. Wer leichtlich glaubt, wird leichtlich betrogen.

3675. Glaube, wenn du's in der Hand hast.

3676. Wo du deinen Glauben gelassen hast, da mußt du ihn
wiedersuchen.

3677. Glaube ist besser denn bar Geld.

3678. Dem Gläubigen wird der Schuldner an Hand und Halfter gegeben.

3679. Gleich und gleich gesellt sich gern.

3680. Gleich und gleich gesellt sich gern, sprach der Teufel
zum Köhler.

Gleich – Glimpf

3681. Gleich und gleich gesellt sich gern, sprach der Teufel,
da wischt' er den A– an einem alten Weibe.

3682. Der Teufel wirft gern ein Gleiches.

3683. Gleich sucht sich, gleich findet sich.

3684. Das Gleiche sucht sich, das Rechte findet sich.

3685. Es ist nichts so gering und klein,
Es will bei seinesgleichen sein.

3686. Gleich gesinnt macht gute Freunde.

3687. Gleich und gleich fängt keinen Krieg an.

3688. Gleichheit bringt keinen Krieg.

3689. Gleich bei gleich macht langen Frieden.

3690. Gleichheit macht Freundlichkeit.

3691. Gleiches mit Gleichem.

3692. Gleiche Fladen
Macht gleich Aufladen.

3693. Gleiches Gut,
Gleiches Blut,
Gleiche Jahre
Gibt die besten Paare.

3694. Gott führt gern Gleiches und Ungleiches zusammen.

3695. Ein Gleiches und ein Ungleiches machen ein Gerades.

3696. Alle Gleichnisse hinken.

3697. Bleib im Gleise, so fährst du nicht irre.

3698. Gleisnerei
Hat bös Geschrei.

3699. Glimpf
Wird oft belohnt mit Schimpf.

3700. Glimpflich Mann
Führt gern an.

3701. Glimpfius ist nicht daheim.

3702. Glimpf ist besser denn Recht.

Glocke – Glück 199

3703. Je höher die Glocke hängt, je heller sie klingt.

3704. Dieselbe Glocke läutet zu Gewitter und Hochzeit.

3705. Die Glocken klingen weit anders, wenn einem sein Freund stirbt.

3706. Die Glocke ruft zur Kirche, kommt aber selbst nicht hinein.

3707. Wo geschellt wird, sind Glocken.

3708. Gespaltne Glocke hat bösen Laut.

3709. Wenn eine Glocke an *einer* Stelle geborsten ist, ist sie ganz untauglich.

3710. Jeder meint, was er im Sinne hat, das läuten alle Glocken.

3711. Glocken und Narren läuten gern.

3712. Wo die Glocke von Leder ist und der Klöppel ein Fuchsschwanz, da hört man die Schläge nicht weit.

3713. Das Glück ist kugelrund,
Läuft einem in den Mund,
Dem andern in den Strund,
Verändert sich all Stund.

3714. Das Glück ist kugelrund,
Es trifft wohl manchen Pudelhund.

3715. Das Glück ist rund, halt dich an die Tugend.

3716. Das Glück und der Sieg geht um wie die Wacht.

3717. Das Glück kommt von ungefähr
Wohl über neunzig Meilen her.

3718. Das Glück kommt über Nacht.

3719. Glück kommt alle Tag,
Wer warten mag.

3720. Das Glück hat Flügel.

3721. Des Glücks Gewalt
Hat Monds Gestalt.

200   *Glück*

3722. Schnell Glück, schnell Unfall.

3723. Kommt *einmal* Glück, so kommen fünf Sturmwinde
      darnach.

3724. Ist dir ein Glück beschert, so gaukelt es querfeldein.

3725. Glück und Unglück wandern auf *einem* Steig.

3726. Glück und Unglück sind zwei Eimer im Galgen-
      brunnen.

3727. Glück und Unglück tragen einander auf dem Rücken.

3728. Glück und Unglück sind zwei Nachbarn.

3729. Des einen Glück,
      Des andern Ungeschick.

3730. Des einen Glück, des andern Unglück.

3731. Glück und Unglück
      Ist aller Morgen Frühstück.

3732. Der eine hat Glück, der andre sät darauf.

3733. Das Glück hat Weiberart, liebt die Jugend und wechselt
      gern.

3734. Glück und Glas,
      Wie bald bricht das!

3735. Glück und Gras,
      Wie bald wächst das!

3736. Glück
      Hat Tück.

3737. Glück ohne Mangel,
      Nicht ohne Angel.

3738. Groß Glück, große Gefahr.

3739. Wem das Glück die Hand bietet, dem schlägt's gern ein
      Bein unter.

3740. Wenn das Glück groß ist, muß man das Unglück
      fürchten.

3741. Durch Glückes Rühmen kam Unglück ins Haus.

Glück

3742. Wen das Glück verderben will, den zärtelt es wie eine Mutter.

3743. Wen das Glück in die Höhe hebt, den will's werfen.

3744. Wen das Glück zärtelt, dem will es den Strick um den Hals werfen.

3745. Wenn das Glück dir Küchlein backt, so will es dich fassen und erdrücken.

3746. Das Glück ist ein Nehmer und ein Geber.

3747. Das Glück schenkt nichts, leiht nur.

3748. Groß Glück hält nicht lange Farbe.

3749. Das Glücksrad geht um.

3750. Glück ist blind und macht blind.

3751. Groß Glück gebiert Narren.

3752. Wem das Glück zu wohl ist, den macht's zum Narren.

3753. Glück und Weiber haben die Narren lieb.

3754. Dem Glück ist niemand stark genug.

3755. Wo Glück aufgeht, da geht Demut unter.

3756. Glück macht verrucht und Siegen verwegen.

3757. Glück ist der Dummen Vormund.

3758. Glück geht über Witz.

3759. Ein Quentlein Glück ist besser als ein Pfund Weisheit.

3760. Wenn das Glück nicht will an den Mann,
So gilt's gleich, was er kann.

3761. Hätt' ich Glück und guten Wind, ich führ' in einem Schüsselkorb über den Rhein.

3762. Wer Glück hat und eine Nußschale voll Witz, der kann die halbe Welt regieren.

3763. Glück bedarf keines Rates.

3764. Wem das Glück wohl will, dem will niemand übel.

Glück

3765. Wer's Glück hat, dem fliegen die Enten gebraten ins Maul.

3766. Wer's Glück hat, dem kalbt ein Ochs.

3767. Glücks kann sich niemand erwehren.

3768. Wer kein Glück hat, dem verbrennt das Brot im Ofen.

3769. Das Glück hilft den Kühnen gern,
Von weißer Leber bleibt es fern.

3770. Das Glück muß man erobern.

3771. Das Glück fliegt: wer's fängt, der hat's.

3772. Wer sein Glück nicht sucht, der versäumt es.

3773. Wenn das Glück anpocht, soll man ihm auftun.

3774. Es kommt manchem das Glück vor die Tür, wenn er nur auftäte, eh es weiterläuft.

3775. Man muß dem Glück ein Pförtchen öffnen.

3776. Tanze, wenn das Glück dir pfeift.

3777. Wem das Glück den Finger reicht, der soll ihm die Hand bieten.

3778. Das Glück ist ein Heuschober: rupfe davon, so hast du.

3779. Wo einer hin will, da tut ihm das Glück die Tür auf.

3780. Dem ist kein Glück beschert,
Der sein sich wehrt.

3781. Wirb,
Das Glück ist mürb.

3782. Das Glück hilft denen nicht, die sich nicht selbst helfen.

3783. Hilf dir selber, so hilft dir das Glück.

3784. Jeder ist seines Glückes Schmied.

3785. Wie die Aufführung, so das Glück.

3786. Darnach sich einer schickt,
Darnach es ihm glückt.

3787. Glückt es *einem*, so glückt es Hunderten nicht.

Glück 203

3788. Das Glück muß den Mann, nicht der Mann das Glück suchen.

3789. Beschaffen Glück ist unversäumt.

3790. Das Recht ist des Wachenden, das Glück des Schlafenden.

3791. Es hat mancher mehr Glück als Recht.

3792. Glück fragt nicht nach Recht.

3793. Das Glück ist dem Frommen feind.

3794. Glück ist willkommen, vorher wie nachher.

3795. Glück läßt sich finden, behalten ist Kunst.

3796. Das Glück läßt sich eher erschleichen denn erlaufen.

3797. Das Glück muß man regieren, das Unglück überwinden.

3798. Wer kein Unglück gehabt hat, der weiß von keinem Glück zu sagen.

3799. Ander Mann, ander Glück.

3800. Wo das Glück ansetzt, da regnet es Glück.

3801. Wer weiß, wer naß wird, wenn das Glück regnet.

3802. Wenn's Glück regnet, hab ich meine Schüssel zu Haus.

3803. Gleich bei gleich macht guten Frieden.

3804. Wem das Glück pfeift, der tanzet wohl.

3805. Wenn das Glück den Menschen sucht, so hilft er sich wohl.

3806. Ich wart des Glücks,
Hilf Gott und schick's.

3807. Wer weiß, wo mir das Glück noch blüht? Das Zuchthaus steht noch offen.

3808. Glück bringt Neider.

3809. Glück und Heil sind Neidharts Speise.

3810. Wer sich über des andern Glück freut, dem blüht sein eigenes.

3811. Das Glück gibt vielen zuviel, aber keinem genug.

3812. Miß dein Glück nicht nach fremder Elle.

3813. Klein Glück das beste.

3814. Glücklich, wer im Dunkel bleibt.

3815. Glücklich ist,
Wer vergißt,
Was nicht mehr zu ändern ist.

3816. Behüt' uns Gott vor großem Glück, gnädigem Herrn
und gesunder Speis.

3817. Mehr Glück als Verstand.

3818. Es wird dir glücken
Wie den Schwaben bei Lücken.

3819. Dem Glücklichen schlägt keine Stunde.

3820. Die Glückseligen sterben beizeiten.

3821. Gnade ist besser denn Recht.

3822. Gnade geht vor Recht.

3823. Gnade hat kein Warum, ist Ebbe und Flut.

3824. Gnade ziemt wohl bei der Macht.

3825. Wer auf Gnade dient, den lohnt man mit Barmherzigkeit.

3826. Er steht in Gnaden, wie der Weihkessel hinter der Tür.

3827. Gold macht taub, Glück macht blind.

3828. Wo Gold vorregnet, da regnet es Laster nach.

3829. Gold liegt tief im Berge, aber der Kot am Wege.

3830. Es ist nicht alles Gold, was da gleißt.

3831. Wenn Gold redet, schweigt alle Welt.

3832. Wo Gold redet, da gilt all andre Rede nicht.

3833. Ein Quentlein Gold wiegt mehr als ein Zentner Recht.

3834. Wo man mit goldenen Büchsen schießt, da hat das
Recht sein Schloß verloren.

Gold – Gott

3835. Gold geht durch alle Türen, ausgenommen durch die
Himmelstüre.

3836. Gold ist Sold,
Dem ist man hold.

3837. Gold
Macht Menschen hold.

3838. Großen Frieden trennt ein klein Säcklein mit Gold.

3839. Was hilft ein goldener Galgen, wenn man dran hängen
muß?

3840. Das Gold wird probiert durchs Feuer, die Frau durchs
Gold, der Mann durch die Frau.

3841. Er weiß, wo das Gold im Rheine liegt.

3842. Wie man's einem gönnt, so gibt man's ihm.

3843. Was Gott tut, ist wohlgetan.

3844. Was Gott tut,
Ist alles gut.

3845. Gott gibt Schultern nach der Bürde.

3846. Gott gibt nicht mehr Frost als Kleider.

3847. Gott gibt die Kleider nach dem Regen.

3848. Gott gibt leisen Wind,
Wenn die Schafe geschoren sind.

3849. Gott läßt der Ziege den Schwanz nicht länger wachsen,
als sie ihn brauchen kann.

3850. Wen Gott naß macht, den macht er auch wieder
trocken.

3851. Gott läßt uns wohl sinken,
Aber nicht ertrinken.

3852. Was Gott will erquicken,
Das läßt er nicht ersticken.

3853. Was Gott will erhalten,
Das kann nicht erhitzen noch erkalten.

3854. Gibt Gott Häschen,
So gibt er auch Gräschen.

3855. Beschert Gott den Hasen,
Beschert er auch den Rasen.

3856. Wer Gott vertraut,
Hat wohl (nicht auf Sand) gebaut.

3857. Auf Gott vertrau,
Arbeit nicht lau,
Leb genau.

3858. Welt, wie du willt,
Gott ist mein Schild.

3859. Die Welt schaltet,
Gott waltet.

3860. An Gottes Segen
Ist alles gelegen.

3861. Wer Gott zum Freunde hat, dem schadet keine
Kreatur.

3862. Wen Gott nicht hält,
Der fällt.

3863. Gott verläßt die Seinen nicht.

3864. Gott gibt's den Seinen im Schlafe.

3865. Gott beschert über Nacht.

3866. Wem's Gott vergönnt, der wird schlafend reich.

3867. Der alte Gott lebt noch.

3868. Gott ist mit im Schiffe.

3869. Gott walt's ist aller Bitte Mutter.

3870. Will's Gott ist ein gutes Wort von alters her.

3871. Helf Gott! bricht keinem den Sack.

3872. Gott läßt sich allenthalben finden.

3873. Wer Gott finden will, muß sich selbst verlieren.

3874. Ehe du Gott suchst, hat dich Gott schon gefunden.

3875. Eh man noch ein Wörtchen spricht,
Weiß schon Gott, was uns gebricht.

3876. Gott begegnet dir überall, wenn du ihn grüßen möchtest.

3877. Wen Gott grüßt, der soll es ihm danken.

3878. Gott grüßt alle Welt, aber wenige danken ihm.

3879. Gott grüßt manchen, könnt' er ihm nur danken.

3880. Fürchte Gott, tue Recht, scheue niemand.

3881. Laß Gottes Wasser über Gottes Land laufen.

3882. Laß Gott einen guten Mann sein.

3883. Trink und iß,
Gottes nicht vergiß.

3884. Gott hat mir's gegeben, und der Teufel soll es mir nicht nehmen.

3885. Hat mir's Gott beschert, so nimmt mir's St. Peter nicht.

3886. Will uns Gott ernähren,
So kann's St. Peter nicht wehren.

3887. Wem Gott wohl will, dem will St. Peter nicht übel.

3888. Wen Gott erhöhen will, so legen alle Heiligen die Hände an die Leiter.

3889. Gottes Gewölbe steht fest und hat doch keine Balken.

3890. Wo Menschenhand zu kurz ist, da ist Gottes Hand noch lang genug.

3891. Wenn Gott will,
So grünt ein Besenstiel.

3892. Wenn Gott will,
So kräht ein Axtstiel.

3893. Wenn Gott will, so tagt es.

3894. Wider Gottes Gewalt kann keiner.

3895. Will's Gott, wer wendet's?

3896. Es geschieht doch, was Gott will.

3897. Alles steht in Gottes Hand.

3898. Gott ist überall, außer in Rom, denn da hat er seinen Statthalter.

3899. Bei Gott ist kein Ding unmöglich.

3900. Gott hat mehr, denn er je gab.

3901. Gott sieht das Herz an.

3902. Man kann Gott belügen,
Aber nicht betrügen.

3903. Sehen's die Menschen nicht, so sieht es Gott.

3904. Gott richt't,
Wenn niemand spricht.

3905. Gottes Wille hat kein Darum.

3906. Gottes Wille sei mein Ziel.

3907. Niemand steigt in Gottes Kanzlei.

3908. Gott weiß die Zeit.

3909. Gott läßt sich seine Uhr von keinem Menschen stellen.

3910. Gottes Zeiger geht langsam, aber richtig.

3911. Gottes Rechnung fehlt nicht.

3912. Gott rechnet anders als der Mensch.

3913. Gott kommt langsam, aber wohl.

3914. Gott bleibt nicht aus, wenn er gleich verzieht.

3915. Gott kann wohl eine Zeche borgen.

3916. Gott ist nicht ein so schlechter Wirt, daß er nicht eine Zeche sollte borgen können.

3917. Gott sieht durch die Finger, aber nicht ewig.

3918. Gottes Mühle mahlt langsam, aber klein.

3919. Gottes Mühle steht oft lange still.

3920. Mit Gott läßt sich nicht spotten.

3921. Der muß viel können, der Gott will blenden.

3922. Gott ist kein Bayer, er läßt sich nicht spotten.

3923. Gott läßt sich nicht auf den Arm malen.

3924. Gott läßt sich keinen flächsernen Bart flechten.

3925. Du mußt ein guter Kerzenmacher sein, wenn du Gott
eine wächserne Nase drehen willst.

3926. Wenn Gott einen strafen will, tut er ihm die Augen zu.

3927. Will unser Herrgott einen strafen, so läßt er ihn zuvor
blind werden.

3928. Wenn Gott ein Land strafen will, so nimmt er den Herren die Weisheit.

3929. Was Gott spart in die Länge,
Das straft er mit Strenge.

3930. Über des Gottlosen Haus
Streut Gott Schwefel aus.

3931. Gott findet den Schuldigen.

3932. Gott läßt sich keinen Baum in den Himmel wachsen.

3933. Wenn Gott ein Ding verdrießt, so verdrießt es auch
bald die Menschen.

3934. Was alle Welt verdrießt, verdrießt auch Gott.

3935. Gott windet aller Menschen Missetat auf *einen* Knäuel.

3936. Zu Gottes Hülfe gehört Arbeit.

3937. Gott beschert wohl die Kuh,
Aber nicht den Strick dazu.

3938. Gott gibt einem wohl den Ochsen, aber nicht bei den
Hörnern.

3939. Hilf dir selbst, so hilft dir Gott.

3940. Man muß mit Gott in die Hände speien und anfangen.

3941. Gott hilft dem Fleiß.

Gott

3942. Täten wir nur, was wir sollten,
Täte Gott auch, was wir wollten:
Weil wir nicht tun, was wir sollen,
Tut auch Gott nicht, was wir wollen.

3943. Was recht ist, hat Gott lieb.

3944. Gott hilft dem Stärksten.

3945. Gott hilft dem Schwachen.

3946. Wen Gott schickt, den macht er geschickt.

3947. Gott ist der Dummen Vormund.

3948. Gott läßt sich nicht erlaufen.

3949. Mit Leib und Blut kommt man in des Kaisers Reich, mit
Glauben und Gewissen in Gottes Reich.

3950. Der Mensch kann arzneien,
Gott gibt das Gedeihen.

3951. Gott macht genesen,
Und der Arzt holt die Spesen.

3952. Gott macht gesund, und der Doktor kriegt's Geld.

3953. Gott hilft, und dem Arzte dankt man.

3954. Gottes Gewalt und Herrengeschäfte müssen vorgehen.

3955. Gottesdienst geht vor Herrendienst.

3956. Was man Gott gibt, armet nicht.

3957. Was Gott geopfert wird, ist meist schon halb verloren.

3958. Was man Gott nimmt, das holt der Teufel wieder.

3959. Was Gottes nur halb ist, ist ganz des Teufels.

3960. Gott und den Teufel kann man nicht in *ein* Glas
bannen.

3961. Zu Gott hinken die Leute, zum Teufel laufen sie.

3962. Gottes Wort trügt nicht.

3963. Für Gottes Wort und Vaterland
Nimmt man mit Fug das Schwert zur Hand.

Gott

3964. Man soll mit unserm Herrgott vorlieb nehmen.

3965. Gott fügt,
Daß mir's genügt.

3966. Gott und genug.

3967. Gott versüßt den Wasserkrug und würzt den Haferbrei.

3968. Wo Gott fünf segnet, da segnet er auch sechs.

3969. Gott gibt, Gott nimmt.

3970. Gott schlug nie einen Schlag, er salbt' ihn wieder.

3971. Wenn Gott *eine* Türe zumacht, macht er die andere auf.

3972. Wen Gott betrügt, der ist wohl betrogen.

3973. Gott muß man nicht einreden.

3974. Was Gott zusammenfügt, das soll der Mensch nicht scheiden.

3975. Gottes Brot verschmähe nicht, und wär' es auch in Essig geweicht.

3976. Trag Gott mit Freuden, die Welt mit Geduld.

3977. Gottesfurcht ist aller Weisheit Anfang.

3978. Gottesfurcht lebt lang.

3979. Gottesfurcht sündigt nicht.

3980. Wer Gott fürchtet, hat nichts anders zu fürchten.

3981. Gott lieben ist die schönste Weisheit.

3982. Gottlos, lieblos.

3983. Gottes Freund und aller Menschen Feind.

3984. Gottes Freund, der Pfaffen Feind.

3985. Wer Gott liebt, der ehrt auch seine Boten.

3986. Unser Herrgott hat wunderliche Kostgänger.

3987. Gott führt seine Heiligen wunderlich.

3988. Unser lieber Herrgott hat viel Spielleut und Musikanten.

3989. Das Reich Gottes hält keine Pauker und Geiger.

3990. Gott nimmt *einen* Schalk und schlägt damit den andern.

3991. Gott pflegt Schälke mit Schälken zu strafen.

3992. Gottes Wunder erben nicht.

3993. Gott läßt alle Jahr eine neue Welt werden.

3994. Wo der liebe Gott eine Kirche baut, da baut der Teufel eine Kapelle daneben.

3995. Alle Welt lebt *eines* Gottes, aber nicht *eines* Menschen.

3996. Gott selbst kann es nicht allen recht machen.

3997. Wen Gott am liebsten hat, den führt er jung heim.

3998. Sich kennen ist viel kennen, Gott kennen ist alles kennen.

3999. Den Menschen gibt man mit Geben, Gott mit Nehmen und Danken.

4000. Gott ist der rechte Kriegsmann.

4001. Bei Gott gilt der Bauer so viel als der Junker.

4002. Gott gibt nicht einem alles.

4003. Help Gott in Gnaden,
Hie wird ok Seepe gesaden!

4004. Bei Gott ist Rat und Tat.

4005. Was man mit Gott anfängt, das führt man mit Gott hinaus.

4006. Aller Anfang mit Gott.

4007. Mit Gott fang an, mit Gott hör auf,
Das ist der schönste Lebenslauf.

4008. Mit Gott den Anfang,
Sonst geht's den Krebsgang.

Gott – Gras 213

4009. Der Name Gottes muß sich zu allen Anfängen brauchen lassen.

4010. In Gottes Namen fängt alles Unglück an.

4011. In Gottes Namen, so beißt dich kein Schaf.

4012. In Gottes Namen schlug der Mann seine Frau tot.

4013. Es ist etwas Großes, Gottes Wort und ein Stück Brot haben.

4014. So kommt Gottes Wort in Schwung, sagte der Teufel und schmiß die Bibel über den Zaun.

4015. Also hat Gott die Welt geliebt, und der Pfaff seine Köchin.

4016. Selig, wer Gott täglich sieht und seinen Erbherrn einmal im Jahre.

4017. Er ist Gott einen armen Mann schuldig.

4018. Er hat ein Leben wie Gott in Frankreich.

4018a. Sie kriegen unsern Herrgott bei den Füßen und taugen dem Teufel im – – nicht.

4019. Ein Tuch ins Grab,
       Damit schabab.

4020. Wer im Grabe liegt, dem ist wohl gebettet.

4021. Niemand will das Heilige Grab umsonst hüten.

4022. Rufe nicht Juch!, bis du über dem Graben bist.

4023. Graben und Hacken
       Macht schmale Backen.

4024. Es ist kein Granatapfel so schön, er hat ein böses Kernlein.

4025. Begossen Gras wächst am besten.

4026. Wo man das Gras hegt, da wächst es.

4027. Wenn das Gras wächst, ist der Hengst tot.

4028. Indessen das Gras wächst, verhungert der Gaul.

4029. Von kleinem Grase wächst ein großes Tier.

214   *Gras – Grob*

4030. Er ist so klug, er hört das Gras wachsen.

4031. Je grauer,
      Je schlauer.

4032. Graues Haar wächst auch auf jungem Kopf.

4033. Graue Haare stehen gut auf einem jungen Kopf.

4034. Graue Haare sind Kirchhofsblumen.

4035. Graue Haare machen niemand alt, die Haut tut es,
      wenn sie runzelt.

4036. In grauen Haaren steckt auch ein guter Hengst.

4037. Alle grauen Mäntel haben grau Tuch.

4038. Mir graut, rief Reupel, da fand er ein fremd Unterkleid
      an seinem Bettstollen hängen.

4039. Grausamkeit
      Hat nicht viel Leut.

4040. Seine Hände heißen Greifzu.

4041. Greif zu, eh dir die Hände gebunden sind.

4042. Greift zu, Ihr sollt Gevatter werden.

4043. Er hat es im Griff wie der Bettler die Laus.

4044. Der Greis
      Verkehrt selten seine Weis.

4045. Des Greisen Stab sind seine Kinnbacken.

4046. Mancher greist,
      Eh er weist.

4047. Gries kennt den Gramen.

4048. Der Grindige kratzt sich leicht blutig.

4049. Ein Grindiger kratzt den andern.

4050. Obenhin – wie man den Grindigen laust.

4051. Grobheit und Stolz
      Wachsen auf *einem* Holz.

4052. Was grob ist, hält gut.

4052a. Für einen groben Ast gehört eine scharfe Axt.

4053. Grobe Säcke muß man nicht mit Seide zunähen.

4054. Groben Leuten und tollen Hunden soll man aus dem Wege gehen.

4055. Ihr Groschen galt ehmals einen Batzen.

4056. Wer den Groschen nicht ehrt wie den Gulden, Kommt bald zu Schulden.

4057. Das Große ist allweg eine Ellelang faul.

4058. Groß und faul ist doppelter Schaden.

4059. Die Größe tut's nicht, sonst überliefe die Kuh den Hasen.

4060. Große Leute fehlen auch.

4061. Kein großer Mann begeht eine kleine Torheit.

4062. Den Großen weichen ist keine Schande.

4063. Was Großhans sündigt, muß Kleinhans büßen.

4064. Großtun ist keine Kunst.

4065. Wer andern eine Grube gräbt, fällt selbst hinein.

4066. Grübken am Kinn
Heft Schelmken im Sinn.

4067. Wer sich grün macht, den fressen die Ziegen.

4068. Es ist wohl so Grünes als das über Nacht zu Heu geworden.

4069. Schwarzer Grund trägt gute Frucht.

4070. Wer Grundeln fängt, der fängt auch Fische.

4071. Besser eine Grundel auf dem Tisch
Als im Teich ein großer Fisch.

4072. Viel Gründlinge machen den Salm wohlfeil.

4073. Guter Gruß, gute Antwort.

4074. Wie du grüßest, so dankt man dir.

4075. Wie man dich grüßt, so sollst du danken.

4076. Guter Gruß
Ist vieler Krankheit Buß.

4077. Guter Gruß, halbe Speise.

4078. Gruß freut den Gast und ehrt den Wirt.

4078a. Gruß kommt von Hofe.

4079. Leerer Gruß
Geht barfuß.

4080. Wenn der Guckuck Eier legt, so muß ein fremdes Nest
herhalten.

4081. Wir wollen dabei bleiben – wie der Guckuck bei seinem
Gesang.

4082. Guck herüber, guck hinüber.

4083. Es ist niemand gar gülden.

4084. Es ist ein guter Gulden, der hundert erspart.

4085. Zehn Gulden wohl geraten sind besser denn hundert
übelgeraten.

4086. Gunst geht vor Recht.

4087. Ein Quentchen Gunst tut mehr denn ein Pfund Gerechtigkeit.

4088. Gunst
Geht vor Gespunst.

4089. Menschengunst
Macht Dunst.

4090. Die Gunst ist besser als die Gabe.

4091. Man muß die Gunst für die Gabe nehmen.

4092. Es ist eben Gurr wie Gaul.

4093. Güsse machen Flüsse.

4094. Ließen wir die Güsse,
So ließen uns die Flüsse.

4095. Mit dem Guten wird man gut
Und bös mit dem, der übel tut.

Gut 217

4096. Gute Leute sind nicht Nachbarn.

4097. Das Gute lobt mancher und tut's nicht; das Böse tut
mancher und sagt's nicht.

4098. Allzugut ist lüderlich.

4099. Allzugut ist Andermanns Narr.

4100. Allzugut
Fördert Armut.

4101. Zuviel gut ist böse.

4102. Güte macht ungütige Knechte.

4103. Wer sagt, er hab' ei'm Guts getan,
Der möcht es gerne wieder han.

4104. Mit Abteilung der Güter
Zertrennen sich auch die Gemüter.

4105. Güte bricht einem kein Bein.

4106. Der Gutgenug macht's schlecht genug.

4107. Es ist gut genug, bis es besser wird.

4108. Der Gutgenug hat sein Lebtag nichts getaugt.

4109. Nehmt für gut,
Wie man euch tut,
Ist altes Tafelrecht.

4110. Wenig und gut.

4111. Wenig Gut,
Leichtes Blut.

4112. Man soll des Guten nicht zuviel tun.

4113. Des Guten kann man nicht zuviel tun.

4114. Man kann des Guten nicht zuviel tun, sagte jene Frau,
da ertränkte sie sich im Weihkessel.

4115. Gutes Spiel mag wohl zuviel sein.

4116. Gutschmecke
Macht Bettelsäcke.

218   *Gut*

4117. Gut Ding will Weile.

4118. Für ein gut Stück am Menschen muß man fünf böse
       abnehmen.

4119. Zu einem lebendigen Menschen muß man sich Gutes
       und Böses versehen.

4120. Das Gute tu gut, das Rechte recht.

4121. Keiner hat es so gut, der andre hab' es so übel.

4122. Gut kommt nicht von Geuden.

4123. Gut
       Braucht Hut.

4124. Güter
       Brauchen Hüter.

4125. Güter müssen sich selbst verteidigen.

4126. Großes Gut, große Sorge.

4127. Ander Leut Gut ist ander Leut Sorge.

4128. Gutlos ist besser denn ehrlos.

4129. Gestohlen Gut liegt hart im Magen.

4130. Gut
       Macht Mut.

4131. Wie einem wächst das Gut,
       So wächst ihm auch der Mut.

4132. Gut macht Mut,
       Mut macht Übermut,
       Übermut tut selten gut.

4133. Gut macht Übermut,
       Armut macht Demut.

4134. Gut macht Mut, Mut macht Hochmut, Hochmut
       macht Neid, Neid macht Streit, Streit macht Armut,
       Armut macht Demut.

4135. Groß Gut
       Will starken Mut.

4136. Gut ist gut,
Wenn man gut mit tut.

4137. Gut
Hilft nicht für Armut.

4138. Geschenkt Gut ist ehrlich Gut.

4139. Weltlich Gut läßt sich geistlich machen, aber geistlich
Gut nicht weltlich.

4140. Es stirbt kein Gut zurück, sondern vorwärts.

4141. Dat Goot mot gan van dar et gekommen is.

4142. Wo einer sein Gut findet, da spricht er es an.

4143. Das Gut folgt seinem Herrn.

4144. Ein jeder ist seines Gutes mächtig.

4145. Das Gut löst seinen Herrn.

4146. Gut will zu Gut.

H

4147. Haare und Schaden wachsen alle Tage.

4148. Unglück, Nagel und Haar
Wachsen durchs ganze Jahr.

4149. Immer nur *ein* Haar und der Mann wird kahl.

4150. Kein Haar, sagt der Kahlkopf.

4151. Auch ein Haar hat seinen Schatten.

4152. Jedes Haar hat seinen Schatten und jede Ameise ihren
Zorn.

4153. Kurzes Haar ist bald gebürstet.

4154. Krauses Haar, krausen Sinn.

4155. Haar und Unglück wächst über Nacht.

4156. In langem Haar stecken auch Fechter.

4157. Man muß Haare scheren, wo sie sind.

4158. Was will man kämmen, wo kein Haar ist?

4159. Es ist bös raufen, wo kein Haar ist.

4160. Keinem gelüstet es, sein Haar zum Raufen herzugeben.

4161. Der Mann muß Haar lassen, er mag eine Alte oder Junge heiraten.

4162. Ein Frauenhaar zieht stärker als ein Glockenseil.

4163. Wie leicht kommt nicht ein Haar in die Butter!

4164. Die Hab ist wie der Haber.

4165. Fahrende Hab acht nicht für eigen.

4166. Haben ist haben; aber kriegen, das ist die Kunst!

4167. Wer will haben,
Der muß graben.

4168. Der alles will haben, soll nichts haben.

4169. Je mehr man hat, je mehr man haben will.

4170. Wer es hat, muß es gebrauchen.

4171. Wer nichts hat, muß mit der Haut bezahlen.

4172. Ich weiß wohl, was ich habe, aber nicht, was ich kriege.

4173. Ich gebe, wie ich's habe, und nehme, wie ich's kriege.

4174. Haben ist besser als gehabt haben.

4175. Ein Haben ist besser als zwei Kriegen.

4176. Habich ist ein besserer Vogel als Hättich.

4177. Ein dürrer Habich ist besser als ein fetter Hättich.

4178. Habich ist ein schöner Vogel, Hättich nur ein Nestling.

4179. Besser ein dürrer Habich als ein fetter Hättich.

4180. Habegehabt ist ein armer Mann, Hab'sgewußt ein dummer.

4181. Wen der Haber sticht, der ist schwer zu halten.

4182. Der Haber wird nicht vor der Gerste reif.

4183. Er kauft den Haber von der Gans.

4184. Haber und Zinsen schlafen nicht.

4185. Es verliert mancher seinen Haber, eh er zum Acker kommt.

4186. Sie leben in Saus und Braus und tun, als äßen sie Haberstroh.

4187. Wo man den Habicht über die Hühner setzt, da ist ihr Tod gewiß.

4188. Ei, schlag das Wetter die Hacke, rief der Narr, als ihr Stiel ihm an die Nase schlug; vorher wußt' er ihren Namen nicht.

4189. Man kann der Hacke bald einen Stiel finden.

4189a. Wie dir gehn die Backen,
So gehn dir die Hacken.

4189b. Wo man Häcksel sät, wird kein Korn geerntet.

4190. Mit Hadern gewinnt man nichts als Hadern.

4191. Mit Hadern verliert jedermann außer Papiermacher und Advokaten.

4192. Wer da hadert um ein Schwein,
Nehm' eine Wurst und lass' es sein.

4193. Wer viel hadert, wird oft geschlagen.

4194. Alter Hader ist bald wieder neu.

4195. Wer die Häfen macht, darf sie auch zerbrechen.

4196. Ist der Hafen zerbrochen, so wirft man die Scherben in den Kot.

4196a. Wenn der Hafen bricht,
Spart man den Scherben nicht.

4197. Geborstener Hafen bricht zuletzt.

4198. Wenn ein Hafen auf den andern stößt, so zerbrechen beide.

Hafen – Hahn

4199. Den Hafen am Klang,
Den Narren am Sang.

4200. Es ist kein Hafen so schön, man findet einen so schönen
Deckel.

4201. Kleine Häfen laufen bald über.

4201a. Kleine Häfen haben auch Ohren.

4202. Mancher verdaut den Hafen, ein andrer kaum das Mus.

4203. An alten Häfen und Schälken ist das Waschen verloren.

4204. In alten Häfen kann man auch Fleisch kochen.

4205. Was zuerst in einen neuen Hafen kommt, darnach
schmeckt er allweg.

4206. Er richtet gern an – aus andrer Leute Häfen.

4207. Dem der Hagen, dem ist auch der Graben.

4208. Wer mag jagen,
Darf auch hagen.

4209. Hagel und Brand
Segnet Gott mit milder Hand.

4210. Der Hahn ist König auf seinem Miste.

4211. Der Hahn kräht am kühnsten auf eigenem Mist.

4212. Wenn de Hahn kreihet op dem Nest,
So bliv dat Wiär as et eß.

4213. Viel besser kräht der Hahn,
So er die Kehle feuchtet an.

4214. Ein guter Hahn kräht auch zweimal.

4215. Der Hahn kräht, so er die Henne getreten.

4216. Eh der Hahn kräht, schlägt er mit den Fittichen.

4217. Der Hahn schließt die Augen, eh er kräht – weil er's
auswendig kann.

4218. Wenn er redet, kräht der Hahn auf dem Kirchturm.

4219. Zwei Hahnen auf einem Mist vertragen sich nicht.

4220. Ein guter Hahn wird selten fett.

Hahn – Halten 223

4221. Was zum Hahn werden soll, rötet bald den Kamm.

4222. Alle Hahnen müssen einen Kamm haben.

4223. Ein jeder will Hahn im Korbe sein.

4224. Ein Hahn hat so viel Flügel als der Falk und kann doch nicht so hoch fliegen.

4225. Ein Hahn zwingt zwölf Hennen, ein Weib halb so viel Männer.

4226. Der Hahn kann nicht so viel zusammentragen, als die Henne verscharren mag.

4226a. Ich nähm' ein Gerstenkorn für die Perle, sprach der Hahn.

4227. Errare humanum, sagte der Hahn und trat die Ente.

4227a. Er geht darüber hin wie der Hahn über die Kohlen.

4228. Hahnreischaft ist die vornehmste Zunft.

4229. Nach Dreikönigen wachsen die Tage um einen Hahnenschritt.

4230. Der Schatz hebt sich alle Jahre um einen Hahnenschritt.

4231. Halb und halb, wie man die Hunde schiert.

4232. Halbgeburt tritt ein Glied weiter.

4233. Das Halbe ist oft besser als das Ganze.

4234. Halb ist oft mehr denn gar.

4235. Ein ehrlich geteiltes Halb frommt mehr denn ein Ganzes.

4236. Halb gelb, halb schwarz, nach der Reichsfarbe.

4237. Von einem Halme kommt ein Feuer.

4238. Mit dem Halse bezahlt man alles.

4239. Nach gelben Birnen und braunen Nüssen fällt sich einer den Hals ab.

4240. Halt den Mann, die Kuh will beißen.

4241. Man soll einen nicht halten, wie man ihn ansieht.

224   *Halten – Hand*

4242. Was man nicht halten kann, muß man laufen lassen.

4243. Was man nicht halten kann, soll man nicht geloben.

4244. Wozu sich einer hält, des bekommt er sein Lebtage
      genug.

4244a. Wer da hält, dem hält man wieder.

4245. Der Hammer und der Amboß
      Geben harten Widerstoß.

4246. Wer klug ist, legt die Hand nicht zwischen Hammer
      und Amboß.

4247. Lieber Hammer als Amboß.

4248. Goldener Hammer bricht eisernes Tor.

4249. Was ein Haken werden will, krümmt sich beizeiten.

4250. Dem fleißigen Hamster schadet der Winter nichts.

4251. Hand muß Hand wahren.

4252. *Eine* Hand wäscht die andere.

4253. Wenn *eine* Hand die andre wäscht, werden sie beide
      rein.

4254. Gemeine Hand
      Baut das Land.

4255. Herzhafte Hand
      Nährt Leut und Land.

4256. Bereite Hand
      Lobt alles Land.

4257. Treue Hand
      Geht durchs ganze Land.

4258. Kunstreiche Hand
      Bringt viel zustand.

4259. Wehrender Hand wird immer Rat.

4260. Wehrende Hand schuf Gott.

4261. Die unfreie Hand zieht die freie nach sich.

4262. An schmierigen Händen bleibt viel hangen.

| | *Hand* | 225 |

4263. Mit leeren Händen fängt man keinen Falken.

4264. Mit leerer Hand ist schwer Vögel fangen.

4265. Feuchte Hand bedeutet Liebe.

4266. Kalte Hände, warme Liebe.

4267. Trockne Hand gibt ungern.

4268. Die linke Hand geht von Herzen.

4269. Faulen Händen gibt Gott die Drüsen.

4269a. Faule Hände müssen ein böses Jahr haben.

4270. Magre Hände machen feiste Füße.

4271. Viel Hände im Haar raufen hart.

4272. Viel Hände machen bald Feierabend.

4273. Viel Hände
Machen bald ein Ende.

4274. Viel Hände machen leichte Bürde.

4275. Viel Hände heben leicht eine Last.

4276. Viel Hände
Zerreißen die Wände.

4277. Viel Hände machen kurze Arbeit, aber der Teufel fährt
in die Schüssel.

4278. Wer keine Hand hat, macht keine Faust.

4279. Schwiele an den Händen hat mehr Ehre als ein goldener
Ring am Finger.

4280. Mit den Händen gibt man Leute zusammen, und mit
den Füßen gehen sie auseinander.

4281. Sieh ihm auf die Hände, du brauchst ihm auf die Füße
nicht zu sehen.

4282. Wer die Hand im Blute badet, muß sie mit Tränen waschen.

4283. Greif ehrlich zu, eh dir die Hände gebunden werden.

4284. Die Hand vom Sacke! das Mehl ist verkauft!

226   *Hand – Handwerk*

4285. Die Hand von der Butte! es sind Weinbeeren drin.

4286. Hand von der Butter!

4287. Mit der einen Hand geben, mit der andern nehmen.

4288. Von der Hand zum Munde verschüttet mancher die
       Suppe.

4289. Aus der Hand in den Mund
       Gibt schlechte Nahrung kund.

4290. Wem man eine Handbreit gibt, der nimmt eine Ellen-
       lang.

4291. Jedes Ding hat seinen Handgriff, nur das Mistspreiten
       hat seinen Schludder.

4292. Handkauf lacht.

4293. Das Handwasser ist das süßeste.

4294. Handwerk hat goldenen Boden.

4295. Handwerk ist eine tägliche Gült.

4296. Ein Handwerk, ein täglicher Gülden.

4297. Mit einem Handwerk kommt man weiter als mit tau-
       send Gulden.

4298. *Ein* Handwerker sollte zehn Rentner überzehren.

4299. Ein Handwerksmann kann einen Rentner ausziehen.

4300. Ein schlechtes Handwerk, das seinen Meister nicht
       nährt.

4301. Es ist ein gut Handwerk, es lohnt aber übel.

4302. Seines Handwerks soll sich niemand schämen.

4303. Es ist ein schlechter Arbeitsmann,
       Der nicht vom Handwerk reden kann.

4304. Wer das Handwerk versteht, verrät (beschämt) den
       Meister nicht.

4305. Wer viel Handwerke zugleich lernt, der lernt selten eins
       wohl.

Handwerk – Hängen

4306. Viel Handwerke verderben den Meister.

4307. Zwanzig Handwerke und ein halb Brot.

4308. Neunerlei Handwerk, achtzehnerlei Unglück.

4309. Vierzehn Handwerke, fünfzehn Unglücke.

4310. Viel Handwerke, Betteln das beste.

4311. Zehn Handwerke, das eilfte der Bettelstab.

4312. Des Handwerks, des Mangels.

4313. Gott ehre das Handwerk! sprach der Schinder zum Richter.

4314. Handwerkssachen gehören vor den Rat.

4315. So weit Handwerksgewohnheit geht, so weit kann sich ein Handwerksmann helfen.

4316. Handel
Hat Wandel.

4317. Handel und Wandel leidet keine Freundschaft.

4318. Handel und Wandel muß getrieben sein.

4319. Am Handel
Lernt man den Wandel.

4320. Jeder Handel will seinen Mann ganz haben.

4321. Ein schlechter Handel, wo niemand gewinnt!

4322. Geht der Handel nicht so, wie *du* willst, so geh, wie *er* will.

4323. Am Handel erkennt man die Ware.

4324. Auch die besten Händel sind nichts nütz.

4325. Wie einer handelt, so sagt man ihm nach.

4326. Man hängt keinen zweimal.

4327. Wer hängen soll, ersäuft nicht.

4328. Hänge weg, eh das Holz vergeht.

4329. Eh man lernt hangen, ist man halb tot.

4330. Eh man's Hangen lernt, ist man halb erwürgt.

4331. Ei, wie lausig geht's zu, sagte jener, als man ihn hängte.

4332. Hangen tut nicht weh, so es Ehren halber geschieht.

4333. Hans, prahle sachte!

4334. Hans in allen Gassen!

4335. Hans ohne Sorgen lebt mit der wilden Gans und läßt die Waldvöglein sorgen.

4336. Er heißt und bleibet Hans,
Lebt mit der wilden Gans
Ohn Sorgen um die Wette,
Spät auf und früh zu Bette.

4337. Siebenundsiebzig Hänse,
Siebenundsiebzig Gänse.
Beißen mich nicht die Gänse,
Was scheren mich die Hänse!

4338. Hans kommt durch seine Dummheit fort.

4339. Was Hänschen nicht lernte, lernt Hans nimmermehr.

4340. Hänschen, lern nicht zu viel!

4341. Hänschen, lern nicht zuviel, du mußt sonst zuviel tun.

4342. Wer weiß, wo Hans ist, wenn's Gras wächst.

4343. Das hätten wir gehabt, sagte Hans, als er seinen Vater begrub.

4344. Es klingt nicht wohl auf der Harfe, wenn man Gott lästert.

4345. Wer die Harfe nicht spielen kann, der werd' ein Pfeifer.

4346. Der Harnisch ist gut, wer sein zu brauchen weiß.

4347. Kein Harnisch schützt wider den Tod.

4348. Harr ist des Zorns Arznei.

4349. Dem Hungrigen ist harr ein hartes Wort.

4350. Mit Harren und Hoffen
Hat's mancher getroffen.

4351. Es steht geschrieben:
Sechs oder sieben
Sollen nicht harren
Auf *einen* Narren,
Sondern essen
Und des Narren vergessen.

4352. Harren ist langweilig, macht aber weise.

4353. Hart gegen hart
Nimmer gut ward.

4354. Hart gegen hart, sagte der Teufel, da sch– er gegen ein
Donnerwetter.

4355. Hart verdient Geld geht zäh heraus.

4356. Harz ist gut zum Geigen.

4357. Dem Hasen ist nicht wohler, als wo er geworfen ist.

4358. Wo der Has gesetzt ist, will er bleiben.

4359. Rufe nicht Hase! er liege denn im Garne.

4360. Der eine fängt den Hasen, der andre ißt ihn.

4361. Wer zwei Hasen zugleich hetzen will, fängt gar keinen.

4362. Der Hase geht selbander zu Busch und kommt selb-
fünfzehnter wieder.

4363. Gelehrte Hasen fängt man im Schulgarn.

4364. Kein Häslein,
Es findet sein Gräslein.

4365. Wer einen Hasen im Busen trägt, der fliehe.

4366. Es ist ihm ein Has über den Weg gelaufen.

4367. Mancher schläft den Hasenschlaf (mit offenen Augen).

4368. Traue dem Hasen das Fähnlein nicht an.

4369. Sähst du einem Hasen so ähnlich als einem Narren, die
Hunde hätten dich längst zerrissen.

4370. Er steht bei der Wahrheit wie der Has bei der Pauke.

4371. Wer weiß, wo der Hase läuft, sagte jener und legte das
Garn auf dem Dache aus.

4372. Wenn der Hase läuft über den Weg,
So ist das Unglück schon auf dem Steg.

4373. Niemand kann haspeln und spinnen zugleich.

4374. Haß und Neiden
Muß der Biedermann leiden.

4375. Haß und Neid
Macht die Hölle weit.

4376. Mögen sie mich hassen, wenn sie mich nur fürchten.

4377. Viel Vögel sind, die hassen mich,
Ich bin ein Kauz und acht es nicht.

4378. Hast ist meist ohne Vorteil.

4379. Nichts mit Hast – als Flöhe fangen.

4380. Große Hast kommt oft zu spät.

4381. Je größer Hast, je minder Sput.

4382. Hast hat nicht Sput.

4383. Hastiger Mann war nie Verräter.

4384. Hastiger Mann soll trägen Esel reiten.

4385. Die zu hastig vorwärts treiben,
Müssen endlich hinten bleiben.

4386. Darnach du hast, darnach gib.

4387. Man fragt nicht, was hast du verschlemmt, sondern was
hast du?

4388. Wer nichts hat, dem entfällt nichts.

4389. Wer nichts hat, was kann der verlieren?

4390. Wer hat, dem wird gegeben.

4391. Wer hat, der behalt',
Die Liebe wird kalt,
Unglück kommt bald.

4392. Hattich ist ein armer Mann.

4393. Hättich ist ein böser Vogel, Habich ein guter.

4394. Die Haue will einen Stiel haben.

4395. Es ist nicht gehauen und nicht gestochen.

4396. Wer über sich haut, dem fallen die Späne in die Augen.

4397. Viel Körnlein machen einen Haufen.

4398. Wer dem Haufen folgt, hat viel Gesellen.

4399. Das Haupt regiert, nicht die Füße.

4400. Wie das Haupt, so die Glieder.

4401. Wenn das Haupt krank ist, so siechen die Glieder.

4402. Freudiger Hauptmann, lustiges Kriegsvolk.

4403. Ein Haus kann nicht zwei Hunde nähren.

4404. Kein Haus
Ohne Maus,
Keine Scheuer ohne Korn,
Keine Ros ohne Dorn.

4405. In alten Häusern viele Mäuse,
In alten Pelzen viele Läuse.

4406. Hast du ein Haus,
So denk nicht hinaus.

4407. Fern von Haus ist nah bei Schaden.

4407a. Ein Haus, ein Brand.

4408. Baust du ein Haus,
So bau es vollends aus.

4409. Mancher baut ein Haus
Und muß zuerst hinaus.

4410. Narren bauen Häuser, der Kluge kauft sie.

4411. Wer ein Haus kauft, findet's; wer eins baut, bezahlt es.

4412. Wer ein Haus kauft, hat manchen Balken und Nagel
umsonst.

4413. An alten Häusern und alten Weibern ist stets was zu
flicken.

232   *Haus*

4414. Wer ein alt Haus hat und ein jung Weib, hat genug zu
      tun.

4415. Wer verderben will und weiß nicht wie,
      Kauf' alte Häuser und baue sie.

4416. Wer in seinem eigenen Hause beschneit oder beregnet,
      des will sich Gott nicht erbarmen.

4417. Halb Haus, halbe Hölle.

4418. Besser in Häusern
      Als in den Reisern.

4419. Hausgemach
      Ist über alle Sach.

4420. Jeder ist König und Kaiser in seinem Hause.

4421. Es ist kein Häuslein,
      Es hat sein Kreuzlein.

4422. Was du hast in deinem Haus,
      Das plaudre nicht vor Herren aus.

4423. Volles Haus, tolles Haus,
      Speit den eignen Wirt hinaus.

4424. Drei Dinge sind nicht eins im Haus:
      Zwei Hahnen, und die Katz und Maus;
      Die Schwieger jagt die Schnur hinaus.

4425. Eine zornige Frau, ein Kamin voll Rauch und eine
      löcherige Pfanne sind schädlich im Haus.

4426. Hast du gern ein sauber Haus,
      Laß Pfaffen, Mönch und Tauben draus.

4427. Wer sein Haus will haben sauber,
      Hüte sich vor Pfaffen und Tauben.

4428. Alte Affen,
      Junge Pfaffen,
      Wilde Bären
      Soll niemand in sein Haus begehren.

Haus – Haushalten   233

4429. Haus ohne Mann, Haus ohne Rat;
      Haus ohne Frau, Haus ohne Staat.

4430. Wie Haus so Gast, wie Gast so Kost.

4431. Läßt du einen ins Haus kommen, er kommt dir bald in
      die Stube.

4432. Hohe Häuser sind gewöhnlich unterm Dach leer.

4433. In leeren Häusern regieren Poltergeister.

4434. In goldnen Häusern hölzern Leben.

4435. Ein Haus ist leichter angezündet als gelöscht.

4436. Wenn ein Haus hebräisch lernt, so frißt es der Wucher.

4437. Es wird dir zu Haus und Hof kommen.

4438. Die Hausehre liegt am Weibe.

4439. Hauseid soll man verhalten, nicht halten.

4440. Hauszank und Hauseid
      Machen nicht groß Leid.

4441. Brave Hausfrau bleibt daheim.

4442. Eine Hausfrau
      Sei keine Ausfrau.

4443. Eine fleißige Hausfrau ist die beste Sparbüchse.

4444. Es sind nicht alle gute Hausfrauen, die gut spinnen
      können.

4445. Der Hausfriede kommt von der Hausfrau.

4446. Hausfriede ist Hausfreude.

4447. Was tut man nicht des lieben Hausfriedens willen?

4448. Haushalt hat ein groß Maul.

4449. Es gehört viel zur Haushaltung, der Tage sind viel im
      Jahr und der Mahlzeiten noch mehr.

4450. Mancher hält haus, als müßt' er über Nacht verderben.

4451. Mit vielem kommt man aus,
      Mit wenig hält man haus.

234   *Haushalten – Haut*

4452. Wie einer haushält, also hat sein Haus einen Giebel.

4453. Ein rechter Hausvater ist der erste auf, der letzte nieder.

4454. Fleißiger Hausvater macht hurtig Gesinde.

4455. Einem Hausvater steht es besser an, zu verkaufen als zu kaufen.

4456. Hausmannskost schmeckt wohl.

4456a. Viel Hausrat, viel Unrat.

4457. Hauszank
Währt nicht lang.

4458. Hauszins schläft nicht.

4459. Es ist in der Haut, wär's im Kleide, so könnte man's abwaschen (ausklopfen).

4460. Wo Haut und Haar nicht gut sind, da gibt es keinen schönen Pelz.

4461. Auf heiler Haut ist gut schlafen.

4462. Aus andrer Leuten Häuten ist gut Riemen schneiden.

4462a. Er bohrt gern Löcher in andrer Leute Haut.

4463. Daß man in eine andre Haut schlüpfe, hilft nicht in den Himmel.

4464. Als der Bauernbub in eine andre Haut schlüpfte, gewann die Magd ein Kind.

4465. Ledige Haut
Schreit überlaut.

4466. Die Haut ist kein Narr: wenn sie alt wird, so rümpft sie sich (runzelt sie).

4467. Alte Häute sind zäh und bedürfen viel Gerbens, das sie aber nicht leiden.

4468. Jeder muß seine Haut zu Markte tragen.

4469. Man muß seine Haut so teuer als möglich verkaufen.

4470. Man muß die Haut nicht eher feilbieten, als bis man den Bären hat.

4471. Was du nicht heben kannst, laß liegen.

4472. Steht das Kind wohl, so ist jede Hebamme gut.

4473. Vom Hecht den Schwanz, vom Karpfen den Kopf.

4474. Wer den Hecht gut essen will, muß die Galle wegwerfen.

4475. Hechtenzünglein, Barbenmäulein
Bringen den Reiter um sein Gäulein.

4476. Die Hechte werden von kleinen Fischen groß.

4477. Die Hechte werden deswegen in die Teiche gesetzt, damit die andern Fische nicht faul werden.

4478. Es ist leichter zwei Herde bauen als auf einem immer Feuer haben.

4479. Wo der Kessel überm Herde hängt, freit es sich am besten.

4480. Es ist keine Herde so klein, sie hat ein räudiges Schaf.

4481. Dem Gottlosen die Hefen.

4482. Wer den Wein getrunken, der trinke auch die Hefen.

4483. Nach großem Heger
Kommt ein großer Feger.

4484. Der Hehler ist schlimmer als der Stehler.

4485. Hehler
Sind Stehler.

4486. Der Hehler
Macht den Stehler.

4487. Kein Hehler,
Kein Stehler.

4487a. Woher haben die Heiden die Hemden?

4488. Junger Heiliger, alter Teufel.

4489. Will der Teufel Heilige fangen,
So steckt er Heilige an die Angel.

4490. Die Heiligen lassen nicht mit sich spaßen.

4491. Große Herren dürfen mit Heiligen scherzen.

4492. Die Heiligen reden nicht und rächen sich dennoch.

4493. Die Heiligen holen ihr Wachs wieder.

4494. Arme Leute machen reiche Heilige.

4495. Unselige Leute machen die Heiligen reich.

4496. Niemand ist aller Heiligen Knecht.

4497. Es sind nicht alle Heilige, die in aller Heiligen Kirchen
gehen.

4498. Es ist nicht alles Heiltum, was die Bauern küssen.

4499. Ich will dir nicht alle Heiligen hertragen.

4500. Wenn Gott nicht hilft, so ziehn auch die Heiligen keinen Strang an.

4501. Wem die Heiligen hold sind, der mag leise beten.

4502. Wie der Heilige, so der Feiertag.

4503. Es ist kein Heiliger so klein, er will seine eigene Kerze
haben.

4504. Wenn ein neuer Heiliger kommt, so vergißt man der
alten.

4505. Ich feiere keinem Heiligen, dem ich nicht gefastet.

4506. Man glaubt an keinen Heiligen, er zeichne denn.

4507. Man glaubt an keinen sch–den Heiligen.

4508. Kleine Heilige tun auch Zeichen.

4509. Je heiliger Zeit,
Je heftiger Streit.

4510. Je heiliger das Fest, je geschäftiger der Teufel.

4511. Wer sich selbst ein Heiligtum ist, ist andern ein Greuel.

Heimlichkeit – Hülfe 237

4512. Herr, vertraut mir, was Ihr wollt, nur keine Heimlichkeit.

4513. Heirat ist ein verdeckt Essen.

4514. Heiraten ist nicht Kappentauschen.

4515. Zum Heiraten und Seefahren
Muß man die Worte sparen.

4516. Heiraten ist Lotterie.

4517. Heiraten in Eile
Bereut man mit Weile.

4518. Es lüstet sie alle zu heiraten
Wie den Hund nach Osterbraten.

4519. Übereilte Heirat fällt selten gut aus.

4520. Wer heiratet, tut wohl, wer ledig bleibt, tut besser.

4521. Heiraten ist leicht, haushalten schwer.

4522. Heirat ins Blut
Tut selten gut.

4523. Heirate über den Mist,
So weißt du, wer sie ist.

4524. Die erste Heirat ist ein Eh,
Die zweite ein Weh,
Die dritte nichts meh.

4525. Es trägt manche ihr Heiratsgut unter den Augen.

4526. Die nicht helfen wollen, hindern gern.

4527. Wer sich aufrichten will, dem soll man aufhelfen.

4528. Hilf beizeit,
Eh es kommt weit.

4529. Rechter Mann
Hilft, wo er kann.

4530. Einer hilft dem andern über den Zaun.

4531. Angebotene Hülfe hat keinen Lohn.

4532. Vieler Hülfe, weniger Rat.

4533. Hilft's (Bat's) nicht, so schadt's nicht.

4534. Es hilft kein Bad an einem Mohren (Juden) oder Raben.

4535. Heller, steh auf, laß den Gulden niedersitzen.

4536. Wer den Heller nicht ehrt,
Ist des Guldens nicht wert.

4537. Wer den Heller nicht spart, wird keines Pfennings Herr.

4538. Was man nicht braucht, ist zu teuer, wenn es nur einen Heller kostet.

4539. Viel Heller machen auch Geld.

4540. Ein ungerechter Heller frißt einen Taler.

4541. Böser Heller, so einen Gulden schadet.

4542. Es ist ein guter Heller, so einen Taler bringt.

4543. Wer zum Heller gemünzt ist, wird nie ein Groschen.

4544. Mit einem Heller kauft man keinen Ochsen.

4545. Mit einem Heller kann man kein gut Mus kochen.

4546. Zwei böse Heller finden sich gern in *einem* Beutel.

4547. Fehlt dir ein Helmzeichen, so kauf dir ein Paar Hörner.

4548. Das Hemde ist mir näher als der Rock.

4549. Wer keine Hemden machen kann, muß die alten flicken.

4550. Was der Henker mit seinem Schwert erreichen kann, ist sein.

4551. Lieber henken
Als ertränken.

4552. Die Nürnberger henken keinen, sie hätten ihn denn.

4553. Man henkt keinen Dieb wider seinen Willen.

4554. Wer sich nicht bessern will, den mag der Henker in die Schule nehmen.

4555. Der Henker ist ein scharfer Barbier.

4556. Wer dem Henker entläuft, entläuft deshalb dem Teufel
nicht.

4557. Im Hause des Gehenkten soll man nicht vom Stricke
reden.

4558. Der Henker schlägt dem, so vor ihm ist, den Kopf ab
und dräut denen, die hinter ihm sind.

4559. Er lohnt ihnen wie der Henker.

4560. *Eine* Henne kann mehr auseinanderscharren als sieben
Hähne.

4560a. Wenn die Henne nicht scharrt wie der Hahn,
Kann der Haushalt nicht bestahn.

4561. Wo die Henne kräht und der Hahn schweigt, da geht's
lüderlich zu.

4562. Wenn die Henne kräht vor dem Hahn
Und das Weib redet vor dem Mann,
So soll man die Henne braten
Und das Weib mit Prügeln beraten.

4562a. Kregget de Henne und schwigt de Haan,
Dann is't Huus 'r üüwel an.

4563. Die Henne trägt das Handlohn (Hauptrecht) auf dem
Schwanz mit sich.

4564. Keine Henne fliegt über die Mauer.

4565. Ist die Henne mein, so gehören mir auch die Eier.

4566. Viele kriegen um das Ei und lassen die Henne fliegen.

4567. Hat die Henne ein Ei gelegt, so gackert sie.

4568. Wenn die Henne ihr Gackern ließe, so wüßte man
nicht, wo sie gelegt hat.

4569. Wer Eier haben will, muß der Henne Gackern leiden.

4570. Die Henne, die zu früh gackert, legt auf den Tag ein
Windei.

4571. Was von der Henne kommt, das gackert.

240   Henne – Herr

4572. Hennen, die viel gackern, legen wenig Eier.

4573. So lange die Henne Eier legt, so lange legt man ihr auch.

4574. Üble Henne, die in Nachbarshäuser legt.

4575. Wenn man tausend Hennen über setzte, so möchten sie in acht Tagen kein Ei ausbrüten.

4576. Wenn man der Henne nicht bald ein Nest macht, legt sie unter die Nesseln.

4577. Es legt wohl auch eine kluge Henne in die Nesseln.

4578. Eine blinde Henne findet auch wohl ein Korn.

4579. Wenn die Henne zum Hahn kommt, vergißt sie der Küchlein.

4580. Eine Henne hat das Recht über neun Zäune.

4581. Alte Hennen geben fette Suppen, haben aber zähes Fleisch.

4582. Fette Hennen legen nicht.

4583. Keine teurere Henne als die geschenkte.

4584. Man muß die Henne rupfen, ohne daß sie schreit.

4585. Dem Hennengreifer ist eine rechte Frau nicht hold.

4586. Was heraus ist, schwiert nicht mehr.

4587. Herberge kann niemand bei sich führen.

4588. Herberg schön, der Wirt ein Schalk.

4589. In schöner Herberg verzapft man auch sauern Wein.

4590. Wie näher der Herberg, wie länger der Weg.

4591. Man soll herbsten, solang Herbstzeit ist.

4592. Den guten Wein und den tapfern Mann soll man nicht nach seinem Herkommen fragen.

4593. Ein schlechter Hering gibt einen guten Bücking.

4594. Herodes und Pilatus sind gute Freunde.

4595. Wie der Herr, so der Knecht.

4596. Getreuer Herr, getreuer Knecht.

Herr 241

4597. So lange kein Herr, so lang auch kein Knecht.

4598. Der Herr soll von Linden sein, der Knecht von Eichen.

4599. Ein lindener Herr überdauert einen eichenen Knecht.

4600. Keiner mag Herr sein, er sei denn zuvor Knecht gewesen.

4601. Wenn der Herr kurzsichtig ist, so ist der Knecht gar blind.

4602. Je blinder der Herr, je heller der Knecht.

4603. Tröste Gott den Herrn, den der Knecht lehren muß.

4604. Frühe Herren, späte Knechte.

4605. Lieber vom Herren gekauft als vom Knechte.

4606. Besser kleiner Herr als großer Knecht.

4607. Wenn es auf den Herrn regnet, so tröpfelt es auf den Knecht.

4608. Der Herren Sünde, der Bauern Buße.

4609. Wenn die Herren sich raufen, müssen die Bauern Haar lassen.

4610. Die Herren sind schon gut, nur die Diener sind des Teufels.

4611. Der Herr sieht mit *einem* Auge mehr als der Knecht mit vieren.

4612. Das Auge des Herrn schafft mehr als seine beiden Hände.

4613. Des Herrn Auge füttert das Pferd wohl.

4614. Des Herrn Fuß düngt den Acker.

4615. Des Herren Ritt über die Saat läßt goldenen Huf.

4616. Herr nicht zu Hause, niemand zu Hause.

4617. *Ein* Herr büßt den andern nicht.

4618. Niemand kann zwei Herren dienen.

4619. Welchem Herrn du dienst, dessen Kleider du trägst.

4620. Ein Herr, kein Herr; zwei Herrn, ein Herr.

4621. Dreimal selig ist der Mann,
Der Herrendienst entraten kann.

4622. Wer sein eigner Herr kann sein,
Geh' keinen Dienst bei Herren ein.

4623. Keines Mannes Herr, keines Herren Mann!

4624. Wer sich in Herrendiensten zu Tod arbeitet, den holt
der Teufel.

4625. Herrendienste sind keine Ehgelübde.

4626. Herrendienst erbt nicht.

4627. Lieber Rock, reiß nicht,
Herrenhuld erbt nicht.

4628. Herrengunst und Lautenklang (Lerchensang)
Klinget wohl und währt nicht lang.

4629. Großer Herren Huld und Nelkenwein verriecht über
Nacht.

4630. Herrn und Heilige gehen über alles.

4631. Es ist besser einem Herren dienen, der eine Herrschaft
vertut, als der eine gewinnen will.

4632. Herren wollen Vorteil haben.

4633. Herrengeld
Schreit vor aller Welt.

4634. Man soll der Herrn genießen, daß sie auch bei Brot
bleiben.

4635. Der Herren Sachen
Sind Sorgen und Wachen.

4636. Die künftigen Herren machen die vorigen fromm.

4637. Herren und Narren haben frei reden.

4638. Herrenfeuer wärmt und brennt.

4639. Bei großen Herren kann man sich wohl wärmen, aber
auch verbrennen.

4640. Wer den Herren zu nahe ist, der will ersticken, und wer zu weit von ihnen ist, der will erfrieren.

4641. Großen Herrn und schönen Frauen
Soll man wohl dienen, doch wenig trauen.

4642. Klarem Himmel und lachendem Herren ist nicht zu trauen.

4643. Es ist gut großer Herren müßig gehn.

4644. Mit großen Herren ist nicht gut Kirschen essen.

4645. Mit großen Herren soll man seidne Worte reden.

4646. Große Herren machen nicht viel Worte.

4647. Große Herren müssen viel von sich reden lassen.

4648. Bei großen Herren muß man fünf gerade sein lassen.

4649. Große Herren denken lange.

4650. Große Herren haben lange Hände.

4651. Herren Hand
Reicht in alle Land.

4652. Großer Herren Hennen legen Eier mit zwei Dottern.

4653. Herren lassen sich die Mücken abwehren, aber nicht die Ohrenbläser.

4654. Großen Herren ist übel borgen.

4655. Großer Herren Leute dünken sich was.

4656. Unter großen Herren ist gut reich werden.

4657. Große Herren lassen sich nützen,
Unter reichen Fürsten ist gut sitzen.

4658. Große Herren kommen am sichersten in den Himmel, wenn sie in der Wiege sterben.

4659. Große Herren, große Sorgen.

4660. Wer mit Herren umgehen will, der fliehe vor ihnen, so laufen sie ihm nach.

4661. Gestrenge Herren regieren nicht lange.

4662. Viel Herren, übel regiert.

4663. Ein jeder Herr ist Kaiser in seinem Lande.

4664. Ein jeder Herr ist Papst in seinem Lande.

4665. Wo Herren sind, da sind Decklaken.

4666. Ich bin Herr, sagte der Mann, da saß er unterm Tische.

4667. Neue Herren, neue Fünde.

4667a. Annere Heerens settet annere Suulen.

4667b. Neue Herren machen neue Wetten.

4668. Neue Herrschaft, neue Lehrzeit.

4669. Herren können wohl Schaden, aber keinen Schimpf leiden.

4670. Herrschaften haben viel Augen und Ohren.

4671. Man findet keine Herrschaft vollkommen.

4672. Unser Herrgott kann's nicht allen recht machen.

4673. Unser Herrgott will nicht, daß das Weißbrot auf den Bäumen wachse.

4674. Ich muß es haben, und sollt ich's unserm Herrgott unter den Füßen wegnehmen.

4675. Er grüßt gern, wo unser Herrgott einen Arm herausstreckt.

4676. Es wäre gut Herrgotte nach ihm schnitzen.

4677. Herrlichkeit bedarf viel.

4678. Vergiftete Kirschen bringen einen Herzog um.

4679. Das Herz lügt nicht.

4680. Ein Herz ist des andern Spiegel.

4681. Wes das Herz voll ist, des geht der Mund über.

4682. Wo dein Herz wohnt, da liegt dein Hort.

4683. Wo dein Herz, da dein Gott.

4684. Was dem Herzen gefällt, das suchen die Augen.

Herz – Heu 245

4685. Es ist ihm nicht ums Herz wie ums Maul.

4686. Was nicht von Herzen kommt, das geht nicht zu Herzen.

4687. Das Herz ist reich oder arm, nicht die Kiste.

4688. Reines Herz und froher Mut
Stehn zu allen Kleidern gut.

4689. Von Herzen gern, sagen die Bauern, wenn sie müssen.

4690. Es gibt der Schlupfwinkel nirgend mehr als im menschlichen Herzen.

4691. Herz, was begehrst du?

4692. Im Lande Hessen
Gibt's große Berge und nichts zu essen,
Große Krüg und sauern Wein;
Wer möchte wohl in Hessen sein?
Wenn Schlehn und Holzäpfel nicht geraten,
So haben sie weder zu sieden noch zu braten.

4693. Wo Hessen und Holländer verderben,
Wer könnte da sein Brot erwerben?

4694. Wo ein Hesse in ein fremd Haus kommt, so zittern die Nägel an den Wänden.

4695. Hüte dich vor dem Landgrafen von Hessen,
Wenn du nicht willst werden aufgefressen.

4696. Die Hessen können vor neun nicht sehn.

4697. Drauf los wie ein blinder Hesse!

4698. Drauf los! es ist ein Hesse!

4699. Man muß Heu machen, weil die Sonne scheint.

4700. Was man nicht am Heu hat, das hat man am Stroh.

4701. Man darf seinem Heu Stroh sagen.

4702. Unter einem Fuder Heu erstickt keine Maus.

4703. Übermorgen, wenn's Heu blüht.

4703a. Wer nicht gabelt,
Wenn die Heuschreck zabelt,
Der nimmt im Winter ein Seil
Und fragt, wo Heu feil.

4704. Heuchelmann
Ist am besten dran.

4705. Heute mir,
Morgen dir.

4706. Sehr ungleich geht's auf Erden zu,
Ich heut, der gestern, morgen du.

4707. Heute mein,
Morgen dein,
So teilet man die Huben.

4708. Heute rot,
Morgen tot.

4709. Heute König, morgen tot.

4710. Heute was,
Morgen Aas.

4711. Heute Blume, morgen Heu.

4712. Heute reich,
Morgen eine Leich.

4713. Heute Trab,
Morgen im Grab.

4714. Heut im Putz,
Morgen im Schmutz.

4715. Heut oben, morgen unten.

4716. Heute groß, morgen klein.

4717. Heute Herr, morgen Knecht.

4718. Heute Freude, morgen Leid.

4719. Heut ist der Tag.

4720. Der heutige Tag ist des gestrigen Jünger.

4721. Heut erfährt man, was man gestern nicht gewußt hat.

Heute – Himmel

4722. Heute und morgen ist auch ein Tag.

4723. Besser heut als morgen.

4724. Ein Heut ist besser denn zehn Morgen.

4725. Heut soll dem Morgen
Nichts borgen.

4726. Was du heute tun kannst, verschiebe nicht bis morgen.

4727. Heut fasten kocht morgen die Suppe süß.

4728. Wer heute mit rudert, soll morgen mit fahren.

4729. Heute für Geld, morgen umsonst.

4730. Heut ist ein Kaufmann, Morgen ein Bettelmann.

4731. Wenn Gott sagt heute, sagt der Teufel morgen.

4732. Heut will ich ihn nicht um seine Tochter bitten.

4733. Hexen weinen nicht.

4734. Er kann's kleine Hexenwerk – und's große treibt er.

4735. Hierum und darum – gehn die Gänse barfuß.

4736. Was vom Himmel fällt, schadet keinem.

4737. Wenn der Himmel einfällt, so sind alle Töpfe und Bäume zerschlagen.

4738. Wenn der Himmel einfällt, so können die Vögel keine Nester mehr bauen.

4739. Wenn der Himmel einfiele, bliebe kein Zaunstecken ganz.

4740. Wenn der Himmel einfiele, zerschlüg' er mehr Kacheln als Öfen.

4741. Unter freiem Himmel biegt sich kein Balke.

4742. Der Himmel ist uns überall gleich nahe.

4743. Der Himmel ist hoch, man kann sich nicht dran halten.

4744. Mit den Beinen läuft man nicht in den Himmel.

4744a. Er will mit Stiefeln und Sporen in den Himmel.

4745. Wer nicht in den Himmel will, braucht keine Predigt.

4746. Wer zum Himmel ist geborn,
Den sticht alle Tag ein Dorn.

4747. Der Weg zum Himmel geht durch Kreuzdorn.

4748. Der Himmel ist schwer zu verdienen, sprach der Abt,
als er vom Bette fiel und die Nonne ein Bein brach.

4749. Das Himmelreich gehört den Gänsen nicht zu.

4750. Der Himmel ist nicht für die Gänse erbaut; für die
Gottlosen aber auch nicht.

4751. Ihm hängt der Himmel voll Baßgeigen.

4752. Man meint oft, der Himmel hängt voll Geigen; sieht
man recht zu, so sind es kaum Nußschalen.

4753. Hin ist hin, da leiht kein Jude mehr drauf.

4754. Hin ist hin; wär' sie nicht hin,
So wär' ich jünger, denn ich bin.

4755. Niemand hinkt an eines andern Fuß.

4756. Wenn alle hinken, meint jeder, er gehe recht.

4757. Hinkebein spielt den Mann.

4758. Die Hintertür laß offen stehn
Und den Doktor seiner Wege gehn.

4759. Eine Hintertür verderbt das Haus.

4760. Hintenaus
Verderbt das Haus.

4761. Hintenaus hat keine Ehre.

4762. Was hintennach kommt, schlägt die Fersen nicht entzwei.

4763. Was hintennach kommt, das fressen die Hunde.

4764. Hinz hat es angezettelt, Kunz muß es ausbaden.

4765. Von Hinz zu Kunz, von Pontius zu Pilatus.

4766. Hiobs Plage war ein böses Weib.

4767. Die Hiobspost kommt nach.

4768. Das Hirn
Sieht man nicht an der Stirn.

4769. Wie der Hirsch in die Brunst tritt, so tritt er auch wieder heraus.

4770. Er traf den Hirsch – mit einer Kugel in die hintere Klau und durch beide Ohren hinaus.

4771. Ein Hirt muß seine Schafe kennen.

4772. Des Hirten Not,
Der Schafe Tod.

4773. Wie der Hirt, so die Herde.

4774. Irrender Hirt, irrende Schafe.

4775. Was dem Hirten zuleide geschieht, geschieht den Schafen zum Schaden.

4776. Viel Hirten, übel gehütet.

4777. Ein guter Hirte schiert seine Schafe, ein übler zieht ihnen das Fell ab.

4778. Wenn die Hirten sich zanken, hat der Wolf gewonnen Spiel.

4779. Was der Hirt in seiner Hut verliert, das soll er entgelten.

4780. Wenn der Hirt nicht mehr Freiheit hätte als das Schaf, so müßte er auch Gras essen.

4781. Wie sie der Hirt zum Tor hinaustreibt.

4782. Hitzig
Ist nicht witzig.

4783. Hm, sagte Steffen, da wußt' er nichts anders zu sagen.

4784. Man muß dem Hobel nicht zu viel Eisen geben.

4785. Er frißt Hobelspäne und sch– Tannenbord.

4786. Wer hoch steht, den sieht man weit.

4787. Wer hoch klimmt, der fällt hart.

4788. Wer nicht zu hoch steigt über sich,
Braucht nicht zu fallen unter sich.

4789. Mancher ist hochgeboren und nicht hocherkoren, mancher hocherkoren und niedergeboren.

4790. Hoch genug macht alte Kriegsleut.

4791. Die nicht hoch genug sind, muß man höher oder kürzer machen.

4792. Was dir zu hoch ist, das laß fliegen.

4793. Hoch schwören zeugt tiefe Lügen.

4794. Wenn ein Ding aufs Höchste kommt, so nimmt's wieder ab.

4795. Es kommt alles aufs Höchste, sagt der Bettler, wenn ihm die Läuse am Hut herumkriechen.

4796. Hochmut
Tut nimmer gut.

4797. Hochmut kommt vor dem Falle.

4798. Wenn Hochmut aufgeht, geht Glück unter.

4799. Hochmut
Kommt nicht von Armut.

4800. Eine Hochzeit wird nicht leicht vollbracht,
Eine andre wird dabei erdacht.

4801. *Eine* Hochzeit macht die andre.

4802. Frühe Hochzeit, lange Liebe.

4803. Öftre Hochzeit hat nicht Ehre.

4804. Nach der Hochzeit erkennt man des Weibes Bosheit.

4805. Es ist nicht jedermann auf die Hochzeit geladen.

4806. Wer bittet den Armen zur Hochzeit?

4807. Hochzeitgehen (Kinderheben) ist ein Ehr,
Macht den Beutel aber leer.

4808. Hochzeit haben
Ist besser als Tote begraben.

Hof – Hofmanier   251

4809. An Höfen gibt es mehr Achitophel als Josephe.

4810. Bei Hof ist Gunst im Maul, Mißtrauen im Herzen.

4811. Bei Hof gibt man viel Hände, aber wenig Herzen.

4812. Bei Hofe gibt man keine Beine.

4813. Lang zu Hofe, lang zur Hölle.

4814. Weit von Hof hat wenig Verdruß.

4815. Wer zu Hofe sein will, muß bald oben, bald unten liegen.

4816. Alte Diener, Hund und Pferd
Sind bei Hof in *einem* Wert.

4817. Wer zu Hofe wohl dient, der hat bald Neider und Hasser.

4818. Verklappern ist das tägliche Brot bei Hofe.

4819. Zu Hof kann man sich wohl wärmen, aber auch verbrennen.

4820. Wer lange will zu Hofe reiten,
Hänge den Mantel nach beiden Seiten.

4821. Als Petrus zu Hofe kam, verleugnete er seinen Herrn und Meister.

4822. Zu Hofe dienen alle der Suppen, nicht der Herrn wegen.

4823. Wenn zu Hofe gegessen ist, sind die Schüsseln leer.

4824. Wer zu Hofe tauglich ist, den treibt man zu Tode.

4825. Wer zu Hof tüchtig ist, der muß Wasser und Holz tragen oder ein Narr sein.

4826. Zu Hof gilt gleich, der hinter die Tür hofiert und der's auskehrt.

4827. Hans Schenk hat Gnade zu Hofe.

4828. Die krumme Hand kennt man zu Hofe.

4829. Hofmanier
Führt irr.

4830. Gold auf den Hosen und keins darin, ist Hof-Art.

4831. Hoffart
War nie guter Art.

4832. Hoffart will Zwang leiden.

4833. Hoffart will Pein haben.

4834. Hoffart ist ein süßes Leben.

4835. Die Luft bläht die Sackpfeifen auf und Hoffart den Narren.

4836. Hoffart meint, Stühl und Bänke sollten vor ihr aufstehen.

4837. Hoffart steckt den Schwanz übers Nest.

4838. Hoffart und Armut halten übel Haus.

4839. Hoffart ist leicht zu erlernen, kostet aber viel zu erhalten.

4840. Wenn Hoffart aufgeht, so geht Glück unter.

4841. Hoffart löscht das Feuer in der Küchen aus.

4842. Wer zur Hoffart borgt, trägt am Ende geflickte Schuh.

4843. Hoffart ist allenthalben Sünde, aber in Augsburg ist sie Wohlstand.

4844. Hoffart ist allemal Sünde, sie habe ein Helmlein oder trag ein Fähnlein.

4845. Die Hoffart mißt sich nach der langen Elle.

4846. Hoffart ist des Dünkels Wassersucht.

4847. Gott widersteht den Hoffärtigen.

4848. Kein hoffärtiger Tier, denn so eine Magd Frau wird.

4849. Wäre Hoffart eine Kunst, so hieß' er längst Doktor.

4850. Röche Hoffart wohl, so wär' er lauter Bisam.

4851. Höflichkeit ist nicht Schuldigkeit.

4852. Höflichkeit und Treue
Bringt nimmer Reue.

4853. Höflichkeit ziert den Mann und kostet nichts.

4854. Höfliche Worte vermögen viel und kosten doch wenig.

4855. *Eine* Höflichkeit ist der andern wert.

4856. Gar zu höflich ist bäurisch.

4857. Zu höflich wird tölpelig.

4858. Wo Hofluft weht, ist nicht gut wohnen.

4859. Wenn der Fuchspelz abgezogen,
Steht der Höfling nackend da.

4860. Es darf mir keiner ein Hofrecht in die Stube machen.

4861. Die Hofzucht bringt die Franzosen.

4862. Hoffen und Harren
Macht manchen zum Narren.

4863. Ich hoffe noch
Und zweifle doch.

4864. Wer von der Hoffnung lebt, stirbt an der Fasten.

4865. Die Hoffnung ist das Seil, daran wir uns alle zu Tode
ziehen.

4866. Wer auf Hoffnung traut,
Hat auf Eis gebaut.

4867. Wer mit der Hoffnung fährt, hat die Armut zum Kutscher.

4868. Wer auf Hoffnung jagt, der fängt Nebel.

4869. In Hoffnung schweben
Macht süßes Leben.

4870. Es ist kein süßer Leiden als hoffen.

4871. Wenn Hoffnung nicht wär',
So lebt' ich nicht mehr.

4872. Man muß das Beste hoffen und das Böse gewarten.

4873. Man muß das Beste hoffen, das Schlimme kommt von
selbst.

4874. Hoffnung läßt nicht zuschanden werden.

4875. Hoffnung braucht man nicht zu kaufen.

4876. Hoffnung erhält,
Wenn Unglück fällt.

4877. Die Hoffnung ist unser, der Ausgang Gottes.

4878. Die Hoffnung ist mir in den Brunnen gefallen.

4879. Hohl
Bis auf die Fußsohl.

4880. In allen Landen sind hohle Fässer und Kübel.

4881. Hohn für Lohn, Stank für Dank.

4882. Nun ist Holland in Not.

4883. Wer vor der Hölle wohnt, muß den Teufel zu Gevatter
bitten.

4884. In die Hölle kommt man mit größrer Mühe denn in den
Himmel.

4885. In die Hölle ist es überall gleich weit.

4886. In der Hölle gilt kein Stimmensammeln.

4887. Wenn eine Hölle ist, so steht Rom darauf.

4888. Wo ein Ort auf der Hölle steht, tritt man dem Teufel
leicht auf den Kopf.

4889. Die Holsten verteidigen ihr Recht mit dem Schwert.

4890. Vor Holunder soll man den Hut abziehen und vor
Wacholder die Knie beugen.

4891. Das Holz muß pfleglich gehalten werden.

4892. Jedes Holz hat seinen Wurm und jedes Mehl seine
Kleie.

4893. Im Holz wachsen Würmer, die es fressen.

4894. Je krummer das Holz, je besser die Krücke
(Je größer der Schelm, je besser das Glücke).

4895. Krumm Holz hat viel Glut.

4896. Krummes Holz brennt so gut wie gerades.

Holz – Honig

4897. Krummes Holz gibt auch gerades Feuer.

4898. Es ist wohl eher ein krumm Holz zum Löffel geraten.

4899. Mein Holz kann mir niemand verbrennen.

4900. Alt Holz brennt besser als junges.

4901. Alt Holz gibt gut Feuer.

4902. Grünes Holz, große Hitze.

4903. Nicht jedes Holz
Gibt einen Bolz.

4904. Nicht aus jedem Holz kann man Pfeifen schneiden.

4905. Das Holz ist gut, wenn es nur zum rechten Zimmermann kommt.

4906. Aus Holz macht man große und kleine Heilige.

4907. Wo Holz gehauen wird, da fallen Späne.

4908. Gibt man ihm viel Holz, so macht er viel Späne.

4909. Wer im Holz arbeitet, wird nicht reich.

4910. Wer beim Holzhauer steht, der hat einen Span am Kopf
zu Lohn.

4911. Wie man ins Holz schreit, so schreit es zurück.

4912. Der gut ins Holz ruft, kriegt eine gute Antwort.

4913. Auf ein hölzern Geschirr gehört ein hölzerner Deckel.

4914. Wer allerlei Holz aufliest, hat bald einen Arm voll.

4915. Holz, Haar und Unglück wachsen über Nacht.

4916. Es führt mehr denn *ein* Weg ins Holz.

4917. Gerade – wie grün Holz hinter dem Ofen getrocknet.

4918. Wäre Holzhauen ein Orden,
Wär' nicht so mancher Mönch geworden.

4919. Ein Holzapfel schmeckt wie der andere.

4920. Kannst du regnen, kann ich auf Holzschuhen gehen.

4921. Honig im Munde, Galle im Herzen.

4922. Honig im Mund, Schermesser in der Hand.

256   *Honig – Hörensagen*

4923. Eitel Honigrede ist nicht ohne Gift.

4924. Kein Honig ohne Gift.

4925. Wer Honig will, muß der Bienen Sumsen leiden.

4926. Wer Honig lecken will, muß der Bienen Stachel nicht
      scheuen.

4927. Der Honig ist nicht weit vom Stachel.

4928. Teurer Honig, den man aus Dornen muß lecken.

4929. Honig essen ist gesund, zuviel macht speien.

4930. Wer viel Honig schleckt, muß viel Wermut fressen.

4931. Mit einem Löffel Honig fängt man mehr Fliegen als mit
      einem Faß voll Essig.

4932. Honig ist der Mücken Tod.

4933. Wer sich zu Honig macht, den benaschen die Fliegen.

4934. Es ist zu gewinnen – wie Honig von Wespen.

4935. Viel Hopfen, viel Rocken.

4936. Da ist Hopf und Malz verloren.

4937. Der Horcher an der Wand
      Hört seine eigne Schand.

4938. Hör und sei nicht taub,
      Aber langsam glaub.

4939. Wer nicht hören will, muß fühlen.

4940. Du hörst übel, ich muß dich einmal zum Bade führen.

4941. Man muß hören und nicht hören.

4942. Man muß viel hören, eh ein Ohr abfällt.

4943. Höre viel und rede wenig.

4944. Wer schlecht hört, reimt leicht.

4945. Wer nicht rechtmäßig gehört ist, wird nicht rechtmäßig
      verdammt.

4946. Hörensagen ist halb gelogen.

4947. Vom Hörensagen kommen die Lügen ins Land.

Hörensagen – Hühner 257

4948. Vom Hörensagen leugt man viel.

4949. Vom Hörensagen und Wiedersagen
Ward mancher schon aufs Maul geschlagen.

4950. Das kleine Horn spricht zum großen Horn:
Hätt' ich die Macht wie du,
Ließ' ich erfrieren das Kalb in der Kuh.

4951. Kurzer Hornung, sagt der Bauer,
Ist gemeiniglich ein Lauer.

4952. Wenn's der Hornung gnädig macht,
Bringt der Mai den Frost bei Nacht.

4953. Wenn im Hornung die Mücken schwärmen,
Muß man im März die Ohren wärmen.

4954. Halte dich ans Hornvieh,
Aber nicht ans Kornvieh.

4955. Man sieht's an den Hosen, wo das Bein entzwei ist.

4956. Er lebt im Stand der geflickten Hosen.

4957. Die Frau hat die Hosen an.

4958. Wer subtil ist, dem entfallen die Hosen.

4959. Bist du nicht hübsch, so tu hübsch.

4960. Eine hübsche Seele will auch einen hübschen Leib
haben.

4961. Eines Hufeisens willen verdirbt oft ein Pferd.

4962. Hügel werfen Berge nicht um.

4963. Trittst du mein Huhn, so wirst du mein Hahn.

4964. Wer mit den Hühnern zu Bette geht, kann mit den
Hahnen aufstehen.

4965. Früh mit den Hühnern zu Bette
Und auf mit den Hahnen zur Wette.

4966. Hühner und Hahnen
Bleiben Gespanen.

4967. Kein Huhn hält sich zum Kapaunen, sondern zum Göckelhahn.

4968. Es ist kein Hühnchen noch so klein,
Übers Jahr will's eine Henne sein.

4969. Das Huhn legt gern ins Nest, worin schon Eier sind.

4970. Bereitet man den Hühnern nicht beizeiten ein Bett, so legen sie in die Nesseln.

4971. Kluge Hühner sch– auch in die Nesseln.

4972. Hühner, die daheim essen und anderswo legen, soll man am Bratspieß ziehen.

4973. Sieh auf die Hühner und nicht auf die Nester.

4974. Kein Huhn scharrt umsonst.

4975. Was zum Huhn geboren ist, scharrt nimmer vor sich.

4976. Sind die Hühner brütig, so hätten sie gern Eier.

4977. Seine Hühner legen Eier mit zwei Dottern.

4978. Wessen Huldin schielt, der sagt, sie liebäugelt.

4979. Ich brauche keine Hummeln in meinem Bienenkorbe.

4980. Die großen Humpler machen die meisten Späne.

4981. Hund, so nicht auf *einer* Spur bleibt, fängt weder Hirsch noch Hasen.

4982. Guter Hund, so nur *einem* Wilde nachjagt.

4983. Guter Hund, so die Fährte nicht verliert.

4984. Mit altem Hunde sicherste Jagd.

4985. Man soll Hund um Eberköpfe geben.

4986. Viel Hunde sind des Hasen Tod.

4987. Der Hund, der den Hasen aufspürt, ist so gut, als der ihn fängt.

4988. Während der Hund sch–, läuft der Has in den Busch.

4989. Wenn der Hund hofiert, so kann er nicht bellen.

4990. Wenn die Hunde gähnen, ist die beste Jagd vorbei.

Hund

4991. Wer nicht Hundslauch riechen kann, soll auch kein Wildbret essen.

4992. Wenn der Hund nicht Lust hat zu jagen, reitet er auf dem Hintern.

4993. Alte Hunde reiten auf dem A–.

4994. Wenn der Hund wacht, mag der Hirte schlafen.

4995. Wenn die Hunde schlafen, hat der Wolf gut Schafe stehlen.

4996. Ich will keinen Hund beißen, denn ich muß meinen Zahn für den Wolf sparen, sagt der Schafhund.

4997. Der Hund wird nicht ledig, ob er gleich in die Kette beißt.

4998. Wer fremden Hund anbindet, gewinnt nichts als den Strick.

4999. Wenn ein alter Hund bellt, soll man hinausschauen.

5000. Ließe der Dieb das Stehlen, der Hund ließe sein Bellen.

5001. Bellet *ein* Hund, so klaffen sie alle.

5002. Bellende Hunde beißen nicht.

5003. Stumme Hunde und stille Wasser sind gefährlich.

5004. Schweigender Hund beißt am ersten.

5005. Verzagter Hund bellt am meisten.

5006. Laß die Hunde bellen, wenn sie nur nicht beißen.

5007. Schätze den Hund nicht nach den Haaren, sondern nach den Zähnen.

5008. Alte Hunde ist schwer bellen lehren.

5009. Alte Hunde sind bös ziehen.

5010. Wer nach jedem bellenden Hunde werfen will, muß viel Steine auflesen.

5011. Wer mag den Hunden das Bellen verbieten?

5012. Es ist Chrysam und Tauf an alten Hunden verloren.

5013. Was vom Hunde kommt, bellt gern.

5014. Der Hund weiß seines Herrn Willen wohl.

5015. Wer dem Hunde nicht wehrt, der hetzt ihn.

5016. Zu einem bösen Hunde gehört ein Knüppel.

5017. Der Knüppel liegt beim Hunde.

5018. Wenn man unter die Hunde wirft, welchen es trifft, der schreit.

5019. Gemeiniglich wenn man unter die Hunde wirft, so trifft man einen.

5020. Ein Hund schnappt nach einer Fliege.

5021. Es ist nicht Not, daß man den Hund mit Bratwürsten werfe, solange man noch gute Bengel hat.

5022. Schwerlich essen die Hunde Bratwürste, sie stehlen sie denn.

5023. Der Hund ist tapfer auf seinem Mist.

5024. Ein Hund ist nicht lang an eine Bratwurst gebunden.

5025. Den Hund schickt man nicht nach Bratwürsten.

5026. Er kam dazu wie der Hund zur Bratwurst.

5026a. Wenn man selber nicht hangen will, muß der Hund die Wurst gestohlen haben.

5027. Bissige Hunde haben zerbissene Ohren, böse Hunde zerbissen Fell.

5028. Wirfst du den Hund mit einem feisten Bein und den Bettler mit einem Pfennig, so kommt er wieder.

5029. Es geschieht ihm wie dem Hündchen von Bretten.

5030. Schlafende Hunde soll man nicht wecken.

5031. Ein wütiger Hund läuft nur neun Tage.

5032. Ein toller Hund läuft sieben Jahr.

5033. Wenn man dem Hunde an die Haut will, so sagt man, er sei wütig.

Hund

5034. Wenn man den Hund schlagen will, so hat er Leder gefressen.

5035. Kein Hund läßt sich ein Bein nehmen, er knurre denn.

5036. Zwei Hund an *einem* Bein
Kommen selten überein.

5037. Je mehr Hunde, je weher dem Bein.

5038. Man lasse dem Hunde den Knochen, so bleibt man ungebissen.

5039. Der Hund kennt sein Bein.

5039a. Hunde, die einen Braten gerochen haben, wollen ihn auch gerne belecken.

5040. Es ist dem einen Hunde leid,
Daß der andre in die Küche geht (geit).

5041. Man gibt den Hunden nicht so viel,
Als sie heischen mit des Schweifes Spiel.

5042. Damit lockt man keinen Hund vom Ofen.

5043. Der Hund frißt wieder, was er gespien hat.

5044. Es wird dir bekommen wie dem Hunde das Gras.

5045. Ein blöder Hund wird selten fett.

5046. Je magrer der Hund, je größer die Flöhe.

5047. Wer mit Hunden zu Bette geht, steht mit Flöhen wieder auf.

5048. An fremden Hunden riechen die andern.

5049. Ein Hund riecht am andern, ob er den Pfeffer nicht habe.

5050. Hunde pissen und Weiber weinen, wann sie wollen.

5051. Hat der Teufel den Hund geholt, so hol' er auch den Strick.

5052. Komm ich über den Hund, so komm ich auch über den Schwanz.

5053. Er ist ein Hund, wenn er nur einen Schwanz hätte.

262   *Hund*

5054. Besser ein lebender Hund als ein toter Löwe.

5055. Liegt der Hund, so beißen ihn alle.

5056. Tote Hunde beißen nicht.

5057. Da liegt der Hund begraben.

5058. Begoßne Hunde fürchten das Wasser.

5059. Er schüttelt es ab wie der Hund den Regen.

5059a. De Hund, de bött (biß),
De liecht vergött (vergißt),
Aberscht de, de ward gebeten,
Ferr dem öß schwar to vergeten.

5060. Ein Mann kann machen, daß ihn seine eigenen Hunde
beißen.

5061. Hundsbiß heilt Hundshaar.

5062. Er muß es hinnehmen, als wenn ihn ein Hund gebissen
hätte.

5063. Er ist mit allen Hunden gehetzt.

5064. Ich habe den Hund lieber zum Freund als zum Feind.

5065. Laß einen Hund sorgen, der bedarf vier Schuhe.

5066. Man hält einen Hund in Ehren seines Herrn wegen.

5067. Edelleute und Hunde lassen die Tür auf.

5068. Eilte die Hündin nicht, so würfe sie nicht blinde
Jungen.

5069. Einen Mann hungerte manche Stund:
Er ging und kaufte sich einen Hund.

5070. An der Hunde Hinken,
An der Huren Winken,
An der Weiber Zähren
(Und der Krämer Schwören)
Soll sich niemand kehren.

5071. Wenn der Hund will sch– gehn,
So sieht man ihn gekrumpen stehn.

Hund – Hungerleiden 263

5072. Es gibt mehr als *einen* bunten Hund.

5073. Hunde, die jedermanns Gesellen sind, hat man nicht gern.

5074. Du wirst noch Hunde führen müssen.

5075. Er muß Hunde führen bis Bautzen.

5076. Er sieht einen weißen Hund für einen Bäckersknecht an.

5077. Er treibt die Hund aus und geht selbst mit.

5078. Das wär' das Rechte, dann kommst du vom Hund auf den Bettelsack.

5079. Greift man den Hund beim Schwanz, so knurrt er.

5080. Hundstage hell und klar
Deuten uns ein gutes Jahr.

5081. Halt dein Maul,
Halt deinen Gaul,
Halt deine Tück:
Sonst kommst du nicht mit Glück
Vom Hunsrück.

5082. Hunger ist der beste Koch.

5083. Hunger ist das beste Gewürz.

5084. Hunger macht Saubohnen zuckersüß.

5085. Hunger macht rohe Bohnen zu Mandeln.

5086. Hunger macht hart Brot zu Lebkuchen.

5087. Dem hungrigen Bauch schmeckt alles wohl.

5088. Der Hunger macht alle Speise süß, allein sich selbst nicht.

5089. Hunger lehrt geigen.

5090. Hunger ist ein guter Redner.

5091. Der Hunger findet den Doktorhut.

5092. Hungerleiden ist ein gewisses Einkommen.

5093. Hunger und Durst singen keinen Alt.

5094. Hungriger Bauch singt einen bösen Alt.

5095. Hunger lehrt die Katzen mausen.

5096. Der Hunger treibt den Wolf aus dem Busch.

5097. Der Hunger treibt den Wolf über Schnee und Eis.

5098. Den Hungrigen ist nicht gut predigen.

5099. Hunger leidet keinen Verzug.

5100. Einem hungrigen Bauch kann niemand lügen.

5101. Hunger ist ein scharf Schwert.

5102. Wen nicht hungert, der fastet leicht.

5103. Lange hungern ist kein Brot sparen.

5104. Der Hunger kostet wenig, der Überdruß viel.

5105. Der Hunger
Ist ein Unger.

5106. Hungern und Harren stinkt übel in die Nase.

5107. Huren sind Kohlen, die schwärzen und brennen.

5108. Hurenlieb so lange währt,
Als das Feuer auf dem Herd.

5109. Wer die Hure nimmt zur Eh,
Bedarf keines Unglücks meh.

5110. Aus einer argen Hur wird selten ein gut Eheweib.

5111. Wer die Hure zur Ehe nimmt, ist ein Schelm oder will
einer werden.

5112. Die Hure kommt schnell ins Haus,
Aber langsam heraus.

5113. Kommt die Hur ins Herz, so kommt sie auch in den
Säckel.

5114. Hurentränen, Säckelzieher.

5115. Judenzins und Hurenheuer
Sind gemeiniglich sehr teuer.

5116. Wer von einer Hure scheidet, macht eine gute Tagreise.

5117. Arm wie eine Hur in der Karwoche.

5118. Huren und Buben verstehen sich bald.

5119. Huren und Buben kommen ungerufen.

5120. Huren und Buben, *ein* Gespann.

5121. Wer mit Huren zu Acker fährt, der eggt mit Buben zu.

5122. Huren und Hasen sind schwer zu zähmen.

5123. Es sind nicht alle Huren, die einem Manne zu Willen sind.

5124. Eine Hure nimmt lieber mit *einem* Auge vorlieb als mit *einem* Buhler.

5125. Es wird keine eine Hur von *eines* Mannes wegen.

5126. Junge Hure, alte Betschwester.

5127. Junge Hure, alte Kupplerin.

5128. Alte Huren sind der Buhler beste Boten.

5129. Junge Huren, alte Wettermacherinnen.

5130. Einmal Hure, immer Hure.

5131. Huren haben Mausfallen mit Speck darauf.

5132. Was von Huren geboren,
Ist zu huren erkoren.

5133. Was von Huren säuget,
Das ist zum Huren geneiget.

5134. Mutter eine Hur, Tochter ein Hürlein.

5135. Auch eine Hur hat oft ein fromm Kind.

5136. Es ist keine Hur so bös, sie zöge gern ein fromm Kind.

5137. Wer *einen* Fuß im Hurenhaus hat, hat den andern im Spital.

5138. Von Huren geschah nie einem Mann Gutes denn einem, der ward gehängt: da kam er der Marter ab.

5139. Wenn die Huren schimpfen, so bricht die Schand aus.

5140. Wenn Huren spinnen, so ist die Nahrung schwach.

5141. Es gilt mir gleich, ob eine Hur mich lobt oder ein Dieb schilt.

5142. Schöne Hur ist ein lebendiger Sarg.

5143. Einer Hure Trost ist, daß sie die erste und letzte nicht sei.

5144. Husaren beten um Krieg und der Doktor ums Fieber.

5145. Wenn man sagt husch, so meint man die Hühner.

5146. Trockner Husten ist des Trompeters Tod.

5147. Hut bei Schleier und Schleier bei Hut.

5148. Hut in der Hand
Hilft durchs ganze Land.

5149. Geschwinde zum Hut und langsam zum Beutel.

5150. Gute Hut macht guten Frieden.

5151. Weise Hut
Behält ihr Gut.

5152. Keine Hut ist so gut,
Als die ein Weib sich selber tut.

5152a. Es ist schwer zu hüten, was jedermann gefällt.

5153. Hüte dich vor dem, den Gott gezeichnet hat.

5154. Wen Gott und die Natur zeichnet, vor dem soll sich Roß und Mann hüten.

5155. Hüte dich vor denen, die niemand leiden kann.

5156. Hüte dich vor dem Hintersten, der Vorderste tut keinem was.

5157. Schöne Hütten, schlechte Sitten.

5158. Andre Hütten, andre Sitten.

I, J

5159. Ja und Nein ist ein langer Streit.

5160. Ja und Nein scheidet die Leute.

5161. Will er Ja, so will sie Nein,
Will er Bier, so will sie Wein.

5162. Ja Herr, vor Augen süß, zu Rücken bitter.

5163. Jacobs Stimme, Esaus Hände.

5164. Jacta est alea, ich hab's gewagt.

5165. Auf *einer* Jagd fängt man nicht alles Wild.

5166. Es sind nicht alle Jäger, die das Horn gut blasen.

5167. Es sind nicht alle Jäger, die Hörner führen.

5168. Man muß oft die Jagd abblasen, ob man gleich nichts
gefangen hat.

5169. Jagest du,
So fahest du.

5170. Nicht jeder, der jagt, hat Waidmannsglück.

5171. Wer nicht jagt, der fahet nicht.

5172. Es ist allweg Jagetag, aber nicht allweg Fahetag.

5173. Jagen und nicht fangen macht verdroßne Jäger.

5174. Ein Jäger unverdrossen
Hat es oft genossen.

5175. Ein Jäger und sein Hund
Essen zu jeder Stund.

5176. Nasse Jäger, trockne Fischer, schlecht Geschäft.

5177. Jäger, Fischer und Hahnreie müssen viel Geduld
haben.

5178. Ein guter Jäger läßt sich nicht aufs Rohr sehen.

5179. Wer den andern jagt, wird auch müde.

268   Jagen – Jahr

5180. Wer andre jagt, muß selber laufen.

5181. Ein Jäher gibt keinen guten Jäger.

5182. Ein Jäher
      Ist kein guter Mäher.

5183. Jahr und Tag ist die rechte Gewähr.

5184. Jahre lehren mehr als Bücher.

5185. *Ein* Jahr belehrt das andre nicht.

5186. Jahre bringen Verstand, aber auch graue Haare.

5187. Ander Jahr,
      Ander Haar.

5188. Wer ein Kraut hätte Jahrab, mit dem würde es besser.

5189. Das Jahr hat ein weites Maul und großen Magen.

5190. Alle Jahr *ein* Käs, wenig Käs; alle Jahr *ein* Kind, viel
      Kind.

5191. Das Jahr bringt Getreid und nicht der Acker.

5192. Sonnjahr,
      Wonnjahr;
      Kotjahr,
      Notjahr.

5193. Das vorige Jahr war immer besser.

5194. Das Jahr hindurch kann viel Wasser den Berg hinab-
      laufen.

5195. Es hat noch nie ein gut Jungen- und Hundejahr ge-
      geben.

5196. Ein Jahr böse, hundert Jahr böse.

5197. Wer vor zwanzig Jahren nicht schön wird, vor dreißig
      Jahren nicht stark, vor vierzig nicht witzig, vor funf-
      zig nicht reich, an dem ist Hopfen und Malz ver-
      loren.

5198. Wer im dreißigsten Jahre nichts weiß, im vierzigsten
      nichts ist, im funfzigsten nichts hat, der lernt nichts,
      wird nichts und kommt zu nichts.

5199. Zehen Jahr ein Kind,
Zwanzig Jahr ein Jüngling,
Dreißig Jahr ein Mann,
Vierzig Jahr wohlgetan,
Funfzig Jahr stille stahn,
Sechzig Jahr geht's Alter an,
Siebzig Jahr ein Greis,
Achtzig Jahr nimmer weis,
Neunzig Jahr der Kinder Spott,
Hundert Jahr genade Gott.

5200. Alle sieben Jahr ein Flohjahr,
Alle sieben Jahr ein Raupenjahr,
Alle sieben Jahr ein Käferjahr.

5201. Neun Jahr im Siebenjährigen Krieg!

5202. Es ist nicht alle Tage Jahrmarkt.

5203. Ein Jahrmarkt ohne Diebe,
Schön Mädchen ohne Liebe,
Eine Scheuer ohne Mäuse,
Ein Bettler ohne Läuse,
Eine Vettel ohne Schelten:
Die fünfe find't man selten.

5204. Auf einen guten Jahrmarkt folgt ein schlechter Wochenmarkt.

5205. Jammer steht vor der Türe und Elend schlägt die Trommel.

5206. Januar warm,
Daß Gott erbarm'!

5207. Wenn Gras wächst im Januar,
Wächst es schlecht das ganze Jahr.

5208. Ist der Januar nicht naß,
Füllt sich des Winzers Faß.

5209. Nebel im Januar
Macht ein nasses Frühjahr.

5210. Das Ich und Mich, das Mir und Mein
Regiert in dieser Welt allein.

5211. Und *ich*! sagt der Narr.

5211a. Jetzt komm *ich* dran, sagt der Hanswurst.

5212. Ich und der Esel sind zusammen die Trepp heruntergefallen.

5212a. Ich und du
Und Müllers Kuh!

5213. Erst komm *ich* und wieder *ich* und nochmals *ich*, und
dann kommen die andern noch lange nicht.

5214. Jedem das Seine ist nicht zu viel.

5215. Jedem das Seine, so hat der Teufel nichts.

5216. Hätte jeder das Seine, so wärst du so arm wie ein
andrer.

5217. Ein jeder warte das Seine und laufe nicht weiter.

5218. Ein jeder für sich und Gott für uns alle.

5219. Jeder nur zu oft vergißt,
Daß *er* allein nicht jeder ist.

5220. Jeder ist sich selbst der Nächste.

5221. Jeder fege vor seiner Tür.

5222. Jeder schaue in seinen Rinnstein.

5223. Was jeder tun soll, tut keiner.

5224. Wo jedermann geht, wächst kein Gras.

5225. Ein jeder hat seinen Wurm.

5226. Ein jeder hat seinen Zwickel.

5227. Jeder zeugt seinesgleichen.

5228. Jedermann sagt es, niemand weiß es.

5229. Es ist nicht gar ohne, was Herr Jedermann sagt.

5230. Lieber, sag, wo ist der Mann,
Der jedermann gefallen kann?

Niemand ist er genannt,
Nusquam ist sein Vaterland.

5231. Wer von Jena kommt ohne Weib,
Von Wittenberg mit heilem Leib,
Von Helmstedt ungeschlagen,
Der hat von Glück zu sagen.

5232. Lieber Bruder Jesu, zu Jerusalem empfing man dich
schön, wie erging es dir aber hernach?

5233. Wenn man den Igel anrührt, so börstelt er sich.

5234. Aus einer Igelshaut macht man kein Brusttuch.

5235. Über den Igelbalg gehört eine Fuchshaut.

5236. Hans Widerborst ist Igels Art,
Hält jedermann das Widerpart.

5237. Sind wir gleich im Joch,
Illuminieren wir doch.

5238. Hurtig zur Arbeit, hurtig zum Imbiß.

5239. Immerdran
Verderbt am Ende Roß und Mann.

5240. Zu Ingolstadt zeigt man einem die Feige.

5241. Interessen
Täglich mit aus der Schüssel essen.

5242. Das Interim
Hat den Schalk hinter ihm.

5243. Johannes' Segen und Stephans Wein
Soll gut für die Bärmutter sein.

5244. Regnet's auf Johannistag, mißraten die Nüsse und geraten die Huren.

5245. Jokele, geh du voran!
Du hast Stiefel und Sporen an,
Daß dich der Has nicht beißen kann.

5246. Irren ist menschlich.

5247. Irrtum ist kein Betrug.

5248. Arbeit ist Irrtums Lohn.

5249. *Ein* Irrtum bringt den andern.

5250. Daß viele irregehn, macht den Weg nicht richtig.

5251. Er irrt sich wie Johann Niklas sein Kater: als er meinte,
er säß' auf der Katze, saß er auf einem Torfkuchen.

5252. Man ißt, um zu leben, und lebt nicht, um zu essen.

5253. Iß, trink und haus;
Mit dem Tod ist alles aus.

5254. Iß, was gar ist,
Trink, was klar ist,
Sprich, was wahr ist.

5255. Iß, was du magst, und leide, was du mußt.

5256. Ein Vogel den andern ißt,
Ein Tier das andre frißt,
Ein Fisch den andern schlindet,
Ein Mensch den andern schindet.

5257. Jucken und Borgen tut wohl, doch nicht lange.

5258. Wen's juckt, der kratze sich.

5259. Wen's juckt, der muß sich kratzen, käm' auch das Blut
heraus.

5260. Was dich nicht juckt, das kratze nicht.

5261. Wo es mich juckt, da darf ich nicht krauen.

5261a. Mancher geht mit Jucken ins Bad und kommt mit der
Krätze wieder.

5262. Wäre Judas zwier getauft,
Er hätte doch den Herrn verkauft.

5263. Getaufter Jude, beschnittener Christ.

5264. Willst du einen Juden betrügen, mußt du ein Jude sein.

5265. Es gehören neun Juden dazu, um einen Baseler, und
neun Baseler, um einen Genfer zu betrügen.

5266. Trügt ein Jude den andern, ein Pfaffe den andern, ein Weib das andre, so lacht Gott im Himmel.

5267. Wer einen Juden besch–, sündigt wie einer, der auf die Würfel hofiert.

5268. Juden und Edelleute halten zusammen.

5269. Verloren – wie eine Judenseele!

5270. Geht alles links, wie bei den Juden.

5271. Er ist so willkommen wie ein Ferkel im Judenhaus.

5272. Schlägst du meinen Juden, schlag ich deinen.

5273. Wormser Juden, fromme Juden!

5274. Jugend wild,
Alter mild.

5275. Faule Jugend, lausig Alter.

5276. Die Jugend muß sich austoben.

5277. Jugend
Hat nicht allzeit Tugend.

5278. Jugend fängt wie Zunder.

5279. Jugend fragt nicht, was das Brot gilt.

5280. Der Jugend ist man von Natur hold.

5281. Ein Junger muß sieben Jahre nacheinander narren: wenn er eine Viertelstunde davon versäumt, so muß er die Narrenjahre von vorn anfangen.

5282. Ein junger Mann kann neunmal verderben und doch nicht sterben (und dennoch wiederum genesen).

5283. Ein junger Mann muß viermal verderben, eh er hausen lernt.

5284. Was man in der Jugend wünscht, das hat man im Alter.

5285. Jugendfleiß belohnt sich im Alter.

5286. Am längsten behält man, was man in der Jugend gelernt hat.

5287. Der Jugend Lehre,
Der Alten Ehre.

5288. Jugend schont,
Alter lohnt.

5289. In der Jugend Säcke,
Im Alter Röcke.

5290. In der Jugend verzagt ist im Alter verzweifelt.

5291. Jung gebogen,
Alt erzogen.

5292. Wer jung nichts taugt, bleibt auch alt ein Taugenichts.

5293. Jugend sei Rausch ohne Wein, Alter Wein ohne
Rausch.

5294. Die Jugend soll erwerben, was das Alter verzehrt.

5295. Wie die Alten sungen,
So zwitschern die Jungen.

5296. Der Junge steigt, wenn der Alte fällt.

5297. Der Junge kann sterben, der Alte muß sterben.

5298. Jung ein Engel, alt ein Teufel.

5299. Jung gewohnt, alt getan.

5300. Wenn der Junge wüßte, was der Alte bedarf, würde er
oft den Säckel zulassen.

5301. Junges Blut,
Spar dein Glut.

5302. Junger Schlemmer, alter Bettler.

5303. Junge Reiter, alte Bettler.

5304. Junger Springer, alter Stelzer.

5305. Die Jungen bringen den Alten selten was.

5306. Mancher wäre jung genug, wenn er nicht so ein alt
Gesicht hätte.

5307. Jung an Jahren kann alt an Verstand sein.

5308. Jugend schadet der Weisheit nicht.

5309. Jung und weise sitzen nicht auf *einem* Stuhle.

5309a. Jungens sind Jungens und Flegel zugleich.

5310. Der Jungen Tat,
Der Alten Rat,
Der Männer Mut
Sind allzeit gut.

5311. Junges Vöglein, weiches Schnäblein.

5312. Zu jung ist ein Fehler, der sich täglich bessert.

5313. Es soll kein Junger reden, man niese denn, so soll er
sagen: Gott helf'!

5314. Jung genug, schön genug.

5315. Jung,
Schön genung.

5316. Ich will es hinfort den Jungen befehlen.

5317. Es ist nicht allweg gut, die Jungfer zu küssen.

5318. Eine Jungfrau schwächen
Ist wie eine Kirch erbrechen.

5319. Wer eine Jungfrau schändet, stirbt übeln Todes.

5320. Jungfernschänder schändet Gott wieder.

5321. Einem Jungfernschänder geht's nimmer wohl.

5322. Jungfer von Flandern
Gibt einen um den andern.

5323. Jungfernlieb ist fahrende Hab,
Heute lieb, morgen schabab.

5324. Jungfernherz ein Taubenhaus,
Fliegt einer ein, der ander aus.

5325. Manche ist Jungfrau und im Herzen Weib.

5326. Wenn eine Jungfrau reif ist, so hätte sie gern einen
Mann.

5327. Es sind nicht alle Jungfern, die Kränze tragen.

5328. Alle Mädchen sind Jungfern, solange der Bauch schweigt.

5329. Er muß ein scharf Gesicht haben, der eine Jungfrau kennen soll.

5330. Jungfern und Gläser schweben in steter Gefahr.

5331. Jungfern und Herren kostet Vernunft viel Seufzer.

5332. Auf die Jungfernschaft kann man keine Semmel borgen.

5333. Jungfernfleisch ist kein Lagerobst.

5334. Die Jungfer gibt's billig und willig.

5335. Eine Jungfer, wie du willst, eine Witwe, wie sie will.

5336. Schöne Jungfer trägt ihr Heiratsgut im Angesicht.

5337. Die Jungferschaft ist ehrenwert,
Doch nimm vorlieb, was Gott beschert.

5338. Es ist armer Jungfern Schade, daß sie schön sind.

5339. Schöner Jungfer ohne Geld
Sind der Freier viel bestellt.

5340. Wenn eine Jungfer fällt, so fällt sie auf den Rücken.

5341. Wenn sich die Jungfer aufs Küssen legt, so legt sie sich auch aufs Kissen.

5342. Üble Jungfer, die gern Scheren macht.

5343. Von gewanderten Jungfern hält man nicht viel.

5344. Eine Jungfer steht für einen Mann.

5345. Junkerschaft will Geld haben.

5345a. Je kahler der Junker,
Je größer der Prunker.

5346. Die Bauern bitten nichts so sehr von Gott, als daß den Junkern die Rosse nicht sterben, sonst würden sie die Bauern mit Sporen reiten.

5347. Juristen
Sind böse Christen.

5348. Neuer Jurist muß einen neuen Galgen haben.

K

5349. Die Hausfrau hat fünf K zu besorgen: Kinder, Kammer, Küche, Keller, Kleider.

5350. Hüte dich vor drei K: der Kanne, den Karten, dem Käthchen.

5351. Was den Käfern entrinnt, fressen die Raupen.

5352. Im Käficht lernt der Vogel singen.

5353. Wo es kahl ist, kann man nichts ausraufen.

5354. Was nutzt's, wenn sich der Kahlkopf kämmt?

5355. Bist du kahl, so bocke mit keinem Widder.

5355a. Ein Kahler schilt den andern Glatzkopf.

5356. Kaiser bringt das Geleit mit sich.

5357. Sie sind nicht alle gleich, die mit dem Kaiser reiten.

5358. Wo der Kaiser hinkommt, da steht ihm das Recht offen.

5359. Wenn der Kaiser stirbt, setzt sich der König in den Sattel.

5360. Wen der Kaiser adelt, der genießt des Kaisers Adel.

5361. Nur *einer* kann Kaiser sein.

5362. Gib dem Kaiser, was des Kaisers, und Gott, was Gottes ist.

5363. Er hat wohl was, wenn der arme Kaiser nur was hätte.

5364. Der Kaiser ist aller Eltern Vormund.

5365. Es läßt sich wohl ein Kaisergut verzehren.

5366. Kaiser Karls warmes Bad
Ist des einen Nutz, des andern Schad.

5367. Wer ein großes Haus hat, der beherbergt den Kaiser.

5368. Der alte Kaiser lebt noch.

5369. Er zecht auf den alten Kaiser.

5370. Das Kalb folgt der Kuh.

5371. Das Kalb lernt von der Kuh.

5372. Wer ein Kalb stiehlt, stiehlt eine Kuh.

5372a. Eins folgt aus dem andern wie das Kalb aus der Kuh.

5373. Kalbfleisch und Kuhfleisch kochen nicht zugleich.

5374. Es kommen ebenso viel Kalbshäute zu Markt als Kuhhäute.

5375. Wer wird auf den Kalbskopf laden, eh die Kuh gekalbt hat?

5376. Wenn man das Kalb sticht, wird kein Ochs daraus.

5377. Zuvor ein Kalb, jetzt ein Ochs.

5378. Mit fremdem Kalb ist wohlfeil pflügen.

5379. Ein Kind merkt es, daß ein Kalb ein Vieh ist.

5380. Wenn's Kalb gestohlen ist, bessert der Bauer den Stall.

5381. Kalbfleisch,
Halbfleisch.

5381a. Kalbfleisch hängt man nicht in den Rauch.

5382. Fremde Kälber lecken auch einander.

5383. Man muß der Kalbzeit ihr Recht lassen.

5384. Wer keinen Kalk hat, muß mit Gift (Lehm) mauern.

5385. Er bläst kalt und warm aus *einem* Munde.

5386. Es ist so kalt, daß die Elster auf dem Zaun flötet.

5387. Das sind alte Kamellen, die riechen nicht mehr.

Kamin – Kann   279

5388. Wir wollen's in den Kamin schreiben, wo's die Hühner
   nicht auskratzen.

5389. Man sieht zeitig am Kamme, was ein Hahn werden will.

5390. Selten gekämmt, scharf gekämmt.

5391. Warum kämmen sich, die kein Haar haben?

5392. Volle Kammern machen kluge Frauen.

5393. Wer Kammerjungfern freit und gern Kaldaunen ißt,
   Der frage nicht nachher, was drin gewesen ist.

5394. Besser Kampf als den Hals entzwei.

5395. Kandel und Andel
   Bringen einen bösen Wandel.

5396. Fein Ding um einen Mann,
   Der etwas kann.

5397. Wer etwas kann, den hält man wert,
   Des Ungeschickten niemand begehrt.

5398. Wer nichts kann und nichts weiß, was sagt der, wenn er
   freien geht?

5399. Wer viel kann, muß viel tun.

5399a. Wer wenig kann,
   Ist am besten dran.

5400. Treibe jeder, was er kann.

5400a. Wer nichts kann, ist des Grämens frei.

5401. Jeder kann, so viel er tut.

5402. Wer's kann, dem kommt's, wie dem alten Weibe das
   Tanzen.

5402a. Wer's kann, dem kommt's, sprach der Schneider, da
   brachte man ihm auf Osterabend ein Paar Hosen zu
   flicken.

5403. Tu, wie du kannst.

5404. Ein jeder tut, so viel er kann.

5405. Wer tut, was er kann, ist wert, daß er lebt.

5406. Wer tut, was er kann, tut so viel als der Papst zu Rom.

5407. Wer baß kann, der tue baß.

5408. Der wohl kann, der wohl mag.

5409. Wer's recht kann, macht nicht lange.

5410. Hüte dich vor Kann nicht.

5411. Mancher ist ein Mann, der's kann,
Doch sieht man ihm nicht an,
Daß er's kann.

5412. Man kann, was man will.

5413. Man muß leben, wie man kann, nicht wie man will.

5414. Wer nicht kann, wie er will, muß wollen, wie er kann.

5415. Kannst du's, so treib es; weißt du's, so üb es.

5416. Es kann oft einer, was er nicht weiß.

5417. Auf der Kanzel ist der Mönch keusch.

5418. Es ist nicht Not, daß man die Kapaunen verschneide.

5419. Die Kapaunen werden doch keine Hahnen mehr,
darum muß man ihnen das Krähen mit dem Bratspieß
vertreiben.

5420. Ein alter Kapaun ist gut bei den Küchlein.

5421. Kappen machen keine Mönche.

5422. Kappen, Kleider und Kalk
Verdecken manchen Schalk.

5423. Lauter Lappen
Gibt neue Kappen.

5424. Es geschieht oft, daß die Kapuziner Haarbeutel tragen.

5425. Das fällt weg, wie dem Kapuziner der Haarbeutel.

5426. Nach Karfreitag kommt Ostern.

5427. Lehr du mich Karpfen kennen! mein Vater war ein Fischer.

5428. Alte Karren
Gerne knarren.

| | *Karren – Käse* | 281 |

5429. Ein alter Karren knarrt so lange, bis er endlich bricht.

5430. Wer den Karren in den Dreck geschoben hat, soll ihn auch wieder herausziehen.

5431. Ich habe den Karren umgeworfen, ich will einen Wagen wieder aufrichten.

5432. Laß den Karren stehen, er kirret sonst.

5433. Man kann niemand helfen den Karren ziehen, der nicht mitzieht.

5434. Hast du nicht wollen den Karren ziehen, so zieh nun den Wagen.

5435. Man muß sich nicht in die Karte sehen lassen.

5436. Willst du treiben Kartenspiel,
Laß nicht andre kicken viel.

5437. Die Kart und die Kanne
Macht manchen zum armen Manne.

5438. Kartenspiel ist des Teufels Gebetbuch.

5439. Die Karte gibt's nicht.

5440. Kart aus der Hand, willst du gewinnen.

5441. Hast du's wohl gemischt, so kart es wohl.

5442. Behalt eine Karte auf den letzten Stich.

5442a. Up den Kaarten stahet Krüüße.

5443. Die Menschen sind unsres Herrgotts Kartenspiel.

5444. Käs und Brot
Macht Wangen rot.

5445. Käs und Brot
Besser als der bittre Tod.

5446. Man ißt nicht Brot zu Käse, sondern Käse zu Brot.

5447. Käs her, wir sind des Fleisches satt.

5448. Spar den Käse, die Butter ist teuer.

5449. Je näher der Kuh, je besser der Käs.

5450. Käs ist morgens Gold, mittags Silber, abends Blei.

5451. Nach dem Käswasser kommt selten was Besseres.

5452. Die besten Käse werden von den Mäusen angefressen.

5453. Man schabt den Käse, weil man ihn nicht rupfen kann.

5454. Kassenschlüssel schließen alle Schlösser.

5455. Es läßt sich keiner gern in den Kasten sehen.

5456. Katharinen-Winter ein Plack-Winter.

5457. Wenn man den Kater streichelt, so reckt er den Schwanz aus.

5458. Wo man die Katze streichelt, da ist sie gern.

5459. Läßt sich die Katze streicheln, ist sie schon mehr bei Leuten gewesen.

5460. Man muß keine Katz im Sacke kaufen.

5461. Die Katze läßt das Mausen nicht.

5462. Ließe die Katze das Mausen,
So bliebe der Kater draußen.

5463. Will die Katze nicht mausen,
So laßt sie draußen.

5464. Katzenkinder lernen wohl mausen.

5465. Gestohlne Katzen mausen gern.

5466. Wer mit Katzen jagt, fängt gern Mäuse.

5467. Wer nicht ernähren will die Katzen,
Muß ernähren Mäus und Ratzen.

5468. Es sind so gute Katzen, die die Mäuse verjagen, als die sie fangen.

5469. Gute Katzen mausen daheim und in andern Häusern.

5470. Üble Katze, so nicht von selber maust.

5471. Katze, die mausen will, wird nie miauen.

5472. Wenn die Katzen mausen, hängen sie keine Schellen an.

5473. Hat die Katze Junge, so lernt sie mausen.

Katze 283

5474. Der Katzen Scherz ist der Mäuse Tod.

5475. Die Katze spielt mit den Mäusen, wenn sie satt ist.

5476. Katz aus dem Haus,
Rührt sich die Maus.

5477. Wenn die Katze aus dem Hause ist, springen die Mäuse
über Stühl und Bänke.

5478. Wenn die Katze nicht zu Hause ist, hat die Maus freien
Lauf.

5479. Die Katze fängt die Mäuse nicht in Handschuhen.

5480. Wer mit Katzen zu Acker fährt, der eggt mit Mäusen
zu.

5481. Hüte dich vor den Katzen,
Die vorne lecken und hinten kratzen.

5482. Keine Katze so glatt, sie hat scharfe Nägel.

5483. Wer denkt, seine Katze werf' ein Kalb,
Der verliert seine Mühe mehr denn halb.

5484. Setz eine Katz in ein Vogelhaus,
Es wird kein Zeislein daraus.

5485. Bring eine Katze nach England, sie wird miauen.

5486. Wenn die Katz einmal einen Vogel frißt, so muß sie
immer hören Katz vom Vogel.

5487. Willst du lange leben gesund,
Iß wie die Katze, trink wie der Hund.

5488. Reist eine Katze, so kommt ein Mäusfänger wieder.

5489. Die Katz ist hungrig, wenn sie ans Brot geht.

5490. Näschige Katze macht achtsame Mägde.

5491. Der Katze, die den Spieß leckt, vertrau den Braten
nicht.

5492. Es ist zuviel von der Katze begehrt, daß sie bei der
Milch sitze und nicht schlecke.

284   *Katze*

5493. Man jagt die Katze zu spät vom Speck, wenn er gefressen ist.

5494. So kriegte die Katze den Speck nicht.

5495. Wenn man die Katze auf den Käse bindet, so frißt sie nicht.

5496. Das ist der Katz den Käs anvertraut.

5496a. Das heißt Schmer von der Katze kaufen.

5497. Die Katze will auch Bratwürste.

5498. Die Katze frißt gern Fische, sie will aber nicht ins Wasser.

5499. Wie gern frißt die Katze Wurst; wenn sie nur die Haut hätte!

5500. Putzt die Katze den Bart, so bedeutet es Fremde.

5501. Gebrühte Katze scheut auch das kalte Wasser.

5502. Grindige Katzen leben lang.

5503. Unnütze Katzen leben lange.

5504. Serbende Katzen leben lange.

5505. Eine Katze hat neun Leben, wie die Zwiebel und das Weib sieben Häute.

5506. Es gilt der Katze um den Schwanz.

5507. Tote Katzen beißen auch die Mäus.

5508. Die Katze liest in der Bibel.

5509. Katzengebet dringt nicht in den Himmel (himmelt nicht).

5510. Darf doch die Katze den Kaiser ansehen.

5511. Die Katze sieht den Bischof an,
Ist doch ein geweihter Mann!

5512. Wer wilde Katzen fangen will, muß eiserne Handschuhe haben.

5513. Heraus mit den wilden Katzen aus dem Sack!

Katze – Kaufen 285

5514. Nimm die Augen in die Hand und die Katz aufs Knie,
Was *du* nicht siehst, das sieht sie.

5515. Sie weiß, wo die Katze den Teig langt.

5515a. Geschäftig wie eine Katze, die sieben Töpfe zugleich
zu lecken hat.

5516. Der gut kaut,
Der gut verdaut.

5517. Kauf erfordert Kaufmannsgut und Kaufmannsglauben.

5518. Kauf bricht Miete.

5519. Der erste Kauf ist der beste.

5520. Augen auf,
Kauf ist Kauf.

5521. Kauf bedarf hundert Augen, Verkauf hat an einem
genug.

5522. Kauf und Backenstreich
Sind ungleich.

5523. Kaufen ist wohlfeiler denn bitten.

5524. Besser kaufen als betteln.

5525. Bittkauf, teurer Kauf.

5526. Es unterbleibt manch guter Kauf aus Mangel des
Geldes.

5527. Wer Geld genug hat, der kauft, was er will.

5528. Man muß kaufen, wann es Markt ist.

5529. Kauf in der Zeit, so hast du in der Not.

5530. Er kauft bei reichen Jungfern Seide.

5531. Wer kaufen will, was er sieht, muß verkaufen, was er
hat.

5532. Guten Kaufs leert den Beutel.

5533. Kaufe, was du nicht brauchst, so wirst du bald verkaufen müssen, was du brauchst.

5534. Viel Käufer machen die Ware teuer.

5535. Wie der Käufer, so gilt die Ware.

5536. Jeder Kaufmann lobt seine Ware.

5537. Der erste Kaufmann der beste.

5538. Er ist kein Kaufmann, er bietet die Hälfte.

5539. Kaufmann,
Glaubmann oder Laufmann.

5540. Kaufmannschaft
Leidet keine Freundschaft.

5541. Eine schlimme Kaufmannschaft, wo niemand gewinnt.

5542. Bei Krämern lernt man kaufen,
Bei Säufern lernt man saufen,
Bei Lahmen lernt man hinken,
Bei Trinkern lernt man trinken.

5543. Durch Vorkauf und Auskauf,
Böser Münze freien Lauf
Wird der Arme gefressen auf.

5544. Wer ferne läuft
Und nicht kauft,
Dem wird der Weg lang,
Ihn reut der Wiedergang.

5545. So man nicht Kauzen hat, muß man mit Eulen beizen.

5546. Er wird ein gelehrter Kauz werden, wenn er unter die Stoßvögel kommt.

5547. Wer kegeln will, muß aufsetzen.

5547a. Der beste Kegler kann wohl einmal einen Pudel werfen.

5548. Man muß nicht nur die Hände, auch die Kehle schmieren.

5549. Guter Keller, halber Brauer.

5550. Wen der Kellner liebt, der trinkt oft.

Kehren – Kilian 287

5551. Kehre jeder vor seiner Tür.

5551a. Ein jeder kehr' vor seiner Tür,
Er find't wohl Kot genug dafür.

5552. Kehr erst vor deiner Tür; dann hilf dem Nachbarn.

5553. Ein Keil treibt den andern.

5554. Kehr dich an nichts, ist auch ein Trost.

5555. Wer dich kennt, der kauft dich nicht.

5556. Kennst du einen, so kennst du alle.

5557. Kerker quält, aber zahlt nicht.

5558. Wo ein Kerl fällt, da kann ein Kerl aufstehen.

5559. Sei selbst ein Kerl, aber achte einen andern Kerl auch
für einen Kerl.

5560. Wer den Kern essen will, muß die Nuß knacken.

5561. Die Kerze, die vorgeht, leuchtet schön.

5562. Besser *eine* Kerze vor als zwo nach.

5563. Die Kerze ist auf den Nagel gebrannt.

5564. Wer sich an alten Kesseln reibt, der wird gern rahmig.

5565. Alte Kessel machen rußig.

5566. An schwarzen Kesseln kann man sich nicht weiß
brennen.

5567. Der Kessel schilt immer den Ofentopf.

5568. Es ißt sich am besten, wo der Kessel über dem Herde
hängt.

5569. Kleine Kessel haben Ohren.

5570. Es sind nicht alle frei, die ihrer Ketten spotten.

5571. Wenn die Keuschheit zum Tanze kommt, so tanzt sie
auf gläsernen Schuhen.

5572. Er darf nicht Kiefen kaufen, sein Weib gibt ihm zu
Weihnachten genug.

5573. St. Kilian muß St. Martin den Mantel flicken.

288   *Kind*

5574. Das Kind fällt wieder in der Mutter Schoß.

5575. Das Kind fällt zur ärgern Hand.

5576. Das ehlich geborne Kind behält seines Vaters Heer-
      schild.

5577. Wenn's Kind geboren ist, ist das Testament schon ge-
      macht.

5578. Kindtaufe bricht Ehestiftung.

5579. Jedes Kind ist seines Vaters.

5580. So Ostern auf einen Sonntag fällt, ist jedes Kind seines
      Vaters.

5581. Es ist ein kluges Kind, das seinen Vater kennt.

5582. Man gibt oft einem ein Kind, wär's eine Gans, es wär'
      keine Feder dran.

5583. Es ist besser, das Kind weine denn der Vater.

5584. Hätte jedes Kind seinen rechten Namen, so hießest du
      nicht Peter Götz.

5585. Wer seinen Kindern gibt das Brot,
      Daß er muß selber leiden Not,
      Den schlage man mit Keulen tot.

5586. Es ist besser, die Kinder bitten dich als du sie.

5587. Kennte jedes Kind seinen Vater, wo wolltest du deinen
      finden?

5588. Wer die Kinder verzärtelt, setzt sie ins leichte Schiff.

5588a. Ungezogne Kinder
       Gehn zu Werk wie Rinder.

5589. Lieber ungezogen Kind als verzogen Kind.

5590. Ein gut erzogen Kind ist eine Rechnung ohne Probe.

5591. Jeder Mutter Kind ist schön.

5592. Es meint jede Frau,
      Ihr Kind sei ein Pfau.

5593. Je lieber Kind, je schärfre Rute.

Kind 289

5594. Kinder soll man ziehen, daß der Apfel bei der Rute
liege.

5595. Fremde Kinder werden wohl erzogen.

5596. Das Kind sagt wohl, daß man's schlägt, aber nicht
warum.

5597. Wo's Kind gewöhnt ward,
So schlägt's in die Art.

5598. Wie man die Kinder gewöhnt, so hat man sie.

5599. Man fragt die Kinder groß nicht, was sie klein getragen
haben.

5600. Wenn man Kindern ihren Willen tut, schreien sie nicht.

5601. Wären Kinder nicht lieb, wer möchte sie ziehen?

5602. Kinder sind lieb, denn sie werden sauer.

5603. Liebe Kinder haben viele Namen.

5604. Kind macht der Mutter immer Mühe.

5605. Wer ein säugendes Kind hat, der hat eine singende
Frau.

5606. Kinder Weinen macht Frauen singen.

5607. Kleine Kinder, kleine Sorgen,
Große Kinder, große Sorgen.

5608. *Ein* Kind, Notkind.

5609. *Ein* Kind, Angstkind; zwei Kinder, Spielkinder.

5610. Einzig Kind, liebes Kind.

5611. Ein Kind wie eine Maus
Macht einen Hader wie ein Haus.

5612. *Ein* Kind, kein Kind; zwei Kind, ein halb Kind; drei
Kind, ein Kind.

5613. Viel Kinder, viel Vaterunser; viel Vaterunser, viel
Segen.

5614. So viel Kinder, so viel Vaterunser.

5615. Je mehr Kinder, je mehr Glücks.

290   *Kind*

5616. Wen use Herrgott Kinner gift, den gift he auck
Bucksen.

5617. Wer keine Kinder hat, weiß nicht, warum er lebt.

5618. Kleinkinderdr– ist der beste Kitt für Weibertreue.

5619. Was nicht Kind, wird nimmer Kind.

5620. Nichts lieber als Kindeskind.

5621. Wohl geratene Kinder, des Alters Stab.

5622. Böse Kinder machen den Vater fromm.

5623. Kinder und Narren sagen die Wahrheit.

5624. Das Kind, das seine Mutter verachtet, hat einen stin-
kenden Atem.

5625. Man küßt das Kind oft um der Mutter willen.

5626. Um des Kindes willen küßt man die Amme.

5627. Was das Kind nicht mag,
Geht der Amme durch den Krag.

5628. Wer dem Kinde die Nase wischt, küßt der Mutter den
Backen.

5629. Frühweise Kinder leben nicht lange, oder es werden
Gecken daraus.

5630. Frühwitzige Kinder werden Tölpel.

5631. Aus gescheiten Kindern werden Gecken.

5632. Kluge Kinder leben nicht lange.

5633. Kindern ziemen kindische Gebärden.

5634. Kindeshand ist bald gefüllt,
Kindeszorn ist bald gestillt.

5635. Aus Kindern werden Leute,
Aus Jungfern werden Bräute.

5636. Kindeshand bebt leicht.

5637. Kinderzeugen ist keine Zwangsarbeit.

5638. Es ist besser, zehn Kinder gemacht
Als ein einziges umgebracht.

Kind

5639. Kinder findet man nicht auf dem Mist.

5640. Kinder schöpft man nicht aus Brunnen.

5641. Kinder leckt man nicht aus Schnee.

5642. Kinder wachsen keinem an den Fersen.

5643. Kinder sind einem nicht am Schienbein gewachsen.

5644. Kinder hat man, Kinder kriegt man.

5644a. Kinder und Bienenstöcke nehmen bald ab, bald zu.

5645. An andrer Leute Kindern und fremden Hunden hat man das Brot verloren.

5646. Wenn Kinder kacken wollen wie große Leute, so knakken ihnen die Ärsche.

5647. Wenn die Kinderschuhe zerbrochen sind, legt man Stiefel an.

5648. Speikinder,
Gedeihkinder.

5649. Quarrige Kinder gehen am längsten.

5650. Wenn Kinder wohl schreien, so leben sie lange.

5651. So lange kriecht ein Kind, bis es gehen lernt.

5652. Man kann nicht auf einmal aller Kinder Gevatter werden.

5653. Wenn's Kind tot ist, hat die Gevatterschaft ein Ende.

5654. Wenn das Kind ertrunken ist, deckt man den Brunnen zu.

5655. Kindermaß und Kälbermaß, das müssen alte Leute wissen.

5656. Man muß dem Kind einen Namen geben.

5657. Es ist kein Kinderspiel, wenn alte Leute auf Stecken reiten.

5658. Wir sind auch Kinder gewesen!

5659. Wenn Kinder und Narren zu Markte gehen, lösen die Krämer Geld.

5660. Der Kinder Wille steckt in der Rute.

5661. Spitzes Kinn,
Böser Sinn.

5662. Der Kinnbacken ist des Alten Stütze.

5663. Alte Kirchen haben dunkle Fenster.

5664. Alte Kirchen haben gut Geläute.

5665. Finstre Kirchen, lichte Herzen; hölzerne Kelche, goldne Pfaffen.

5666. Goldene Kirchen, hölzerne Herzen.

5667. Große Kirchen, kleine Heilige.

5668. Je näher der Kirche, je später hinein.

5669. Je näher der Kirche, je weiter von Gott.

5670. Es beten nicht alle, die in die Kirche gehen.

5671. Wo Gott eine Kirche baut, stellt der Teufel eine Kapelle daneben.

5672. Wo die Kirche ist, da ist der Krug nicht weit.

5673. Neue Kirchen und neue Wirtshäuser stehen selten leer.

5674. Wenn die Kirche voll ist, singt der Pfaff, was er kann.

5675. Und ist die Kirche noch so groß, der Pfaff singt nur, was er weiß.

5676. Wer die Kirche hat, der hat auch den Kirchhof.

5677. Kirchengehen macht nicht selig, aber Nichtgehen macht verdammt.

5678. Kirchengehen säumet nicht.

5679. Kirchenbuße ist kein Staubbesen.

5680. Kirchengut hat eiserne Zähne.

5681. Kirchengut hat Adlersfedern (-Klauen).

5682. Kirchengut kommt nicht auf den dritten Erben.

5683. Je höher der Kirchturm, je schöner das Geläute.

5684. Wo ein Kirchturm ist, da steckt unser Herrgott seinen Finger aus der Erde.

5685. Die Kirche hat in allen Dingen den Vorrang.

5686. Die Kirche wird nicht in Anschlag gebracht.

5687. Er trägt die Kirche ums Dorf.

5688. Laß die Kirch im Dorf stehen.

5689. Übermorgen ist Kirmes.

5690. Es ist nicht alle Tage Kirmes.

5691. Wo ich hinkomme, da ist Kirmes gewesen oder wird noch sein.

5692. Auf andrer Leute Kirchweih ist gut Gäste laden.

5693. Auf solcher Kirchweih gibt man solchen Ablaß.

5694. Man spricht so lange von der Kirmes, bis sie kommt.

5695. Es beiert so lange, bis es endlich Kirmes wird.

5696. Es ist keine Kirche so klein,
Des Jahrs muß einmal Kirmes drin sein.

5697. Nach schwarzen Kirschen steigt man hoch.

5698. Wenn man den Kirschbaum nicht zerreißt und den Nußbaum nicht zerschmeißt, so steht es nicht wohl im Lande.

5699. Bei offener Kiste mag auch der Fromme ein Schalk werden.

5700. Wer sich selber kitzelt, lacht, wann er will.

5701. Der Kitzel ist der Vettel noch nicht vergangen.

5702. Die Kitzlein heißen alle wie ihre Mutter, Geiß.

5703. Klagen
Füllt nicht den Magen.

5704. Wo kein Kläger, da ist auch kein Richter.

5705. Beweist der Kläger nicht, so ist der Beklagte frei.

5706. Wer klagen will, der klage fest.

5707. Nach dem toten Mund muß der Kläger seine Klage
wider die Erben beweisen.

5708. Der dem Kläffer nicht in seine Nachrede fällt, der
bestellt ihn.

5709. Hör auch, was der andre sagt,
Wenn du hörst, was einer klagt.

5710. Dem Herzen hilft's, wenn der Mund die Not klagt.

5711. Klang
Überwindet den Rang.

5712. Klang
Gab Rang.

5713. Der Kläger hat's wohl, wenn nur der Prahler etwas
hätte!

5714. Klapp, sagte Knitt, da hatt' er eine Fliege gefangen.

5715. Gott hängt jedem ein Kläpperlein an.

5716. Klappern gehört zum Handwerk.

5717. Was sich soll klären,
Das muß erst gären.

5718. Das Kleid macht den Mann.

5719. Ein fremd Kleid macht einen fremden Mann.

5720. Kleider machen Leute, Lumpen machen Läuse.

5721. Das Kleid macht keinen Mönch.

5722. Vor schönen Kleidern zieht man den Hut ab.

5723. Man empfängt den Mann nach dem Kleide und entläßt
ihn nach dem Verstande.

5724. Das Kleid will getragen sein,
Die Schaben kommen sonst hinein.

5725. Kleider fressen die Motten und Sorgen das Herz.

5726. Rein und ganz
Gibt dem schlechten Kleide Glanz.

5727. Ehrt eure Kleider, sie ehren euch wieder.

5728. Das Kleid ziert den Mann,
Wer es hat, der zieh' es an.

5729. Was hilft mir das Kleid, so ich's nicht anziehen darf?

5730. Das reichste Kleid
Ist oft gefuttert mit Herzeleid.

5731. Es ist noch nie ein Kleid so feiertäglich gewesen, es ist
endlich ein Alltagskleid daraus geworden.

5732. Lange Kleider, kurzer Sinn.

5733. Kein Kleid steht einer Frau besser denn Schweigen.

5734. Wer sich mischt unter die Kleie,
Den fressen die Säue.

5735. Sind auch Kleien da? fragte die Sau an der Tafel des
Löwen.

5736. Von Kleien wachsen die Schweine, aber sie werden
nicht fett.

5737. Gemach wird das Kleine groß, jählings das Große
klein.

5738. Achte dich klein,
Mit niemand zu gemein,
So wirst du wohlgelitten sein.

5739. Mache dich klein,
Aber nicht gemein.

5740. Der das Kleine in Ehren hält, ist des Großen desto
würdiger.

5741. Wer das Kleine nicht acht't,
Hat zum Großen nicht Macht.

5742. Wer das Kleine nicht acht't,
Dem wird's Große nicht gebracht.

5743. Wer im Kleinen spart, kann im Großen freigebig sein.

5744. Mit Kleinem fängt man an, mit Großem hört man auf.

5745. Klein, hurtig und keck
Stößt den Großen in Dreck.

296   *Klein – Klügere*

5746. Klein und unnütz, groß und faul.

5747. Was klein ist, das ist niedlich.

5748. Klein ist lieblich.

5749. Klein und dick
Gibt auch ein Stück.

5750. Kleiner Mann, großes Herz.

5751. Kleiner Leute halber ging nie eine Schlacht verloren.

5752. Kleine Leutlein sind bald im Harnisch.

5753. Kleine Leutlein,
Holdertreutlein.

5754. Kleine Leute müssen sich mit dem Maul wehren.

5755. Die kleinen Leute hat Gott erschaffen, und die großen
Bengel wachsen im Wald.

5756. Es geht klein her, sprach der Wolf, da er Schnaken fraß.

5757. Kleinodien sind zur kleinen Not.

5758. Hohe Klimmer und tiefe Schwimmer werden nicht alt.

5759. Klingt es nicht, so klappert's doch.

5760. Man klopft immer zu früh an, wenn man Geld einfor-
dert.

5760a. Wo eine Kloppe (Begine) im Haus ist, sitzt der Teufel
im Schornstein.

5761. Je näher dem Kloster, je ärmer der Bauer.

5762. Das Kloster währt länger denn der Abt.

5763. Klostermeier
Gilt zwei Eier,
Aber außerhalb
Gilt er drittehalb.

5764. Er hatt' all das Seine zum Kloster Maulbrunn gestiftet.

5765. Auf groben Klotz ein grober Keil.

5766. Der Klügere gibt nach.

5767. Wer sich allein für klug hält, mag allein zugrunde gehen.

5768. Kluge Leute fehlen auch.

5769. Allzuklug macht närrisch.

5770. Unnütze Klugheit ist doppelte Torheit.

5771. Übrige Klugheit ist schwer verbergen.

5772. Der ist ein kluger Mann,
Der sich in Menschen schicken kann.

5773. So lang es einem wohlgeht, heißt er klug.

5774. Er ist in der Kluppe wie eine Laus zwischen zwei Daumen.

5775. Aus Knaben werden Leute,
Aus Mädchen werden Bräute.

5776. Ein junger Knab muß leiden viel,
Wenn er zu Ehren kommen will.

5777. Knab, iß Käs, die Butter ist teuer.

5778. Vom Knallen stirbt man nicht.

5779. Treuer Knecht, ein Schatz im Hause.

5780. Zur Knechtschaft wird keiner gezwungen, der zu sterben bereit ist.

5781. Halt den Knecht, so flieht er.

5782. Einem witzigen Knecht müssen die Edelleute dienen.

5783. Besser ein fauler Dieb denn ein fauler Knecht.

5784. Faule Knechte sind gute Propheten.

5785. Allermanns Knecht
Kann's nicht jedem machen recht.

5786. Wie viel Knechte, so viel Feinde.

5787. Erst kneten, dann backen.

5788. Mit seinen Knochen wollen wir noch Nüsse von den Bäumen werfen.

5788a. Solche Knochen kann ich wohl sachte benagen.

5788b. Der kommt noch nach Haus und bringt seine Knochen im Sacktuch mit.

5788c. Waar Knuäkskes sind de düüget,
Daar gift't auch Rüüens de se müüget.

5789. Was der Knopf siegelt, soll die Spitze verteidigen.

5790. Macht man keinen Knopf am Faden, so geht der Stich verloren.

5791. Hüte dich vor Knospen an der Stirn, die in der Ehe aufbrechen.

5792. Der Koch muß seines Herren Zunge haben.

5792a. Nicht zusehen, probieren macht den Koch.

5793. Der Koch wird vom Geruch satt.

5794. Viele Köche versalzen den Brei.

5795. Mancher kann wohl kochen, aber nicht anrichten.

5796. Wer es kocht, der richte es auch an.

5797. Hast du wohl gekocht, so richt wohl an.

5798. Kocht man's wohl, so schmeckt man's wohl.

5799. Hast du gut gekocht, so magst du gut essen.

5799a. Es kann nicht heißer als kochen.

5800. Zu einem Koch gehören drei Kellner.

5801. Wenn der Koch verhungert, soll man ihn unter den Herd begraben.

5802. Ein guter Koch, ein guter Arzt.

5803. Es sind nicht alle Köche, die lange Messer tragen.

5804. Man kocht noch am Brei.

5805. Ohne Köder ist übel Fische fangen.

5806. Wer immerfort rechnet, was er kostet, ißt nimmer guten Kohl.

5807. Wenn der Kohl am besten schmeckt, soll man aufhören.

5808. Unser Kohl
Schmeckt wohl.

5809. Sacht in die Kohlen geblasen,
Sonst fährt dir die Asch in die Nasen!

5810. Er läuft darüber wie der Hahn über die Kohlen.

5811. Guter Kohl, schlechtes Heu.

5812. Köhlers Glauben ist der beste.

5813. Kolben sind dem Narren und dem Nußbaum die beste
Salbe.

5814. Köln ist nicht an *einem* Tag gebaut.

5815. Was fragen die von Köln darnach, wenn die von Deuz
kein Brot haben?

5816. Was ein Kölner fordert, biete die Hälfte, so wirst du
nicht betrogen.

5817. Das ist ein kölnisch Gebot!

5818. Kometen,
Böse Propheten.

5819. Kommst du heute nicht, so kommst du morgen.

5820. Kommst du mir so, so komm ich dir so.

5821. Kommt man bis dahin, so kommt man auch weiter.

5822. Komm her und tu mir nichts.

5823. Kommst du nicht, so hol ich dich.

5824. Wie du kommst, so gehst du.

5825. Käm's,
Ich nähm's.

5826. Es wird ihm noch kommen wie dem alten Weibe die
Milch.

5827. Es kommt ihm – wie dem alten Weibe das Tanzen.

5828. Es kommt, sagte der Bauer, da hatt' er drei Tag auf dem
Nachtstuhl gesessen.

5828a. Es kommt ihm wie den Bauern das Aderlassen.

5829. Kommt's, so kommt's; kommt's aber nicht, so komm' uns ein gut Jahr nach dem andern.

5830. Kommt's doch nicht aus der Freundschaft.

5831. Könige haben lange Arme.

5832. Vor Königen schweig, oder rede, was sie gern hören.

5833. Man muß ein König oder ein Narr geboren werden.

5834. Des Königs Sohn muß König oder ein Narr sein.

5835. Des Königs Spreu gilt mehr als andrer Leute Korn.

5836. Wo der König sitzt, da ist es obenan.

5837. Es hat wohl mehr denn *ein* König gebettelt.

5838. Neuer König, neu Gesetz.

5839. Der König kann nicht allweg regieren, wie er will.

5840. Es muß einer oft können, was er nicht kann.

5841. Nichts können ist keine Schande, aber nichts lernen.

5842. Wenn ich wollte, was ich sollte,
Könnt' ich alles, was ich wollte.

5842a. So viel Köpfe, so viel Sinne.

5843. Viel Köpfe, viel Sinne, sagte der Teufel: da hatt' er ein Fuder Frösche geladen.

5844. Wie viel Köpfe,
So viel Kröpfe.

5845. Viel Köpfe gehen schwer unter *einen* Hut.

5846. Eignen Kopf muß man haben, weil man keinen zu leihen bekommt.

5847. Wer selbst einen Kopf hat, braucht keinen zu borgen.

5848. Die Leute leben *eines* Gottes, aber nicht *eines* Kopfes.

5849. Wer seinen Kopf verwahrt, verwahrt keine taube Nuß.

5850. Wer Kopf hat, der hat ein Ehrenamt.

5851. Wer keinen Kopf hat, braucht keinen Hut.

Kopf – Korn
301

5852. Wer einen Kopf hat, bekommt leicht einen Hut.

5853. Was man nicht im Kopfe hat, muß man in den Beinen haben.

5854. Wenig Kopf, viel Schwindel.

5855. Wer mit dem Kopf will oben aus,
Der tut viel Schaden und richt't nichts aus.

5856. Wer Mäuse im Kopf hat, dem muß man eine Katze hineinsetzen.

5857. Auf grindigen Kopf gehört scharfe Lauge.

5858. Wer den Kopf hat, schiert den Bart.

5859. Wer nicht da ist, dem wird der Kopf nicht gewaschen.

5860. Der Kopf ist stärker als die Hände.

5861. Langsame Köpfe behalten lange.

5862. Den Kopf halt kühl, die Füß warm,
Das macht den besten Doktor arm.

5863. Der hat einen gelenken Kopf, der sich vorn und hinten flöhen kann.

5864. Wenn der Kopf wund ist, verbindet man vergeblich die Füße.

5865. Wenn der Kopf schmerzt, leiden alle Glieder.

5866. Der Kopf muß oben, die Füße unten sein.

5867. Kopfarbeit ist schwere Arbeit.

5868. Kopf ab ist eine tödliche Wunde.

5869. Korn um Salz.

5870. Das Korn mag, wie es will, geraten,
Die frühe Saat geht vor der spaten.

5871. Gut Korn
Geht nicht verlorn.

5872. Das ist ein ander Korn, sagte der Müller, da biß er auf Mäusedreck.

5873. Viel Körner machen einen Haufen.

5874. Wie das Korn, so gibt es Mehl.

5875. Kein Korn ohne Spreu.

5876. Man soll das Korn nicht essen, eh es gesäet ist.

5877. Er fragt viel darnach, was das Korn gelte!

5878. Wenn das Korn bei vollen Scheuern aufschlägt, dann fällt es bei ledigen wieder.

5878a. Das Korn bleibt auch nicht immer grün.

5879. Was wir hier kosen,
Bleib' unter den Rosen.

5880. Kostgeld schreit vor aller Welt.

5881. Die beste Kost
Die nicht viel kost't.

5882. Was wenig kostet, taugt nicht viel.

5883. Kost möt dick vör die Bate gahn.

5884. Wer sich wie Kot ans Rad hängt, den läßt man wie Kot daran hangen, bis ihn das Rad wie Kot wegwirft.

5885. Lieber Kot stinkt nicht.

5886. Es mindert sich wie der Kot zu Weihnachten.

5887. Sammet am Kragen,
Kleien im Magen.

5888. Eine Krähe hackt der andern kein Aug aus.

5889. Eine Krähe sitzt gern bei der andern.

5889a. Eine Krähe heckt keine Turteltaube.

5890. Die Krähe will's mit dem Adler wagen.

5891. Eine Krähe macht keinen Winter.

5892. Die Krähe läßt ihr Hüpfen nicht.

5893. Alte Krähen sind schwer zu fangen.

5894. Fliegende Krähe findet allzeit etwas.

5895. Wenn sich die Krähe vor Maientag im Korn verstecken kann, so gerät es wohl.

5896. Jeder Krämer lobt seine Ware.

5897. Schwören muß des Krämers Gut verkaufen.

5898. Betrug
Ist der Krämer Acker und Pflug.

5899. Ein Krämer, der nicht Mausdreck für Pfeffer aufschwätzen kann, hat sein Handwerk nicht gelernt.

5900. Der Bettler schlägt kein Almosen, der Hund keine Bratwurst, der Krämer keine Lüge aus.

5901. Geh hin und werd ein Krämer, sagt der Henker zu seinem Knecht.

5902. Der Krämer wird länger leben wie seine Elle.

5903. Kein Kram ist so gut, man find't auch böse Ware drin.

5904. Es legt kein Krämer aus um *eines* Käufers willen.

5905. Es pflegt nicht leicht ein Krämer einen Markt zu versäumen.

5906. Es sind nicht alle krank, die ach und wehe schreien.

5907. Legt den Kranken, wohin ihr wollt, so ist ihm doch nicht wohl.

5908. Man kann gedenken, daß kranken Leuten nicht wohl ist.

5908 a. Nichts ist ungesunder als krank sein.

5909. Lange Krankheit, sicherer Tod.

5910. Der Kranke hofft, dieweil ihm der Odem ausgeht.

5911. Langer Krankheit kommt man selten auf.

5912. Man soll an keinem Kranken verzagen, dieweil er noch Atem holt.

5913. Krank Fleisch, kranker Geist.

5914. Den Kranken ärgert die Fliege an der Wand.

5915. Ein Kranker ist gut schlagen.

5916. Der Kranke spart nichts als die Schuhe.

304   *Krankheit – Krebs*

5917. Krankheit kommt libratim
      Und geht hinweg unciatim.

5918. Krankheit kommt mit Extrapost und schleicht hinweg
      wie die Schnecken.

5919. Krankheit kommt zu Pferde und geht zu Fuße weg.

5920. Kein Kranz schützt vor Kopfweh.

5921. Wer nach dem Kranze strebt, bekommt doch eine
      Blume.

5922. Wer dich kratzt, den kraue wieder.

5923. Kratzen tut wohl, Kratzen tut weh.

5924. Tut dir's Kratzen wohl, so laß dich hernach das Beißen
      nicht verdrießen.

5924a. Wer die Krätze hat, reibt sich gern.

5925. Kraue mich,
      So juck ich dich.

5926. Es krauen sich viele, da sie's nicht juckt.

5927. Krause Haare, krauser Sinn.

5928. Nimm das Kräutlein, so du kennest.

5929. Alle Menschen wissen nicht, was ein gut Kraut kostet.

5930. Besser ein Gericht Kraut mit Ruhe als ein gemästeter
      Ochse mit Unruhe.

5931. Das Kraut kenn ich, sagte der Teufel, da setzte er sich in
      die Brennesseln.

5932. Kraut und Rüben
      Haben mich vertrieben:
      Hätt' meine Mutter Fleisch gekocht, so wär' ich bei ihr
      blieben.

5933. Untereinander wie Kraut und Rüben.

5934. Gescholtene Kräuter ißt man am liebsten.

5935. Den Krebs straft man nicht mit Ersäufen.

5936. Die kleinen Krebse und Fische sind die besten, wenn man große nicht haben kann.

5937. Krebse man ißt,
Wenn kein R im Monat ist.

5938. Kreißtage, Kreuztage.

5939. Man kreucht so hoch, als man fleucht.

5940. Jeder meint, *er* habe das größte Kreuz.

5941. Der Schwächste muß das Kreuz tragen.

5942. Kreuz ist des Glaubens Probe.

5943. Das Kreuz gefaßt
Ist halbe Last.

5944. Das Kreuz wohl gefaßt ist halb getragen.

5945. Kreuz ist nicht bös, wer's nur fassen und tragen kann.

5946. Andrer Leute Kreuz lehrt das eigene tragen.

5947. Wer kein Kreuz hat, muß sich eins schnitzen.

5948. Kommst du ans Kreuz, so tränkt man dich mit Essig und Gallen.

5949. Hinters Kreuz versteckt sich der Teufel.

5950. Wer's Kreuz hat, der segnet sich.

5951. Es sind viele, die mit dem Kreuz gehen, aber wenig Kreuzträger.

5952. Die Pfaffen tragen die kleinen Kreuze hintennach, die Bauern die großen voran.

5953. Kein größer Kreuz als Hauskreuz.

5954. Viel Kreuzer machen den Gulden.

5955. Wer den Kreuzer nicht achtet, wird keinen Gulden wechseln.

5956. Kein Kreuzer,
Kein Schweizer.

5957. In der Kreuzwoche singt man kein Alleluja.

5958. Worüber man nicht springen kann, darunter muß man wegkriechen.

5959. Krup ünner, Krup ünner, die Welt is di gramm.

5960. Krieg sät Krieg.

5961. Krieg ist leichter angefangen als beendet.

5962. Krieg verzehrt,
Was Friede beschert.

5963. Zum Krieg gehört Geld, Geld und wieder Geld.

5964. Im Kriege frißt und säuft man.

5965. Krieg frißt Gold und sch– Kieselsteine.

5966. Kriegsknecht und Bäckerschwein
Wollen stets gefüttert sein.

5967. Krieg ist ein golden Netz: wer damit fängt, hat mehr Schaden als Nutzen.

5968. Wenn man anfängt zu kriegen,
So fängt man auch an zu lügen.

5969. Wer Krieg predigt, ist des Teufels Feldprediger.

5970. Wenn es Krieg gibt, so macht der Teufel die Hölle um hundert Klafter weiter.

5971. Krieg ist süß, den Unerfahrnen.

5972. Krieg ist kein Kinderspiel.

5973. Krieg hat viel Gaukelei.

5974. Im Kriege schweigt das Recht.

5975. Lieber Krieg als den Hals gebrochen.

5976. Besser Krieg versucht denn Hals ab.

5977. Besser offener Krieg als vermummter Friede.

5978. Besser redlicher Krieg denn elender Friede.

5979. Nach Krieg und Brand
Kommt Gottes Segen ins Land.

5980. Ein Krieger, der darniederliegt,
Sowohl ein Krieger, als der da siegt.

5981. Nachgeben stillt den Krieg.

5982. Junge Krieger, alte Kriecher.

5983. Wenn die Krippe leer ist, schlagen sich die Pferd im Stalle.

5984. Keine Krone hilft vor Kopfweh.

5985. Voller Kropf,
Toller Kopf.

5985a. Wer eine Kröte fressen will, muß sie nicht lange besehen.

5986. Der Krug geht so lange zu Wasser, bis er bricht.

5987. Fällt der Krug auf den Stein, so zerbricht er, und fällt der Stein auf den Krug, so zerbricht er auch.

5988. Die Krume
Der Muhme,
Die Rinde
Dem Kinde.

5989. Krümchen sind auch Brot.

5990. Man kann nicht alle krummen Hölzer gerade machen.

5991. Man kann nicht alle Krümmen schlicht machen.

5992. Je krümmer,
Je schlimmer.

5993. Gute Krumm
Ist nicht um.

5994. Unterm Krummstab ist gut wohnen.

5995. Krummstab schließt niemand aus.

5996. Krummstabs Regiment,
Der Faulheit Element.

5997. Krüppel will immer vorantanzen.

5998. Der Krüppel kann nicht hinken.

5999. Fette Küche macht magern Beutel.

6000. Fette Küche, magre Erbschaft.

6001. Die lateinische Küche ist die kostbarste.

6002. In andrer Leute Küchen ist gut kochen lernen.

6003. Wenn der Hagel in die Küche schlägt, dann hat es allenthalben getroffen.

6004. Alle sieben Jahr frißt man bei Hof einen Küchenjungen auf.

6005. Einem Küchenschmecker hängt man den Kochlöffel an.

6006. Küchenfleisch ist besser als Hahnenfleisch.

6007. Der Kuckuck ruft seinen eignen Namen.

6008. Jeder meint, sein Kuckuck singe besser als des andern Nachtigall.

6009. Der Kuckuck behält seinen Gesang,
Die Glock ihren Klang,
Der Krebs seinen Gang,
Narr bleibt Narr sein Leben lang.

6010. Nicht alle Kugeln treffen.

6011. Wenn alle Kugeln träfen, möchte der Teufel Soldat sein.

6012. Die Kugel läuft, es kann noch Kegel geben.

6013. Schieße mit goldnen Kugeln, so triffst du gewiß.

6014. Die Kuh stößt den Kübel um.

6015. Was hilft's, daß die Kuh viel Milch gibt, wenn sie den Kübel umstößt?

6016. Alle Kühe sind Kälber gewesen.

6017. Je älter die Kuh, je hübscher das Kalb.

6018. Alte Kuh gar leicht vergißt,
Daß sie ein Kalb gewesen ist.

6019. Manch gute Kuh hat ein übel Kalb.

6020. Die Kuh leckt kein fremdes Kalb.

Kuh

6021. Die Kuh muß mit dem Kalbe gehen.

6022. Es ist niemand schuldig, die Kuh mit dem Kalbe zu behalten.

6023. Die Kuh milcht durchs Maul.

6024. Wenn die Kuh nimmer Milch gibt, gehört sie unter den Schlegel.

6025. Nachbars Kuh ist eine herzensgute Kuh, gibt aber keine Milch.

6026. Schöne Küh geben gemeinlich nicht viel Milch.

6027. Es ist gleichviel, wie die Kuh heißt, wenn sie nur gute Milch gibt.

6028. Die Kühe, die am meisten brüllen, geben am wenigsten Milch.

6029. Eine milchende Kuh
Deckt den Tisch dazu.

6030. Eine Kuh
Deckt viel Armut zu.

6031. Man soll die Kuh melken und nicht schinden.

6032. Schwarze Kühe geben auch weiße Milch.

6033. Andrer Leute Kühe haben immer größre Euter.

6034. Was soll der Kuh Muskaten?
Sie frißt wohl Haberstroh.

6035. Vier Kühe gut gewartet sind besser als acht schlecht gewartet.

6036. Der Magd Sonntag ist der Kühe stiller Freitag.

6037. Küsters Kuh darf auf dem Kirchhof grasen.

6038. Dem die Kuh gehört, der faßt sie bei den Hörnern.

6039. Dem die Kuh ist, der nimmt sie beim Schwanz.

6040. Wenn die Kuh den Schwanz verloren hat, merkt sie erst, wozu er gut gewesen ist.

6041. Die beste Kuh geht nicht zu Markt.

6042. Wenn die alten Kühe tanzen, so klappern ihnen die Klauen.

6043. Es gibt mehr als eine bunte Kuh.

6044. Man heißt keine Kuh bunt, sie habe denn einen Flecken.

6045. Man sagt nicht zu der Kuh Bläßle, wenn sie nicht wenigstens einen Stern hat.

6046. Wenig Kühe,
Wenig Mühe.

6047. Der da hat keine Mühe,
Dem gibt man die Kühe,
Und der da hat die Mühe,
Dem nimmt man die Kühe
Und gibt ihm die Brühe.

6048. Der da hat die Kühe,
Der hab' auch die Mühe.

6049. Wenn die Kuh gestohlen ist, sperrt man den Stall.

6050. Schenkt man dir die Kuh,
Lauf mit dem Halfter zu.

6051. Schenkt man einem die Kuh,
So schenkt man ihm auch den Strick dazu.

6052. St. Niklas beschert die Kuh,
Aber nicht den Strick dazu.

6053. Eine Kuh kann nicht auf den Baum springen wie ein Eichhorn.

6054. Bleib daheim bei deiner Kuh,
Willst du haben Fried und Ruh.

6055. Er weiß so viel davon wie die Kuh vom Sonntage.

6056. Er sieht's an wie die Kuh ein neu Scheuertor.

6057. Beim Loch ist die Kuh fett.

6058. Er sieht's der Kuh am A– an, was die Butter in Mainz gilt.

6059. De gustibus non est disputandum: Eine Kuh leckt die andre im –.

6059a. Reihet euch, sagte der Bauer: da hatt' er *eine* Kuh im Stall.

6059b. Meiner Mutter Kuh Bruder war ein Ochs.

6060. Besser die Hand in einem Kuhfladen denn in fremdem Gelde.

6061. An altem Kuhfleisch ist viel Kochens.

6062. Kuhfleisch in gelber Brüh,
Ein Ritter ohne Müh,
An diesen beiden ist verloren
Der Safran und die goldnen Sporen.

6063. Kühner Mut der beste Harnisch.

6064. Hundert Stunden Kummer bezahlt keinen Heller Schulden.

6065. Wie der Kummer tritt ins Haus,
Die Liebe fliegt zum Fenster aus.

6066. Bekümmerter Mann ersieht selten seinen Vorteil.

6067. Kundschaft macht Freundschaft, Freundschaft macht Küssen, und Küssen macht Kinder.

6068. Kundschaft ist kein Erbe.

6069. Kundschaft tut wohl und wehe.

6070. Kundschaft verderbt manchen Mann.

6071. Das Künklein, das du anlegst, mußt du abspinnen.

312   *Kunkel – Kunst*

6072. Was hilft's, daß man die Kunkel anlegt, wenn man sie
      nicht abspinnt?

6073. Kunst
      Bringt Gunst.

6074. Nutzbare Kunst
      Gibt Brot und Gunst.

6075. Kunst
      Fischt nirgend umsunst.

6076. Kunst geht nach Brot und findet's.

6077. Jeder spricht am liebsten von seiner Kunst.

6078. Je schwerere Kunst, je mehr Pfuscher.

6079. Die Kunst ist lang, das Leben kurz.

6080. Wer die Kunst nicht übt, verliert sie bald.

6081. Man bricht die Kunst nicht vom Zaune.

6082. Kunst kann man nicht kaufen.

6083. Große Kunst haßt man.

6084. Der Kunst ist niemand gram, als der sie nicht kann.

6085. Wissenschaft und Kunst
      Haben nie der Toren Gunst.

6086. Kunst hält fest,
      Wenn alles verläßt.

6087. Kunst ist im Glück eine Zier,
      Im Unglück eine eiserne Tür.

6088. Kunst geht über Geld.

6089. Kunst ist des Alters Zehrpfennig.

6090. Kunst ist ein guter Zehrpfennig, man trägt nicht schwer
      daran.

6091. Kunst ist gut über Feld zu tragen.

6092. Kunst ist leicht zu tragen, aber schwer aufzuladen.

6093. Kunstreiche Hand
      Geht durch alle Land.

Kunst – Kürzen 313

6094. Jedem ist zu glauben in seiner Kunst.

6095. Der Meister *einer* Kunst nährt Weib und sieben Kinder; ein Meister aller sieben Künste nährt sich selber nicht.

6096. Viel Kunst, viel Torheit.

6097. Kunst macht Narren.

6098. Künstler sind die ersten im Narrenschiff.

6099. Kunst steckt nicht in dem Kleide.

6100. Kunst über alle Künste, seine Kunst verbergen.

6101. Die schwerste Kunst, sich selber kennen.

6102. Kunst lehrt Hühner ausbrüten, aber nicht Kinder zeugen.

6103. Die Kunst bedarf des Glücks, und das Glück bedarf der Kunst.

6104. Kunst will Geräte haben, sagte jener, da kämmt' er sich mit der Mistgabel.

6105. Geht Kunz hin, so kommt Hinz wieder.

6106. Jeder hält sein Kupfer für Gold.

6107. Blei und Eisen
      Muß den Kupferschmied speisen.

6108. Dem Kuppler ein Paar Schuh
      Und die Hölle dazu!

6109. Wer gerne kürbäumt, faulbäumt gern.

6110. Kurz und gut ist angenehm.

6111. Kurz und dick
      Hat kein Geschick.

6111a. Kurzes Holz
       Ist des Bauern Stolz.

6112. Kürzen kannst du dein Leben, verlängern kann es Gott allein.

6113. Kurzweil will verstanden sein.

6114. Ist das nicht eine feine Kurzweil, sagte jener, da warf er
Weib und Kind zum Haus hinaus.

6115. Einen Kuß in Ehren
Mag niemand wehren.

6116. Ein Kuß ohne Bart ist wie eine Supp ohne Salz (eine
Vesper ohne Magnifikat).

6117. Lieben ist nicht Sünd,
Und küssen macht kein Kind.

6118. Die sich aufs Küssen legt, legt sich auch wohl aufs
Kissen.

6119. Man schwätzt oft einem von einem Kissen und setzt
sich an seiner Statt darauf.

6120. Mancher küßt einen auf den Backen
Und schlägt ihn mit der Faust in den Nacken.

6121. Das Küssen ist nur ein Abwischen.

6122. Küsse mich auf die lateinische Kunst!

6123. Der Küster ist des Pfarrers Selfkant.

6124. Die Kutte macht den Mönch nicht aus.

L

6125. Am Lachen und Flennen
Ist der Narr zu erkennen.

6126. Am Lachen erkennt man den Toren.

6127. Kinder haben Lachen und Weinen in *einem* Sack.

6127a. Wer lacht, tut keine Sünde.

6127b. Die Lacher hat Gott lieb.

Lachen – Ländlich 315

6128. Es ist so leicht gelacht wie geschrien.

6129. Es lacht mancher, der lieber weinen möchte.

6130. Man sieht manchen lachen, der weinen sollte.

6131. Wer leicht lacht, weint auch leicht.

6132. Es ist noch weit vom Lachen, sagte die Braut, da schrie sie.

6133. Wer zuletzt lacht, lacht am besten.

6134. Wenn man einen Lachs fängt, kann man wohl die Angel verlieren.

6135. Es kostet mich im Laden mehr, sprach der Mönch, als ihm die Frau einen Blaffert für die Messe gab.

6136. Du hast mich geladen, nun mußt du mich fahren.

6137. Ohne die rechte Ladung ist der Schuß gefährlich.

6138. Bei Lahmen lernt man hinken,
Bei Säufern lernt man trinken.

6139. Die Lahmen und die Blinden
Sind allezeit dahinten.

6140. Lamparten ist der Deutschen und Franzosen Kirchhof.

6141. Lamm, Lamm! ist des Wolfes Vesperglocke.

6142. Wer sich zum Lamm macht, den fressen die Wölfe.

6143. Wenn einmal Lämmer neben Wölfen grasen, scheint eine andre Sonne.

6144. Wenn du die Lämmer nicht achtest, wird die Herde bald zugrunde gehen.

6145. Steht er doch da, als wenn er lammen wollte.

6146. Die der Lampe bedürfen, füllen sie mit Öl.

6147. Wer eine Lampe braucht, darf's Öl nicht sparen.

6148. So manches Land, so manche Weise.

6149. Ländlich, sittlich.

316 *Ländlich – Landsknecht*

6150. Ländlich, sittlich: Wo's der Brauch ist, singt man den Pumpernickel in der Kirche.

6151. Landessitte, Landesehre.

6152. Landesbrauch ist Landesrecht.

6153. Jedes Land
Hat seinen Tand.

6154. Nicht jedes Land
Hat alles zur Hand.

6155. *Ein* Land trägt nicht alles.

6156. Hart Land, harte Leute.

6157. Feist Land, faule Leute.

6158. Gut Land, feige Leute.

6159. Voll Land,
Toll Land.

6160. Bleib im Lande und nähre dich redlich.

6161. Alle Land
Sind des Weisen Vaterland.

6162. In andern Landen ißt man auch Brot.

6163. Es ist ein schlimm Land, wo niemand Ehre findet.

6164. Bist du vom Lande, so geh nicht aufs Meer.

6165. Besser auf dem Lande arm als auf dem Meere reich.

6166. Wenn das Land arm ist, ist das Wasser reich.

6167. Am Lande ist gut schiffen.

6168. Wehe dem Land, wo der Herr ein Kind ist.

6169. Wen das Land ernährt, der soll das Land schützen.

6170. Traue dem Landfrieden nicht.

6171. Wer Landesherr ist, dem gebührt die Landeshuldigung.

6172. Landeskinder soll man vor andern befördern.

6173. Aller Landsknechte Mutter ist noch nicht gestorben.

6174. Es sind nicht alle Landsknechte, die lange Spieße tragen.

6175. Landsmann, Schandsmann, weißt du was, so schweige.

6176. Landstraß ist sicher, Holzweg gefährlich.

6177. Geh die gemeine Landstraße, es kann nicht jeder auf dem Seile gehen.

6178. Neuer Landtag, gewisse Steuer.

6179. Was lange währt, wird gut.

6180. Lange geborgt ist nicht geschenkt.

6181. Lang ist nicht ewig.

6182. Lang und schwank
Hat keinen Gang.

6183. Lang und schmal
Hat kein Gefall;
Kurz und dick
Hat kein Geschick:
Ein Mädchen von der Mittelstraß
Geht am wackersten über die Straß.

6184. Wer's lang hat, läßt's lang hangen.

6185. Es ist nichts so lang und breit, man kann davon das End abgehen.

6186. Die Länge hat die Fährde.

6187. Wer langsam geht, kommt auch zum Ziel.

6188. Langsam, aber sicher.

6189. Langsam nährt sich auch.

6190. Einem Langsamen ist kein warmer Bissen beschert.

6191. Jedem Lapp
Gefällt seine Kapp.

6192. Die Welt ist voll Lappen und Diltappen.

6193. Besser ein Lappen denn ein Loch.

6194. Viel Lärmens um nichts.

318   *Lassen – Laufen*

6195. Laß nicht nach, so kommst du hoch.

6196. Er sagt: Wollt ihr's lassen, so laßt's, wo nicht, so laßt's
      bleiben.

6197. Dem Lässigen gerät der Handel nicht.

6198. Wer seine Last erwägt,
      Sie desto sicherer trägt.

6199. Drei Dinge sind lästig: ein Wurm im Ohr, ein Rauch im
      Aug, ein zänkisch Weib im Hause.

6200. Wo kein Laster ist, da ist keine Tugend.

6201. Die Laster stehlen der Tugend die Kleidung.

6202. Ein Laster kostet mehr denn zwei Kinder.

6203. Wenn man kleine Laster nicht straft, so wachsen die
      großen.

6204. Alles nimmt ab in der Welt, aber die Laster nehmen zu.

6205. Laster, die man nicht tadelt, sät man.

6206. Es ist kein Fehl und Laster,
      Es gibt dafür ein Pflaster.

6207. Wer Latein kann, kommt durch die ganze Welt.

6208. Wer's Latein nicht gelernt hat, der soll es ungebrüht
      lassen.

6209. Die Laterne leuchtet andern, sich selber nicht.

6210. Er läuft mit der Latte (oder mit dem Hölzchen).

6211. Laufen und Kaufen stimmt nicht wohl zusammen.

6212. Zum Laufen hilft nicht schnell sein.

6213. Was hilft laufen, wenn man nicht auf dem rechten Weg
      ist?

6214. Es gehört mehr zum Laufen als Anrennen.

6215. Wer bald läuft, ist bald gejagt.

6216. Wer läuft, den jagt man.

6217. Wen man nicht jagt, der soll nicht laufen.

Laufen – Laus 319

6218. Wer läuft, eh man ihn jagt,
Ist allzu verzagt.

6219. Besser da läuft er, als da hängt er.

6220. Laß laufen, was du nicht halten kannst.

6221. Ich bin wohl eher mit solcher Lauge gewaschen.

6222. Man braucht nicht Läuse in den Pelz zu setzen, sie kommen von selbst hinein.

6223. Wenn die Laus einmal im Pelze sitzt, so ist sie schwer wieder herauszubringen.

6224. Sie vermachen (ergetzen) sich wie die Läuse im Pelz.

6225. Die Laus, die erst in den Pelz kommt, ist schlimmer, als die darin gewachsen ist.

6226. Wenn die Laus in den Grind kommt, so hebt sie den Hintern in die Höhe und wird stolz.

6227. Wer lausig ist, der wird bald grindig.

6228. Die Laus weidet im Grinde sich fett und geht im alten Pelz auf Stelzen.

6229. Er kann einer Laus ein Paar Stelzen machen.

6230. Er prangt wie die Laus auf einem Samtkragen.

6231. Marsch in dein Winterquartier, sprach der Wachtmeister zu der Laus, als er sie vom Bart unter die Hemdkrause setzte.

6232. Viele wollen eine Laus schinden und wissen noch nicht, wieviel Füße sie hat.

6233. Besser eine Laus im Kraut als gar kein Fleisch.

6234. Er schindet die Laus des Balges wegen.

6235. Man kann einer Laus nicht mehr nehmen als das Leben.

6236. Läuse und Kinder geraten alle Jahr.

6237. Wer hat es den Läusen so bald gesagt?

6238. Es geht ihm wie einer Laus zwischen zwei Balken.

6239. Er sitzt wie eine Laus zwischen zwei Nägeln.

320   *Laus – Leben*

6240. Man könnt' ihr auf dem Fleisch eine Laus knicken.

6241. Er hat läuten gehört, weiß aber nicht, wo die Glocken
      hangen.

6242. Er hat Läuten gehört, aber nicht zusammenschlagen.

6243. Lang läuten bricht den Donner.

6244. Von lautern Brunnen fließen lautre Wasser.

6245. Leben und leben lassen.

6246. Wer fromm gelebt, hat lange gelebt.

6247. Gut leben, lange leben.

6247a. Wer einmal will gut leben, der nehme ein gebraten
       Huhn oder ein hübsches Maidlein; wer zweimal,
       der nehme eine Gans, am Abend hat er noch Krägle-
       mägle; wer eine Woche, der stech' eine Sau, so hat er
       Schinken und Würste zu essen; wer einen Monat,
       der schlacht' einen Ochsen; wer ein Jahr, der nehm'
       ein Weib – wenn es so lange noch vorhält –; wer aber
       allzeit gut leben will, der werd' ein Pfaff.

6248. Nüchtern Leben, gutes Leben.

6249. Gut Leben und gesunde Tage
      Stehen nicht in *einem* Hage.

6250. Das Leben ist den Reichen lang, den Armen kurz.

6251. Des Menschen Leben hängt an einem Zwirnsfaden.

6252. Lange leben,
      Lang im Unglück schweben.

6253. Niemand lebt nur sich selbst.

6254. Wer für andre lebt, hat am besten für sich gelebt.

6255. Man muß leben, wie man kann, nicht wie man will.

6256. Wer das Leben verachtet, fürchtet den Tod nicht.

6257. Wer lange lebt, der wird alt.

6258. So du lange lebst, so du alt wirst.

6259. Je länger man lebt, je älter man wird.

Leben – Lehen 321

6260. Wohl gelebt, wohl gestorben.

6261. Leben ist eine Kunst, Sterben ist auch eine Kunst.

6262. Wie das Leben, so der Nachruhm.

6263. Lebe nach der alten Welt
Und sprich, wie's der neuen gefällt.

6264. Leb wie vor Zeiten, red wie jetzt.

6265. Leb, als wollst du täglich sterben, schaff, als wollst du
ewig leben.

6266. Halt es mit den Lebendigen.

6267. Besser ein lebendiges Wort als hundert tote.

6268. Lebend'ger Mann, lieber Mann.

6269. Der Schwabe muß allzeit das Leberlein gegessen haben.

6270. Lecker aus der Küchen!

6271. Sei kein Leckermaul wie Hans, der kaut' an einem alten
Pflugrad und meint', es wär' ein Butterkringel.

6272. Er ist kein Leckermaul,
Frißt auch roh und faul.

6273. Schlimmes Leder, schlimme Schuhe.

6274. Man soll nicht das Leder stehlen und die Schuh um
Gottes willen geben.

6275. Aus fremdem Leder ist gut Riemen schneiden.

6276. Von geschmiertem Leder scheiden die Hunde nicht
gern.

6277. Frisch vom Leder ist halb gefochten.

6278. Ledig gehen kostet Lehrgeld.

6279. Ledig, sündlich.

6279a. Leere Ähren stehen hoch.

6280. Lehen fallen nicht auf die Spindel.

6281. Lehen tragen keine Schulden.

6282. Lehenmann
Kein Untertan.

6283. Lehenschaft zieht keine Untertänigkeit nach sich.

6284. Da kein Lehenmann, da ist auch kein Handlohn.

6285. Lehn dich dran, so muß es gehen.

6286. Lehren
Bringt Ehren.

6287. Die allzeit lehren,
Sich nimmer bekehren.

6288. Er muß Lehrgeld geben, sagen die Spieler.

6289. Lehrjahre sind keine Meisterjahre.

6290. Lehrwerk ist kein Meisterstück.

6291. Guter Lehrling, guter Meister.

6292. Wer sein eigener Lehrmeister sein will, hat einen Narren zum Schüler.

6293. Wer zu früh dem Lehrmeister entgangen, der ist auf den Karren zu kurz und auf den Wagen zu lang.

6294. Leib an Leib und Gut an Gut.

6295. Wem ich meinen Leib gönne, dem gönn ich auch mein Gut.

6295 a. Längst Leib, längst Gut.

6296. Leib und Gut gehen miteinander.

6297. Leibgut schwendet Hauptgut.

6298. Der Leib ist das Hauptgut.

6299. Leib und Gut kann niemand zusammen verbrechen.

6300. In schönem Leib
Wohnt freundlich Weib.

6301. Saufen und weiben
Will sich nicht leiben.

6301 a. Was wohl leibt, seelt oft übel.

Leib – Leiden   323

6302. Lediger Leib ist Goldes wert.

6303. Wer Leib und Leben wagen will, ist zollfrei.

6304. Bei jeder Geburt wird eine Leiche angesagt.

6305. Leichenpredigt, Lügenpredigt.

6306. Das Leichte schwimmt oben.

6307. Leichte Bürden werden ferne schwer.

6307a. Wie leicht kommt nicht ein Haar in die Butter.

6308. Was nicht zu meiden,
      Soll man leiden.

6309. Leid und meid,
      Bist du gescheit.

6310. Leid und meid,
      Das ist die Kreid.

6311. Bist gescheit, so leid, nicht schilt, das sein muß.

6312. Leid, schweig und vertrag;
      Deine Not niemand klag.

6313. Was hilft's, sein Leid der Stiefmutter klagen?

6314. Klag niemand dein Leid,
      So wird es nicht breit.

6315. Leiden währt nicht immer,
      Ungeduld macht's schlimmer.

6316. Man vergißt viel Leid in vierundzwanzig Stunden.

6317. Leid und Freud, mit fünfzig Jahr ist all eins.

6318. Überstandner Leiden gedenkt man gern.

6319. Leiden und danken ist die beste Hofkunst.

6320. Leiden ist heilig, wer's kennt.

6321. Wenn es leidlich ist, so soll man's loben.

6322. Der Leider behält das Land.

6323. Leidst du, daß dich einer fasse, so leide, daß er dich zu
      Boden werfe.

6324. Wer leidet, daß sein Tisch knappt, sein Ofen raucht, Kieselstein im Schuh bleibt, der mag seine Frau herleihen.

6325. Leid
Ist ohne Neid.

6326. Leidenschaft
Nur Leiden schafft.

6327. Besser geleiert
Als gar gefeiert.

6328. Das ist die alte Leier.

6329. Leihen macht Freunde.

6330. Leih deinem Freund,
Mahn deinen Feind.

6331. Was du dem Freunde leihst, des mahnt der Feind.

6332. Leihen macht Freundschaft, wiedergeben Feindschaft.

6333. Geliehen Gold wird Blei, wenn man's wiederfordert.

6334. Dem Leiher geht man entgegen bis ans Tor, dem Mahner schlägt man die Tür vor der Nase zu.

6335. Frauen, Pferde und Uhren soll man nicht verleihen.

6336. Er geht nicht gern bei einem Leinfeld vorüber.

6337. Wäre Leipzig mein, so wollt ich's in Freiberg verzehren.

6338. Leipzig liegt haußen, Leipzig liegt drinnen,
So kann Leipzig vor Leipzig nicht Leipzig gewinnen.

6339. Schuster, bleib bei deinem Leisten.

6340. Wer die Leiter hält, ist so schuldig als der Dieb.

6341. Wer die Leiter hinauf will, muß mit der untersten Sprosse anfangen.

6342. Lepsch, laß nicht schnappen.

6343. Lerchen lassen sich nicht unterm Hütlein fangen.

6344. Man lernt eher eine Sprache in der Küche als in der Schule.

6345. Man lernt, solange man lebt.

6346. Zum Lernen ist niemand zu alt.

6347. Wer ausgelernt sein will, muß im Grabe liegen.

6348. Liebes Kind, lernst du wohl,
Wirst du gebratner Hühner voll;
Lernst du aber übel,
So geh mit den Säuen über den Kübel.

6349. Lerne was, so kannst du was.

6350. Lerne, so kannst du was vergessen.

6351. Lerne beizeiten,
So kannst du's bei den Leuten.

6352. Das Lernen hat kein Narr erfunden.

6353. Lesen und nicht verstehen
Ist halbes Müßiggehen.

6354. Wer nicht lesen kann, muß Butten tragen.

6355. Viel Lesmeister, aber wenig Lebmeister.

6356. Man kann wohl lesen,
Was man gewesen,
Aber nicht schreiben,
Was man wird bleiben.

6357. Wer viel liest und nichts behält, ist wie wer jagt und niemals fängt.

6358. Den letzten beißen die Hunde.

6359. Der letzte macht die Tür zu.

6360. Der letzte hat den Sack gestohlen.

6361. Schelm und Dieb der letzte.

6362. Es hat der letzte noch nicht geschoben.

6363. Er ist nicht der letzte, wenn er vorangeht.

Leuchten – Licht

6364. Wer leuchtete, eh *du* warst?

6365. Könnte man mit Leugnen davonkommen, so würde niemand gehangen.

6366. Guter Leumund ist ein zweites Erbteil.

6367. Man muß die Leute reden lassen, Fische (Gänse) können's nicht.

6368. Laß die Leute reden und die Hunde bellen.

6369. Ich meinte, es wären lauter Eichen, was die Leute reden, nun sind's kaum Linden.

6370. Einmal in der Leute Mund, kommt man schwer wieder heraus.

6371. Wie viel Leute,
So viel Häute.

6372. Wer mit Leuten nichts zu tun haben will, muß aus der Welt ziehen.

6373. Man muß nicht allen,
Doch guten Leuten gefallen.

6374. Je mehr Leute, je mehr Glück.

6375. Wer die Leute schreckt, der muß sich fürchten.

6376. Leutfresser find't wohl Eisenfresser.

6377. Wer den Leuten aufhilft, dem greift man gerne an seine Bürde.

6378. Man sieht an den Leuten hin, aber nicht in die Leute hinein.

6379. Wo Lex voran,
Da Fraus Gespann.

6380. Licht ist Licht,
Sieht's gleich der Blinde nicht.

6381. Setzt man sein Licht zu hoch, so löscht's der Wind,
Zu nieder, so löscht es ein Kind.

6382. Bei Tage darf man kein Licht aufstecken.

Licht – Lichtmeß 327

6383. Wer das Licht zu knapp schneuzt, der löscht es.

6384. Er putzt gern das Licht, er wird wollen ein schön Weib haben.

6385. Lichter Tag, lichte Augen.

6386. Ich will euch das Licht halten und zusehn.

6387. Man soll sein Licht nicht untern Scheffel stellen.

6388. Wer's Licht scheut, hat nichts Gutes im Sinn.

6389. Lichtmiß,
Winter gewiß.

6390. Lichtmessen hell
Schindet dem Bauern das Fell;
Lichtmessen dunkel
Macht den Bauern zum Junker.

6391. Lichtmessen
Können die Herrn bei Tage essen.

6392. Lichtmeß hell und klar
Gibt ein gutes Flachsjahr.

6393. Lichtmeß im Klee,
Ostern im Schnee.

6394. Zu Lichtmessen hat der Schäfer lieber den Wolf als die Sonne im Stall.

6395. Scheint zu Lichtmeß die Sonne dem Pfaffen auf den Altar, so muß der Fuchs wieder sechs Wochen ins Loch.

6396. Wenn zu Lichtmessen der Bär seinen Schatten sieht, so kriecht er wieder auf sechs Wochen ins Loch.

6397. So lange die Lerche vor Lichtmessen klingt, so lange schweigt sie nach Lichtmessen still.

6398. Wer zu Lichtmessen nicht einen Wolf fürchtet, zu Fastnacht einen Bauern und in der Fasten einen Pfaffen, bei dem er beichten soll, der ist ein beherzter Mann.

6399. Nach Liebe Leid.

6400. Keine Lieb ohne Leid.

6401. Liebe ohne Gegenliebe ist eine Frage ohne Antwort.

6402. Der Liebe Lust währt so lang als ein Löffel von Brot.

6403. Lieb ist Leides Anfang.

6404. Wer mir Liebe erzeigt, der bereitet mir Sorge.

6405. Lieb und wieder Leid
Ist verlorne Arbeit.

6406. Kleine Liebe, großes Weh.

6407. Die Lieb ist übel angelegt,
Die keine Lieb herwider trägt.

6408. Lieben und nicht genießen
Möchte den Teufel verdrießen.

6409. Lieb dein Weib, so haßt sie dich.

6410. Liebe macht Gegenliebe.

6411. Liebe ist süß, wo Liebe erfolgt.

6412. Ich liebe, was fein ist,
Ob's schon nicht mein ist,
Ob mir's gleich nicht werden kann,
Hab ich doch ein Gefallen dran.

6413. Was einem nicht soll werden,
Ist das Liebste auf Erden.

6414. Was liebt, das betrübt,
Was herzt, das schmerzt.

6415. Liebe muß Zank haben.

6416. Was sich liebt, das neckt sich.

6417. Wer nicht eifert, liebt nicht.

6418. Lieb
Wächst duch Kieb.

6419. Liebeszorn ist neuer Liebeszunder.

Liebe   329

6420. Liebeszank,
      Liebesdank.

6421. Wer die Liebe verbietet, gürtet ihr Sporen an.

6422. Wen die Liebe kitzelt, dem ist der Tod nicht verhaßter
      als Aufschub.

6423. Die Liebe treibt die Furcht aus.

6424. Liebe überwindet alles.

6425. Was sich liebt, gefällt sich auch.

6426. Liebe erwirbt Liebe.

6427. Liebe wird durch Lieb erkauft.

6428. Lieb empfindet keine Arbeit.

6429. Liebe lehrt tanzen.

6430. Lieb und Not
      Hat kein Gebot.

6431. Wer Lieb erzwingt, wo keine ist,
      Der bleibt ein Narr zu aller Frist.

6432. Bessser wenig mit Liebe als viel mit Fäusten.

6433. Wenig mit Liebe, viel mit Kolben.

6434. Gezwungene Liebe und gemalte Wangen dauern nicht.

6435. Die Liebe trinkt nicht Rotwein.

6436. Wider die Liebe ist kein Kraut gewachsen.

6437. Lieb und Gesang
      Kennt keinen Zwang.

6438. Lieben und Singen
      Läßt sich nicht zwingen.

6439. Lieben und beten
      Läßt sich nicht nöten.

6440. Liebe weiß verborgne Wege.

6441. Lieb und Rausch
      Schaut zum Fenster aus.

330   *Liebe*

6442. Wer Liebe bergen will, dem kriecht sie an den Augen
       heraus.

6443. Lieb, Feuer, Husten, Krätze, Gicht
       Lassen sich verbergen nicht.

6444. Stroh in Schuhen und Lieb im Herzen gucken überall
       heraus.

6445. Lieben und Husten läßt sich nicht verbergen.

6446. Die Liebe macht Lappen.

6447. Die Liebe ist blind und macht blind.

6448. Wo die Liebe hinfällt, da bleibt sie liegen, und wär' es
       ein Misthaufen.

6449. Die Liebe ist wie der Tau, sie fällt auf Rosen und Kuh-
       fladen.

6450. Liebes geht über Schönes.

6451. Es geht mehr Liebes zur Kirche als Schönes.

6452. Was lieb ist, das ist schön.

6453. Wer liebt, weiß wohl, was er begehrt, aber nicht, was es
       ist.

6454. Wenn dir die Liebe ihre Brille aufsetzt, so siehst du in
       dem Mohren einen Engel.

6455. Der Liebe Mund
       Küßt auch den Hund.

6456. Keinem ist sein Liebchen ungestalt.

6457. Was tut die Liebe nicht, sagte jener Schneider, da küßte
       er einen Bock zwischen die Hörner.

6458. Aus Liebe frißt der Wolf das Schaf.

6459. Aus Liebe zum Talg leckt die Katze den Leuchter.

6460. Wo Liebe fehlt, erblickt man alle Fehler.

6460a. Wasser geht durch Stiefel, Liebe durch Handschuhe.

6461. Die Augen sind der Liebe Tür.

6462. Lieben und Buhlen fängt im Gesicht an.

Liebe

6463. Liebe hat ihren Sitz in den Augen.

6464. Lieb ohne Gesicht
Gar leicht zerbricht.

6465. Die Lieb ist süß,
Bis ihr wachsen Händ und Füß.

6466. Weder nie noch immerfort,
Ist der Liebe Losungswort.

6467. Wenn die Liebe so zunähme, wie sie abnimmt, so frä-
ßen sich die Eheleute vor Liebe.

6468. Klopft die Not an, so tut die Liebe die Tür auf.

6469. Liebe findet man nicht auf dem Markte feil.

6470. Liebe kann viel, Geld kann alles.

6471. Wer aus Liebe heiratet, hat gute Nächte und üble Tage.

6472. Von der Liebe kann man nicht leben.

6473. Ohne Wein und Brot
Leidet Liebe Not.

6474. Alte Liebe rostet nicht.

6475. Alte Liebe rostet nicht, und wenn sie zehn Jahr im
Schornstein hinge.

6476. Der Mensch liebt nur einmal.

6477. Wo Liebe, da ist Treue.

6478. Wo man Liebe sät, da wächst Freude.

6479. Wer ohne Liebe lebt, ist lebendig tot.

6480. Wo man Liebe säet, da wächst Freud empor.

6481. Liebe ist der größte Reichtum.

6482. Liebe erfüllt die Welt und mehrt den Himmel.

6483. Es ist nichts Lieberes auf Erden
Als Frauenliebe, wem's kann werden.

6484. Rechte Liebe wird vergnügt,
Wenn sie ihresgleichen kriegt.

332   *Liebe*

6485. Auf Lieb und Gewinn
      Steht aller Welt Sinn.

6486. Gekränkte Liebe hat einen Freund im Himmel.

6487. Der Liebe Wunden kann nur heilen, der sie schlug.

6488. Liebesstück
      Ist kein Diebesstück.

6489. Wer Liebe stiehlt, ist kein Dieb.

6490. Der Liebe und dem Feuer muß man beizeiten wehren.

6491. Liebe
      Ergibt sich keinem Diebe.

6492. Liebe, Diebe und Furchtsamkeit machen Gespenster.

6493. Es liebt sich
      Oder es diebt sich.

6494. Liebe und Herrschaft
      Leiden nicht Gesellschaft.

6495. Jähe Liebe, lange Feindschaft.

6496. Liebe ist der beste Wächter.

6497. Liebe ist die beste Hut.

6498. Liebe hat ein gut Gedächtnis.

6499. Liebe kommt der Bitte zuvor.

6500. Wenn Lieber kommt, muß Leider weichen.

6501. Liebe fängt bei sich selber an.

6502. Die Liebe geht unter sich, nicht über sich.

6503. Du bist mir so lieb
      Wie dem Müller der Dieb.

6504. Liebe macht Löffelholz
      Aus manchem jungen Knaben stolz.

6505. Liebhaber kommen immer der Glocke zuvor.

6506. Einem Liebhaber ist nichts zu schwer.

6507. Was geliebt will werden, muß sich darnach stellen.

Liebkosen – List 333

6508. Wer dich ungewöhnlich liebkost, hat dich betrogen oder will dich betrügen.

6509. Kurzes Lied ist bald gesungen.

6510. Ein gut Lied mag man dreimal singen.

6511. Kein so gut Lied,
Man wird sein müd.

6512. Ein gut Lied soll man nicht aussingen.

6512a. Man singt auch nicht alle Liedchen aus.

6513. Wenn man das Liedchen zu hoch anfängt, so erliegt man im Singen.

6514. Neue Lieder singt man gern.

6515. Jedermann singt das Liedlein dem Loch unter der Nase zulieb.

6516. Liedlohn schreit zu Gott im Himmel.

6517. Wer da liegt, über den läuft alle Welt hin.

6518. Wer da liegt, dem hilft niemand auf.

6519. Wer stille liegt, der ist tot.

6520. Da liegt es, sagte jene gute Magd, da entfiel ihr das Kind beim Tanze.

6521. Liegt er, so gibt er: läg' er nicht, so gäb' er nicht.

6522. Er ist sein so mild wie St. Lienhard seines Eisens: er gibt es niemand, es stehl' es ihm denn ein Dieb.

6523. Was die Linke tut, laß die Rechte nicht wissen.

6524. Die linke Hand geht von Herzen.

6525. Wäre kein Links, so wäre kein Rechts.

6526. Wir haben auf dich gewartet mit der linken Hand.

6527. Links und rechts, wie die Kartäuserkatzen.

6528. List geht über Gewalt.

6529. List tut mehr denn Stärke.

6530. In Listen ist der Einfältige neunfältig.

6531. Manneslist ist behende,
Weiberlist hat kein Ende.

6532. List gegen List.

6533. List wird mit List bezwungen.

6534. List
Macht guten Mist.

6535. Lob macht einen Anfang zur Freundschaft.

6536. Loben ist nicht lieben.

6537. Lob wird manchem toten Mann,
Der Lob im Leben nie gewann.

6538. Willst du gelobt sein, so stirb, willst du verachtet sein,
so heirate.

6539. Lob ist leichter zu erlangen als zu erhalten.

6540. Nichts veraltet eh'r
Denn Lob und Ehr.

6541. Lob ohne Maß hat keine Ehre.

6542. Wer ein Ding zuviel lobt, dem traue nicht.

6543. Lobe, daß du könnest schelten,
Schelte, daß du könnest loben.

6544. Es mag leicht sein, daß einen ein Bauer lobt.

6545. Des Pöbels Lob
Hält nicht die Prob.

6546. Es ist eine Schande, was der Pöbel lobt.

6547. Lob
Ist der Toren Prob.

6548. Eigenlob,
Narrenprob.

6549. Eigenlob stinkt,
Eigenruhm hinkt.

6550. Eigenlob
Ist zu grob.

6551. Eigenlob stinkt,
Freundes Lob hinkt,
Feindes Lob klingt.

6552. Fremd Lob ist wahr
Und dauert wohl ein Jahr.

6553. Eigenlob riecht nach Limburger Käse.

6554. Wer sich selber lobt, muß üble Nachbarn haben.

6555. Er lobt sich, weil seine Nachbarn nicht zu Hause sind.

6556. Sich selber loben niemand soll,
Den Guten loben andre wohl.

6557. Wer sich selber lobt, heißt der Lästerlin.

6558. Wer sich selber lobt, den hassen viele.

6559. Falsches Lob, gewisser Spott.

6560. Das Werk lobt den Meister.

6561. Man soll einen da loben, wo er hübsch ist.

6562. Lobe den Narren, so schwillt er.

6563. Mit Hunden fängt man Hasen, mit Lob die Narren und
mit Geld die Frauen.

6564. Jeder lobt das Seine.

6565. Ein Ding wohl gelobt ist halb verkauft.

6566. Wer seine Frau lobt und sein Kompost, der wär' sie
beide gerne los.

6567. Wer einen lobt in praesentia
Und schimpft in absentia,
Den hol' die pestilentia.

6568. Wer alle Löcher will verstopfen,
Den soll man mit der Peitsche klopfen.

6569. Kleine Löchlein machen das Schiff voll Wasser.

6570. Man soll es bei den alten Löchern lassen.

6571. Wer's bei den alten Löchern bewenden läßt, braucht
nicht neue zu bohren.

336   *Loch – Löffel*

6572. Wie man's ins Loch hinein schreit, so ruft's wieder heraus.

6573. Will einer zu schnell mit dem Klinkel ins Schloß, so kann er das Loch nicht finden.

6574. Nifnaf konnt 's Loch nicht treffen.

6575. Zu *einem* Loche muß es doch heraus.

6576. Wenn das Loch unter der Nase zu wäre wie dem Frosch nach St. Jacobs Tag, so bliebe viel unterwegen.

6577. Ich will dir zeigen, wo der Zimmermann ein Loch gelassen hat.

6578. Er hat *ein* Loch zurückgesteckt.

6579. Es ist kein Loch, er weiß einen Nagel dazu.

6579a. Es ist noch eine Beer im Loch.

6580. Ein Lockvogel singt den andern ins Garn.

6581. Ein Löffel voll Tat
Ist besser als ein Scheffel voll Rat.

6582. Ein solcher Löffel gehört in solch Futteral.

6583. Steck deinen Löffel nicht in andrer Leute Töpfe.

6584. Wo der Löffel ausreicht, da bedarf es der Kelle nicht.

6585. Man soll den Löffel nicht aus der Hand geben, bis man selbst gegessen hat.

6586. Dieweil der Löffel neu ist, braucht ihn der Koch; wird er alt, so wirft er ihn weg.

6587. Eh man den Löffel zum Mund bringt, kann sich viel begeben.

6588. Er hebt den Löffel auf und zerbricht die Schüssel.

6589. Lurz, leck den Löffel.

6590. Man muß es nehmen, weil's der Löffel gibt.

6591. Man muß mit *einem* Löffel nicht zwei Suppen zugleich verkosten.

6592. Wenn man dich und den Löffel nicht hätte, so müßte
man die Suppe trinken.

6593. Ich bin's so satt, als hätt' ich's mit Löffeln gegessen.

6594. Er hat die Weisheit mit Schaumlöffeln gegessen.

6595. Wenn's Brei regnet, fehlt mir der Löffel.

6596. Er hat keinen Löffel dabei zu waschen.

6597. Nun weiß ich meines Löffels keinen Stiel mehr.

6598. Löffeln und witzig sein
Stimmen selten überein.

6599. Löffeln macht Hochzeit.

6600. Lohn
Macht in der Kirche großen Ton.

6601. Guter Lohn macht hurtige Hände.

6602. Wie der Lohn, so die Arbeit.

6603. Wer ungebeten zur Arbeit kommt, geht ungelohnt
davon.

6603 a. Der Loser an der Wand
Hört seine eigne Schand.

6604. Lösche beizeit, eh das Feuer zum Dach ausschlägt.

6605. Das Los stillt den Hader.

6606. Deinen Lohn sollst du nicht wissen.

6607. Wie man den Meister lohnt, so wischt er das Schwert.

6608. Lotterielose sind Eingangszettel ins Armenhaus.

6609. Was der Löwe nicht kann, das kann der Fuchs.

6610. Wo die Löwenhaut nicht ausreicht, da knüpft man den
Fuchspelz daran.

6611. Ist der Löwe tot, so rauft ihn auch der Hase beim Bart.

6612. Den toten Löwen kann jeder Hase an der Mähne
zupfen.

6613. Mancher rauft den toten Löwen beim Bart, der ihn
lebend nicht ansehen durfte.

6613a. Auch der Löwe muß sich vor der Mücke wehren.

6614. Zu Hause Löwen, im Treffen Hasen.

6615. Das Löwenmaul hat ein Hasenherz.

6616. Ein Löwe geht mit keinem Hasen schwanger.

6617. Der Esel will's mit dem Löwen aufnehmen.

6618. Wenn der Löwe brüllt, so zittert der Wald.

6619. Lübisch Recht,
Glüpisch Recht.

6620. Lübeck ist in *einem* Tage gestiftet, aber nicht in *einem* Tage gebaut.

6621. Lübeck ein Kaufhaus, Hamburg ein Brauhaus, Braunschweig ein Rüsthaus, Lüneburg ein Salzhaus, Halberstadt ein Pfaffenhaus.

6622. So schreibt St. Lucas nicht.

6623. Es geht heimlich zu, St. Lucas schreibt nicht viel davon.

6624. Draußen ein Luchs, daheim ein Maulwurf.

6625. Die Luft macht leibeigen.

6626. Von der Luft kann man nicht leben.

6627. Lügen,
Daß sich die Balken biegen.

6628. Lüg und Trug
Ist der Welt Acker und Pflug.

6629. Auf eine Lüge
Gehört eine Fliege.

6630. Auf eine Lüge gehört eine Maulschelle.

6631. Zu grober Lüge soll man pfeifen.

6632. Auf eine grobe Lüge gehört eine grobe Ohrfeige.

6633. Wer lügen will, muß ein gut Gedächtnis haben.

6634. Wer lügen will, vergesse vor Ende nicht seines Anfangs.

Lügen 339

6634a. Wer lügen will, der soll's nicht krumm drehen, damit
er's auch fiedern könne.

6635. Die Lüge hängt zusammen wie Sand, man kann ihn
nicht ballen.

6636. Lügen zerschmelzen wie Schnee.

6637. Lügen haben kurze Beine.

6638. Jede Lüge will zehn andre zum Futter haben, wenn sie
nicht sterben soll.

6639. Zu einer Lüge gehören immer sieben Lügen.

6640. Eine Lüge schleppt zehn andre nach sich.

6641. Der Lügner fängt sich selbst in seiner Lüge.

6642. Es ist keine Lüge, oder sie hat einen Boden.

6643. Die Lüge bedarf gelehrter, die Wahrheit einfältiger
Leute.

6644. Was man heraus lügt, kann man nicht wieder hinein
lügen.

6645. Allein lügen am besten.

6646. Aus der Ferne ist gut lügen.

6647. Wer lügen will, soll von fernen Landen lügen, so kann
man ihm nicht nachfragen.

6648. Der weit gewandert ist und alt,
Mag wohl lügen mit Gewalt.

6649. Wer von fernen Landen lügt, der lügt mit Gewalt.

6650. Großen Herren, Fremden und Alten
Pflegt man Lüge für gut zu halten.

6651. Wer lügen will, mag Wunder sagen.

6652. Wer gern lügt, kann viel Neues sagen.

6653. Wer gern lügt, stiehlt auch gern.

6654. Wer lügt, der stiehlt, wer stiehlt, der lügt.

6655. Wer beginnt mit Lügen,
Endet mit Betrügen.

340   *Lügen*

6656. Zeig mir den Lügner, ich zeig dir den Dieb.

6657. Lügen und Stehlen gehen miteinander.

6658. Der Lügner und der Dieb wohnen unter einem Dache.

6659. Lügen, Buhlen und Stehlen hängen aneinander.

6659a. Er lügt, wie wenn's gedruckt wär',
Und stiehlt, wie wenn's erlaubt wär'.

6660. Der Lügner trägt des Teufels Livree.

6661. Lüge ist die erste Staffel zum Galgen.

6662. Hülfe Lügen, so würde keiner gehangen.

6663. Dem Lügner sieht man so tief ins Maul als dem Wahrsager.

6664. Sag eine Lüge, so hörst du die Wahrheit.

6665. Wäre Lügen so schwer wie Steine tragen,
Würde mancher lieber die Wahrheit sagen.

6666. Lügen in allen Formaten ist eine große Bibliothek.

6667. Wer viel schwatzt, lügt viel.

6668. Lügen ist der Leber gesund.

6669. Wenn die Lügner schwören,
Wollen sie dich tören.

6669a. Es gehen viel Lügen in einen Sack.

6670. Mit Lügen und Listen
Füllt man Sack und Kisten.

6671. Wenn die Lüge kalt wird, so stinkt sie.

6672. Lügen und Lawinen wachsen immer.

6673. Mancher lög' einen ganzen Tag und ständ' auf *einem*
Bein dazu.

6674. Wer einmal lügt, dem glaubt man nicht,
Und wenn er auch die Wahrheit spricht.

6675. An Lügen gewinnt man nicht, denn daß man ihm näch-
stens desto weniger glaubt.

Lüge – Lust 341

6676. Hätt' ihn die erste Lüge erstickt, er wäre längst tot.

6676a. Wenn Lügen lündsch Tuch wäre, wär' es nicht ein Wunder, daß er schöne Kleider hätte.

6676b. Wenn Lügen welsch wär', er gäb' einen guten Dolmetsch.

6677. Er kann fliegen – ohne f.

6678. Lumpen gehen dreizehn aufs Dutzend.

6679. Wenn die Metzen wähnen, es wären Lumpen, so sind es Zumpen.

6679a. Es geben nicht alle Lumpen Papier.

6679b. An einem schmutzigen Lumpen kann man sich nicht sauber waschen.

6680. Der Lump gilt nichts, wo die Leute teuer sind.

6680a. Je größer Lump, je größer Gunst.

6680b. Wenn die Herren bauern und die Bauern herren, so gibt's Lumpen.

6681. Dem Lümpli
Das Stümpli.

6682. Lüneburger Heide,
Armer Wichtel Weide.

6683. Er hat Lunte gerochen.

6684. Er steckt voll Lurren und Schnurren.

6685. Lust und Liebe zu einem Ding
Macht alle Müh und Arbeit gering.

6686. Wozu der Mensch Lust hat, dazu hat er auch Andacht.

6687. Wozu einer Lust und Liebe hat, das beschert ihm Gott.

6688. Wozu einer Lust und Liebe hat, des bekommt er sein Lebtag genug.

6689. Aus Lust küßt einer die Kuh, wo sie hübsch ist.

6690. Wenn auf Lust nicht Unlust folgt, so ist es eine gute Lust.

6691. Wer den Lüsten nicht das Messer an die Kehle setzt,
den bringen sie um.

6692. Die Lust baut das Land.

6693. Lust schafft Leute.

6694. Kurze Lust, lange Reue.

6695. Zuviel Lust bringt Unlust.

6696. Keine Lust ohne Unlust.

6697. Lustig gelebt und selig gestorben,
Heißt dem Teufel die Rechnung verdorben.

6698. Lustig in Ehren
Darf niemand wehren.

6699. Lustig sein ist des Weins Gerechtigkeit.

6700. Lustig! morgen haben wir wieder nichts!

6701. Lustig! der Vater hat das Haus verkauft, die Mutter die
Scheuer abgebrannt.

6702. Lustig! über hundert Jahre sind die Heiden hier!

6703. Doktor Luthers Schuhe sind nicht jedem Dorfpriester
gerecht.

6704. Hätte Lyra nicht geleiert, hätte Luther nicht getanzt.

6705. Hätt' Lyra nicht über die Bibel geschrieben,
So wäre Luther ein Esel geblieben.

6706. St. Lutzen
Macht den Tag stutzen.

6706a. Luzern setzt zu Beromünster die Chorherrn, Bern
gibt ihnen den Unterhalt, und Zürich versieht sie
mit schönen Köchinnen.

M

6707. Was einer ist, das kann man aus ihm machen.

6708. Machst du's gut,
Hast du's gut;
Machst du's schlecht,
Geschieht dir recht.

6709. Mach dich nicht gemein,
Willst du wertgehalten sein.

6710. Macht und Will
Können viel.

6711. Ohne Macht eitler Zorn.

6712. Vereinte Macht bricht Burg und Strom.

6713. Dem Mächtigern zürnen ist Torheit.

6714. Der Mächtige steckt den andern in den Sack.

6715. Wer mächig ist, wird auch vermessen:
Große Fische die kleinen fressen.

6716. Mädchen sagen nein und tun es doch.

6717. Ein Mädchen bekommt so leicht einen Leck
Als ein weißes Kleid einen Fleck.

6718. Ein Mädchen muß nicht so lange müßig gehen, als eine
Taube ein Korn aufnimmt.

6719. Ein Mädchen muß nach einer Feder über drei Zäune
springen.

6720. Ein gut Pferd sucht man im Stall, ein brav Mädchen in
seinem Haus.

6721. Die erste in der Kirche, die letzte beim Tanz
Sind zwei Blumen im Mädchenkranz.

6722. Faule Mädchen,
Lange Fädchen.

6723. Wenn Mädchen bitten, so gewähren die Männer.

344   *Mädchen – Magd*

6724. Bevor die Mädchen flücke,
      Sind sie voller Tücke.

6725. Wen ein Mädchen lachet an,
      Den will sie drum nicht alsbald han.

6726. Ein Mädchen macht keinen Tanz.

6727. Bei Mägdlein von achtzehn Jahren
      Mit schwarzen Augen und gelben Haaren,
      Mit weißen Händen und schmalen Lenden
      Mag einer wohl sein Leben enden.

6728. Friß Dreck und sch– Gold,
      So werden dir die Mädchen hold.

6729. Rüben nach Christtag, Äpfel nach Ostern und Mäd-
      chen über dreißig Jahr haben den besten Geschmack
      verloren.

6730. Unter uns Mädchen gesagt.

6731. Was ich nicht mag,
      Wird mir all Tag.

6732. Gute Magd wird gute Frau.

6733. Fettes Mägdlein, magere Frau.

6734. Wenn die Magd Frau wird, jagt sie den Herrn aus dem
      Hause.

6735. Eine Magd, die gibt, beut aus die Ehr,
      Eine Magd, die nimmt, verkauft die Ehr:
      Eine Magd, die will in Ehren leben,
      Die soll nicht nehmen und nicht geben.

6736. Wenn ich dir zu Willen wär', wie wollten wir die Sau
      anbinden? sprach die Magd, als der Knecht im Wald
      seinen Antrag nicht mehr wiederholte.

6737. Ich hab's gefunden wie Archimedes – die Magd beim
      Knecht.

Magen – Mai   345

6738. Erst der Magen,
      Dann der Kragen.

6739. Man sieht nicht in den Magen,
      Wohl aber auf den Kragen.

6740. Nicht alles dient dem Magen,
      Was angenehm dem Kragen.

6741. Auf vollem Magen
      Steht ein fröhlicher Kragen.

6742. Ist der Magen satt, wird das Herze fröhlich.

6743. Leichter Magen, schwerer Sinn.

6744. Hat sich der Magen geschlossen, so kann noch etwas
      zum Schlüsselloch hinein.

6745. Der Magen ist ein offener Schaden.

6746. Er hat einen pommerischen Magen,
      Er kann Kieselsteine vertragen.

6747. Es kommt alles in *einen* Magen.

6748. Dem Magern gehn leicht die Hosen herunter.

6749. Kannst du nicht werden Magister,
      So bleib ein Küster.

6749a. Man gibt keinem Mäher den Lohn, er hab' ihn denn
       verdient.

6749b. Wer zuerst mäht, wohl mäht.

6750. Man soll ihr ein Mahlschloß vors Maul legen.

6751. Scharfe Mahner machen gute Zahler.

6752. Der Mahner soll nicht gleich den Beutel mitnehmen.

6753. Je ärger der Mahner, je schlimmer der Zahler.

6754. Die besten Mahner sind die schlimmsten Zahler.

6755. Meerrettich ist dem Magen ein Pflaster, den Augen ein
      Laster.

6756. Mai kühl und naß
      Füllt dem Bauern Scheu'r und Faß.

6757. Maimond kühl und Brachmond naß
Füllt den Boden und das Faß.

6757a. Ein kühler Mai,
Gut Geschrei.

6758. Maitag ein Rabe,
Johannis ein Knabe.

6759. Den Mai muß man nehmen, wann er kommt, und käm'
er zu Weihnachten.

6760. Wenn der Mai ein Gärtner ist, ist er auch ein Bauer.

6761. Kein Mai währt sieben Monate.

6762. Im Mai gehn Huren und Buben zur Kirche.

6763. Knappen- und Pfaffen-Ehen werden im Mai gemacht.

6764. Wem man nicht hold ist, dem steckt man keine Maien.

6765. Ein gutes Mahl ist Henkens wert.

6766. Besser ein Mahl geteilt als ein Mahl verfehlt.

6767. Wer nicht kommt zu rechter Zeit,
Der ist seine Mahlzeit queit.

6768. Zwei Mahlzeiten schlagen sich nicht.

6769. Köstliche Mahle heißen Giselmahle.

6770. Kurze Abendmahlzeit
Macht lange Lebenszeit.

6771. Wer nicht malen kann, muß Farbe reiben.

6772. Er ist ein kluger Maler, geraten ihm die Engel nicht, so
macht er Teufel daraus.

6772a. Maler und Poeten sind Freiherrn.

6773. Der Maler kennt die Farben am besten.

6774. Wo der Malzsack steht, kann der Roggensack nicht
stehen.

6775. Niemand lebt ohne Mängel,
Wir sind Menschen, keine Engel.

6776. Wer wohl mangeln kann, der kann wohl haben.

6777. Das Mangelholz hängt ihm vor der Tür.

6778. Mann und Weib
Sind *ein* Leib.

6779. Der Mann ist das Haupt, die Frau sein Hut.

6780. Mann ohne Weib,
Haupt ohne Leib;
Weib ohne Mann,
Leib ohne Haupt daran.

6781. Mann und Weib
Haben kein gezweites Gut zu ihrem Leib.

6782. Mann, nimm deine Hau,
Ernähr deine Frau.

6783. Dem Mann ist es keine Ehre, eine Frau zu schlagen.

6784. Wenn der Mann die Frau einmal schlägt, schlägt er sie
mehr.

6785. Männer sollen reden, Frauen schweigen.

6786. Der Mann (gehört) in den Rat,
Die Frau ins Bad.

6787. Die Männer beim Schmause,
Die Weiber zu Hause.

6788. Der Mann zerbricht die Häfen, die Frau die Schüsseln.

6789. Ich bin Herr, sagte der Mann, da saß er unterm Tische.

6790. Des Mannes Mutter, der Frauen Teufel.

6791. Kluge Männer suchen wirtliche Frauen.

6792. Ist der Mann unvorsichtig und die Frau eine Törin, so
geht alles den Krebsgang.

6793. *Ein* Mann wiegt zehn Weiber auf.

6794. Ein Mann kann sich eher zu Tode grämen als eine Frau.

6795. Der Mann kann nicht so viel zum Tor hereinbringen als
die Frau zum Hinterpförtchen heraustragen.

6796. De Mann mott wol alles eten,
Aber nig alles weten.

6797. Der Mann wird reich, dem die Frauen übel geraten und
die Immen wohl.

6798. Der Männer Ehr ist auch der Frauen Ehre, der Frauen
Schand ist auch der Männer Schande.

6799. Mein Mann ist auch etwas im Kartenspiel, spricht die
Frau, wenn er Ratsherr ist.

6799a. Die lange Haar am Hals hat, bekommt einen reichen
Mann.

6800. Alles kommt an den Mann, nur *ich* nicht, sprach das
Mädchen.

6800a. Mutter, ich muß einen Mann han, oder ich zund 's
Haus an.

6801. Hätt' ich nur erstlich einen Mann,
Was gehn mich andre Jungfern an?

6802. Nimmst du einen Mann,
Um dein Glück ist's getan.

6803. Guter Mann ist guter Seide wert.

6804. Wie der Mann, so brät man ihm die Wurst.

6805. Darnach der Mann geraten,
Wird ihm die Wurst gebraten.

6806. Darnach der Mann ist, brät man ihm den Hering.

6807. Darnach Mann, darnach Gunst.

6808. Verzagter Mann
Kam mit Ehren nie vom Plan.

6809. Ein Mann soll immer mehr wollen, als er leisten kann.

6809a. Es ist kein Mann,
Er hat einen Wolfszahn;
Es ist keine Frau,
Sie hat ihn au.

6810. Kein Mann ohne Wolfszahn, kein Roß ohne Tücke,
kein Weib ohne Teufel.

6811. Es ist kein Mann so kleine,
Er hat der Teufelsadern eine.

6812. Der ist der Mann,
Der sich selbst regieren kann.

6813. Was der Mann kann,
Zeigt seine Red an.

6814. Eines Mannes Rede, keines Mannes Rede:
Man soll sie billig hören beede.

6815. Des Mannes Sinn
Ist sein Gewinn.

6816. Männlein hat Mannesherz.

6817. Mannlich wehrt sich unrechter Tat.

6818. Ein Mantel und ein Haus decken viel Schande.

6819. Der Mantel ist des, den er deckt; die Welt des, der ihrer
genießt.

6820. Man soll den Mantel kehren nach dem Winde (wie das
Wetter geht).

6821. Wenn die Sonne scheint, nimm den Mantel mit auf die
Reise.

6822. Aus altem Mantel wird ein neues Wams.

6823. In Marbach sind gute Gesellen.

6824. So lange die Frösche quaken vor Marcustag,
So lange schweigen sie darnach.

6825. St. Margarethe
Pißt in die Nöte (Nüsse).

6826. Mariechen bläst das Licht aus,
Michel steckt es wieder an.

6827. Mariä Himmelfahrt Sonnenschein
Bringt guten Wein.

6828. Alte Marksteine soll man nicht verrücken.

6829. Markt lehrt kramen.

6830. Wer den Markt versäumt, dem schlägt man keinen neuen Kram auf.

6831. *Ein* Mann macht keinen Markt.

6832. Man muß kaufen, weil Markt ist.

6833. Rühme den Markt nicht, bevor er gehalten ist.

6834. Später Markt wird gern gut.

6834a. Auf einen bösen Markt gehört ein guter Mut.

6835. Wie der Markt, so der Zoll.

6835a. Das Nachgeld macht den Markt.

6836. Wer auf dem Markte singt, dem bellt jeder Hund ins Lied.

6837. Auf dem Markte lernt man die Leute besser kennen als im Tempel.

6838. Der Markt lehrt dich's, nicht der Tempel.

6839. Nach der Marterwoche kommt Ostertag.

6840. Die Marterwoch laß still vergehn,
Dein Heiland wird schon auferstehn.

6841. Des Teufels Märtyrer leiden viel mehr als Gottes Märtyrer.

6841a. Du heiliger St. Martin! Sie opfern dir einen Pfennig und stehlen dir ein Pferd!

6842. St. Martin war ein milder Mann,
Trank gerne cerevisiam,
Und hatt' er nicht pecuniam,
So ließ er seine tunicam.

6843. St. Martin
Macht Feuer im Kamin.

6844. Der März
Schüttelt den Sterz.

März – Maß   351

6845. Nimmt der März
Den Pflug beim Sterz,
Hält April
Ihn wieder still.

6846. Was der März nicht will,
Das frißt der April.

6847. Der März
Nimmt alte Leute beim Sterz.

6847a. Im Märzen
Spart man die Kerzen.

6848. Märzenschnee
Tut der Frucht weh.

6849. Nasser März
Ist Bauernschmerz.

6850. Ein Lot Märzenstaub ist einen Dukaten wert.

6851. Märzenstaub
Bringt Gras und Laub.

6852. Märzendonner macht fruchtbar.

6853. Wenn's im Märzen donnert, so wird's im Winter
schneien.

6853a. So viel Nebel im März, so viel Wetter im Sommer.

6853b. Trockner März, nasser April, kühler Mai
Füllt Scheuer und Keller und bringt viel Heu.

6854. März nicht zu trocken, nicht zu naß
Füllt den Bauern Scheu'r und Faß.

6854a. Zu Anfang oder End
Der März sein Gift entsend't.

6855. März grün,
Jungfrau kühn.

6856. Maß trägt aller Tugend Krone.

6857. Maß ist zu allen Dingen gut.

352 · *Maß – Mauermann*

6858. Maß und Ziel
Ist das beste Spiel.

6859. Halte Maß und gedenk ans Ende!

6860. Jedem ist sein Maß bestimmt, zu trinken und zu buhlen: tut er's bald, so ist er früh fertig.

6861. Mäßig wird alt,
Zuviel stirbt bald.

6862. Mäßigkeit ist die beste Arznei.

6862a. Mäßigkeit erhält den Leib.

6862b. Mäßigkeit erhält, Gerechtigkeit nährt, Mannheit wehrt, Weisheit regiert.

6863. Tägliche Mäßigkeit ist das beste Fasten.

6864. Alles mit Maß, sagte der Bauer, da trank er eine Maß Branntwein.

6865. Alles mit Maß, sagte der Schneider, da schlug er seine Frau mit der Elle tot.

6866. Wenn das Maß voll ist, so läuft's über.

6867. Wenn's Maß voll ist, schüttelt's Gott um.

6868. Maß und Gewicht
Kommt einst vor Gericht.

6869. Mit dem Maße, womit ihr messet, wird euch wieder gemessen.

6870. Mattheis
Bricht's Eis;
Find't er keins,
So macht er eins.

6871. Nach Mattheis
Geht kein Fuchs mehr übers Eis.

6872. Keine festere Mauer denn Einigkeit.

6873. Die Mauern machen das Kloster nicht.

6874. Mauermanns Schweiß kostet der Tropfen einen Taler.

6875. Mauermanns Schwamm brennt nicht.

6876. Maul, richt dich nach der Tasche.

6877. Dem Maul abgedarbt ist so gut wie der Pacht von einer Wiese.

6878. Wie das Maul, also der Salat.

6879. Es ist Maul wie Salat, sagt der Esel, wenn er Disteln frißt.

6880. Das Maul ist des Leibes Henker und Arzt.

6881. Was Mäulchen nascht, muß Leibchen büßen.

6882. Mit vollem Maul ist schlimm blasen.

6883. Wer jedem das Maul stopfen wollte, müßte viel Mehl haben.

6884. Ich hab ein Maul, dem geb ich zu essen, das muß reden, wie ich will.

6884a. Sie gibt ihrem Maul nicht umsonst zu essen.

6884b. Schweig, Maul, ich geb dir ein Wecklein.

6885. Sein Maul ist froh, daß es Nacht ist.

6886. Sein Maul schickt sich nicht zu Gallert, es steht nie stille.

6887. Er läßt sich keine Spinne überm Maul wachsen.

6888. Ich mach mir's Maul nicht gern zur Tasche.

6889. Er hat ein Maul, man sollte besch– Windeln drin waschen.

6890. Ungewaschenem Maul ist Unglück zum Ziel gesteckt.

6890a. Wer sein kläffig Maul nicht hält,
Muß hören, was ihm nicht gefällt.

6890b. Man verschnappt sich nicht mehr als mit dem Maul.

6891. Ein geschwätzig Maul verwirrt ein ganzes Land.

6892. Ein böses Maul ist schärfer denn ein Schwert.

6893. Je glatter Maul, je fauler Aas.

6894. Wer *einmal* in die Mäuler kommt, kommt selten unverletzt heraus.

6895. Wer sich's Maul nicht aufzutun getraut, muß den Beutel auftun.

6896. Freigebig mit dem Maul, karg mit dem Beutel.

6897. Es hilft nicht Maul spitzen, sondern pfeifen.

6898. Das Maul ist der Münzer.

6899. Wenn's ein Maul hätte, so biss' es dich.

6900. Maulgebet kommt nicht gen Himmel.

6901. Auf eine Maulschelle gehört ein Dolch.

6902. Die erste Maulschelle ist besser als zwei andre.

6903. Gibst du dem Nachbar eine Maulschelle, so geb ich dir sie wieder.

6904. Maulesel treiben viel Parlaren,
Daß ihre Voreltern Pferde waren.

6905. Wer über einen Maulesel gesetzt ist, hält sich auch für einen Herrn.

6906. Es ist eine schlechte Maus, die nur *ein* Loch weiß.

6907. Die Maus soll das Loch suchen, nicht das Loch die Maus.

6908. Wenn die Maus satt ist, schmeckt das Mehl bitter.

6909. Es ist Maus wie Mine.

6910. Es ist Maus wie Mutter, Sterze haben sie alle.

6911. In leere Scheuern kriecht keine Maus.

6912. Mit Speck fängt man Mäuse.

6913. Unter einem Fuder Heu erstickt keine Maus.

6914. Beißt die Maus einmal am Käse, so kommt sie wieder.

6915. Hat die Maus einmal den Speck gekostet, so kommt sie wieder.

6916. Wer sich mausig macht, den fressen die Katzen.

Maus – Meiden 355

6917. Mach dich nicht mausig, wir haben Katzen.

6917a. Es ist eine kühne Maus, die der Katz ein Nest ins Ohr darf machen.

6918. Kleine Mäuse haben auch Ohren.

6919. Wer selbst mausen kann, der braucht keine Katzen.

6920. Was dir nicht gehört, das streift eine Maus mit dem Schwanze weg.

6921. Jo driv de Müüs op'n Pinn onn lihr die Goise pissen.

6921a. Da hat's Mäuse, hat der Ratzemann gesagt.

6922. Der Mausdreck will allzeit unter den Pfeffer.

6923. Dem schlafenden Fuchs läuft keine weise Maus in den Mund.

6923a. Wenn sich das Geflügel früh maust, so gibt's einen frühen Winter.

6924. Medardus bringt keinen Frost mehr,
Der dem Wein gefährlich wär'.

6925. Medardus keinen Regen trag',
Es regnet sonst wohl vierzig Tag.

6926. Es ist besser, daß einem der Medicus als der Jurist das Leben abspricht.

6927. Niemand hat sich übers Meer zu beklagen, der zum zweitenmal Schiffbruch litt.

6928. Alles Mehl hat Kleien.

6928a. Es gibt Mehl wie Korn.

6929. Ohne Mehl und Wasser ist übel backen.

6930. Wer immer aus dem Mehlfasse nimmt und nichts wieder hineinschüttet, kommt bald auf den Grund.

6931. Narrheit ist's, das Mehl gegen den Wind beuteln.

6931a. Das Mehr gilt.

6932. Was man nicht kann meiden,
Soll man geduldig leiden.

6933. Die Meile hat der Fuchs gemessen und den Schwanz
       dreingegeben.

6934. Eine Meile Wegs davon ist ein guter Panzer.

6935. Mein und Dein ist alles Zankes Ursprung.

6936. Mein und Dein
       Bringt alles Unglück herein.

6937. Mein Buhl die schönste.

6937a. Allein mein
        Oder laß gar sein.

6938. Die Narren meinen.

6939. Der Meiner und der Lügner sind zwei Brüder.

6940. An Meinen bindet niemand sein Pferd an.

6941. Meinen ist nicht wissen,
       Wer's nicht glaubt, wird besch–.

6942. Gut Meinen
       Bringt oft Weinen.

6943. Gut gemeint
       Wird oft beweint.

6944. Es meint es gut, es will es aber niemand gut verstehen.

6945. Viel Meinung
       Bricht Einung.

6946. Klingende Meinung ist die beste.

6947. Meißner,
       Gleisner.

6948. Nicht nach den meisten, sondern nach den besten.

6949. Es ist kein Meister so gut, er findet einen über sich.

6949a. Es ist keiner ein Meister allein.

6950. Es ist kein Meister vom Himmel gefallen.

6950a. Ein Lautenist
        Bricht viel Saiten, eh er Meister ist.

6951. Es ist kein Meister geboren, er muß gemacht werden.

6952. Mancher will Meister sein und ist kein Lehrjunge gewesen.

6953. Wenn der Meister kommt heran,
Hat das Meisterchen getan.

6954. Kein Meister so gut, der nicht noch zu lernen hätte.

6955. Drei Dinge machen einen guten Meister: Wissen, Können und Wollen.

6956. Dem Meister vom Handwerk soll man glauben.

6957. Meisterssohn bringt das Recht mit sich.

6958. Wie der Meister, so das Werk.

6958a. Das Werk schlägt dem Meister nach.

6959. Guter Meister macht gute Jünger.

6959a. Der Jünger ist nicht über seinen Meister.

6960. Der seinen Meister nicht hören will, muß den Büttel hören.

6961. Er ist Meister, wenn *sie* nicht daheim ist.

6962. *Er* ist Doktor, *sie* Meister.

6963. Wohl geklopft und übel gemacht
Ist eine halbe Meisterschaft.

6964. Zween sind eines Meister, drei sein Tod.

6965. Zuviel Melken gibt Blut.

6966. Aus Melkgilten ist gut trinken.

6967. Tief innen liegt der Mendelberg (Freudenberg).

6968. Von der Menge werden die Burgen gebrochen.

6969. Der Mensch denkt,
Gott lenkt.

6970. Des Menschen Willen ist sein Himmelreich.

6971. Der Mensch kann alles, was er will.

6972. Wir sind alle Menschen bis übers Knie, dann fängt das Luder an.

358 *Mensch*

6973. Es ist kein Mensch, er hat einen Wandel, hat er sie nicht alle vier.

6974. Jeder hat ein Hemd von Menschenfleisch.

6975. Es ist kein Mensch ohne ein Aber.

6976. Jeder Mensch hat seinen Zwickel.

6977. Auf Erden lebt kein Menschenkind,
An dem man keinen Mangel find't.

6978. Menschensinn ist Menschenleben.

6979. Mancher braucht einen neuen Menschen und kauft nur einen neuen Rock.

6980. Was der Mensch nicht ist, das kann man nicht aus ihm herauskriegen.

6981. Besser *ein* Mensch sterbe,
Als das ganze Volk verderbe.

6982. Der Mensch ist zur Arbeit wie der Vogel zum Fliegen gemacht.

6983. Mit Menschen Frieden, mit Sünden Krieg.

6984. Was Menschen nicht strafen, straft Gott.

6985. Was Menschen nicht lohnen, lohnt Gott.

6985a. Gottes Weisheit und der Menschen Torheit regieren die Welt.

6986. Ist der Mensch geboren, so fängt er an zu sterben.

6986a. Es ist bald um einen Menschen geschehen und kostet so viel zu erziehen.

6987. Ein Mensch ist des andern Teufel.

6988. Ein Mensch ist des andern Gott.

6988a. Ein Mensch ist des andern wert.

6989. Des Menschen Gedicht
Wird oft zunicht.

6990. Menschen und Wind
Ändern geschwind.

Mensch – Metz 359

6991. Der Mensch lebt nicht vom Brot allein.

6992. Menschenantlitz, Löwenantlitz.

6993. Was Menschenhände machen, können Menschenhände verderben.

6994. Wo Menschenhand zu kurz ist, da ist Gottes Hand noch lang genug.

6995. Menschengunst
Ist Erdendunst.

6996. Es gilt ihm ein Mensch so viel als ein Hund.

6997. Mergel macht den Vater reich und den Sohn arm.

6998. Merk und Melde
Wachsen beid im Felde:
Pflücke Merk, laß Melde stehn,
So magst mit allen Leuten gehn.

6999. Kurze Meß ist bald gesungen.

7000. Man läutet die Messe so lange ein, bis sie kommt.

7001. Besser zweimal messen
Als einmal vergessen.

7002. Wie man ausmißt, wird einem eingemessen.

7003. Ein Messer wetzt das andre.

7004. Ein stumpf Messer ist keiner samtnen Scheide wert.

7004a. Das Messer schneidet das Wasser bis auf den Boden.

7004b. Man muß über Nacht kein Messer auf dem Tisch liegenlassen, sonst kann man nicht schlafen.

7005. Wer's Messer zuerst zuckt, muß es auch zuerst einstecken.

7006. Er steckt das Messer neben die Scheide.

7007. Auf *dem* Messer könnte man bis Rom reiten.

7008. Er macht's wie die Herren von Metz: die lassen's geschehen, wenn's regnet.

7009. Metzen
Sollen nicht viel schwätzen.

7010. Metzler tragen mehr Hirn im Sack als Narren im Kopf.

7010a. Die Metzger sagen, es ist nichts mehr mit den Bauern
zu machen, seit sie in der Bibel lesen und die Kinder
selbst machen.

7010b. Metzger, Gerber und Schinder
Sind Geschwisterkinder.

7010c. Ein Metzger tut manchen vergebnen Sprung, ein
Hund noch mehr.

7011. Es ist mir um dich
Wie dir um mich.

7012. Willst du strafen mich und Meine,
Sieh vorher auf dich und Deine.

7013. Wer nicht mit mir ist, der ist wider mich.

7014. Ein Mietling achtet der Schafe nicht.

7015. Süße Milch soll man vor Katzen hüten.

7016. Wer das Einbrocken bezahlt, dem schenkt man die
Milch.

7017. Die Milch balgt wohl, aber sie talgt nicht.

7018. Melk
Makt dat Herte welk.

7019. Es kommt keine Milch von Hofen, es ist denn eine
Maus darin ersoffen.

7020. Er sieht, daß die Milch davon sauer wird.

7021. Sei nicht zu mild,
Wer weiß, was noch das Korn gilt.

7022. Zuviel Milde ist vertan.

7023. Der Strenge hat mich oft gereut, der Milde nie.

7024. Der Milde gibt sich reich, der Geizhals nimmt sich arm.

7025. Der Milde hat allein, was er gegeben hat.

Mild – Mistwagen 361

7026. Er ist mild auf der nehmenden Seite, auf der andern aber hart.

7027. Wie du mir,
So ich dir.

7028. Mißbrauch ist keine Gewohnheit.

7029. Mißbrauch lehrt den rechten Brauch.

7030. Mißbrauch frißt ihr eignes Herz, kein fremdes.

7031. Mißrechnen ist kein Zahlung.

7032. Mißtrauen bringt weiter als Zutrauen.

7032a. Mißtrauen
Macht fleißig schauen.

7033. Kein Mißwachs so groß, die Pfaffen haben doch Wein und die Elstern Nüsse.

7034. Mist
Geht über List.

7034a. Wo kein Mistus ist, ist kein Christus.

7035. Wie jeder ist,
So macht er Mist.

7036. Führe Mist,
Weil du Schößer bist.

7037. Des Herren Aug ist der beste Mist.

7038. Kein Mist düngt besser, als den der Herr mit den Füßen auf den Acker trägt.

7039. Aus trüben Mistlachen schöpft man nicht lauter.

7040. Es ist recht, daß der Mist stinke.

7040a. Da sitzt sie auf dem Mist:
Nimm sie, wie sie ist.

7041. Man wird eher von einem Mistkarren überfahren als von einem Wagen.

7042. Wo der Mistwagen nicht hingeht, da geht auch der Erntewagen nicht hin.

362 · Mist – Mohr

7043. Es ist nicht auf *seinem* Miste gewachsen.

7044. Mitgegangen,
Mitgefangen,
Mitgehangen.

7045. Mitgegangen, mitgefangen;
Mitgestohlen, mitgehangen.

7045a. Mitgeflogen, mitgehangen.

7046. Mitgesündigt, mitgebüßt.

7047. Mitgenommen
Ist besser als darum gekommen.

7048. Wer nicht mitmacht,
Wird ausgelacht.

7049. Ein Mitnehmer ist besser als zwei Nachbringer.

7050. Wer Mitleid bringt, bietet genug.

7051. Wer mittags aufsteht, verschläft den ganzen Tag nicht.

7051a. Ich steh früh auf, ich muß helfen Mittag läuten.

7052. Es ist ein gering Mittel, wer wollt' es nicht brauchen?

7053. Im Mittel lebt man am besten.

7054. Mittelstraß,
Das beste Maß.

7055. Mittelweg,
Ein sicherer Steg.

7056. Wo's Mode ist, trägt man den Kuhschwanz als Halsband.

7057. Alles ist möglich, aber es regnet kein Geld.

7058. Einen Mohren kann man nicht weiß waschen.

7058a. Ein Mohr will den andern weiß waschen.

7059. Ein Mohr schwärzt den andern nicht.

7060. Ein Mohr schwärzt nicht, sprach die Nonne unter des Mönchs Kutte.

Molkenkammer – Mond 363

7061. Er ist zwischen dem Brotschrank und der Molkenkammer groß geworden.

7062. In den Monaten ohne R soll man wenig küssen und viel trinken.

7063. Ein Mönch ist nirgends besser als im Kloster.

7064. Mönch ins Kloster, Fisch ins Wasser, Dieb an'n Galgen.

7065. Der Mönch antwortet, wie der Abt singt.

7066. Wer Mönch und Pfaffen schlagen will, schlage sie nur gar zu Tode.

7067. Mönche, Mäuse, Ratten, Maden
Scheiden selten ohne Schaden.

7068. Die Kapuze macht den Mönch nicht.

7069. Der Mönch legt die Kutte wohl ab, aber nicht den Sinn.

7070. Wenn die Mönche bald reisen, so kommt Regen.

7071. Was ein Mönch gedenkt, das darf er tun.

7072. Keine Mönchskappe so heilig, der Teufel kann drein schlüpfen.

7073. So wollt ich's haben, sagte der Teufel, da sich die Mönche rauften.

7074. Mönch und Nonnen gehören zusammen.

7075. Es sind viel Mönche, aber wenige verschnitten.

7076. Non credo, sprach der Mönch, als ihm die Magd ein Kind brachte.

7077. Die Mönche teilen sich in Stadt und Land.

7078. Was kümmert's den Mond, wenn ihn die Hunde anbellen?

7079. Der Mann im Monde hat das Holz gestohlen.

7080. Der den Mond gemacht hat, weiß wohl, wie alt er ist.

7081. Dem Mond kann man kein Kleid anmessen.

7082. Blauer Montag, volle Kröpfe,
Leere Beutel, tolle Köpfe.

7083. Montagswetter wird nicht Wochen alt.

7084. Rauher Montag, glatte Woche.

7085. Eine große Monstranz und wenig Heiligtum.

7086. Es bleibt kein Mord verschwiegen.

7087. Morgen kommt Rat und Tat.

7088. Morgen ist auch noch ein Tag.

7089. Spar nicht auf morgen, was du heute tun kannst.

7090. Wer sein Bett macht am Morgen,
Braucht den ganzen Tag nicht mehr zu sorgen.

7091. Morgen, morgen, nur nicht heute,
Sprechen immer faule Leute.

7092. Niemand weiß, was der Morgen bringt.

7093. Der Morgen sorgt, der Abend verzehrt.

7094. Überall geht die Sonne morgens auf.

7095. Morgenstunde
Hat Gold im Munde
(Aber Blei im –).

7096. Grauer Morgen, schöner Tag.

7097. Morgenrot
Mit Regen droht.

7098. Morgenrot
Bringt Wind und Kot.

7099. Der Morgen grau, der Abend rot
Ist ein guter Wetterbot.

7100. Muorgenrout dat füllt den Pout;
Owendrout dat drönget den Pout.

7101. Alles zur Morgensuppe verschlungen ist ein böser
Imbiß.

Morgensuppe – Müde 365

7102. Man muß die Morgensuppe nicht zu groß machen, daß
man abends auch was hat.

7103. Morgengäste bleiben nicht.

7104. Morgenregen und Alteweibertänze dauern nicht lange.

7105. Morgenregen und Weiberweh
Sind um Zehne nimmermeh.

7106. Morgenröte kann nicht lügen,
Mägdebauch kann nicht betrügen.
Ist's nicht Regen, ist es Wind,
Ist's nicht Schmer, so ist's ein Kind.

7107. Die Morgensonne hat mehr Anbeter als die Abend-
sonne.

7108. Wenn nichts im Mörser ist, gibt's großen Lärm.

7109. Er riecht nach Moschus wie der Teufel nach Muskaten.

7110. Wenn man dem Volk die Ziegel doppelt, so kommt
Moses.

7111. Sprich mit Mosen, wenn Aaron den Schnupfen hat.

7112. Er hat Mosen und die Propheten.

7113. Lieber die Motten in den Kleidern als die Ehre in
Schuldscheinen.

7114. Wenn die Mücke ein Hühnerei legen will, ist's ihr Tod.

7115. Auch die Mücke hat ihre Milz.

7116. Hungrige Mücken beißen schlimm.

7117. Die Mücken sehn all einander gleich.

7118. Die Mücke fliegt so lang ums Licht, bis sie sich versengt.

7119. Mücken seigen, Elefanten verschlucken.

7120. Man muß nicht nach jeder Mücke schlagen.

7121. Drei sind nicht müde zu machen: ein Knab auf der
Gassen, ein Mädchen im Tanz und ein Priester im
Opfern.

7122. Es gibt keinen Vorteil ohne Mühe.

7123. Ohne Mühe bringt man es in keiner Sache weit.

7124. Der Mühe
Gibt Gott Schaf und Kühe.

7125. Der eine hat die Mühe,
Der andre hat die Brühe.

7126. Müh und Fleiß
Bricht alles Eis.

7127. In der Mühle ist das Beste, daß die Säcke nicht reden
können.

7128. Die beste Mühle ist zwischen Wasser und Wind.

7129. Wer nicht mühlet, will kein Mehl.

7129a. Wer die Mühle fleucht, der flieht auch das Mehl.

7130. Es ist noch nicht auf der Mühle, was zum Osterkuchen
werden soll.

7131. Mühl ohne Gang,
Glock ohne Klang,
Hand ohne Gaben,
Schul ohne Knaben
Will niemand haben.

7132. In der Mühle ist übel harfen.

7133. Gib ab ab, gib ab ab, klappert's in der Mühle.

7134. Wer nicht bestauben will, der bleib' aus der Mühle.

7135. Wie's auf die Mühle kommt, so wird's gemahlen.

7136. Wer zuerst in die Mühle kommt, mahlt zuerst.

7136a. Der erste auf der Mühle schüttet.

7136b. Wenn der Mühlgraben trocken steht, ist auch der
Mehlkasten leer.

7137. Ich sehe so tief in einen Mühlstein als ein anderer.

7138. Er läßt nichts liegen als Mühlsteine und heiß Eisen.

Mühlhausen – Mund　　367

7138a. Mühlhausen ist der Eidgenossen Kühstall.

7139. Müller, Schneider und Weber werden nicht gehenkt,
das Handwerk ginge sonst aus.

7140. Müller und Bäcker stehlen nicht, man bringt's ihnen.

7141. Der Müller ist fromm, so Haare auf den Zähnen (oder
in der Hand) hat.

7142. Müller ist nicht eher fromm, bis er zum Fenster aus-
guckt.

7143. Nichts kühner als des Müllers Hemd, das jeden Morgen
einen Dieb beim Kragen nimmt.

7144. Der Müller mit der Metzen,
Der Weber mit der Krätzen,
Der Schneider mit der Scher,
Wo kommt ihr Diebe her?

7144a. Müller, Müller, Roggenstehler,
Kernenbeißer, Hosensch–.

7145. Müllers Henn und Witwers Magd
Hat selten Hungersnot geklagt.

7146. Für Müllers Henne, Bäckers Schwein und der Witfrau
Knecht soll man nicht sorgen.

7147. Kein Müller hat Wasser und kein Schäfer Weide genug.

7147a. Er nährt sich aus dem Stegreif wie ein Müller.

7148. Es ist ein Kraut, heißt mulier,
Davor hüt dich semper.

7149. München soll mich nähren,
In Ingolstadt will ich mich wehren.

7150. Das Münch[n]er Kind kennt keinen höhern Turm als
den Frauenturm.

7151. So viel Mund,
So viel Pfund.

7152. Voller Mund
Sagt des Herzens Grund.

368   *Mund – Münze*

7153. Trunkner Mund, wahrer Mund.

7154. Mit vollem Mund ist bös blasen.

7154a. Man muß dem Mund nur was bieten.

7155. Mündken wat büt,
      Mündken wat gemüt.

7156. Wie der Mund, so die Speise.

7157. Wer mit dem Munde schmandt (Schmand macht), muß
      mit der Nase buttern.

7158. Mund und Herz sind eine ganze Spanne voneinander.

7159. Oft lacht der Mund, wenn das Herze weint.

7160. Der Mund lügt alles und nicht das Herz.

7161. Weise Leute haben ihren Mund im Herzen.

7162. Der Mund ist des Bauches Henker und Arzt.

7163. Den Mund soll man schnüren.

7164. Es ist nötiger den Mund verwahren denn die Kiste.

7165. Verschloßner Mund und offne Augen haben noch nie-
      mand geschadet.

7166. Reiner Mund und treue Hand
      Gehen wohl durchs ganze Land.

7167. Was kommt in den dritten Mund,
      Wird aller Welt kund.

7168. Ein Mann kann nicht mehr denn mit *einem* Mund
      essen.

7169. Lang Mundwerk ist schlechter Gottesdienst.

7170. Mundköch und Mundrät
      Sind bei Hof in gleichem Wert.

7171. Gründe aus der Münze geholt überreden am besten.

7172. Mit der Münze, womit du zahlst, zahlt man dich auch.

7173. Es gilt nicht überall gleiche Münze.

Mürben – Müßiggang 369

7174. Was bald mürbt,
Bald verdirbt.

7175. Bezahlen wir die Musik, so wollen wir auch tanzen.

7176. Wir machen Musik, sagt der Bälgetreter zum Organisten.

7177. Hier sitzen die Musikanten!

7178. Das Mus ist noch nicht gar.

7179. Er muß das Mus essen.

7180. Muß ist ein böses Mus.

7180a. Muß (Mus) ist nicht Suppe.

7181. Muß ist härter als Grübelnuß.

7182. Muß ist ein bitter Kraut.

7183. Muß ist ein Brettnagel.

7184. Muß ist Zwang,
Und Kreischen ist Kindergesang.

7185. Muß
Ist harte Buß.

7186. Kein Mensch muß müssen.

7187. Wer muß, hat keine Wahl.

7188. Muß es sein,
So schick dich drein.

7189. Mit Muß kommt man auch fern.

7190. Müßiggang
Ist aller Laster Anfang.

7191. Müßiggang
Ist der Tugend Untergang.

7192. Müßiggang
Hat bösen Ausgang.

7193. Müßiggang
Hat bösen Nachklang.

370   *Müßiggang – Mut*

7194. Müßiggang
      Ist des Teufels Ruhebank.

7195. Müßiggang ist eine schwere Arbeit.

7196. Müßiggang in der Jugend, Arbeit im Alter.

7197. Müßiggang macht endlich traurige Arbeit.

7198. Müßiggang hat Armut im Gefolge.

7199. Müßiggang ist des Teufels Orden, Arbeit ist Gottes
      Stand.

7200. Müßiggang verzehrt den Leib wie Rost das Eisen.

7201. Zum Müßiggang gehört hoher Zins oder hoher Galgen.

7202. *Ein* Müßiggänger kostet mehr denn zehn Arbeiter.

7203. Einem Müßiggänger allzeit zwei Brote.

7204. Besser müßiggehen als nicht arbeiten.

7204a. Besser Fliegen gefangen
       Als müßiggegangen.

7205. Müßiggehen mag ich nicht, sagte jene Schwester und
      lauste für die Langeweile die Mäuse.

7206. Mut über Gut.

7207. Mehr Mut als Gut.

7208. Guter Mut, halber Leib
      (Hüt dich, Narr, und nimm kein Weib).

7209. Guter Mut, halbe Arbeit.

7210. Guter Mut
      Macht gutes Blut.

7211. Guter Mut ist tägliches Wohlleben.

7212. Großer Mut und kleine Macht
      Wird von jedermann verlacht.

7213. Kecker Mut, der beste Harnisch.

7214. Keiner ist so gut,
      Er hat wohl zweierlei Mut.

Mut – Mutter 371

7215. Reichtum und Armut liegt nicht am Gut, sondern am
Mut.

7216. Nicht die Mutung, sondern die Findung eines Ganges
erlangt das Alter im Felde.

7217. Mutschierung bricht nicht gesamte Hand.

7218. Muttertreu
Ist täglich neu.

7219. Mutterschoß ist arm, aber warm.

7220. Wenn's Kind zahnt, soll die Mutter den Unterrock verkaufen, um ihm Wein zu geben.

7221. Ist eine Mutter noch so arm,
So gibt sie ihrem Kinde warm.

7222. Was die Mütter gebären,
Sollen sie ernähren.

7223. Was der Mutter ans Herz geht, das geht dem Vater nur
an die Knie.

7223a. Ich bin meiner Mutter nicht an den Zehen gewachsen.

7224. Die Mutter gibt's teuer und die Tochter nicht wohlfeil.

7225. Es ist keine Mutter so bös, sie zöge gern ein fromm
Kind.

7226. Die Mutter eine Hexe, die Tochter auch eine Hexe.

7227. Barmherzige Mütter ziehn grindige Töchter.

7228. Fleißige Mutter hat faule Töchter.

7229. Die Mutter sagt's, der Vater glaubt's, und ein Narr
zweifelt daran.

7230. Mannes Mutter,
Teufels Unterfutter.

7231. Mutterflüche kleben nicht, und Vaters Zorn schwärt
nicht.

7232. Mütter lieben Töchter, aber Söhne noch viel mehr.

7233. Mutter dich, liebes Kind, und nimm des Vaters Weis an.

7234. Ein Quentchen Mutterwitz ist besser als ein Zentner Schulwitz.

7235. So mancherlei Mützen, so mancherlei Narren.

N

7236. Laß nicht nach, so kommst du hoch.

7236a. Es ist nichts Böseres als nachlassen.

7236b. Du kommst hintennach wie die alte Fastnacht.

7236c. Besser Nachbar an der Wand
Als Freund und Bruder über Land.

7237. Guter Nachbar ist besser als Bruder in der Ferne.

7238. Kaufe deines Nachbarn Rind
Und freie deines Nachbarn Kind.

7239. Wer sich freit ein Nachbarskind,
Der weiß auch, was er find't.

7240. Mit guten Nachbarn hebt man den Zaun auf.

7241. Zwischen Nachbars Garten ist ein Zaun gut.

7242. Liebe deinen Nachbarn, reiß aber den Zaun nicht ein.

7243. Mit Nachbarn ist gut Scheuern bauen.

7244. Wer gute Nachbarn hat, bekommt einen guten Morgen.

7245. Nachbar über den Zaun, Nachbar wieder herüber.

7246. Ein guter Nachbar ist ein edel Kleinod.

7247. Böser Nachbar, ewiger Krieg.

Nachbar – Nächste 373

7248. Böser Nachbar, täglich Unglück.

7249. Böser Nachbar ist Judenfluch.

7250. Von Nachbars wegen soll man etwas leiden.

7251. Ein Nachbar ist dem andern einen Brand schuldig.

7252. Es geht dich auch an, wenn des Nachbarn Haus brennt.

7253. Was in des Nachbarn Garten fällt, ist sein.

7254. Unsers Nachbarn Kinder sind allweg die bösesten.

7255. Des Nachbarn Braten ist stets feister.

7256. Schau in Nachbars Küche, allermeist aber in dein Häflein.

7257. Wenn du deinem Nachbarn die Hand reichst, so hat dir Gott schon die seine gereicht.

7258. Wer wohl kann nachdenken, der darf nicht viel nachdenken.

7259. Nachgeben stillt den Krieg.

7260. Besser nachgeben als zu Schaden kommen.

7261. Nachgerade kommt Hans ins Wams.

7262. Nachher ist jeder klug.

7263. Behalte dir etwas auf die Nachhut.

7264. Nachrat, Narrenrat.

7265. Nach der Tat
Finden auch Narren Rat.

7266. Nachrat gebrach noch niemand.

7267. Nachrechnen hat immer das Spiel verloren.

7268. Nachrede schläft nicht.

7269. Nachreue, Weiberreue.

7270. Wer zu spät kommt, hat das Nachsehen.

7271. Jeder ist sich selbst der Nächste.

7272. Die Nächsten treten einem die Schuhe aus.

7273. Das Nächste, das Liebste.

7273a. Der Nächste beim Feuer wärmt sich.

7274. Kein Nachteil, er hat seinen Vorteil.

7275. Die Nacht ist keines Menschen Freund.

7276. Bei Nacht sind alle Katzen grau.

7277. Bei Nacht sind alle Kühe schwarz.

7278. Es wird nach Nacht noch Tag, obgleich der Hahn nicht kräht.

7279. Wer fröhliche Nacht sucht, verliert guten Tag.

7280. Die ganze Nacht gesoffen ist auch gewacht.

7281. Je schwärzer die Nacht, je schöner der Tag.

7281a. Gott gibt alle Nacht; was er heute abend nicht gibt, gibt er morgen zu Nacht.

7281b. Du bist ein Armer zu Nacht, kommst erst am Morgen.

7282. Die Welt will Nachteulen haben, sich zu verwundern.

7283. Der Nachteule gefällt auch ihr Junges.

7284. Wenn die Nachtigall Heuschober sieht, hört sie auf zu schlagen.

7285. Es hat keine Nachtigall so vollauf im Käficht, sie sucht ihr Futter lieber draußen.

7286. Wenn du einen Nackten siehst, so denk, es sei ein Loch in deinem Strumpfe.

7287. Der Nackte ist übel berauben.

7288. Den Nackten kann man nicht ausziehen.

7289. Zehn Straßenräuber können einem Nackten kein Hemd ausziehen.

7290. Das kleinste Ding ist auch zu ehren:
Eine Nadel mag einen Schneider ernähren.

7290a. Er steht da wie St. Näf mit dem steinernen Mantel.

7291. Einen Nagel schlägt man mit dem andern aus.

7292. Der Mann macht Nägel mit Köpfen.

Nagel – Name 375

7293. So weh wird dem Nagel als dem Loch.

7294. Der eine schlägt den Nagel ein, der andre hängt den Hut daran.

7295. Wenn's auf den Nagel brennt, muß man wehren.

7296. Er klagt über den Nagelwurm und leidet am Krebs.

7297. Man soll nicht alles an *einen* Nagel henken.

7298. Wer den Nagel am Hufeisen nicht achtet, der verliert auch das Pferd.

7299. Ein Nagel erhält ein Eisen, das Eisen ein Roß, das Roß den Mann, der Mann eine Burg und die Burg das ganze Land.

7300. Es wird mir zu den Nägeln ausschwären.

7301. Nahe schießen hilft nicht, es gilt treffen.

7302. Je näher, je später.

7303. Nahrung ist kein Erbe.

7304. Trachte nach der Nahrung, nicht nach der Mästung.

7305. Der eine gewinnt seine Nahrung mit Sitzen,
Der andre mit Laufen und Schwitzen.

7306. Wer die Nahrung nicht in sein Haus treibt, der jagt sie aus dem Hause.

7307. Nahrhand und Sparhand
Kauft andrer Land.

7308. Der Name tut nichts zur Sache.

7308a. Man muß dem Kind den rechten Namen geben.

7309. Einer beruft des andern Namen.

7310. Ein guter Namen ist besser als Reichtum.

7311. Ein guter Namen ist besser als bares Geld.

7312. Ein guter Name, die schönste Mitgift.

7313. Wer sich um den guten Namen nicht wehrt,
Ist wenig wert.

7314. Wer dem andern seinen guten Namen raubt, macht *ihn* arm und bereichert *sich* nicht.

7315. Mancher hat den Namen und nicht die Tat.

7316. Der Narben lacht, wer Wunden nie gefühlt.

7317. Narren wirft man bald aus der Wiege.

7318. *Ein* Narr kann mehr fragen
Als sieben Weise sagen.

7319. *Ein* Narr fragt in einer Stunde mehr, als zehn Gescheite in einem Jahr beantworten können.

7320. *Ein* Narr kann mehr verneinen, als zehn Gescheite behaupten können.

7321. Ein Narr, der fragen darf, sieht gescheiter aus als ein Gescheiter, der antworten muß.

7322. Gescheite Leute müssen keine Narren sein.

7323. Zuweilen ein Narr sein ist auch eine Kunst.

7324. Nichts sieht einem gescheiten Manne ähnlicher als ein Narr, der das Maul hält.

7325. Solange ein Narr schweigt, hält man ihn für klug.

7326. Wären wir alle gescheit, so gälte ein Narr hundert Taler.

7327. Wenn die Narren kein Brot äßen, wäre das Korn wohlfeil.

7328. Es sind nicht alle Narren geschoren.

7329. Wäre Narrheit das Zipperlein, man würde wenig Leute beim Tanze sehen.

7330. Trüge jeder Narr einen Kolben, das Holz würde teuer.

7331. Jedem gefällt seine Weise wohl,
Darum ist das Land der Narren voll.

7332. *Ein* Narr macht zehen.

7332a. *Ein* Narr macht zehn Narren, aber tausend Kluge noch keinen Klugen.

Narr

7332b. Es gibt mehr Narren als Pfundbrötlein.

7333. Narren wachsen unbegossen.

7334. Narrenschiff fährt aller Enden an.

7335. Jeder muß ein Paar Narrenschuhe zerreißen.

7336. Keiner ist so klug, daß er nicht ein wenig Narrheit übrig hätte.

7337. Gäb' es keine Narren, so gäb' es keine Weisen.

7338. Narrenspiel will Raum haben.

7339. Narren sind auch Leute.

7340. Der Narr hat Vorteile in allen Landen.

7341. Jeder Narr ist seines Vorteils gescheit.

7342. Es ist kein Narr, der einem eine Narrheit zumutet: es ist ein Narr, der es tut.

7343. Tu wie andere Leute, so narrst du nicht.

7344. Es ist besser mitmachen, als ein Narr allein sein.

7345. Zuviel Weisheit ist Narrheit.

7346. Wer mit Narren zu Bette geht, steht mit Narren auf.

7347. Wer einen Narren schickt, dem kommt ein Tor wieder.

7348. Schickt man die Narren zu Markt, so lösen die Krämer Geld.

7349. Mit den Narren baut man den Weg.

7350. Wer mit Narren zu Acker geht, eggt mit Gäuchen zu.

7351. Wo drei sind, muß *einer* den Narren abgeben.

7352. Wer 'nen Narren haben will, der kaufe zwei, so hat er *einen* zum besten.

7353. Wer einen Narren kauft, muß einen Narren behalten.

7354. Im Spiel gilt der Narr am meisten.

7355. Es ist besser mit 'nem ganzen Narren handeln denn mit 'nem halben.

378   *Narr*

7356. Kein Narr war je so dumm, er fand *einen*, der ihn für klug hielt.

7357. Ein Narr lobt den andern.

7358. Wenn man einen Narren im Mörser zerstieße, so ließe doch seine Narrheit nicht von ihm.

7359. Am Narren hilft weder Chrisam noch Taufe.

7360. Narrenhaut läßt sich nicht flicken.

7361. Narrenhaut hält wohl Stich, läßt sich aber nicht flicken.

7362. Dem Narren wäre zu helfen, wenn man die rechte Ader träfe.

7363. Narren bedürfen der Schellen nicht, man kennt sie an ihren Sitten.

7364. Verbirgt ein Narr sich hinter der Tür,
      Er steckt die Ohren doch herfür.

7365. Man braucht keinem Narren Schellen anzuhängen.

7366. Narrenschellen klingen laut, tun aber den Ohren weh.

7367. Die Narrenschellen klingen vielen besser als Kirchenglocken.

7368. Je größerer Narr, je größere Schelle.

7369. Jedem Narren gefällt seine Kappe.

7370. Jedem Narren gefällt sein Kolben wohl.

7371. Narren soll man mit Kolben lausen.

7372. Alte Narren, wenn sie geraten, sind bessere Narren als andere Narren.

7373. Es sind nicht alle Narren, die nicht in den Rat gehen.

7374. Es sind nicht gar alle Narren, die im Rate sitzen.

7375. Wollt ihr einen Narren haben, so laßt ihn euch von Eisen machen.

7376. Mancher läßt seine Narrenschuhe mit Eisen beschlagen.

Narr 379

7377. *Ein* Narr ist genug im Haus,
Der Kluge müßte sonst hinaus.

7378. Zwei Narren unter *einem* Dach und zwei Töpfer in
einem Dorf vertragen sich nicht.

7379. Zwei Narren in *einem* Haus
Haben allzeit Streit und Strauß.

7380. Gibst du dem Narren einen Finger, so will er die ganze
Hand haben.

7381. Wer Narren und Kindern den Finger in den Mund
steckt, der wäre gern gebissen.

7382. Ein Narr schüttet alles auf einmal aus.

7383. Narren reden, was ihnen einfällt.

7384. Narren sagen auch etwan wahr.

7385. Narrenreden, Narrentand.

7386. Narren reden, wie Narren pflegen.

7387. Er ist ein guter Narr, ich wollte Holz auf ihm hacken.

7388. Er ist ein Narr, wenn er gleich die Stube voll Geld hätte.

7389. Mit Narren muß man Geduld haben.

7390. Willst du den Narren fahen,
Mußt als Gesell dich ihm nahen.

7391. Bei einem Narren richtet man nichts aus, weder mit
Bitten noch mit Dräuen.

7392. Bist du mit einem Narren besessen, so laß dich be-
schwören.

7393. Mit Narren ist schlimm spaßen.

7394. Mit albernen Narren soll man nicht scherzen.

7395. Auf einen Narren
Soll man nicht harren.

7396. Narren und Affen
Alles begaffen.

7397. Narrenhände
Beschmieren Tisch und Wände.

7398. Narren und Gecken
Reiten auf Schecken.

7399. Die Narren haben mehr Glück als Recht.

7400. Narren haben mehr Fug als andere Leute.

7401. Ein Narr läßt sich nicht raten.

7402. Den Narren bringt sein eigen Glück um.

7403. Der Narren Glück ihr Unglück.

7404. Mit einem Narren läßt sich kein Kind taufen.

7405. Narren soll man nicht über Eier setzen.

7406. Es ist gut Narren fressen, aber bös verdauen.

7407. Eines Narren Bolzen sind bald verschossen.

7408. Wenn eine Sache geschehen ist, verstehen sie auch die
Narren.

7409. Der ist ein Narr, der sich nimmt an,
Was er nicht vollbringen kann.

7410. Ein Narr macht eine Tür auf, die er nicht wieder zumachen kann.

7411. Man muß keinem Narren eine unfertige Arbeit zeigen.

7412. Was Narren loben, das ist getadelt.

7412a. Kinder unter meinen Zeichen geboren müssen andrer
Leute Narren sein.

7412b. Ich bin gern ein Narr, aber der Narren Narr mag ich
nicht sein.

7412c. Du bist ein Narr und kannst nicht geigen,
Du hast ein Maul, das kann nicht schweigen.

7413. Narren und Weibergeschirr
Machen die ganze Welt irr.

7414. Eine Narrheit zu unterhalten kostet mehr als zwei
Kinder.

7415. Narretei ist Narretei, aber Feuer in der Hose ist keine
Narretei.

7416. Es ist entweder was Närrisches oder was Herrisches.

7417. Närrische Frage, närrische Antwort.

7418. Naschen
Macht leere Taschen.

7419. Genäsch will Streiche haben.

7420. Aus einem Nascher wird leicht ein Dieb.

7421. Lange Nas und spitzes Kinn,
Da sitzt der Satan leibhaft drin.

7422. Wer die Nase zu sehr schneuzt, dem blutet sie.

7422a. Ich will die Nase schneuzen, damit ich es auch recht
sehe.

7422b. Mach dir einen Knopf in die Nase.

7423. Erst Näschen haben, dann Prischen nehmen.

7423a. Wenn sich Herz und Mund erlaben,
Will die Nase auch was haben.

7424. Wer sich die Nas abschneidet, verschimpft sein Angesicht.

7424a. Man muß weiter sehen, als die Nase reicht.

7425. Nicht jede Nase riecht den Braten.

7426. Ein nasses Land bedarf keines Wassers.

7427. Es fehlt ihm zwei Finger über der Nase.

7427a. Er hat sein Gütlein unter der Nase vergraben.

7428. Natur geht vor Lehre.

7429. Die Natur ist die beste Lehrmeisterin.

7430. Die Natur ist Meister.

7431. Natur überwindet Gewohnheit.

7432. Natur zieht stärker denn sieben Pferde.

7432a. Man kann die Natur nicht ändern.

382   *Natur – Nehmen*

7433. Die Natur läßt sich biegen, aber nicht brechen.

7434. Natur begehrt wenig, Wahn viel.

7435. Natur bringt gutes Gold, die Kunst macht falsches.

7436. Die Natur ist mit wenigem zufrieden.

7437. Die Natur läßt sich leicht sättigen, das Auge nimmer.

7438. Die Natur will geübt sein, sonst wird sie schimmlig.

7439. Die Natur muß den ersten Stein legen.

7440. Wenn Natur und Kunst die Füße ansetzen, so geht es
      vorwärts.

7440a. Was die Natur versagt, kann niemand geben.

7441. Natur läßt nichts unbezeichnet.

7442. Natur und Liebe lassen sich nicht bergen.

7443. Natur hängt überall ihr Schild aus.

7444. Die Natur weiß ihre Ware wohl zu verkaufen.

7445. Die Natur hängt jedem eine Schelle an.

7446. Verkehrte Natur bleibt verkehrt, wenn man gleich ein
      Loch in sie predigte.

7447. Was die Natur dem Hahn am Kamme nimmt, das gibt
      sie ihm am Schwanze.

7448. Jeder muß der Natur seine Schuld bezahlen.

7449. Wäre Naumburg mein, wollt ich's in Jena verzehren.

7449a. Auf Nebel stark
       Füllt Tod den Sarg.

7450. Wer andere necken will, muß selbst Scherz verstehen.

7451. Wer nicht nehmen will, braucht nicht zu geben.

7452. Der Nehmer muß dem Geber nachgeben.

7453. Mancher gibt mit Löffeln
      Und nimmt mit Scheffeln.

7454. Einmal geben und wieder nehmen ist schlimmer als
      stehlen.

7455. Nehmen ist das süßeste Handwerk.

7456. Man soll nehmen, wo ist,
Und geben, wo brist.

7456a. Man muß es nehmen, wie es kommt.

7457. Nimm, was dir werden mag, das andere laß fahren.

7458. Wer mehr nimmt, als er soll, der spinnt sich selbst ein Seil.

7459. Er nähme bis an die Hölle zu, und wenn ihm die Haare und die Beine brennten, so nähme er doch.

7459a. Nimm's zwiefach, wenn's einfach zu lang ist.

7460. *Ein* Nimmhin ist besser denn zehn Helfgott.

7461. Übernommen ist nicht gewonnen.

7462. Hast du mich genommen, so mußt du mich behalten.

7463. Neid
Ist des Teufels Kreid.

7464. Neid
Ist des Narren Leid.

7465. Neid
Tut sich leid.

7466. Wer neidet,
Der leidet.

7467. Ein neidisch Herz
Hat Qual und Schmerz.

7468. Der Neidische ist sein eigner Henker.

7469. Neid schlägt sich selbst.

7470. Der Neid mag nichts essen außer sein Herz.

7471. Der Neid frißt seinen eigenen Herrn.

7472. Neid ist dem Menschen, was Rost dem Eisen.

7473. Kleider fressen die Motten, Herzen die Sorge, den Neidhart der Neid.

7474. Der Neidhart ist gestorben, hat aber viel Kinder hinter-
lassen.

7475. Neidhart kann's nicht leiden, daß die Sonne ins Wasser
scheint.

7476. Neidhart zeucht nur bei großen Herren ein.

7477. Neidhart haßt nur die Tagvögel.

7478. Allein Unglück und Armut ist für den Neidhart gut.

7479. Neid kriecht nicht in leere Scheunen.

7480. Unter der Bank neidet man niemand.

7481. Neid ist des Glücks Gefährte.

7482. Geht der Wagen wohl, so hängt sich der Neid daran.

7483. Glück und Ehre haben Neid zum Gefährten.

7484. Neider verfolgen Hochgesinde,
Hohe Berg überwehen Winde.

7485. Besser Neider
Als Mitleider.

7486. Besser beneidet als beklagt.

7487. Wer keine Neider hat, hat auch kein Glück.

7488. Der Neid will andern die Brücke ablaufen.

7489. Neider sind Lichtputzen, die andern ihr Licht aus-
putzen.

7490. Wenn Neid brennte wie Feuer,
Wäre das Holz nicht so teuer.

7491. Neid ist zu Hof geboren, im Kloster erzogen und im
Spital begraben.

7492. Mach es gut, so hast du Neider, mach es noch besser, so
wirst du sie beschämen.

7492a. Laß Neider neiden und Hasser hassen:
Was Gott mir gönnt, muß man mir lassen.

7493. Der Neid hat noch keinen reich gemacht.

Neige – Neues

7494. Auf der Neige ist nicht gut sparen.

7495. Was auf die Neige geht, wird gern sauer.

7496. Dem Gottlosen die Neige.

7497. Die Neige ist für die Frommen.

7498. Wer vom Frischen getrunken, muß auch die Neigen trinken.

7499. Qui bibit ex neigas, de frischibus incipit ille.

7500. Des einen Nein gilt so viel als des andern Ja.

7501. Was zur Nessel werden will, fängt zeitig an zu brennen.

7502. Nesseln brennen Freund und Feinde.

7503. Man sieht's wohl am Nest, was für Vögel darin sind.

7504. Es muß ein garstiger Vogel sein, der sein eigen Nest beschmeißt.

7505. Wer in sein Nest hofiert, besch– sich selber.

7506. Wie's zu Neste geht, also brütet es Junge.

7507. Offenbare Nester scheuen alle Vögel.

7508. Das Nest werden sie wohl finden, aber die Vögel sind ausgenommen.

7509. Mit Nesteln fängt man an zu spielen.
Mit Nüssen fängt man an zu stehlen.

7510. Immer was Neues, aber selten was Gutes.

7511. Es geschieht nichts Neues unter der Sonne.

7512. Neukommen ist willkommen.

7513. Nichts ist so neu, als was längst vergessen ist.

7514. Neuerung
Macht Teuerung.

7515. Der Neugierigen Gilde
Führt Böses im Schilde.

7515a. Man fange keine Neurung an,
Weil selten Neues gutgetan.

7515b. Man muß nichts Altes abgehen und nichts Neues auf-
kommen lassen, sagt der Philister.

7516. Wie der Wind am dritten, besonders aber am vierten
und fünften Tag nach Neulicht, so den ganzen
Monat.

7517. Neutral will auf Eiern gehn und keines zertreten.

7518. Der Neutrale wird von oben begossen, von unten ge-
sengt.

7519. Nichts braucht keine Schlupfwinkel.

7520. Mit Nichts bereitet man sich gut auf die Fasten.

7521. Nichts ist gut für die Augen, aber nicht für den Magen.

7522. Hier ist nichts und da ist nichts: aus nichts hat Gott die
Welt geschaffen.

7523. Aus nichts wird nichts, von nichts kommt nichts.

7524. Wer nichts hat, gilt nichts.

7524a. Nichts haben,
Ruh haben.

7524b. Nichts haben ist ein ruhig Leben, aber etwas haben ist
auch gut.

7525. Wo nichts ist, da rehrt nichts.

7526. Wo nichts ist, da reist nichts.

7527. Wo nichts innen ist, da geht nichts aus.

7528. Mit nichts kann man kein Haus bauen.

7529. Wo nichts ist, hat der Kaiser sein Recht verloren.

7530. Wer nichts aus sich macht, ist nichts.

7531. Nichts macht arm und Nichts macht reich.

7532. Keiner kann nichts und keiner kann alles.

7533. Wenn Nichts kommt zu Etwas, traut Etwas sich selber.

7534. Als Niet kommt tot iet,
Dann kennt iet hem selver niet.

Nichts – Nonne

7535. Wer mit nix geit,
Und nix leiht,
Der lass' mich ungeheit.

7536. Den mui nix günnt und nix gift,
Mot luien, dat mui dat Lieven blift.

7537. Besser recht Nichts denn unrecht Was.

7538. Wer meint, er sei nichts, der ist ichts,
Wer meint, er sei viel, der ist nichts.

7539. Besser ichts
Denn gar nichts.

7540. Ist's nicht viel, so ist's doch ichts,
Bewahr' dich Gott vor gar nichts.

7541. Nichts haben sind zwei Teufel, ichts haben ein Teufel.

7542. Es ist besser ichts denn nichts, sprach der Wolf, da
verschlang er eine Mücke.

7543. Es ist besser ichts denn nichts, sagte die Frau und
ruderte mit einer Nadel.

7544. Es ist besser ichts denn nichts, sagte die Mücke und
pißte in den Rhein.

7545. Es ist besser ichts denn nichts, sagte der Teufel und aß
die Buttermilch mit der Heugabel.

7546. Nieder und schwach
Findet allzeit Gemach.

7547. Der liebe Niemand ist an allem schuld.

7548. Es liegt da, wo niemand hin kann.

7549. Die nächste Niftel erbt die Gerade.

7549a. Wenn man die Nisse nicht vertreibt, bleiben die Läuse
im Haar.

7550. Er fragt, ob man's noch tue.

7551. Dreizehn Nonnen, vierzehn Kinder.

7552. Die Nonnen fasten, daß ihnen die Bäuche schwellen.

7553. Die Nonne deckt sich gern mit einer fremden Kutte.

7554. Nonnenf– sind des Teufels Blasbälge.

7555. Geistlich um den Kopf, weltlich um den Bauch
War vor alters junger Nonnen Brauch.

7556. Nonn oder Hur, Mönch oder Bub.

7557. Du hast mir ein Knie gesehen, du darfst nun keine
Nonne mehr werden.

7558. Die Nordsee
Ist eine Mordsee.

7559. Not
Hat kein Gebot.

7560. Not und Tod
Hat kein Gebot.

7561. Not und Tod kommen zu Alten und Jungen.

7562. Kommt man aus der Not,
So kommt der Tod.

7563. Not sucht Brot, wo sich's findet.

7564. Not lehrt beten.

7564a. Not macht Füße.

7565. Not geht nie irre.

7566. Not lehrt Künste.

7567. Not lehrt den Affen geigen.

7568. Not lehrt einen Bären tanzen.

7569. Not lehrt auch den Lahmen tanzen.

7570. Not lehrt alte Weiber springen.

7571. Not macht ein alt Weib trabend.

7572. Not hebt einen Wagen auf.

7573. Not lehrt in saure Äpfel beißen.

7574. Not hat keinen Feierabend.

7575. Not bricht Eisen.

7576. Die Not treibt die Ochsen in den Brunnen.

7577. Zur Not steckt man blanke Schwerter in rostige Scheiden.

7578. Folg der Not; willst du nicht, so mußt du.

7579. In der Not sind alle Güter gemein.

7580. Zur Not ist niemand arm.

7581. Die Not zankt gern.

7582. Not vereinigt Herzen.

7583. In der Not muß man das Schamhütchen abziehen.

7584. Wenn die Not am höchsten ist, ist die Hülfe Gottes am nächsten.

7585. Je größer Not,
Je näher Gott.

7586. Man muß aus der Not eine Tugend machen.

7586a. So manche Not, so mancher Rat.

7587. Wo keine Not, ist Hülfe nichts wert.

7588. Es ist keiner so albern, er weiß seine Not zu klagen.

7589. Wem man seine Not klagt, der ist sattsam gebeten.

7590. In der Zeit der Not
Ißt man Pastetenrinden für Brot.

7591. Not an Mann,
Mann voran!

7592. In Nöten sieht man den Mann.

7593. Die Notschlang ist über alles Geschütz.

7594. Notwehr ist nicht verboten.

7595. Eine Notlüge schadet nicht.

7596. Er hat um eine Note zu hoch gesungen.

7597. Nüchtern gedacht, voll gesagt.

7598. Sei nüchtern und kalt,
Willst du werden alt.

7599. Niemals nüchtern und niemals voll
Tut in Sterbensläuften wohl.

7600. Qui non habet in nummis,
Dem hilft nicht, daß er frumm ist;
Qui dat pecuniam summis,
Der macht gerade, was krumm ist.

7601. Was macht man nicht zu Nürnberg ums Geld!

7602. Nürnberger Witz und künstliche Hand
Findet Wege durch alle Land.

7603. Die Nürnberger henken keinen, sie hätten ihn denn.

7604. Nach Nürnberger Recht behält *der* die Schläge, der sie
hat.

7605. Nürnberger Gebot währt drei Tage.

7605a. Was geht mich Nürnberg an? ich habe kein Haus
darin.

7606. Es will ihm nicht ein, man muß den Nürnberger Trichter holen.

7607. Wäre Nürnberg mein, wollt ich's zu Bamberg verzehren.

7608. Es ist nur *ein* Nürnberg.

7609. *Eine* Nuß rappelt nicht im Sacke.

7610. Braune Nüsse, süße Kerne.

7611. Wer den Kern essen will, muß erst die Nuß knacken.

7611a. Die erste Nuß ist nützlich, die zweite schädlich, die
dritte tödlich.

7612. Nußbäumen und Narren sind Kolben die besten
Salben.

7613. Nußbäume, Esel und Weiber wollen geschlagen sein.

7614. Wenn man Nußbäume und Weiber nicht schwingt, so
tragen sie keine Frucht.

Nußbäume – Ochse 391

7615. Unter Nußbäumen und Edelleuten kommt kein gut
Kraut auf.

7616. Nutzen ist der größte Reichtum.

7617. Nicht jeder kann uns nützen, aber jeder kann uns
schaden.

7618. Wem soll der nützen, der sich selber nicht nützt?

7619. Nimmer nutz, nimmer lieb.

7620. Nichts ist nutz, es sei denn ehrlich.

7621. Wie ein Ding nutzt,
Wird es geputzt.

O

7622. Oben aus und nirgend an
Hat noch selten gutgetan.

7623. Der obere Stock steht öfter leer als der untere.

7624. Obrigkeit, bedenk dich recht,
Gott ist dein Herr und du sein Knecht.

7625. Verboten Obst ist süß.

7626. Spät Obst liegt lange.

7627. Früh Obst verwelkt bald.

7628. Ochsen muß man schön
Aus dem Wege gehn.

7629. Ochse, wart des Grases.

7630. Ochs, schau aufs Buch!

7631. Da stehen die Ochsen am Berge!

7632. Kein Ochse, er sei denn ein Kalb gewesen.

7633. Wo der Ochs König ist, sind die Kälber Prinzen.

392 *Ochse – Ofen*

7634. Wer mit jungen Ochsen pflügt, macht krumme Furchen.

7635. Ochsen gehen langsam, ziehen aber gut.

7636. Wer mit Ochsen fährt, kommt auch zu Markte.

7637. Der Ochs kann auch auf vier Füßen laufen wie der Hirsch, aber nicht so schnell.

7638. Der Ochs will den Hasen erlaufen.

7639. Den Ochsen soll man bei den Hörnern nehmen, den Mann beim Worte, die Frau beim Rock.

7640. Müde Ochsen treten hart.

7641. Man kauft den Ochsen nicht teurer, weil er bunt ist.

7642. Dem Ochsen, der da drischt, soll man das Maul nicht verbinden.

7643. Wenn einem Ochsen die Haut wird abgezogen, so ist die größte Arbeit am Schwanz.

7644. Man kann nicht allzeit mit eignen Ochsen pflügen.

7644a. Wo keine Ochsen sind, da ist die Krippe rein.

7645. Er spannt die Ochsen hinter den Pflug.

7646. Er sattelt den Ochsen und koppelt die Pferde.

7646a. Okuli,
Da kommen sie,
Lätare,
Das sind die wahre,
Judika
Sind sie auch noch da,
Palmarum,
Tralarum.

7647. Wir sind hier nicht auf dem Odenwald, sondern in einer löblichen Reichsstadt.

7648. Ofen, Bett und Kanne
Sind gut dem alten Manne.

Ofen – Ohr

7649. Man sucht keinen hinterm Ofen, man habe denn selbst dahinter gesteckt.

7650. Den Ofen heizt man nur, daß er wieder wärme.

7651. An großen Öfen ist gut sich wärmen, sie bedürfen aber viel Holzes.

7652. Ich hätte mich auch gern gewärmt, konnte aber nicht zum Ofen kommen.

7653. Wessen Ofen geheizt ist, der meint, es sei allenthalben Sommer.

7654. In den kalten Ofen ist übel blasen.

7655. In kalten Öfen backt man kein Brot.

7656. Mit dem Ofen ist schwer um die Wette gähnen.

7657. Nu, gapp ens gegen de Backoven.

7658. Hinter dem Ofen ist gut kriegen.

7659. Er gäb' einen guten Kriegsmann ab, hinter dem Ofen.

7660. Ofen und Frau sollen daheim bleiben.

7660a. Es glitzt wie Karfunkelstein im Ofenloch.

7661. Auf eine öffentliche Sünde gehört eine öffentliche Buße.

7662. Je größer der Offizier, je größer das Verbrechen.

7663. Offne Hand macht offne Hand.

7664. Es sind nicht alle krank, die in Ohnmacht fallen.

7665. Wer Ohren hat zu hören, der höre.

7666. Zartem Ohre halbes Wort.

7667. Achte keinen Ort ohne ein Ohr.

7667a. Es haben alle Tannen Ohren.

7668. Man kann viel hören, eh ein Ohr abfällt.

7669. Wer kein Ohr hat, dem kann man keins abschneiden.

7670. In eines andern Ohr kann man schneiden wie in einen Filzhut.

Ohr – Otter

7671. Ein offnes Ohr kann jeder haben.

7672. Zu einem Ohr hinein, zum andern wieder heraus.

7673. Man lernt mehr mit den Ohren als mit den Augen.

7674. Er ist noch nicht trocken hinter den Ohren.

7675. Er hat's faustdick hinter den Ohren.

7676. Einem ehrlichen Mann tut keine Wunde so weh als eine
      Ohrfeige.

7677. Ohrenflüstern gilt nicht.

7678. Wer vom Ölberg kommt, hat den Tod überwunden.

7679. Der Ölberg ist schrecklicher als das Kreuz.

7680. Herr Omnes hat nie wohl regiert.

7681. Kein Opfer ohne Salz.

7682. Oportet ist ein Brettnagel.

7683. Ordnung ist das halbe Leben.

7684. Ordnung hat Gott lieb.

7685. Ordnung erhält die Welt.

7686. Ordnung hilft haushalten.

7687. Wer Ordnung zum Gesetz macht, muß sie zuerst
      halten.

7688. Ordnung muß sein, sagte Hans, da brachten sie ihn ins
      Spinnhaus.

7689. Die Orgel pfeift, so man ihr einbläst.

7690. Es ist kein Ort,
      Er verrät den Mord.

7691. Ostern, wenn die Böcke lammen.

7691a. Regnet's am Ostertag, so regnet's alle Sonntag.

7691b. Komm' die Ostern, wann sie will,
       So kommt sie doch im April.

7692. Zwischen Ostern und Pfingsten heiraten die Unseligen.

7693. Ottern und Bibern haben keine Hege.

P

7694. Wo der Papst ist, da ist Rom.

7695. Wir können nicht *alle* Papst zu Rom werden.

7696. Es kann nur *einer* Papst sein.

7697. Um Papst zu werden, darf man nur wollen.

7698. Wer den Papst zum Vetter hat, ist bald Kardinal.

7699. Er tut, als wär' der Papst sein ärmster Vetter.

7700. Auch der Papst ist ein Schüler gewesen.

7701. Der Papst frißt Bauern, säuft Edelleute und sch–
      Mönche.

7702. Je näher dem Papst, je schlimmerer Christ.

7703. Warum tust du das? Um des Glaubens halber, daß der
      Papst nicht toll werde.

7704. Pack schlägt sich,
      Pack verträgt sich.

7705. Wer der Padde den Kopf abbeißt, getröstet sich des
      Giftes.

7706. Wenn's am Palmsonntag regnet, so hält die Erde keine
      Feuchtigkeit.

7706a. Ist Palmsonntag hell und klar,
       So gibt's ein gut und fruchtbar Jahr.

7707. Pancratius holt seine Tuffeln (Pantoffeln) wieder.

7707a. Pantoffelholz schwimmt immer oben.

7708. Kein Panzer hilft wider den Galgen.

7709. Panzer, Bücher und Frauen muß man erst versuchen.

7710. Wer sich fürchtet, zieht den Panzer an.

7711. Ich mache mir daraus so viel
      Als aus einem Pappenstiel.

7712. Das Papier ist geduldig.

7712a. Das Papier läßt drucken, was man will.

7713. Paros hat kalt Wasser, aber schöne Weiber.

7714. Man ruft so lange Pasch! bis Ostern kommt.

7715. Es paßt – wie die Faust aufs Auge.

7716. Was der Pastor nicht will, nimmt der Küster gerne.

7716a. Wenn's auf den Pastor regnet, tröpfelt es gemeinlich auf den Küster.

7717. Der Pastor predigt nicht zweimal.

7717a. Der Pastor singt keine zwei Messen für *ein* Geld.

7718. Verspricht sich doch wohl der Pastor auf der Kanzel.

7719. Der Pastor ist kein Has und die Kirche kein Feldhuhn.

7720. Wisch dir die Schnute, Junge, gib dem Pastor ein Händchen und sag: Guten Tag, Lümmel!

7720a. Den Glauben gibt der Pastor.

7721. Der Paßbrief zum Spital sind Karten und Huren.

7722. Erst Pater, dann Mater, dann der ganze Konvent.

7723. Unmäßiger Patient macht unbarmherzigen Arzt.

7724. Was man mit Pauken (paucis) ausrichten kann, dazu braucht man keine Trommeln.

7725. Paule, du rasest!

7726. Hat Paulus einen Schaden am Fuß,
St. Peter drum nicht hinken muß.

7727. St. Paul klar
Bringt gutes Jahr.

7728. Pauli Bekehr:
Gans, gib dein Ei her.

7729. Zu Pauli Bekehr
Kommt der Storch wieder her.

7730. Wer Pech angreift, besudelt sich.

7731. Es geht vonstatten wie Pech von Händen.

Peitsche – Pfaffe 397

7732. Mit eigner Peitsche und fremden Rossen ist gut fahren.

7733. Wasch mir den Pelz, aber mach mich nicht naß.

7734. Gesucht wie der Pelz im Sommer.

7735. Er ist mit der Pelzkappe geschossen.

7736. Man soll die Perlen nicht vor die Säue werfen.

7737. Perlen im Kot haben keinen Schein.

7738. Er hat ihm eine Perle aus der Krone gestoßen.

7739. Das ist Pestilenz mit Franzosen geheilt.

7740. Mit St. Peter ist gut handeln.

7741. Petri Schlüssel flüchtet unter Pauli Schwert.

7742. Man soll nicht dem Peter nehmen und dem Paul geben.

7743. Friert's auf Petri Stuhlfeier,
Friert's noch vierzehnmal heuer.

7744. Um Petri Stuhlfeier sucht der Storch sein Nest,
Kommt von Schwalben der Rest.

7745. Sünte Peiter
Geut de Winter weiter.

7746. Peterlein
Muß nicht auf allen Suppen sein.

7746a. Tu Pfad, der Landvogt kommt.

7746b. Pfaff supplex ora, Fürst protega, Bauer labora.

7747. Der Pfaff lebt ein Jahr nach seinem Tode.

7748. Pfaffen zahlen einander keine Zehnten.

7749. Pfaffen sollen nicht aus der Beichte schwatzen.

7750. Was der Pfaff nicht will, nimmt der Küster gern.

7751. Kannst du nicht Pfaff werden, so bleibe Küster.

7752. In jedem Pfäfflein steckt ein Päpstlein.

7752a. Es ist kein Pfäfflein so klein,
Es steckt ein Päpstlein darein.

7753. Es ist kein Pfaff, er hat eine Platte.

398   *Pfaffe*

7754. Der Pfaffe predigt nur einmal des Tags.

7755. Jeder Pfaff lobt sein Heiligtum.

7756. Es sind nicht alle Pfaffen, die große Platten tragen.

7757. Wenn die Pfaffen sich in den Haaren liegen, so lacht der
       Teufel.

7758. Kein Pfaffenrock so heilig, der Teufel schlüpft hinein.

7759. Reitet der Teufel die Pfaffen,
       So reitet er sie rechtschaffen.

7760. Was Pfaffen und Wölfe beißen, ist schwer zu heilen.

7760a. Man muß mit Pfaffen nicht anfangen oder sie tot-
        schlagen.

7760b. Was ein Pfaff gebissen, wird nimmer gesund.

7761. Pfaffen und Klaffen
       Hat der Teufel erschaffen.

7762. Pfaffen im Rat, Säue im Bad und Hund in der Küche
       haben nie was getaugt.

7763. Pfaffenkohl
       Schmeckt wohl (aber brennt übel).

7764. Wenn es wahr wäre, was der Pfaff redet, lebte er nicht
       so üppig.

7765. Kein Pfaff gibt ein Opfer wieder.

7766. Der Winter ward noch nie so kalt,
       Der Pfaff ward noch nie so alt,
       Daß er des Feuers begehrte,
       Dieweil das Opfer währte.

7767. Pfaffen segnen sich zuerst.

7768. Geld her, klingen die Glocken, wennschon der Pfaff tot
       ist.

7769. Pfaffen-Gierigkeit
       Und Gottes Barmherzigkeit
       Währt in alle Ewigkeit.

7770. Pfaffengut faselt nicht.

Pfaffe – Pfarrer 399

7771. Was der Pfaff mit der Zunge und der Soldat mit dem Schwerte gewinnt, das faselt nicht.

7772. Pfaffengut, Raffgut.

7772a. Pfaffengut, Klosterbeute.

7772b. Paafgoot, Rafgot, Düvel, halt den Sack op!

7773. Pfaffenknechte essen im Schweiß;
Von Arbeit werden sie nicht heiß.

7774. Pfaffen und Weiber vergessen nicht.

7775. Pfaffentrug und Weiberlist
Geht über alles, was ihr wißt.

7776. Pfaffen, Mönche und Begheinen
Sind nicht so heilig, als sie scheinen.

7777. Es ist nicht Not, daß die Pfaffen heiraten, solange die Bauern Weiber haben.

7778. Der Pfaff liebt seine Herde, doch die Schafe mehr als die Widder.

7779. Die Pfaffen und die Hunde
Verdienen ihr Brot mit dem Munde.

7780. Pfaffhusen ist auch verbrannt.

7780a. Pfaffenköchin sagt zuerst: des *Herrn* Küche, dann *unsere* Küche, zuletzt *meine* Küche: dann hat der Pfaff bei der Köchin gelegen.

7781. Pfaffenschnitzel sind die besten.

7781a. Der Pfarrer hat keine gute Predigt, der einen langen Text hat.

7782. Pfand
Gibt oft Land.

7783. Es ist ein gut Pfand, das seinen Herren löst.

7783a. Was für die Pfanne gut ist, ist auch für den Stiel.

7783b. Der Heireri sieht nit wohl, hört nit wohl und kann nit recht reden, drum muß er ein Pfarrer werden.

7784. Halt die Pfanne bei dem Stiel,
Halt den Pflug bei dem Sterz.

7784a. Die Pfanne ist so schwarz wie der Hafen.

7784b. Er klagt sich wie eine rinnende Pfanne.

7785. Wer Pfannkuchen essen will, muß Eier schlagen.

7786. Wenn's Pfannkuchen regnet, ist mein Faß umgestülpt.

7787. Erst die Pfarre,
Dann die Quarre.

7788. Wohin man pfarrt,
Da wird man verscharrt.

7789. Die lustigsten Studenten geben die besten Pfarrer.

7790. Pfau hat adlig Gewand, gleisnerischen Gang und teuflischen Gesang.

7791. Pfau,
Schau
Deine
Beine.

7792. Wenn man den Pfau lobt, breitet er den Schwanz aus.

7793. Was der Pfau am Kopf zuwenig hat, hat er am Schwanz
zuviel.

7794. Pfeffer, Kappe und Kalk
Verdecken manchen Schalk.

7795. Pfeffer bringt den Mann aufs Pferd
Und die Frau unter die Erd.

7796. Mein Pfeffer ist so gut wie dein Safran (Sirup).

7797. Wer Pfeffer genug hat, der pfeffert auch seinen Brei.

7797a. Wenn der Dreck zum Pfeffer wird, beißt er am stärksten.

7798. Pfefferkuchen und Branntewein
Wollen stets beisammen sein.

7799. Da liegt der Has im Pfeffer!

7800. Wie die Pfeife, so der Tanz.

7801. Gute Pfeifer,
Brave Säufer.

7802. Wer im Rohr sitzt, hat gut Pfeifen schneiden.

7803. Aus fremdem Rohr ist gut Pfeifen schneiden.

7804. Mit der Pfeife gewonnen, mit der Trommel vertan.

7805. Wie sich einer stellt,
Also seine Pfeife gellt.

7806. Das Pfeiflein muß lauten wohl,
So man Vögel fangen soll.

7807. Wer Pfeifen feil hat und kann pfeifen, dem kauft man
sie ab.

7808. Unter den Bauern pfeift auch Corydon wohl.

7809. Hast du nicht Pfeile im Köcher, so misch dich nicht
unter die Schützen.

7810. Vorgesehenem Pfeile kann man ausweichen.

7811. Ein Pfeil dringt auch wohl durch einen Harnisch.

7812. Man muß nicht alle Pfeile zumal verschießen.

7813. Der eine fiedert die Pfeile, der andere verschießt sie.

7814. Pfennig ist Pfennigs Bruder.

7815. Mein Pfennig ist deines Pfennigs Bruder.

7816. Der gestohlene Pfennig gilt so viel als ein anderer.

7817. Erbettelter Pfennig ist besser denn gestohlener Taler.

7818. Ein ersparter Pfennig ist so gut wie der erworbene.

7819. Ein ersparter Pfennig ist zweimal verdient.

7820. Wer den Pfennig nicht achtet, wird keines Gulden
Herr.

7821. Wer den Pfennig nicht achtet, wird keinen Gulden
wechseln.

7822. Wer den Pfennig nicht ehrt,
Ist des Talers nicht wert.

402   Pfennig – Pferd

7823. Mit dem Pfennig fängt man an zu spielen.

7824. *Ein* ungerechter Pfennig frißt zehn andre.

7825. Böser Pfennig kommt allzeit wieder.

7826. Es ist ein böser Pfennig, der einen Gulden schadet.

7827. Es ist ein guter Pfennig, der einen Gulden erspart.

7828. Mancher sucht einen Pfennig und verbrennt ein Dreier-licht.

7829. Der Pfennig gilt nirgend mehr, als wo er geschlagen ist.

7830. Pfennigsalbe schmiert wohl zu Hofe.

7831. Dank's dem Pfennig, daß du nicht bist finnig.

7832. Wenn der Pfennig läutet, läuft jedermann zur Kirche.

7833. *Ein* Pfennig klingt nicht.

7834. Ein guter Hausvater muß drei Pfennige haben: einen Ehrenpfennig, Zehrpfennig und Notpfennig.

7835. Der Kaiser hat mich lieb und wert,
Wo wäre, der mich nicht begehrt?
spricht der Pfennig.

7836. An einem Pfennig sieht man, wie ein Gulden gemünzt ist.

7837. Das Pferd soll zur Krippe gehn, nicht die Krippe zum Pferd.

7838. Ein gut Pferd
Ist seines Futters wert.

7839. Ein Pferd, das zuviel Futter kriegt, schupft seinen Herrn.

7840. Ein schlecht Pferd, das sein Futter nicht verdient.

7841. Wer dem Pferde seinen Willen läßt, den wirft es aus dem Sattel.

7842. Wer mehr hinter die Pferde legt als vor sie, der füttert nicht lange.

7843. Das Pferd will wohl den Hafer, aber nicht den Sattel.

Pferd   403

7844. Das Pferd, das den Hafer verdient, kriegt dessen wenig.

7845. Wer sein eigen Pferd reiten will, muß seinen eigenen Hafer füttern.

7846. Pferde fressen einen Mann,
Der sie mit Rat nicht halten kann.

7847. Das Pferd stirbt oft, eh das Gras wächst.

7848. Stirb nicht, lieber Hengst, es kommt die Zeit, wo Gras wächst.

7849. Wenn das Pferd satt ist, so trauert es.

7850. Wenn das Pferd voll ist, so ist es faul.

7851. Pferde lassen sich zum Wasser bringen,
Aber nicht zum Trinken zwingen.

7852. Pferd ohne Zaum, Kind ohne Rut
Tun nimmer gut.

7853. Das Pferd beim Zaume, den Mann beim Wort.

7854. Man muß das Pferd und nicht den Reiter zäumen.

7855. Auf ein ungezäumt Pferd gehört ein alter Reiter.

7856. Ungezäumt Pferd
Irrt heu'r wie fert (vorm Jahre).

7857. Ungezäumt Pferd ging nie wohl.

7858. Er zäumt das Pferd beim Schwanz auf.

7859. Gute Worte, Zaum und Sporen machen das Pferd fromm.

7860. Fremdes Pferd und eigne Sporen
Haben bald den Wind verloren.

7861. Fremde Pferde laufen schnell.

7861a. Wenn die Bauern besoffen sind, laufen die Pferde am besten.

7862. Williges Pferd soll man nicht sporen.

7863. Rasches Pferd kam oft krank zu Hause.

404   *Pferd*

7864. Das Pferd, das am besten zieht, bekömmt die meisten Schläge.

7865. Wenn das Pferd zu alt ist, spannt man's in den Karren.

7866. Es kommt wohl auch, daß man die Pferde muß hinter den Wagen spannen.

7867. Zwei Pferde, ein Kutscher, vier Bestien.

7868. Das Pferd ist oft klüger als sein Reiter.

7869. Mancher, der nie ein Pferd beschritt,
      Singt oft ein Reiterlied.

7870. Junge Pferde wollen den Bereiter abrichten.

7871. Wer weiter will als sein Pferd, der sitze ab und geh' zu Fuß.

7871a. De mi 't Pierd wiset, bruukt mi de Krüblen nit to wiisen.

7872. Klein Pferd, kleine Tagereise.

7873. Langes Pferd, kurzer Ritt.

7874. Hast du kein Pferd, so brauche den Esel.

7875. Vom Pferd auf den Esel.

7876. Es kommt niemand gern vom Pferd auf den Esel.

7877. Man muß das Pferd nicht auf den Esel setzen.

7878. Wer mit jungen Pferden pflügt, macht krumme Furchen.

7879. Man muß mit den Pferden pflügen, die man hat.

7880. Ein schäbig Pferd leidet keinen Striegel.

7881. Mit bösen Pferden bricht man das Eis.

7882. Die Fürsten haben der Pferde Art: sie stallen gern, wo es schon naß ist.

7883. Wer ein schelmisch Pferd hat, vertauscht es seinen Freunden.

7884. Buntes Pferd verkauft man gern.

Pferd – Pflaume 405

7885. Laß dich auf keinem fahlen Pferde betreffen.

7886. Die Pferde verstehen die Füße im Stall.

7887. Stolpert doch ein Pferd auf vier Eisen.

7888. Gut Pferd, das nie stolpert,
Gut Weib, das nie holpert.

7889. Dein Pferd, dein Weib und dein Schwert leih nicht her.

7890. Von schönen Pferden fallen schöne Fohlen.

7891. Nasse Pfingsten, fette Weihnachten.

7891a. Regnet's am Pfingstmontag,
So regnet's sieben Sonntag.

7892. Pfingstenregen,
Weinsegen.

7893. Reife Erdbeeren um Pfingsten bringen ein gutes Weinjahr.

7893a. Zu Pfingsten
Gilt das Korn am mindsten.

7894. Pfingsten, wenn die Gans auf dem Eise geht!

7895. Zu Pfingsten auf dem Eise!

7896. Pfirsichbaum und Bauernregiment
Wächst schnell, nimmt bald ein End.

7897. Pfirsiche sind nicht getrocknete Birnen.

7898. Plack lehrt krauen.

7899. Pflanze, oft versetzt, gedeiht nicht.

7900. Pflanze mich für zwei,
So trag ich dir für drei.

7900a. Wenn Gott das Gedeihen nicht gibt, so hilft unser
Pflanzen und Wässern nicht.

7901. Man kann nicht alle Schäden mit *einem* Pflaster heilen.

7902. Je gesunder das Pflaster, je größer der Schmerz.

7903. Pflasterkneter, Zungendrescher.

7904. Pflaumen kann man nicht zu Äpfeln machen.

7905. Pflaumenstreicher sind alle falsch.

7906. Pflegerlieb
Ist falsch und trüb.

7907. Pflegertreu
Ist immer neu.

7908. Gebrauchter Pflug blinkt,
Stehend Wasser stinkt.

7909. Wo der Pflug hingeht, da geht auch der Zehent hin.

7910. Wo das Pflugeisen rastet, wird das Land nicht wohl
gebaut.

7911. Pflügen und nicht säen,
Lesen und nicht verstehen
Ist halb müßig gehen.

7912. Wer's mit dem Pförtner hält, findet bald Einlaß.

7913. Übler Pförtner, der alles einläßt.

7914. Wer Linden pfropfet auf den Dorn,
Hat an beiden sein Recht verlorn.

7915. Nimmer Pfründ, nimmer Köchin.

7916. Daß es recht sei, zwei Pfründe zu haben, verstehen nur
die nicht, welche bloß *eine* haben.

7916a. Pfründenbrot ist Bettelbrot.

7917. Man wird ihm eine Pfründe geben, wenn er nicht mehr
essen mag.

7918. Wer mit dem Pfunde wägt, bedarf des Zentners nicht.

7919. Hundert Pfund Sorgen
Bezahlen kein Lot Borgen.

7920. Ein Pfund Federn wiegt so viel als ein Pfund Blei.

7921. Wo der Pfuscher findet Brot,
Muß der Künstler leiden Not.

7922. Wenn man's hingießt, wo's schon naß ist, wird leicht
eine Pfütze daraus.

7923. Zehn Phantasten geben erst *einen* Narren.

7924. Philister über dir!

7925. Pietist,
Fauler Christ!

7926. Man muß von der Pike auf gedient haben.

7927. Pilatus wandert nicht aus der Kirche, er richtet zuvor
einen Lärmen an.

7928. Man muß Pilato mit dem Kaiser dräuen.

7929. Wie kommt Pilatus ins Credo?

7930. Er ist dazu gekommen wie Pilatus ins Credo.

7931. Von Pontius zu Pilatus gewiesen.

7932. Bittere Pillen vergoldet man.

7933. Pillen muß man schlingen, nicht kauen.

7934. Pillen muß man verschlucken,
Nicht im Maul zerdrucken.

7935. Der erste Pillendreher war der Geißbock.

7936. Wo man das Placebo singt, da muß die Wahrheit zu-
rückstehen.

7937. Wer das Placebo domino nicht wohl singen kann, der
bleibe von Hofe.

7938. Planeten
Sind üble Propheten.

7939. Christen haben keine Planeten,
Sondern Gott zum Propheten.

7940. Mit aller Pläsier, sagt der Bauer, wenn er muß.

7941. Platz für sieben Mann, es kommt ein halber.

7942. Jeder Platz
Hat seinen Schatz,
Jeder Ort
Seinen Hort.

7943. Er hat den Platz neben das Loch gesetzt.

7944. Wer viel plaudert, lügt viel.

7945. Muß man denn allen Plunder wissen?

7946. Plündern macht nicht reich.

7947. Plünderer sind feige Soldaten.

7948. Wer sich an Pöbel hängt, ist übel logiert.

7949. Der Esel will geschlagen, der Pöbel mit Gewalt regiert sein.

7950. Der Pöbel macht die Herren weise.

7951. Dem Pöbel muß man weichen,
Will man ihm nicht gleichen.

7952. Wer dem Pöbel dient, hat einen übeln Herrn.

7953. Dem Pöbel weicht auch der Teufel.

7954. Es ist nicht gar erdicht't,
Was der Pöbel spricht.

7955. Hüte dich vor dem Pocher,
Dir schadet nie der Socher.

7956. Fürs Podagra hilft kein Schuh.

7957. Bei guten Tagen und Wein
Will das Podagra sein.

7958. Bacchus der Vater, Venus die Mutter, Zorn die Hebamm
Erzeugen das Podagram.

7959. Es ist nicht gut, der Poet im Dorf zu sein.

7960. Der Pole ist ein Dieb, der Preuß ein Verräter, der Böhme ein Ketzer und der Schwab ein Schwätzer.

7961. Polnische Brücke, böhmischer Mönch, schwäbische Nonne, welsche Andacht und der Deutschen Fasten gelten eine Bohne.

7962. Der Pole würde eher am Sonntag ein Pferd stehlen als am Freitag Milch oder Butter essen.

Polen – Prahler   409

7963. Polen ist der Bauern Hölle, der Juden Paradies, der Bürger Fegefeuer, der Edelleute Himmel und der Fremden Goldgrube.

7964. Wie ein polnischer Stiefel, an beide Füße gerecht.

7965. Es geht zu wie auf dem polnischen Reichstag.

7966. Politisch ist englisch reden und teuflisch meinen.

7967. Erst prächtig, jetzt verächtlich.

7968. Kommt Präzedenzstreit auf die Bahn,
So sitzt der Teufel obenan.

7969. Practica est multiplex, sagte der Bauer, da zog er sich einen Wurm heraus und band den Schuh damit zu.

7970. Praktisieren ist die Kunst, sagte die Frau, da setzte sie den Lappen neben das Loch.

7971. Poenitet ist ein Impersonale.

7972. Wer mit der Post reisen will, muß eine fürstliche Börse und eines Lastträgers Rücken haben.

7973. Ich achte der Possen nicht, sagte jener Bischof, als er einen Spruch aus der Bibel hörte.

7974. Auf alle Pferde gerecht, wie ein Postsattel.

7975. Je povrer der Pracher, je fetter die Laus.

7976. Wenn der Pracher was hat, so hat er keinen Napf.

7977. Pracht macht keinen ehrlich.

7978. Große Pracht,
Kleine Macht.

7979. Pracht, Gold und Ehr
Ist morgen oft nicht mehr.

7980. Prahler,
Schlechte Zahler.

7980a. Pocher und Prahler sind keine Fechter.

7981. Prahler,
Ihrer Torheit Maler.

7982. Groß Geprahl,
Bissen schmal.

7983. Prahle nicht mit deinem Glücke,
Willst du meiden Neid und Tücke.

7984. Prahlen wir nicht mehr, sind wir arme Leute.

7985. Man kann auch wohl Prälaten sehn,
Die nicht in saubern Schuhen stehn.

7986. Prasser eilen zum Bettelstab.

7987. Golden die Praxis, hölzern die Theorie,

7988. Predigen macht den Leib müde.

7989. Viel Predigen macht Kopfweh.

7990. Kurze Predigt, lange Bratwürste.

7991. Wer zuviel predigt, verjagt die Zuhörer.

7992. Das kommt vom langen Predigen.

7993. Eine gute Predigt muß nicht zu breite Tressen haben,
das Tuch muß noch daran zu sehen sein.

7994. Der beste Prediger ist die Zeit.

7995. Prediger haben Gehalt fürs Predigen, nicht fürs Tun.

7996. Andern ist gut predigen.

7997. Viel Prediger sind, die selbst nicht hören.

7998. Es ist nicht alles Gottes Wort, was gepredigt wird, es
bringt auch mancher seine eigene Ware zu Markt.

7999. Predigt hören säumet nicht.

8000. Priester und Schafe haben goldnen Fuß.

8001. Priester bete,
Fürst vertrete,
Bauer jäte!

8002. Priester und Weiber soll man ehren.

8003. Priester soll man ehren,
Weil sie Gutes lehren.

Priester – Prophet 411

8004. Priester lehren Gutes,
Nicht aber jeder tut es.

8005. Auf den Priester
Folgt der Küster.

8006. Große Präsenz macht andächtige Priester.

8007. Der Priester Zänkerei,
Des Teufels Jubilei.

8008. Priesterkinder,
Müllerrinder,
Bäckerschwein
Wollen gut gefüttert sein.

8009. Priesterkinder und Müllerküh,
Wenn sie geraten, sind gutes Vieh.

8010. Probieren macht gelüstige Leute.

8011. Probieren macht die Jungfern teuer.

8012. Probieren
Geht über studieren.

8013. Jeder Prozeß ist ein Bellum civile.

8014. Den Prozeß mit Wein begießen hilft.

8015. Wer Prozeß um eine Henne hat, nehme lieber das Ei
dafür.

8016. Wer zuviel Korn hat, stelle sich Mäuse ein, und wer
zuviel Geld hat, fange Prozeß an.

8017. Er sieht aus, als hätt' er den Prozeß verspielt.

8018. Er lebt vom Profit und macht Staat vom Betrügen.

8019. Das ist das Gesetz und die Propheten!

8020. Die alten Propheten sind tot, den neuen glaubt man
nicht.

8021. Der Prophet gilt nirgend weniger als in seinem Vater-
lande.

8022. Er ist ein Prophet, der Brot ißt.

412   *Prophetendreck – Quer*

8023. Ich habe keinen Prophetendreck gegessen.

8024. Du gäbst einen guten Pfaffen, aber einen bösen Propheten.

8025. Er ist seiner Protektion milder denn seiner Gaben.

8026. Prüfet alles, und das Beste behaltet!

8027. Wer keine Prügel hat, muß mit Bratwürsten um sich werfen.

8028. Wer alle Prügel aufliest, bekommt bald den Arm voll.

8029. Es hat ihm eine Hexe aufs Pulver gepißt.

8030. Besser heiß gepustet als das Maul verbrannt.

8031. Wo man den Pumpernickel in der Kirche singt, muß man mitsingen.

8032. Mancher kann den rechten Punkt zwischen zu früh und zu spät nicht treffen.

8033. Auf Purpurbetten liegt man hart.

Q

8034. Die kurze Qual ist die beste.

8035. Lange Qual ist bittrer Tod.

8036. Stelle dir eine Quare,
Si non vis errare.

8037. Einen Quast im Nacken,
Ein Loch im Hacken.

8038. Er hat Quecksilber im Hintern.

8039. Aus der Quelle soll man schöpfen.

8040. Quer durch geht nicht allemal an.

8041. Quinquenellen
Kommen aus der Höllen.

8042. Quinten springen leicht,
Wenn man sie zu hart streicht.

8043. Propter longam quoniam – zum Zeitvertreib.

R

8044. Drei R gehören Gott allein: rühmen, rächen, richten.

8045. Raben zeugen keine Tauben,
Dornen bringen keine Trauben.

8046. Es heckt kein Rab ein Zeislein.

8047. Der Rabe hat der Krähe nichts vorzuwerfen.

8048. Die jungen Raben sind wie die alten geschnäbelt.

8049. Erziehst du dir einen Raben,
So wird er dir ein Aug ausgraben.

8050. Die jungen Raben brauchen Futter.

8051. Rab auf dem Dach, Fuchs vor der Tür,
Hüt' sich Mann und Roß dafür.

8052. Die Raben müssen einen Geier haben.

8053. Was den Raben gehört, ertrinkt nicht.

8054. Es hilft kein Bad am Raben.

8055. Der Raben Bad und der Huren Beichte sind unnütz.

8056. Rache ist neues Unrecht.

8057. Rache macht ein kleines Recht zu großem Unrecht.

8058. Rache bleibt nicht ungerochen.

8059. Einer Rache gebührt die andre.

8060. Auf Rach
Folgt Ach!

8061. Gemach
Geht Gottes Rach.

8062. Gemach
Zur Rach.

8063. Zur Rach eine Schnecke, zur Wohltat ein Vogel.

8064. Der Rache sind die Hände ans Herz gebunden.

8065. Wer alles will rächen
Manu bellatoria,
Die Kraft wird ihm gebrechen,
Nec erit victoria.

8066. Die Rache wird nimmer zur Hure.

8067. Verzeihen ist die beste Rache.

8068. Das schlimmste Rad am Wagen knarrt am ärgsten.

8069. Rappelige Räder laufen am längsten.

8070. Ungeschmierte Räder knarren.

8071. Er ist das fünfte Rad am Wagen.

8072. Es geht noch manch Rad um, eh das geschieht.

8073. Der Rahm ist schon von der Milch geschöpft.

8074. Der Rank
Überwindet den Klang.

8075. Besser gerannt
Als verbrannt.

8076. Wer früh nicht rast, der rast spät.

8077. Ein jeder hat je einmal seine Rasezeit.

8078. Rast
Gibt Mast.

8079. Rast ich, so rost ich, sagt der Schlüssel.

8080. Was nicht rastet und nicht ruht,
Tut in die Länge nicht gut.

Rat

8081. Rat soll vor der Tat gehen.

8082. All Ding will vor Rat, dann Tat haben.

8083. Halte Rat
Vor der Tat.

8084. Nach dem Rat
Greif zur Tat.

8085. Ohne Rat
Keine Tat.

8086. Zum Rat weile,
Zur Tat eile.

8087. Sei eine Schneck im Raten,
Ein Vogel in Taten.

8088. Hitz im Rat,
Eil in der Tat
Bringt nichts als Schad.

8089. Jähem Rat folgt Reu und Leid.

8090. Jäher Rat hat Reu zum Gefährten.

8091. Der Neuling folgt jähen Räten.

8092. Jäher Rat
Nie gut tat.

8093. Jäher Rat kommt zu früh.

8094. Die nüchternen Räte sind die besten.

8095. Rat
Nach der Tat
Kommt zu spat.

8096. Nach der Tat
Kommt Schweizerrat.

8097. Guter Rat
Kommt nie zu spat.

8098. Guter Rat ist Goldes wert.

8099. Guten Rat muß man nicht ausbieten wie saures Bier.

8100. Guter Rat ist teuer.

| 416 | *Rat* |

8101. Guten Rat soll man nicht auf alle Märkte tragen.

8102. Kein Rat ist gut, man folge ihm denn.

8103. Rate niemand ungebeten.

8104. Alle wissen guten Rat,
Nur nicht, wer ihn nötig hat.

8105. Guter Rat kommt morgen.

8106. Guter Rat kommt über Nacht.

8107. Kurzer Rat, guter Rat.

8108. Wem nicht zu raten ist, dem ist nicht zu helfen.

8109. Wer Rat begehrt, dem ist zu helfen.

8110. Der Alten Rat, der Jungen Stab.

8111. Raten ist leichter denn helfen.

8112. Wer rät, der gibt nichts.

8113. Wer sich nicht läßt raten,
Sitzt am Tisch und verschläft den Braten.

8114. Rat ist besser denn Glück.

8115. Raten ist oft besser denn fechten.

8116. Ein Löffel voll Tat
Ist besser als ein Scheffel voll Rat.

8117. Niemand ist klug genug, sich selbst zu raten.

8118. Wir können andern raten, aber uns selbst nicht.

8119. Die sich lassen sagen, denen mag man raten.

8120. Fremder Rat ist Gottes Stimme.

8121. Ratet mir gut, aber ratet mir nicht ab, sagt die Braut.

8122. Raten ist nicht zwingen.

8123. Raten und Überreden stehen nicht gut beieinander.

8124. Raten ist wie Scheibenschießen.

8125. Zu unwitzigem Rat gehört eine hölzene Glocke.

8126. Wer sich selbst nicht weiß zu raten,
Schau', was andre vor ihm taten.

Rat – Rauch 417

8127. Der Rat soll unter den Händen wachsen.

8128. Im Raten sieh mehr auf den Schwanz als auf den Schnabel.

8129. Mit vielen in den Krieg, mit wenigen in den Rat.

8130. Viele zur Hülfe, wenige zum Rat.

8131. Viel Rat ist Unrat.

8132. Ratgeber bezahlen nicht.

8133. Wenn es gut geht, sind alle gute Ratgeber.

8134. Bei Ratsversammlungen haben die Wände Ohren.

8135. Wenn die Herrn vom Rathause kommen, sind sie am klügsten.

8136. Er will andrer Leute Ratten fangen und fängt sich selber nicht die Mäuse.

8137. Raubvögel singen nicht.

8138. Der Räuber schimpft den Mordbrenner.

8139. Die größten Räuber sind Weiber, Wein und Würfelspiel.

8140. Kein Rauch ohne Feuer.

8141. Wo Rauch ist, muß auch Feuer sein.

8142. Rauch geht vor dem Feuer her.

8143. Kein Rauch ohne Feuer,
Ohne Mäuse keine Scheuer.

8144. Wo Rauch aufgeht, da ist Feuer nicht weit.

8145. Man leidet den Rauch des Feuers wegen.

8146. Unser Rauch ist besser denn des Nachbars Feuer.

8147. Der Rauch in meinem Hause ist mir lieber als des Nachbarn Feuer.

8148. Er sieht den Rauch und weiß nicht, wo es brennt.

8149. Er flieht den Rauch und fällt ins Feuer.

8150. Laß dich nicht von jedem Rauch beißen.

418   *Rauch – Rebe*

8151. Kleiner Rauch beißt mich nicht.

8152. Je mehr der Rauch aufsteigt, je mehr verfliegt er.

8153. Wenn Rauch nicht aus dem Hause will,
      So ist vorhanden Regens viel.

8154. Rauch vertreibt die Bienen, Sünde die Engel.

8155. Ein Rauch, ein bös Weib und ein Regen
      Sind einem Haus überlegen.

8156. Drei Dinge treiben den Mann aus dem Hause, ein
      Rauch, ein übel Dach und ein böses Weib.

8157. Man muß das Rauche nach außen kehren.

8158. Wer die Räude fürchtet, kriegt den Grind.

8159. Ein räudiges Schaf steckt die ganze Herde an.

8160. Wer sich zu Räudigen hält, wird selber krätzig.

8161. Wer will, daß sich zwei raufen, muß oft die Haare dazu
      leihen.

8162. Der Raupen wegen muß man den Baum nicht um-
      hacken.

8163. Rühme dich nicht, Räuplein, dein Vater war ein Kohl-
      wurm.

8164. Besser ein Rausch denn ein Fieber.

8165. Seit der Rausch aufgekommen, säuft sich keiner mehr
      voll.

8166. Reben können einen Bauer ausziehen, aber auch wieder
      an.

8167. Reben lassen einen fallen bis an den Rhein,
      Aber nie ganz hinein.

8168. Lumpenreben geben den besten Wein.

8169. Zu Johannis aus den Reben gahn
      Und die Reben blühen lahn.

8170. Den Reben und der Geiß
      Wird es nie zu heiß.

Rebe – Recht 419

8171. Auch eine Edelrebe trägt einen Wintertroll.

8172. Junge Rebe, zum alten Baum gesetzt, muß verdorren.

8173. Aus den Reben
Fleußt Leben.

8174. Hier geht es durch zwei Rechen.

8175. Wie man einen Rechenpfennig setzt, so muß er gelten.

8176. Kurze Rechnung, lange Freundschaft.

8177. Richtige Rechnung macht gute Freundschaft.

8178. Was hilft richtige Rechnung, wenn man schlecht bezahlt?

8179. Man soll die Rechnung nicht ohne den Wirt machen.

8180. Man soll die Rechnung mit seinem Beutel machen.

8181. Wenn's Gütchen vertan und der Säckel leer ist, rechnet man zu spät.

8182. Du mußt Recht finden und nicht Recht bringen.

8183. Recht findet sich.

8184. Wer Recht tut, wird Recht finden.

8185. Recht muß Recht finden.

8186. Wer Recht fordert, muß auch Recht pflegen.

8187. Recht
Findet allzeit seinen Knecht.

8188. Recht tun
Läßt sanft ruhn.

8189. Was recht ist, das hat Gott lieb.

8190. Was recht ist, hat Gott lieb,
Wer Geißen stiehlt, ist kein Bockdieb.

8191. Recht tun ist Gott lieb,
Sprach der Korndieb.
Hätt' i nu e Mücke gno,
So wär' i besser fort cho.

8191a. Was recht ist, gefällt jedermann.

8192. Recht tun verliegt sich nicht.

8193. Wer recht tut, der ist wohlgeboren.

8194. Tue recht, scheue niemand.

8195. Tu recht und fürchte dir übel dabei.

8196. Tu recht, laß alle Vöglein singen.

8197. Tu recht und laß die Leute aufs Kerbholz reden.

8198. Recht getan ist viel (wohl-) getan.

8198a. Recht ist über hübsch.

8199. Was dem einen recht ist, ist dem andern billig.

8200. Was einem recht, ist allen recht.

8201. Das Recht schiert haarscharf.

8202. Das Recht wird weder weiter noch enger.

8203. Eben Recht ist weder eng noch weit.

8204. Eng Recht ist ein weit Unrecht.

8205. Strenges Recht ist oft das größte Unrecht.

8206. Streng Recht, gewiß Unrecht.

8207. Das Recht ist des Wachenden, das Glück des Schlafenden.

8208. Wer recht hat, behält den Sieg.

8209. Wer den Sieg behält, der hat recht.

8210. Wer recht hat, hat niemand zu fürchten.

8211. Das Recht ist wohl ein guter Mann, aber nicht immer der Richter.

8212. Das Recht ist gut, aber die Rechtspraktika taugt nichts.

8213. Das Recht wär' wohl gut, wenn man's nicht krumm machte.

8214. Zuviel Recht
Hat manchen Herrn gemacht zum Knecht.

8215. Es gibt drei Recht: Recht und Unrecht, und wie man's macht, ist auch recht.

Recht 421

8216. Wenig mit Recht ist besser als viel mit Unrecht.

8217. Das Recht hat eine wächserne Nase.

8218. Das Recht ist an beide Füße gerecht wie ein polnischer Stiefel.

8219. Die Rechte sind links und rechts, wie man sie dreht.

8220. Die Leute führen das Recht in der Tasche.

8221. Wer allermeist gibt, hat allermeist recht.

8222. Recht muß doch Recht bleiben.

8223. Recht bleibt Recht, aber man verdreht's gern.

8224. Das Recht ist des Stärksten.

8225. Gut Recht bedarf oft guter Hülfe.

8226. Dem Recht ist öfters Hülfe not.

8227. Dem Recht will nachgeholfen sein.

8228. Rechten
Ist fechten.

8229. Rechten ist kriegen: von beiden weiß Gott das Ende.

8230. Wer nicht kann fechten,
Gewinnt nichts im Rechten.

8231. Mit Rechten und Kriegen gewinnt niemand viel.

8232. Recht scheidet wohl, aber es freundet nicht.

8233. Rechten ist recht, aber unfreundlich.

8234. Rechten ist bös, wo Gewalt Richter ist.

8235. Rechten und borgen
Macht Kummer und Sorgen.

8236. Groß Herr, groß Recht,
Klein Knecht, klein Recht.

8237. Wer Recht nicht will leiden, darf über Gewalt nicht klagen.

Recht – Rede

8238. Geschriebenes Recht ist ein breites, dünnes Netz, die Mücken bleiben drin hängen, die Hummeln brechen hindurch.

8239. Geschriebenes Recht ist eine große Glocke: wenn nur der Schwengel nicht so leicht herunterfiele.

8240. Die Rechtlichkeit und der Palmesel kommen jährlich nur einmal ans Licht.

8241. Kein besser Recht denn das Gegenrecht.

8242. Es ist kein besser Recht
Denn ein Mägdlein und ein Knecht.

8243. Bedingt Recht bricht Landrecht.

8244. Man könnt' es den Leuten nicht recht tun, wenn man sich die Nas abbisse.

8245. Wer's allen recht machen kann, ist noch nicht geboren.

8246. Rechtes
Leidet nichts Schlechtes.

8247. Recht und schlecht, das ziert den Mann.

8248. Wenn der rechte Joseph kommt, sagt Maria ja.

8249. Du hast recht, du kommst neben die Mutter Maria in den Himmel.

8250. Rede wenig, höre viel.

8251. Viel und wohl reden
Will nicht wohl queden.

8252. Kurze Rede, gute Rede.

8253. Wer viel redet, lügt viel.

8254. Reden ist Silber, Schweigen ist Gold.

8255. Reden kommt von Natur, Schweigen vom Verstande.

8256. Reden steht einem Jungen wohl an, Schweigen mehr.

8257. Rede wenig mit andern, aber viel mit dir selbst.

8258. Rede wenig, rede wahr,
Zehre wenig, zahle bar.

Rede

8259. Wenig reden altert die Frauen.

8260. Rede, daß ich dich sehe.

8261. An der Red erkennt man den Mann.

8262. An der Red erkennt man den Toren
Wie den Esel an den Ohren.

8263. Wie einer redet, so ist er.

8264. Die Rede ist des Mannes Bildnis.

8265. Die Rede ist des Gemüts Bote.

8266. Rede ist das Auge des Gemüts.

8267. Die Rede verrät das Herz.

8268. Reden und Sitten verachten das Land.

8269. Rede, so lernst du reden.

8270. Rede nicht, wo kein Ohr ist.

8271. Freche Rede, zage Tat.

8272. Reden ist leichter als Tun und Versprechen leichter als
Halten.

8273. Reden und Halten ist zweierlei.

8274. Man redet viel, wenn der Tag lang ist.

8275. Abendrede und Morgenrede kommen selten überein.

8276. Wüste Rede, wüste Ohren.

8277. Wer redet, was er will, muß hören, was er nicht will.

8278. Wer redet, was ihn gelüstet,
Muß hören, was ihn entrüstet.

8279. Gered't ist gered't, man kann's mit keinem Schwamme
auswischen.

8280. Es gehn viel Reden in einen Wollsack.

8281. Es gehen viel Reden in ein fudrig Faß.

8282. Üble Nachred ist bald flügg
Und läßt viel Gestank zurück.

8283. Einer kann reden und sieben können singen.

8284. Redlichkeit lobt jedermann,
Jedoch läßt man sie betteln gahn.

8285. Keine Regel ohne Ausnahme.

8286. Regen und Segen kommt vom Herrn.

8287. Nach Regen kommt Sonnenschein.

8288. Wenn es bei Sonnenschein regnet, so ist Kirmes in der
Hölle.

8289. Wenn's regnet und die Sonne scheint, so schlägt der
Teufel seine Großmutter: er lacht und sie weint.

8290. Wenn's regnet bei Sonnenschein, so hat der Teufel seine
Großmutter auf der Bleiche.

8291. Es regnet bei Sonnenschein: da kommt ein Schneider in
den Himmel.

8292. Aus dem Regen in die Traufe.

8293. Wer dem Regen entlaufen will, fällt oft ins Wasser.

8294. Ein kleiner Regen macht nicht naß.

8295. Es regnet gern, wo es schon naß ist.

8296. Wenn's regnet, ist Hagel und Schnee verdorben.

8297. Viel kleine Regen machen einen Platzregen.

8298. Kleiner Regen legt großen Wind.

8299. Kleiner Regen
Macht großen Wind legen.

8300. Regnet es nicht, so tropft es doch.

8301. Laß regnen, weil es regnen mag,
Das Wasser will seinen Lauf,
Und wenn es ausgeregnet hat,
So hört's von selber auf.

8302. Wenn es regnet, muß man's machen wie die Nürnberger und drunter herlaufen.

Regnen – Regiment 425

8303. Ja, liebe Frau Bas,
Wenn es regnet, wird man naß,
Wenn es schneit, so wird man weiß,
Und wenn's gefriert, so gibt es Eis.

8304. Kann unser Herrgott regnen, so können die Reichen
auf Stelzen gehen.

8305. Regnet's am Sonntag vor der Miß,
Regnet's die ganze Woch gewiß.

8306. Regnet's an unserer Frauen Tag, wenn sie übers
Gebirge geht (Mariä Sif), so regnet's noch vierzig
Tag.

8307. Regenbogen am Morgen
Macht dem Schäfer Sorgen;
Regenbogen am Abend
Ist dem Schäfer labend.

8308. Regenten und Wächter müssen wenig schlafen.

8309. Neue Regenten können eilf Kegel schieben.

8310. Wer regieren will, muß auch können durch die Finger
sehen.

8311. Wenig regieren macht guten Frieden.

8312. Du hast viel zu regieren in andrer Leute Häusern.

8313. Wer regieren will, muß hören und nicht hören, sehen
und nicht sehen.

8314. Im Regieren ist mehr Last als Lust, mehr Beschwer
denn Ehr.

8315. Wenn die Füße den Kopf regierten, so ging's drüber
und drunter.

8316. Regiment lehrt regieren.

8317. Änderung im Regiment
Nimmt selten gut End.

8318. Streng Regiment
Nimmt bald ein End.

8319. Das Reich ist nicht einig.

8320. Der ist reich, des Reichtum niemand weiß.

8321. Rechten Reichtum stiehlt kein Dieb.

8322. Reich ist, wer einen gnädigen Gott hat.

8323. Wir haben einen reichen Gott, je mehr er gibt, je mehr
er hat.

8324. Wenn wir alle wären reich
Und einer wär' dem andern gleich
Und wären all zu Tisch gesessen,
Wer trüge dann uns auf das Essen?

8325. Es ist keiner noch so reich,
Mit Denken ist ihm der Arme gleich.

8326. Reich ist, wer mit der Armut eins ist.

8327. Reicher ist, der Reichtum verachtet, denn der Reichtum besitzt.

8328. Nicht wer viel hat, ist reich, sondern wer wenig bedarf.

8329. Reichtum sei wie Bäckers Schurz,
Nicht zu lang und nicht zu kurz.

8330. Leg deinen Reichtum nicht all auf *ein* Schiff.

8331. Reiche essen, wann sie wollen, Arme, wann sie was
haben.

8332. Reicher Demut meinet Gott,
Armer Hoffart ist ein Spott.

8333. Stirbt der Reiche,
So geht man zur Leiche;
Stirbt der Arme,
Daß Gott erbarme!

8334. Reiche steckt man in die Tasche,
Arme setzt man in die Asche.

8335. Reichen gibt man, Armen nimmt man.

8336. Reiche läßt man gehen, Arme müssen an Galgen.

8337. Die Reichen wissen nicht, wie dem Armen zumut ist.

8338. Aus dem reichen Schlecker
Wird ein armer Lecker.

8339. Reicher Leute Töchter und armer Leute Kälber werden
bald reif.

8340. Reicher Leute Kinder geraten selten wohl.

8341. Wenn die Reichen bauen, haben die Armen zu tun.

8342. Reichtum und Armut liegt nicht am Gut, sondern am
Mut.

8343. Mancher ist reich an Geld und arm im Beutel – bei
seiner Frau.

8344. Wer jählings reich wird, nimmt kein gut Alter.

8345. Reiche Leute haben das meiste Geld.

8346. Reichtum und Schnuppen fallen meist auf die Schwachen.

8347. Reich sein und gerecht
Reimt sich wie krumm und schlecht.

8348. Reichtum stiftet Torheit.

8349. Ein Reicher ist ein Schelm oder eines Schelmen Erbe.

8350. Die Reichen haben den Glauben in der Kiste.

8351. Wer reich werden will, muß seine Seele hinter die Kiste
werfen.

8352. Erst reich werden, dann Gott dienen.

8353. Je reicher, je kärger.

8354. Ein karger Reicher ist Salomons Esel.

8355. Wenn einer reich wird, so spart er.

8356. Reichtum mag Torheit wohl leiden.

8357. Reichtum hat Adlers Flügel und Hasenherz.

8358. Reich werden ist keine Kunst, aber fromm bleiben.

8359. Reichtum macht nur Mut,
Wenn man's gebraucht wie hinterlegt Gut.

8360. Großer Reichtum hilft nicht,
Wenn nicht Gott den Segen spricht.

8361. Kleiner Reichtum ist groß, so man's zusammenhält.

8362. Reichtum vergeht,
Kunst besteht.

8363. Reichtum kommt nicht von Geuden,
Sondern von kargen Leuten.

8364. Wer einem Reichern schenkt, gibt dem Teufel zu lachen.

8365. Selig sind die Reichen,
Alles muß ihnen weichen.

8366. Reichtum ist allein fromm.

8367. Beim Reichen ist alles Gold, was glänzt.

8368. Dem Reichtum ist alles verwandt.

8369. Der Reiche redet eitel Zentnerworte.

8370. Des Reichen Wort gilt, denn es ist mit Gold gefüttert.

8371. Wer reich ist, des Wort ist gehört.

8372. Ein Reicher muß klug sein, wenn er schon ein Narr ist.

8373. Reiche Leute sind überall daheim.

8374. Reiche Leute haben fette Katzen.

8375. Reicher Leute Kinder geraten selten wohl.

8376. Er ist reich daheim, weiß aber sein Haus nicht.

8377. Reif und Regen
Begegnen sich auf den Stegen.

8378. Was bald reif,
Hält nicht steif.

8379. Was bald reif wird, wird bald faul.

8380. Er steckt Reifen auf, wenn kein Bier mehr im Keller ist.

8381. Reim dich oder ich freß dich.

8382. Reim dich, Bundschuh.

8383. Es reimt sich wie eine Faust auf ein Auge.

8384. Es reimt sich wie eine Haspel in einen Sack.

8385. Es reimt sich wie die Igelshaut zum Kissen.

8386. Es gibt einen Reim auf alle Dinge.

8387. Du kannst gut reimen und renken,
Es wär' dir gut ein Taler schenken.

8388. Rein und ganz
Ist des Armen Glanz.

8389. Wo nicht rein,
So doch fein.

8390. Halt dich rein,
Acht dich klein,
Sei gern allein,
Mit Gott gemein.

8391. Dem Reinen ist alles rein.

8392. Reinlichkeit ist halbes Futter.

8393. Reinlichkeit ist keine Hoffart.

8394. Reinlichkeit, verlaß mich nicht.

8395. Es geht nichts über Reinlichkeit, sagte die alte Frau und
wandte alle Weihnachten ihr Hemd um.

8396. Zur Reinlichkeit gibt's kein besser Mittel als Menschen-
gebein.

8397. Könnte ein Reis das andere ertragen, so wären sie stark.

8398. Viel Reiser machen einen Besen.

8399. Junge Reiser pfropft man nicht auf alte Stämme.

8400. Besser in den Reisern
Als in den Eisern.

8401. Reisen wechselt das Gestirn,
Aber weder Kopf noch Hirn.

430   *Reisen – Reiten*

8402. Viel Reisen und langes Ausbleiben macht nicht immer klug.

8403. Wer reist, muß den Beutel offen und das Maul zu haben.

8404. Das Reisen kost't Geld,
Doch sieht man die Welt.

8405. Man weiß wohl, wie man ausreist, aber nicht, wie man zurückkehrt.

8406. Wer ausreist, weiß wohl seine Ausfahrt, aber nicht seine Wiederkunft.

8407. Er ist so weit gereist, daß er immer noch gerochen, ob seine Mutter Kuchen buk.

8408. Er reist wie des Müllers Karren: der kommt allabends wieder zu Haus.

8409. Ein beredter Reisegefährte ist so gut als ein Wagen.

8410. Zum Reiten gehört mehr denn ein Paar Stiefel.

8411. Zum Reiten gehört mehr als zwei Schenkel über ein Pferd hängen.

8412. Reiten und rauben ist keine Schande,
Es tun's die Edelsten im Lande.

8413. Ungewohnt Reiten macht den A– krank.

8414. Wer selten reitet, hat bald einen Wolf.

8415. Man kann nicht miteinander reiten und reden.

8416. Es ist besser lüderlich geritten als hoffärtig gefahren.

8417. Lange reiten richtet den krummen Fuß.

8418. Übel beritten will immer voran sein.

8419. Der schlecht beritten ist, soll zuerst satteln.

8420. Wer reit't, der reit't,
Wer leit (liegt), der leit.

8421. Hineingeritten und hineingefahren ist gleich.

8422. Der Reiter duldet Kalt und Naß,
Der Schreiber lobt sein Dintenfaß.

8423. Der Reiter mit der Glenen, der Schreiber mit der Feder.

8424. Der Reiter, so nur *ein* Pferd hat, soll nicht Haber nehmen für zwei.

8425. Er sieht so scharf als ein fränkischer Reiter: der sah durch neun Kittel, wo Geld stecke.

8426. Aus dem Esel machst du kein Reitpferd, du magst ihn zäumen, wie du willst.

8427. Ein guter Reitersmann füttert, eh er tränkt.

8428. Reiterzehrung schadet nicht, wenn man zu Fuße geht.

8429. Die Religion hat den Reichtum geboren, aber das Kind hat die Mutter verschlungen.

8430. Ein Jahr Rente ist hundert Jahr Rente.

8431. Das Retardat frißt die Kuxe.

8432. Wer Rettich ißt, der hustet unten und oben.

8433. Wo Reue ist, da ist auch Gnade.

8434. Reue ist ein fauler Schelm.

8435. Reue ist ein hinkender Bote, sie kommt langsam, aber gewiß.

8436. Späte Reu
Ist selten treu.

8437. Reu und guter Rat
Sind unnütz nach geschehner Tat.

8438. Späte Reu
Macht Schaden neu.

8439. Reu,
Des Herzens Arznei.

8440. Reuling wird dich beißen.

8441. Der Rhein trägt nicht leere Leute.

8442. Rheinleute,
Weinleute.

8443. Großer Rhein, saurer Wein,
Kleiner Rhein, süßer Wein.

8444. Eh *einer* über den Rhein schwimmt, ertrinken zehne.

8445. Man kann den Rhein wohl schwellen, aber nicht
stellen.

8446. Der Rhein will alle Jahr sein Opfer haben.

8447. Der Rhein wäscht einen nicht ab.

8448. Hätt' ich den Zoll am Rhein,
So wär' Venedig mein.

8449. Aller Wasser König, der Rhein,
Die Donau soll seine Gemahlin sein.

8450. Was über Rhein zieht, ist alles hin.

8451. Derweil fließt noch viel Wasser den Rhein hinab.

8452. Wenn der Rhein ob sich läuft.

8453. Cis Rhenum schiede den Krieg.

8454. Wer dich richtet, ist dein Herr.

8455. Richtet nicht, damit ihr nicht gerichtet werdet.

8456. Wer vor dem Richter weint, verliert seine Zähren.

8457. Richter sollen zwei gleiche Ohren haben.

8458. Richter, steh dem Rechte bei,
Denk, daß ein Richter ob dir sei.

8459. Rechter Richter, richte recht:
Gott ist Richter, du bist Knecht.

8460. Richter,
Dichter.

8461. Richte dich nach den Leuten, sie werden sich nicht nach
dir richten.

8462. Richt's,
So geschicht's.

8463. Richtig
Mit Leipzig.

8464. Richtig, nach Adam Riese.

8465. An kleinen Riemen lernen die Hunde Leder fressen.

8466. Aus andrer Leute Haut ist gut Riemen schneiden.

8467. Er bessert sich wie der Riemen im Feuer.

8468. Es geht um den bunten Riemen.

8469. Es ist ein Kind
Als ein ander Rind.

8470. Die Ringe tragen, sind Gecken oder Prälaten.

8471. Was hilft ein goldner Ring – in der Nase?

8472. Wer darnach ringt,
Dem gelingt.

8473. Anfangen und ringen
Ist ob allen Dingen.

8473a. Er kann gut Rinken gießen.

8474. Er wird den Rinken auch an der Türe lassen!

8475. Rinken sind krumm, man bleibt oft daran hangen.

8476. Rips, raps, in meinen Sack,
Der andre habe, was er mag!

8477. Ein kleiner Riß ist leichter zu flicken als ein großer.

8478. Ritterschaft will Arbeit haben.

8479. Rittersweib hat Rittersrecht.

8480. Ein schöner Rock
Ziert den Stock.

8481. In kurzem Rock
Springt der Sachse wie ein Bock.

8482. Begehre des Rocks, es wird dir dennoch kaum das
Hemde.

8483. Wenn ich den Rock schüttle, so fällt es ab.

8484. Du wirst dir damit keinen grauen Rock verdienen.

8485. Was du am Rocken hast, mußt du abspinnen.

8486. Sie spinnen zusammen an *einem* Rocken.

8487. Er weiß wohl, was er noch am Rocken hat.

8488. Roggen gilt allermeist,
Wenn man bittet um den Heil'gen Geist.

8489. Der eine ist von Roggenstroh,
Der andre ebenso.

8490. Wer im Rohr sitzt, hat gut Pfeifen schneiden.

8491. Wer im Rohr sitzt, steckt andre in den Sack.

8492. Er schimpft wie ein Rohrsperling.

8493. Alte Röhren tropfen gern.

8494. Man sollt' ihm die Röhre ins Maul richten.

8495. Er bleibt aus wie Röhrwasser.

8496. Rom ward nicht an einem Tag erbaut.

8497. Alle Wege führen nach Rom.

8498. Es ist eben wie der Weg nach Rom.

8499. Es leben gar viele, die nimmer nach Rom kommen.

8500. Es können nicht alle nach Rom und den Papst sehen.

8501. Zu Rom gewesen und den Papst nicht gesehen!

8502. Was sollte mir Rom, wenn ich davor hinge?

8503. In Rom kann man mit einer Zipfelmütze bis an die Hölle graben.

8504. In Rom ist alles um Gold feil.

8505. Man sagt viel von Rom, das wahr ist.

8506. Zu Rom ist keine größere Sünde denn kein Geld haben.

8507. Zu Rom ist alles frei, außer der kein Geld hat.

8508. Hüte dich vor Rom,
Willst du bleiben fromm.

8509. Je näher Rom, je schlimmer Christ.

8510. Wer gen Rom zieht, sucht einen Schalk, zum andernmal findet er ihn, zum drittenmal bringt er ihn mit.

8511. Wer nach Rom geht, bringt einen Schalk wieder mit
nach Hause.

8512. Nach Rom zog ein frommer Mann
Und kam nach Haus ein Nequam.

8513. Wer nach Rom will, der lasse die Frömmigkeit zu
Hause.

8514. Ist eine Hölle, so muß Rom darauf gebaut sein.

8515. Es gehn viel Kaisersfahrten aus Deutschland gen Rom,
aber wenig wieder heraus.

8516. Das ist mir eben, als wenn's in Rom donnerte.

8517. Wer dich gen Rom trüge und setzte dich *einmal* unsanft
nieder, so wär' alles verschüttet.

8518. Er will nach Rom und fährt den Rhein hinunter.

8519. Ich wollte lieber hintersich gen Rom.

8520. Keine Rose ist ohne Dornen.

8521. Wer Rosen nicht im Sommer bricht,
Der bricht sie auch im Winter nicht.

8522. Wer die Rose bricht,
Muß leiden, daß sie ihn sticht.

8523. Die Finger sticht,
Wer Rosen bricht.

8524. Man kann nicht immer auf Rosen gehen.

8525. Pflück die Rose, wenn sie blüht,
Schmiede, wenn das Eisen glüht.

8526. Keine Rose so schön, daß sie nicht auch endlich welkte.

8527. Auf Rosenblätter ist nicht zu bauen.

8528. Rosen kann nicht jedermann brechen.

8529. Mit frischen Rosen und Jungfern darf man nicht lange
scherzen.

8530. Rosen und Jungfern sind bald verblättert.

8531. Die Rose, die man lang in den Händen trägt und daran riecht, bleibt nicht.

8532. Bringt Rosemunde Sturm und Wind,
So ist Sibylle uns gelind.

8533. Er hat noch große Rosinen im Sack.

8534. Wer kein Roß hat, der muß zu Fuß gehen.

8535. Gemietet Roß und eigne Sporen machen kurze Meilen.

8536. Es war ein gut Roß, da wir's hatten.

8537. Schellig Roß soll man nicht jagen, sondern aufhalten.

8538. Das Roß wird nicht nach dem Sattel beurteilt.

8539. Wenn man das Roß nicht schlagen darf, schlägt man auf den Sattel.

8540. An kurzen Rossen und langen Stieren
Ist nichts zu verlieren.

8541. Vor hungrigen Rossen soll man den Hafer nicht wannen.

8542. Wer mehr hinter als vor die Rosse legt, wird nicht lange fahren.

8543. Die Rosse fressen den Hafer, die ihn nicht verdienen.

8544. Fromm Roß, das gerne betet.

8545. Nichts kommt unter den Leuten mehr herum als alte Rosse und junge Weiber.

8546. Will das Roß nicht mehr ziehen, fällt es dem Schinder anheim.

8547. Einem unwilligen Rosse muß man die Sporen geben.

8547a. Mit unwilligen Rossen ist nicht gut zu Acker fahren.

8548. Mutigem Rosse starker Zaum.

8549. Tapfer Roß achtet nicht der Hunde Bellen.

8550. Wer ein Roß reitet, erkennt seine Art.

8551. Rost frißt Eisen,
Sorge den Weisen.

8552. Rotbart,
Schelmenart.

8553. Roter Bart,
Untreue Art.

8554. Hüt dich vor dem Rotbart,
Rotbart nie gut ward.

8555. Erlenholz und rotes Haar
Sind auf gutem Boden rar.

8556. Roter Bart und Erlenbogen
Geraten selten, ist nicht erlogen.

8557. Ein Roter traut dem andern nicht.

8558. Rot Haar ist entweder gar fromm oder gar bös.

8559. Der Rote gäb' einen übeln Kaminfeger, er jagte den
roten Hahn zum Dach heraus.

8560. Rot geboren hat das Fegfeuer schon auf der Welt.

8561. Rotkopf zündet eine Lunte an.

8562. Rot Haar, bös Haar! es verrät den Vater.

8563. Er ist worden rot,
Nun hat es keine Not.

8564. Rot ist die Farbe der Liebe, sagte der Buhler zu seinem
fuchsfarbnen Schatz.

8565. Wollt ihr sprechen hinter mir, so muß ich schweigen,
sagte der Bürgermeister von Rothweil, als ihm vor
Kaiser Sigismund – –.

8566. Wenn es heißt ein Kind geboren,
Haben die Rüben den Geschmack verloren.

8567. An dummen Leuten sind Rüben und Sack verloren.

8568. Rücke nicht, wenn du wohl sitzest.

8569. Hinterm Rücken ist gut fechten.

8570. Hinterm Rücken lernt man einen am besten kennen.

8571. Es schmerzt ihn der Rücken,
Er kann sich nicht bücken.

8572. Er ist auf dem Rücken zur Kirche gegangen.

8573. Man muß rückwärts gehn, um recht zu springen.

8574. Wer heute wohl rudert, soll morgen mitfahren.

8575. Allgemeiner Ruf ist selten grundlos.

8576. Er hat Rudolfs Redlichkeit.

8577. Wie man dir ruft, so antworte.

8578. Es ruft sich nicht wohl, wenn niemand antworten will.

8579. Ruh ist der Arbeit Tagelohn.

8580. Jedes Ding will Ruhe haben.

8581. Er hat sich zur Ruh gesetzt und ist Bote geworden.

8582. Ruh kommt aus Unruh, und wieder Unruh aus Ruh.

8583. Ruh und Rast
Ist halbe Mast.

8584. Wer will haben gute Ruh,
Der höre, seh' und schweig' dazu.

8585. Ruhe nicht, bis du Gewissensruhe gefunden hast.

8586. Ruhe und Mäßigkeit kurieren das Fieber.

8587. Rühmer sind selten gute Fechter.

8588. Großer Rühmer,
Kleiner Tüner.

8589. Die sich großer Streiche rühmen, sind selten gute
Fechter.

8590. Viel Rühmens und nichts dahinter.

8591. Rühmt man dich, so halte dich darnach.

8592. Wer sich selbst rühmt, bekommt neidige Nachbarn.

8592a. Er rühmt sich, daß er Milch geben möchte.

8593. Viel Runzeln, wenig Jahre.

8594. Es ist übel rupfen, wo weder Haare noch Runzeln sind.

8595. Was sich viel rührt, wächst nicht an.

8596. Je mehr du rührst, je mehr es stinkt.

8597. An einem rußigen Kessel kann man sich nicht sauber reiben.

8598. Die Rut
Macht gut.

8599. Die Rute macht keine Beulen.

8600. Die Rute
Macht aus bösen Kindern gute.

8601. Du liebe Rut,
Wie tust du mir so gut.

8602. Die Rute bricht kein Bein entzwei.

8603. Die Rute macht fromme Kinder.

8604. Er hat sich selber die Rute auf den Rücken gebunden.

8605. Wenn die Rute ausgedient hat, muß sie in den Ofen.

8606. Gebrauchte Rut
Wirft Gott in die Glut.

8607. Man soll niemand mit zwei Ruten streichen.

8608. Viel rutschen macht dünne Hosen.

S

8609. Drei S gehören Gott dem Herrn zu: Sorgen, Segen und Seligmachen.

8610. Wie die Saat, so die Ernte.

8611. Was man an der Saat spart, verliert man an der Ernte.

440   *Saat – Säen*

8612. Wer wird der Vögel willen die Saat unterlassen?

8613. Wer säet,
      Der mähet.

8614. Wie man aussät, scheuert man ein.

8615. Wie gesät, so geschnitten.

8616. Säet einer Gutes, so schneidet er nicht Böses.

8617. Wer da sät, der hofft zu schneiden; wer nicht sät, der
      wird nicht schneiden.

8618. Der eine sät, der andre schneidet, der dritte scheuert
      ein.

8619. Späte Saat
      Kommt mit Rat.

8620. Ich habe gesät,
      Ein andrer mäht.

8621. Frühe Saat trägt oft, späte selten.

8622. Wegen dichter Saat darf niemand seine Scheuer größer
      bauen.

8623. Mit der Hand muß man säen, nicht mit dem Sacke.

8624. Sä Korn Egidii, Haber, Gersten Benedicti
      Und Flachs Urbani, Rüben, Wicken Kiliani,
      Erbes Gregorii, Linsen Jacobi minoris,
      Sä Zwiebeln Ambrosii, grün Feldgewächse Tiburti,
      Sä Kraut Urbani, grab Rüben Sancti Galli,
      Mach Würst Martini, kauf Käse Vincula Petri,
      Trag Sperber Sixti, fang Wachteln Bartholomäi,
      Kauf Holz Johannis, willst du es haben Michälis,
      Kleib Stuben Sixti, heiz warm Natalitia Christi,
      Iß Gäns Martini, trink Wein per circulum anni.

8625. Iß Gäns Martini, Wurst in Festo Nicolai,
      Iß Blasii Lämmer, Hering Oculi mei semper.
      Iß Eier Pascä, Erdbeer Johannis Baptistä,
      Von Kitzen Carnes sind gut Festo Pentekostes,
      Trag Sperber Sixti, fang Wachteln Bartholomäi.

Kleib wohl Calixti, heiz stark Natalitia Christi,
Sä Korn Egidii, Haber, Gersten Benedicti.
Grab Rüben Colomanni, sä Kraut Damiani,
Heb an Martini, trink Wein per circulum anni.

8626. Guter Same geht bald auf.

8627. Es ist eine Sache eher zerbrochen als gebaut.

8628. Der Sack hängt am Bändel.

8629. Wenn der Sack voll ist, erstreckt er den Zipfel.

8630. Wenn der Sack voll ist, strotzt er sich auf.

8631. Wenn der Sack voll ist, reckt er die Ohren.

8632. Wenn der Sack kommt, wirft man den Beutel hinter die Kiste.

8633. Wenn der Sack voll ist, bindet man ihn zu.

8634. Stricke den Sack zu, wenn er auch nicht voll ist.

8635. Man muß den Sack verbinden, eh er voll ist.

8636. Wenn man den Sack aufbindet, so sieht man, was drin ist.

8637. Wer Meister wird, steckt den andern in den Sack.

8638. Wer den andern vermag,
Der steckt ihn in Sack.

8639. Voller Sack pfeift.

8640. Wenn die Sackpfeife nicht voll ist, so girrt sie nicht.

8641. Grobe Säcke näht man nicht mit Seide.

8642. Aus zwilchenen Säcken kann man keine seidenen Beutel machen.

8643. Wer wird den Sack mit Seide nähen?

8644. Sackleinen kann man auch weiß bleichen.

8645. An einem nassen Sack kann man sich nicht trocknen.

8646. Man muß den Sack vom Sack lappen.

8647. Es ist kein Sack so bös, er ist noch einer Bitte wert.

442   *Sack – Sagen*

8648. Man schlägt auf den Sack und meint den Esel.

8649. Zuviel Säcke, des Esels Untergang.

8650. Viel Säcke sind des Esels Tod.

8651. Was man in alte Säcke schüttet, ist verloren.

8652. Wer im Sacke kauft und sich mit Toren rauft, ist töricht.

8653. Wen man im Sacke findet, den schüttelt man heraus.

8654. Es sucht keiner den andern im Sack, er habe denn selbst darin gesteckt.

8655. Der den Sack aufhebt, ist so schlimm, als der hineinschüttet.

8656. Es denkt jeder in *seinen* Sack.

8657. Trage jeder seinen Sack zur Mühle.

8658. Es ist besser ein Sack voll Gunst als ein Sack voll Geld.

8659. Er läuft wie Klaus mit Säcken.

8660. Wo mein Säckel aufgeht, da raucht meine Küche.

8661. Alte Säckel schließen übel.

8662. Wohlgesäckelt, wohlgehalten.

8663. Säckel und Stift müssen beisammen sein.

8664. Langsam zum Säckel, hurtig zum Hut
      Hilft manchem jungen Blut.

8665. Sage niemand, wer er ist,
      So sagt man dir nicht, wer du bist.

8666. Wer alles sagt, was er will, muß oft hören, was er nicht will.

8667. Sage nichts, du könnest es denn beweisen.

8668. Sagen und tun ist zweierlei.

8669. Man soll nicht alles sagen, was man denkt, und nicht alles glauben, was man sagt.

8670. Sag nicht alles, was du weißt,
Glaub nicht alles, was du hörst,
Tu nicht alles, was du kannst,
Wiß nicht alles, was du liest.

8671. Es ist leicht gesagt, aber langsam getan.

8672. Wie einer handelt, so sagt man's ihm nach.

8673. Jedermann sagt es, niemand weiß es.

8674. Sag's nirgend, als wo du allein bist, da schnauf es.

8675. Es liegt viel daran, wer es sagt.

8676. Eine Sache zu oft gesagt, tut den Ohren weh.

8677. Manches ist besser gepfiffen als gesagt.

8678. Kurze Sage, gute Sage.

8679. Das sind Sägen, die schneiden kein Holz.

8680. Wenn du's sägen willst, so will ich's bohren.

8681. Wenn man die Saite zu hoch spannt, so reißt sie.

8682. Salz und Brot
Macht Wangen rot.

8683. Salz ist die beste Würze.

8684. Wo kein Salz im Hause ist, da mangelt es am besten
Gewürz.

8685. Wenn das Salz dumm ist, womit soll man salzen?

8686. Traue keinem, du habest denn ein Scheffel Salz mit ihm
gegessen.

8687. Mancher hat mehr Salz in der Fremde gegessen als
daheim und ist doch ungesalzen wieder heimge-
kommen.

8688. Salz kann nichts denn salzen.

8689. Halt Maß im Salzen,
Doch nicht im Schmalzen.

8690. Er ist eben nur so viel gesalzen, daß er nicht faule.

8691. Samson war ein starker Mann, aber er konnte nicht zahlen, eh er Geld hatte.

8692. Man muß sammeln, weil Ernte ist.

8693. Ein Sammler will einen Verschwender haben.

8694. Wer sammelt, spart's einem andern Mann.

8695. Samt am Kragen,
Hunger im Magen.

8696. Samt und Seide löschen das Feuer in der Küche aus.

8697. Wer Gott vertraut,
Hat nicht auf Sand gebaut.

8698. Aus Sand dreht man keinen Strick.

8699. Sanft wie die Tauben, dumm wie die Gänse.

8700. Sanftmut
Macht alles gut.

8701. Sanftmut gereut nicht.

8702. Sänger und Buhler lügen viel.

8703. Wenn ein Sänger niederkniet, so steht ein Bettler auf.

8704. Gute Sänger, wenn sie fehlen, fangen von vornen an.

8705. Fehlt ein Sänger, so hustet er drein.

8706. Dem Sänger protzt der Bauch, so man ihn zu singen bittet.

8707. Gute Sänger, gute Schlemmer.

8708. Der Satte und der Hungrige singen ungleich miteinander.

8709. Der Satte glaubt dem Hungrigen nicht.

8710. Der Satte mag nicht wissen, wie dem Hungrigen zumute ist.

8711. Zu satt
Macht matt.

8712. Wer sich nicht satt essen kann, der kann sich auch nicht satt lecken.

8713. Du bist mein Herzblatt,
Wenn ich dich sehe, bin ich dich satt.

8714. Es gehören nicht zwei Sättel auf *ein* Roß.

8715. Wenn der Sattel leer ist, kann man aufsitzen.

8716. Es ist ein Sattel auf alle Gäule.

8717. Man muß in alle Sättel gerecht sein.

8718. Wer gut sattelt, reitet gut.

8719. Wer seinen Satz gewinnt, hat nicht übel gespielt.

8720. Säu sind Säu und bleiben Säu.

8721. Die Sau muß die Trauben bezahlen.

8722. Jede Sau hat ihren Martinstag.

8723. Man achtet nicht, was die Sau auch schreit.

8724. Kraue die Sau, bis sie liegt, dann gib ihr den Stich.

8725. Es ist nicht not, daß man die Sau schere, weil man sie brühen und sengen kann.

8726. Die Sau muß Haar lassen.

8727. Wenn man die Sau kitzelt, so legt sie sich in den Dreck.

8728. Wenn man eine Sau auch in Gold kleidete, so legte sie sich doch in den Kot.

8729. Die Sau legt sich nach der Schwemme wieder in den Kot.

8730. Sattel eine Sau, es wird kein Zelter daraus.

8731. Der faulsten Sau gehört allweg der größte Dreck.

8732. Man verklagt keine Sau, die einen besudelt.

8733. Die Sau gibt nicht Wolle wie ein Schaf.

8734. Die Sau singt nicht wie ein Zeislein.

8735. Er wird ankommen wie die Sau im Judenhause.

8736. Gehe in aller Säue Namen – so frißt dich kein Jude.

8737. Die Sau weiß nicht, wovon sie fett wird.

8738. Der fetten Sau schmiert man nicht den Balg.

8739. Der Sau gehören nicht Muskaten.

8740. Das Beste am Schweinskopf ist – die Sau.

8741. Es ist eine böse Sau, die ihre eigenen Ferkel frißt.

8742. Es stirbt keine Sau ob einem unsaubern Troge.

8743. Was die Sau verbrochen,
Am Ferkel wird's gerochen.

8744. Sieh dich wohl vor,
Du greifst die wilde Sau am Ohr.

8745. Hast du einen Sautrog umgestoßen, so richt ihn nicht
wieder auf.

8746. Wo viel Säue sind, wird das Gespül dünn.

8747. Es ist *eine* Sau voll; sind sie alle voll, so fahren wir,
sprach der Kutscher.

8748. Er hört gern mit der Sauglocke läuten.

8749. Wo haben wir miteinander die Säue gehütet?

8750. Unter dreien ist immer eine Sau.

8751. Wenn eine Mutter zwei Kinder hat, so ist eine Sau
dabei.

8752. Je schlimmer die Sau, desto besser die Eicheln.

8753. Die Sau sticht den König.

8754. Sauer macht lustig.

8755. Was nicht sauert, süßt auch nicht.

8756. Sauer Ende denkt nicht an den süßen Anfang.

8757. Sauer sehen hilft nicht.

8758. Kann ich nicht mehr, so will ich doch sauer dreinsehen.

8759. Wer immerdar sauer sieht, um den gibt man nichts.

8760. Ein wenig Sauerteig durchsäuert den ganzen Trog.

8761. Was sauer ankommt, ist lieb.

8762. Wer sauber ist, braucht sich nicht zu waschen.

8763. Wenn Saufen eine Ehr ist, ist Speien keine Schande.

Saufen – Schaden

8764. Wer allzeit säuft und allzeit schlemmt,
Behält zuletzt kein ganzes Hemd.

8765. Unter Säufern wird man ein Schlemmer.

8766. Saufbrüder,
Laufbrüder.

8767. Sauf's gar aus, halb trunken ist Bettelei.

8768. Besoffene Frau ist ein Engel im Bett.

8769. Wie kommt Saul unter die Propheten?

8770. Er ist aus Saulus worden ein Paulus.

8771. Saus und Braus
Hilft manchem vom Haus.

8772. Skalieren gehört nicht auf die Kanzel.

8773. Das Szepter soll Augen haben.

8774. Wer im Schach ziehen und ein Bergwerk bauen will,
darf seine Augen nicht in die Tasche stecken.

8775. Er ist verstockt wie der linke Schächer.

8776. Schade scheidet Freundschaft.

8776a. Es muß ein guter Freund sein, der einen vor Schaden
warnt.

8777. Schade tut weh.

8778. Schade witzigt.

8779. Durch Schaden wird man klug.

8780. Es wird keiner klug als mit seinem Schaden.

8781. Niemand hinkt von fremdem Schaden.

8782. Mit fremdem Schaden ist wohlfeil klug werden.

8783. Selig, wen fremder Schaden witzig macht.

8784. Durch Schaden wird man klug, ist aber teures Lehrgeld.

8785. Besser mit Schaden als mit Schande klug werden.

8786. Besser heimlicher Schaden als offene Schande.

8787. Schaden macht zwar klug, aber nicht reich.

8788. Besser durch Schaden klug als durch Vorteil unklug.

8789. Durch Schaden wird man selten klug.

8790. Besser ein Schädel als ein Schaden.

8791. Aus einem Schädlein soll man keinen Schaden machen.

8792. Aus einem Schädel wird ein Schaden, wenn man nicht
beizeiten wehrt.

8793. Des einen Schaden ist des andern Nutzen.

8794. Schaden kann jeder, aber nicht jeder nutzen.

8795. Es ist selten ein Schaden, es ist ein Nutzen dabei.

8796. Wer mir Schaden zufügt, der kann mir auch dienen.

8797. Schaden gebiert Schaden.

8798. Wer den Schaden hat, braucht für den Spott nicht zu
sorgen.

8799. Alter Schaden blutet leicht.

8800. Alte Schäden sind bös heilen.

8801. Seinen Schaden wendet,
Wer guten Boten sendet.

8802. Wer Schaden tut, muß Schaden bessern.

8803. Wer sich selbst schadet, mag sich selbst verklagen.

8804. Schaden, Sorge, Klage
Wachsen alle Tage.

8805. Ein Schaf ist wohl fromm, es grast aber genau.

8806. Wenn die Schafe blöken, fällt ihnen das Futter aus dem
Maule.

8807. Wer sich zum Schafe macht, den fressen die Wölfe.

8808. Ein räudig Schaf steckt die ganze Herde an.

8809. Wo *ein* Schaf vorgeht, folgen die andern nach.

8810. Es ist nicht not, daß man die Schafe frage, die Wolle
gilt!

Schaf – Schaffen 449

8811. Man soll die Schafe scheren, aber nicht rupfen.

8812. Wer die Schafe schiert, dem wird die Wolle.

8813. Es ist ihm nicht ums Schaf, sondern um die Wolle.

8814. Das Schaf trägt sich selbst keine Wolle.

8815. Es ist ein faules Schaf, das die Wolle nicht tragen mag.

8816. Geduldiger Schafe gehen viel in *einen* Stall – ungeduldiger noch mehr.

8817. Die gezählten Schafe frißt der Wolf auch.

8818. Was mag das Schaf denken, wenn die Heide beschneit ist?

8819. Das Schaf hat einen goldenen Fuß.

8820. Wem Schafe schwärmen,
Der darf sich nicht härmen.

8821. Er hat sein Schäfchen im trocknen.

8822. Jeder Schäfer lobt seine Keule.

8823. Schäfer und Schinder
Sind Geschwisterkinder.

8824. Der Schäfer ist verdächtig, der beim Wolfe Gevatter steht.

8825. In einem Schafstall kann ein Kalb König sein.

8826. Wer schafft, hat keine Langeweile.

8827. Er hat viel zu schaffen und wenig auszurichten.

8828. Er hat viel zu schaffen, und wenig ist ihm befohlen.

8829. Er hat zu schaffen wie Meta, die drei Bohnen auf dem Feuer hatte und sich nicht Zeit ließ, *eine* zu kosten.

8830. Wer nicht hat zu schaffen,
Der nehm' ein Weib, kauf' eine Uhr, schlag' einen Pfaffen,
So kriegt er wohl schaffen.

8831. Es schafft alles an ihm bis das, was zum Ärmel aushängt, nicht.

8832. Wer stehlen will und nicht hangen,
Der lass' sich zu Schaffhausen fangen.

8833. So nah – wie Schaffhausen bei dem Rhein.

8834. Mer wend go, sagt der Schaffhäuser.

8835. An der Schale beißt sich mancher die Zähne aus, eh er
zum Kern kommt.

8836. Schalk trifft den Weg bald, bringt aber selten gute Botschaft.

8837. Wer den Schalk hinter sich läßt, hat eine gute Tagreise
gemacht.

8838. Kein Schalk ist so verlogen,
Er wird wohl selbst betrogen.

8839. Es ist Schalk über Schalk gekommen.

8840. Schälke muß man mit Schälken fangen.

8841. Willst du 'nen Schalk fangen, so stell 'nen Schalk in die
Lücken.

8842. Wer einen Schalk fangen will, muß einen Schalk hinter
die Türe stellen.

8843. Ein Schalk macht (heckt) den andern.

8844. Einem Schalk brennt man zwei Lichter, dem Frommen
kaum eins.

8845. Dem Frommen legt man ein Kissen unter, dem Schalke
zwei.

8846. Je ärger Schalk, je größer Glück.

8847. Wer sich auf die Schalkseite legen will, dem muß man
das Lager darnach machen.

8848. Läßt man dem Schalk eine Handbreit, so nimmt er eine
Elle lang.

8849. Wer sich mit Schalksnägeln kraut, hat keine fromme
Hand.

Schalk – Scham · 451

8850. Wer einen Schalk ins Kloster trägt, bringt einen Buben wieder heraus.

8851. Jeder trägt seinen Schalk im Busen.

8852. Ein Schalk weiß, wie's dem andern ums Herz ist.

8853. Ist er kein Schalk, so weiß er doch, wie's einem Schalk ums Herz ist.

8854. Wer den Schalk verbergen kann,
Ist zu Hof ein weiser Mann.

8855. Er wechselt den Balg
Und behält den Schalk.

8856. Kröch' ein Schalk in Zobelbalg,
Er bliebe doch darin ein Schalk.

8857. Wer sich der Schalkheit fleißt, mag der Büberei Meister werden.

8858. Scham und gute Sitten weichen der Armut.

8859. Scham ist des Armen Unglück.

8860. Ich schämte mich einmal, da kriegt' ich nichts.

8861. Scham hindert Schande.

8862. Scham
Ist armen Leuten gram.

8863. Scham
Nie kein Brot nahm.

8864. Scham ist dem Alten eine Schande, dem Jungen eine Ehre.

8865. Wer sich schämt, habe den Schaden.

8866. Wer sich nicht schämt, wird nicht zuschanden.

8867. Wes du dich schämst vor andern, das tu auch allein nicht.

8868. Wes du dich schämst, das tu nicht.

8869. Die Scham ist in den Augen.

8870. Wo Scham ist, da ist Ehre.

452   *Scham – Schändlich*

8871. Wo Scham ist, ist Tugend.

8872. Wo keine Scham ist, ist auch keine Tugend.

8873. Zu Tisch und Bett soll man sich nicht schämen.

8874. Schäm' er sich und nehm' 's Hemde vor die Augen.

8875. Wer sich nicht schämt, macht sich die Kilbe zunutz.

8876. Schamrot ist die beste Farbe.

8877. Wenn die Frau ihre Scham verliert, so geht sie daran ohne Zaum: das heißt den Schemel unters Bette stoßen.

8878. Schämelworte folgen der Faulheit und Buhlschaft.

8879. Du mußt die Schämelschuh zertreten, willst du etwas haben.

8880. Schande hindert Tugend.

8881. Schande ist Schande, man halte sie dafür oder nicht.

8882. Ein Schandbrocken ist bald gegessen.

8883. Wer sich der Schande rühmt, ist nicht der Ehre wert.

8884. Wer sich selbst schändet, den lobt niemand.

8885. Niemand schändet sein eigen Gesicht.

8886. Sag von dir selber keine Schand,
      Sie kommt dir doch wohl noch zur Hand.

8887. Es ist bald geendet,
      Was lange schändet.

8888. Ein wenig Schande wärmt und macht schöne Farbe.

8889. Schandtaten lassen sich mit Schandworten nicht gutmachen.

8890. Was schändlich ist zu tun, ist auch nicht schön zu sagen.

8891. Das ist schändlich: wenn die Kuh ins Wasser sch– und nicht aufs Land.

Schandau – Scheiden 453

8892. In Schandau hat alle meißnische Ehr und Redlichkeit ein Ende.

8893. Setze nicht alles auf *eine* Schanze.

8894. Allzuscharf macht schartig.

8895. Was nicht zum Schneiden taugt, kann man nicht scharf schleifen.

8896. Vom Schatten und vom Lobe wird man weder größer noch kleiner.

8896 a. Ein kleiner Mann macht oft einen großen Schatten.

8897. Wo euer Schatz ist, da ist auch euer Herz.

8898. Verborgner Schatz liegt sicher.

8899. Verborgner Schatz ist der Welt nichts wert.

8900. Begrabner Schatz, verborgner Sinn
Ist Verlust ohne Gewinn.

8901. Aller Schatz unter der Erde, tiefer als der Pflug geht, ist Regale.

8902. Sieh dich wohl für,
Schaum ist kein Bier.

8903. Was hilft das Anschauen, wenn ich's nicht brauchen darf?

8904. Hast du's nicht mit Scheffeln,
So hast du's doch mit Löffeln.

8905. Ich will dir auch einmal eine Scheibe einsetzen.

8906. Die Scheide fürchtet keinen Degen.

8907. Es ward wohl schon eher eine üble Scheide gefunden, darin ein guter Degen steckte.

8908. Wider Willen kann man dem andern das Schwert nicht in die Scheide stecken.

8909. Scheiden und meiden tut weh.

8910. Scheiden bringt Leiden,
Wiederkehr Freuden.

454   Schein – Schelm

8911. Schein trügt.

8912. Der Schein betrügt,
      Der Spiegel lügt.

8913. Viel Schein,
      Wenig Wein.

8914. Die Dinge scheinen,
      Die Menschen meinen.

8915. Was nicht scheint, das gilt nicht.

8916. Er trägt ein Scheit im Rücken.

8917. Was nicht Scheite gibt, gibt Knüppel.

8918. Sch– macht Hunger.

8918a. Sch–, sagte Cicero und verschwand im Nebel.

8918b. Wenn die Bauern Eis sch–, dann muß es kalt sein.

8919. Da geht es alle hin, sagte Sch–insbett.

8920. Besser scheel denn blind.

8921. Sie reden ein ganz Sester voll Schelfen, man findet nicht
      drei Nüsse darunter.

8922. Jeder hat seine Schelle.

8923. Er ist nicht so gar voll Schellen als ein Schlittengaul.

8924. Man meint, er sei schellig worden.

8925. Das geht über den Schellenkönig!

8926. Ein Schelm macht's besser, als er kann.

8927. Ein Schelm gibt mehr, als er hat.

8928. Schelme haben süßes Fleisch.

8929. Je ärger Schelm, je besser Glück.

8930. Schelm und Dieb der letzte!

8931. Salbe den Schelm, so sticht er dich; stich den Schelm, so
      salbt er dich.

8932. Lieber sich zum Schelm schlafen als sich zum Schelm
      arbeiten.

8933. Der Schelm hat's Schelten auf der Straße verloren.

8934. Er ist mit Schelm gefüttert.

8935. Er hat ein Schelmenbein im Rücken.

8935a. Es ist den Schelmen nicht zu trauen.

8936. Er kommt vom Schelmen auf den Dieb.

8937. Er sieht einem Schelm gleicher als einem Entvogel.

8938. Schelten ist erlogen.

8939. Scheltworte sind gemeinlich erlogen.

8939a. Es kann mich niemand weniger schelten, als ich bin.

8940. Schelten und Schlagen hat kein Recht.

8941. Schelten steht übel, wo man helfen soll.

8942. Schelten in Not
Ist Greuel und Spott.

8943. Es ist leichter gescholten
Als vergolten.

8944. Besser ein wenig Schelten als viel Herzeleid.

8945. Schilt, daß du noch zu loben Platz hast.

8946. Schilt und lobe nicht zu geschwinde.

8947. Schilt keinen und lobe die Geschickten.

8948. Wer schilt, was er begehrt,
Ist keiner Bohne wert.

8949. Man muß den Schemel brauchen, wo keine Bank ist.

8950. Die Schemel wollen auf die Bänke steigen.

8951. Schenk ist gestorben,
Gebhart verdorben.

8952. Schenk ist tot, Gebert hat ein Bein gebrochen.

8953. Schenk und Umsonst sind gestern gestorben.

8954. Der Schenk ist tot, der Wirt lebt noch.

8955. Der Schenker ist gestorben, der Henker lebt noch.

8956. Schenken und sch– fängt mit *einem* Buchstaben an.

8957. Schenken reicht nicht.

8958. Hans Schenk hat Gunst bei Hofe.

8959. Schenken hat keinen Boden.

8960. Schenken und wiederschenken erhält die Freundschaft.

8961. Schenken
Tut niemand kränken.

8962. Schenken heißt angeln.

8963. Das Schenken pflegt's mit sich zu bringen,
Daß man des Schenkers Lied muß singen.

8964. Es ist alles gut genug, was geschenkt wird.

8965. Wer schenken will, der schenke was Guts, so weiß
man's ihm Dank.

8965a. Geschenkt und wieder genommen ist gestohlen.

8966. Die Schenkel empfinden's wohl, wenn man reitet.

8967. Er traut seinen Schenkeln mehr als seinen Händen.

8968. Aus den Scherben erkennt man den Topf – und aus dem
Weisch das Getreide.

8969. Scherz will Ernst haben.

8970. Aus Scherz kann leicht Ernst werden.

8971. Im Scherz klopft man an, und im Ernst wird aufge-
macht.

8972. Wenn der Scherz am besten ist, soll man aufhören.

8973. Es ist ein grober Scherz, der die Taschen leert.

8974. Scherz ohne Salz
Ist Bauernschmalz.

8975. Scherzen mit Maßen
Wird zugelassen.

8976. In Scherz und Spiel spricht man oft die Wahrheit.

8977. Ehre, Glauben und Augen leiden keinen Scherz.

8978. Wer Scherz ausgibt, muß Scherz einnehmen.

Scherz – Schiff

8979. Wer scherzen will, soll auch Scherz verstehen und aufnehmen.

8979a. Beim Scherzen ist keine Ehrerbietung.

8980. Scherz soll Schaf-, nicht Hundezähne haben.

8981. Besser Scheu
Denn Reu.

8981a. Was einer scheut, das muß er haben.

8982. In eine leere Scheuer kommt keine Maus.

8983. Wenn alte Scheuern brennen, hilft kein Löschen.

8984. Was sein soll,
Schickt sich wohl.

8985. Schick dich in die Zeit!

8986. Schickelmann wohnt an der Straße.

8987. Wer nirgend anstoßen will, muß Schickelmann fragen.

8988. Seinem Schicksal mag niemand entrinnen.

8989. Seinem Schicksal soll man nicht widerstreben.

8990. Ein bißchen schief hat Gott lieb.

8991. Ein bißchen schief bringt unter die Haube.

8992. Es schielt nicht jeder, der einmal über die Seite sieht.

8993. Wer oft schießt, trifft endlich.

8994. Oft schießen trifft das Ziel.

8995. Wer mich schießt, den schieß ich wieder.

8995a. Man kann dies nicht auf einer Armbrust daher-
schießen.

8996. Ein Schiff auf dem Rhein ist ein Nachen zur See.

8997. Das Schiff hängt mehr am Ruder denn das Ruder am
Schiff.

8998. Wenn's Schiff gut geht, will jeder Schiffsherr sein.

8999. Kommt das Schiff wohl zu Land, so war der Steuermann gut.

458   *Schiff – Schimpf*

9000. Das Schiff geht nicht immer, wie der Steuermann will.

9001. Lade nicht alles in *ein* Schiff.

9002. Die köstlichsten Schiffe sind die nächsten am Hafen.

9003. Große Schiffe können in See treiben,
Kleine müssen am Ufer bleiben.

9004. Kleine Schiffe müssen sich ans Ufer halten.

9005. Die ärgsten Schiffe müssen fahren,
Die besten will man im Hafen bewahren.

9006. Was man aus dem Schiffbruch rettet, ist Gewinn.

9007. Die auf *einem* Schiffe zur See sind, sind gleich reich.

9008. Wer nicht beten kann,
Werd' ein Schiffmann.

9009. Gottlob hier! sagte der Schiffer und war noch drei Meilen vom Lande.

9010. Steh fest, Schiffer! sagte Hinz und schmiß ihn über Bord.

9011. Es erhöhet nichts des Mannes Schild denn Fahnlehn.

9012. Er möchte wohl den Schild zu den Brüdern hängen.

9013. Mach's, wie du willt,
Ich hab einen Schild.

9014. Wo ein Schild aushängt, da ist Einkehr.

9015. Er gehört zur verlornen Schildwache.

9016. Er ist aus Schilda!

9017. Schimmel trägt so gut als Rapp, je nachdem die Hohlgasse ist.

9018. Wenn du des Nachts reitest, so nimm einen Schimmel, er dient dir zur Laterne.

9019. Wer viel schimmlig Brot ißt, wird alt.

9020. Schimpf
Soll haben Glimpf.

9021. Schimpf will Ernst haben.

Schimpf – Schlafen 459

9022. Schimpf will Schaden haben.

9023. Wenn der Schimpf am besten ist, soll man aufhören.

9024. Wer schimpft, hat verloren.

9025. Schimpfworte sind erlogen.

9026. Besser ein alter Schinken denn unreif Kalbfleisch.

9027. Ich hab einen Schinken bei ihm im Salze.

9027a. Es wird keine Schlacht geliefert, es bleibt auch *einer* übrig.

9028. Man muß nicht mehr schlachten, als man salzen kann.

9029. Es nimmt kein Schlächter dem andern eine Wurst ab.

9030. Schlaf und Tod sind Zwillingsbrüder.

9031. Schlaf ist der größte Dieb, er raubt das halbe Leben.

9032. Eine Stunde Schlaf vor Mitternacht ist besser als zwei darnach.

9033. Der Schlaf nährt.

9034. Was wir am Tage vorgenommen,
Pflegt uns im Schlafe vorzukommen.

9035. Früh schlafen gehn und früh aufstehn schließt viel Krankheiten die Türe zu.

9036. Wer länger schläft als sieben Stund,
Verschläft sein Leben wie ein Hund.

9037. Wer zu lange schläft, wacht zu spät auf.

9038. Wer viel schläft, den schläfert viel.

9039. Ein gut Schlafen ist so gut wie ein gut Essen.

9040. Es kommt nichts im Schlaf.

9041. Der schläft wohl, der nicht weiß, wie übel er liegt.

9042. Wer schläft, der sündigt nicht.

9043. Sie sind noch nicht alle schlafen, die heute eine böse Nacht haben sollen.

9044. Man soll sich nicht ausziehen, eh man schlafen geht.

9045. Sie schlafen nicht alle, die mit der Nase schnaufen.

9046. Ein jeder schläft bei seiner Frau auf seine Weise.

9047. Wir wollen's beschlafen!

9048. Schläge machen weise.

9049. Kein Schlag zuviel, als der daneben fällt.

9050. Schläge sind behaltene Ware.

9051. Schlägst du einen Teufel hinaus, so magst du wohl sieben hineinschlagen.

9052. Schlagen hat kein Recht.

9053. Wer ausschlägt, bricht den Frieden.

9053a. Wer schlägt, der bricht.

9054. Schlagen ist verboten, widerschlagen nicht.

9054a. Schlag zu, so wird's Sonntag.

9055. Vom Schlagen hat niemand Vorteil als der Metzger.

9056. Zwei Fliegen mit *einem* Schlage.

9057. Schlägerei muß sein, wozu wär' sie sonst erfunden?

9058. Mancher heischt Schläge wie ein Pferd Futter.

9059. Wenn der Schlag nicht offen steht, kann der Vogel nicht einfliegen.

9060. Was taugt der Schlägel ohne Stiel,
Wenn man Blöcher spalten will?

9061. Die schlagenden Kühe geben auch Milch.

9062. Schlampig
Macht wampig.

9063. Seid klug wie die Schlangen und ohne Falsch wie die Tauben.

9064. Schlangen schleichen, Tauben fliegen.

9065. Schlangenherz soll Taubenaugen haben.

9066. Wenn eine Schlange die andre nicht fräße, würde kein Drache draus.

Schlaraffenland – Schleifen 461

9067. Schlaraffenland, Schlaraffenleben!

9068. Er war gut ins Schlaraffenland, da gibt man einem von der Stund ein Pfund zu schlafen.

9069. Alter Schlauch hält neuen Most nicht.

9070. Schlecht geschlafen ist halb geschliffen.

9071. Wer dir von andern schlecht spricht, spricht auch anderen schlecht von dir.

9072. Nichts ist so schlecht, es ist zu etwas gut.

9073. Schlecht und recht kommt selten vor den Richter.

9073a. Schlecht und recht,
Besser Herr denn Knecht.

9074. Schlecht
Macht alle Dinge recht.

9075. Dem schlechtesten Arbeiter gibt man das beste Beil.

9075a. Wer mit dem Schlechten fürlieb nimmt, ist des Bessern wert.

9076. Aus einem Schlecker
Wird ein armer Lecker.

9077. Schleck will Streiche haben.

9078. Schleicher kommt so weit wie Läufer.

9078a. Der Schleicher kommt mit dem Eiler.

9079. Es ist so bald etwas erschlichen als errannt.

9080. Hüte dich vor dem Schleicher, der Rauscher tut dir nichts.

9081. Der Schleicher überwindet den Beißer.

9082. Wo kein Schleier, da ist keine Freude.

9083. Alle Menschen auf Erden könnten noch keinen Schleifstein schinden.

9084. Es ist bös schleifen ohne Wasser.

9084a. Wenn der Stein umläuft, soll man schleifen.

462   *Schlemmer – Schmalhans*

9085. Junger Schlemmer, alter Bettler.

9086. Nichts ist so schlimm, es ist zu etwas gut.

9087. Das Schlimmste kommt erst nach.

9088. Schlimm sucht Schlemm.

9089. Es ist nicht so leicht, allen Schlingen zu entgehen.

9090. Man macht kein Schloß für fromme Leute.

9091. Schloß und Schlüssel macht man nicht für treue Finger.

9091 a. Jedes Schloß kann man öffnen, mit einem goldenen
        Schlüssel.

9091 b. Man müßte viel Schlösser haben, wenn man allen Leu-
        ten den Mund zuschließen wollte.

9092. Mancher baut Schlösser in die Luft, der keine Hütte auf
        dem Lande bauen könnte.

9093. Schluchzen
        Wird oft Juchzen.

9094. Schlump ist sein Oheim.

9095. Es wär' ein Schlump, daß man einen Hasen mit der
        Trommel finge.

9096. Die Schlüssel hängen nicht alle an *einem* Gürtel.

9097. Wozu jedermann den Schlüssel hat, das ist schwer zu
        verwahren.

9098. Ein Weib hat nicht alle Schlüssel anhangen.

9099. Gebrauchter Schlüssel ist immer blank.

9100. Wer viel Schlüssel trägt, der hat viel Kasten aufzu-
        schließen.

9101. Wo der Schlüssel am Tor hängt, da geht man gern aus
        und ein.

9102. Er hat den rechten Schlüssel zur Harfe gefunden.

9103. Schmach sucht Rache.

9104. Da ist Schmalhans Küchenmeister.

Smantpötken – Schmied 463

9104a. Det Smantpötken nich vor de Katten waart, wird besnopert un beflickert.

9105. Schmarotzer
Sind Schlotzer.

9106. Schmausereien,
Des Teufels Komtureien.

9107. Schmeichler,
Heuchler.

9108. Schmeichler sind des Teufels Ammen.

9109. Einem Schmeichler und Wolf ist nicht zu trauen.

9110. Schmeichler sind Katzen,
Die vorne lecken und hinten kratzen.

9111. Erst schmeicheln, dann kratzen,
Das schickt sich für Katzen.

9112. Schmeichler tun den Fürsten größern Schaden als der Feind im Felde.

9113. Ein schmeichelndes Kalb saugt zwei Mütter aus.

9114. Wenn's am besten schmeckt, soll man aufhören.

9115. Schmerz
Klammert sich ans Herz.

9116. Wo es schmerzt, da greift man hin.

9117. Schmecke gut, währe lange!

9117a. Schmeck, wenn ich küchle, und iß, wenn ich dir gib.

9118. Es ist ein kleiner Ort, wo es gut schmeckt.

9119. Vor der rechten Schmiede wird man recht beschlagen.

9120. Es ist bös schmieden, eh man gemetzt hat.

9121. Da bist du vor der rechten Schmiede!

9122. Schmieds Sohn ist der Funken gewohnt.

9123. Ein schlechter Schmied, der den Rauch nicht vertragen kann.

9124. Geh lieber zum Schmied als zum Schmiedchen.

9125. Schmieren und salben
Hilft allenthalben.

9126. Schmieren macht linde Häute.

9127. Wer gut schmeert,
Der gut fährt.

9128. Von geschmiertem Leder scheidet der Hund nicht gern.

9129. Alten Schmutz muß man nicht aufrühren.

9130. Je mehr man den Schmutz rührt, je mehr stinkt er.

9131. Er wetzt mehr den Schnabel als den Sabel.

9132. Er ist noch gelb um den Schnabel.

9133. Von Schnack kommt Schnack.

9134. Das geht, daß es schnaubt, hat der Bauer gesagt, da ritt
er auf der Sau.

9135. Es gilt Schnaufen und Bartputzen.

9135a. Er geht drei Heller und schnaubt sieben Batzen.

9136. Die Schnecke trägt ihr Haus bei sich, weil sie den Nachbarn nicht traut.

9137. Das Schneckenleben ist das beste.

9138. Laß mich mit dir laufen, sagt die Schneck zum Boten.

9139. Der Schneck ist sieben Jahr den Baum aufkrochen und
doch wieder aba keit.

9140. Wenn sich die Schnecken früh deckeln, so gibt's einen
frühen Winter.

9141. Kleiner Schnee, große Wasser; großer Schnee, kleine
Wasser.

9142. Viel Schnee, viel Heu, aber wenig Korn und Hafern.

9143. Man muß nicht unter dem Schnee mähen.

9144. Wenn der Schnee vergeht, wird sich's finden.

9145. Der Schnee läßt sich nicht im Ofen trocknen.

9146. Wenn der Schneekönig wiederkommt!

Schneider – Schön   465

9147. Es schadet nichts, sagt der Schneider, wenn er die Hosen verschnitten, nur neu Tuch her!

9148. Es sammelt sich – wie beim Schneidersjungen die Ohrfeigen.

9149. Das wär' einer, sagte der Teufel, da kriegt' er einen Schneider bei den Beinen.

9149a. Der Schneider mit der Scher
Meint, er sei ein Herr.

9149b. Fünf Ellen geben ein Paar Handschuh, wenn der Schneider kein Schelm ist.

9150. Schnell genug, was gut genug.

9151. Zu schnell macht müde Beine.

9151a. Was schnell eingeht, geht auch schnell wieder aus.

9152. Sage nur Schnepf, so hast du's.

9152a. Gute Nacht Schnepf, wir wollen ins Tirol.

9153. Wer den Schnepperer einen großen Schwätzer heißt, tut keine Sünde daran.

9154. Wer sich zu lange schneuzt, der blutet zuletzt.

9155. Hart Schneuzen macht blutige Nasen.

9156. Alles Schnickschnack – ohne Geld!

9157. Es ist gut, den Schnitt an fremdem Tuche lernen.

9158. Er wollt' einen Schnitt machen und hat sich geschnitten.

9159. Wer's riecht, hat den Schnupfen nicht.

9159a. Man muß die Schnur nicht zu weit richten.

9160. Er hat's am Schnürchen.

9161. Der Schöff weiset zurecht.

9162. Es ist gut, daß der Schöffen sieben sind.

9162a. Hinger nem ahlen Brom es got schollen.

9163. Schön ist, was schön tut.

466   *Schön – Schreiben*

9164. Schön und Fromm stehen selten in *einem* Stall.

9165. Schön und züchtig sein
      Trifft selten ein.

9166. Schönheit und Keuschheit sind selten beieinander.

9167. Schöne Leute sind selten keusch.

9168. Schöne Leute haben schöne Sachen.

9169. Von der Schönheit kann man nicht leben.

9170. Schönheit brockt man nicht in die Schüssel.

9171. Schönheit kann man nicht essen.

9172. Schönheit? ein Kindbett!

9173. Schönheit ist kein Erbgut.

9174. Der Schönheit ist nicht zu trauen.

9175. Es ist leicht, eine schöne Frau zu bekommen, aber
      schwer, schön zu behalten.

9175a. Die Schönheit ist ein guter Empfehlungsbrief.

9176. All Ding ist nur eine Weile schön.

9177. Das schönste Grün wird auch Heu.

9178. Schönheit ohne Tugend ist verdorbener Wein.

9179. Schönheit vergeht,
      Tugend besteht.

9180. Schöne Tage lob abends und schöne Weiber früh.

9181. Der Schoß
      Macht groß.

9182. Der Schornstein schimpft das Ofenloch.

9183. Enge Schornsteine ziehen besser als weite.

9184. Schragenholz bleibt beim Stammkauf.

9185. Man muß den Schragen nach dem Markte richten.

9186. Schrammen muß man nicht mit Wunden heilen.

9187. Schreiben, Rechnen, Singen
      Soll ein Kind aus der Schule bringen.

Schreiben 467

9188. Was man schreibt,
Das verbleibt (bekleibt).

9189. Wer nicht schreibt,
Der nicht bleibt.

9190. Der Schreiber setzt seine Seele ins Dintenfaß.

9191. Schreiber und Studenten
Sind der Welt Regenten.
Sie sein edel oder nicht,
So sind sie von Gott dazu gericht't;
Ein Tropf, wer dawider spricht.

9192. Ein Schreiber ohne Feder,
Ein Schuster ohne Leder,
Ein Landsknecht ohne Schwert
Sind keinen Heller wert.

9193. Die Welt kann der Schreiber und Lumpen nicht entbehren.

9194. Guter Schreiber ist aller Ehren wert.

9195. Wenn der Schreiber nichts taugt, gibt er's der Feder schuld.

9196. Es ist bös wider die schreiben,
Die da mögen vertreiben.

9197. Man schreibt lange an, aber rechnet zuletzt.

9198. Man muß eher einnehmen, als man anschreibt, und eher anschreiben, als man ausgibt.

9199. Es steht geschrieben, wo es keine Geiß ableckt und keine Krähe aushackt.

9200. Wir wollen's hinter den Schornstein schreiben, wo es die Hühner nicht auskratzen.

9201. Das will ich mit schwarzer Kreide an den Kesselhaken schreiben.

9202. Die Schreibfeder will Kaiserin bleiben.

468 Schreiben – Schuh

9203. Willst du nicht mit der Feder schreiben lernen, so schreib mit der Mistgabel.

9204. Wenn es not tut, so kann der Teufel die Schrift für sich zitieren.

9205. Wer ein Schriftsaß ist, der hat auch einen Landesherrn.

9206. Es wird nicht ohne Schreien heilen.

9207. Mit Schreien wirst du's nicht ertrotzen.

9208. So sehr schreit, der nachschreit, als vor.

9209. Der größte Schritt ist der aus der Tür.

9210. Wer nicht Schritt halten kann, muß traben.

9211. Wenn der Schub da ist, helfen die Zeugen nicht.

9212. Es weiß niemand besser, wo der Schuh drückt, als der ihn trägt.

9213. Selb weiß am besten, wo der Schuh drückt.

9214. Man muß Schuhe suchen, die den Füßen gerecht sind.

9215. Zu enger Schuh drückt, zu weiter schlottert.

9216. Ein Schuh ist nicht jedem gerecht.

9216a. Die neuen Schuhe drücken am meisten.

9217. Wer auf des andern Schuhe wartet, bis er tot ist, der geht barfuß.

9218. Wer seinen Fuß in des andern Schuh stecken will, muß zuvor das Maß recht nehmen.

9219. Du sollst auch noch Schuhe für deine Füße finden.

9220. Wozu große Schuhe an kleinen Füßen?

9221. Verliert man die Schuhe, so behält man doch die Füße.

9222. Gott gebe, Gott grüße!
Bier und Wein schmeckt süße.
Versauf ich auch die Schuh, so behalt ich doch die Füße.

9222a. Er flickt andern die Schuh und geht selber barfuß.

Schuh – Schuldner 469

9223. Die alten Schuhe soll man nicht verwerfen, man habe
denn neue.

9224. Er ißt keine Schuhnägel.

9225. Gibst du mir Geld, spricht der Schuster, so geb ich dir
Schuh.

9226. Lieber dem Schuster als dem Apotheker.

9227. Schuster, bleib bei deinem Leisten.

9228. Der Schuster hat die schlechtesten Schuh.

9229. Schuld tötet den Mann.

9230. Besser alte Schuld denn alte Fehde.

9231. Alte Schuld rostet nicht.

9232. Die Schulden liegen und faulen nicht.

9233. Schulden sind keine Hasen.

9234. Für alte Schuld nimm Haferstroh,
Sonst machst nur Advokaten froh.

9235. Schuld läßt sich nicht auf Schuld weisen.

9236. Es hemmt keine Schuld die andre.

9237. Schuld zahlen macht Hauptgeld.

9238. Schulden, Alter und Tod kommen unangemeldet ins
Haus.

9239. Die Schuld kommt mit dem Tag, eh denn das Brot, ins
Haus.

9240. Schulden und der Krebs sind unheilbare Übel.

9241. Wer schuldig ist, muß bezahlen.

9242. Heut ein Schuldner, morgen ein Zahler.

9243. Schulden sind der nächste Erbe.

9244. Die den Mann traut, die traut die Schuld.

9245. Schulden lassen die Lügen hinter sich aufsitzen.

9246. Schuldner sind Lügner.

9247. Böse Schuldner kriechen den Weibern unter den Pelz.

9248. Böse Schuldner muß man oft mahnen.

9249. Vornehmer Schuldner, schlechter Zahler.

9250. Solange der Schuldner mein Geld braucht, muß er mir Zins davon geben.

9251. Er ist niemand mehr schuldig als Herrn Jedermann.

9252. Bist du schuldig,
Sei geduldig!

9253. Er ist lange hier gewesen und kennt noch keine Gasse, darin er nicht schuldig ist.

9254. Der Schuldige hat bisweilen das Glück, selten die Zuversicht, verborgen zu bleiben.

9255. Dem Schuldigen wackelt das Mäntlein.

9256. Dem Schuldigen läuft die Katze bald über den Rücken.

9257. Es träumt einen Schuldigen bald vom Teufel.

9258. Dem Schuldigen klopft das Herz.

9259. Den Schuldigen schreckt eine Maus.

9260. Der Schuldige fürchtet sich vor einem rauschenden Blatt.

9261. Dem Schuldigen schaudert.

9262. Dem Schuldigen dottert.

9263. Der Schuldige schielt.

9264. Besser zehn Schuldige lossprechen als *einen* Unschuldigen verdammen.

9265. Man soll nicht aus der Schule schwatzen.

9266. Fleißiger Schüler macht fleißigen Lehrer.

9267. Ein fahrender Schüler
Bleibt ein Spüler.

9268. Lässiger Schüler bleibt ein Schüler.

9269. Mancher Schüler übertrifft den Meister.

9270. Man findet mehr Schüler denn Meister.

Schule – Schütze 471

9271. Er ist mit einer Sau durch die Schule gelaufen.

9272. Er hat dem Schulmeister einmal guten Morgen geboten.

9273. Es is beter, bi 'n oolen Mann to schulen
As bi en jungen to huulen.

9274. Er hat ein Stück vom Schulsack gefressen.

9275. Er würd' ein guter Schultheiß, er kann tun, was die
Leute verdrießt.

9276. Wer nicht tun kann, was die Leute verdrießt, gibt keinen Schulzen ab.

9277. Fahr deinen Mist
Zu Felde, weil du Schultheiß bist.

9278. Des Schulzen Kuh und eines andern Kuh sind zweierlei
Kühe.

9279. Des Schulzen Kuh ist ein anderes!

9280. Es ist dem Schulzen genug, daß er den Bauern vorgeht.

9281. Er hat Schultheißen-Ohren.

9282. Es ist Schumpe wie Hure.

9283. Es hat jedermann freies Schürfen.

9284. Er nimmt zu – wie ein Schürstecken.

9285. Weit davon ist gut vorm Schuß.

9286. Viel Schüsse gehen nicht fehl, es trifft doch wohl *einer*
darunter.

9287. Wer protzt (mault) bei der Schüssel,
Dem schadet's am Rüssel.

9288. Ungleiche Schüsseln machen schielende Brüder.

9289. Für die Schüssel die Flasche.

9290. Der erste in der Schüssel, der letzte heraus.

9291. Drei Schüsseln leer und in der vierten nichts.

9292. Schutz- und Schirmgerechtigkeit gibt keine Landesho-
heit.

9293. Übler Schütze, der zu früh losdrückt.

9294. Viel Schützen – nur *einer* wird König.

9295. Die besten Schützen sind, so da fehlen.

9296. Ein schlechter Schütze, der keine Ausrede weiß.

9297. Er schüttelt mit dem Kopfe, als hätte er Wasser in den Ohren.

9298. Schwaben haben nur vier Sinne.

9299. Die Schwaben werden vor dem vierzigsten Jahre nicht gescheit.

9300. Stirbt dem Schwaben die Braut am Karfreitag, so heiratet er noch vor Ostern.

9301. Warum säst du grobe Schwaben und nicht subtile? Das Erdreich trägt's nicht.

9302. Welches Land liefen die Schwaben nicht aus?

9303. Schwabenland ist ein gut Land, ich will aber nicht wieder heim.
Mein Vater frißt das Fleisch und gibt mir die Bein.

9304. Die Schwaben und bös Geld
Führt der Teufel in alle Welt.

9305. Schwabenland ist ein gut Land: es wachsen viel Schlehen darin.

9306. Ein Schwabe hat kein Herz, aber zwei Magen.

9307. Hier stehn wir Helden, sprach der Frosch zum Schwaben.

9308. Flieht, Schweizer, die Schwaben kommen.

9309. Die Schwaben fechten dem Reiche vor.

9310. Gott verläßt keinen Schwaben.

9311. Es wird dir glücken
Wie den Schwaben bei Lücken.

9312. Schwaben gibt der ganzen Welt Huren genug und Bayern Diebe.

Schwabe – Schwalbe 473

9313. Schwab ein Schwätzer,
Böhm ein Ketzer,
Pol ein Dieb,
Preuß, der seinen Herrn vertrieb.

9314. Schwäbisch ist gäbisch, bayerisch ist gar nichts.

9315. Suppten die Schwaben nicht so sehr,
Die Rheinleut wären längst nicht mehr.

9316. In Schwaben ist die Nonne keusch, die noch nie ein
Kind gewonnen.

9317. Man hört gar bald, wenn einer ein Schwab oder ein
Bayer ist.

9318. Ein Schwabe wird doch schwäbeln dürfen!

9319. Schwager, Hund.

9320. Ein Schwager und ein fahles Pferd,
Wenn sie bestehn, ist's lobenswert.

9321. Schwager sind nie beßre Freunde als weit auseinander
und selten beisammen.

9322. Der Schwäger Rat
Nie guttat.

9323. Viel Schwäger und Brüder
Machen schmale Güter.

9324. Schwägerschaft hindert die Ehe, fördert aber nicht zum
Erben.

9325. Wenn die Frau tot ist, hat die Schwägerschaft ein Ende.

9326. Viel Schwäger, viel Spieße!

9327. So mancher Schwager, so mancher Knebelspieß.

9328. Das beste ist, daß niemand weiß, wer sein Schwager ist.

9328a. Es ist mißlich, wer des andern Schwager ist.

9329. Eine Schwalbe macht keinen Sommer (Flug).

9330. Wenn die Schwalben fortfliegen, bleiben die Spatzen
hier.

9331. Wenn die Schwalben fliegen,
So bleiben hier die Fliegen.

9331a. Wenn man Schwalben am Hause hat, schlägt es nicht
ins Haus.

9332. Er hat Schwalben unterm Hute, daß er nicht grüßen
darf.

9332a. Wenn die Schwalben nieder fliegen und die Tauben
baden, so bedeutet's Regen.

9333. Mit Recht verliert man das mit Schwänken,
Was man gewonnen hat mit Ränken.

9334. Der Schwanz zeugt vom Fuchs.

9335. Er läßt den Schwanz hängen wie ein begossener Hund.

9335a. Was aus ist, schwärt nicht.

9336. Schwarz auf weiß
Behält den Preis.

9336a. Schwarz auf weiß redet.

9337. Schwarz auf weiß oder gar nicht.

9338. Schwarz auf weiß scheidet die Leute.

9339. Ist einer schwarz, so heißt er weiß.

9340. Ich kann schwarz und weiß wohl unterscheiden.

9341. Wer andre anschwärzt, ist drum nicht weiß.

9341a. Schwarz geboren
Hat's Waschen verloren.

9342. Dieses Jahr wächst wenig Wein – auf dem Schwarz-
wald.

9342a. Schwarzbrot und Freiheit!

9342b. Schwarzer Herd trägt gute Frucht, aber der rote ist
nichts.

9343. Die Schwarzwälder
Bringen fremde Gelder.

Schwatzen – Schweigen 475

9344. Die viel schwatzen, lügen viel.

9344a. Wer gern frägelt, schwatzt auch gern.

9345. Wer übel schwatzt, verliert ein gutes Schweigen.

9346. Böse Geschwätze verderben gute Sitten.

9347. Schweigen ist das beste.

9348. Schweigen ist der Deckel auf dem Hafen.

9349. Schweigen und denken
Mag niemand kränken.

9350. Schweigen schadet selten.

9351. Mit Schweigen verred't (verrät) sich niemand.

9352. Von Schweigen tut dir die Zunge nicht weh.

9353. Schweigen ist Kunst,
Klaffen bringt Ungunst.

9354. Schweigen ist für viel Unglück gut.

9355. Schweig, leid und vertrag,
Dein Unglück niemand klag.

9356. Harren, sehn und schweigen verhütet manchen Krieg.

9357. Schweigen ist auch eine Antwort.

9358. Schweigst du stille,
So ist's dein Wille.

9359. Wer schweigt, bejaht.

9360. Wer schweigt, der folgt.

9361. Schweigend Mann, lobend Mann.

9362. Manches Schweigen ist eine beredte Antwort.

9363. Mit Stillschweigen antwortet man viel.

9364. Schweigen ist oft besser als sich verantworten.

9365. Lern schweigen, so kannst du am besten reden.

9366. Der kann nicht reden, der nicht kann schweigen.

9367. Schweig oder red etwas, das besser ist denn Schweigen.

9368. Könnte der Narr schweigen, so wär' er weis.

476 *Schweigen – Schwein*

9369. Es ist Zeit zu reden, Zeit zu schweigen.

9370. Wer zur Schweigenszeit redet, schlägt den Wind und predigt den Tauben.

9371. Zwei können wohl schweigen, so man *einen* davontut.

9372. Schweig, was du willst, daß andere schweigen.

9373. Verschweige, was du tun willst, so kommt dir niemand dazwischen.

9374. Wie soll der andere Leute heißen schweigen, der selbst nicht schweigen kann?

9375. Schweigen steht den Weibern wohl.

9376. Kein Kleid steht den Weibern besser als Schweigen.

9377. Für die Weiber ist Schweigen
Härter als Säugen.

9378. Wohl schweigen ist eine größere Kunst als wohl reden.

9379. Schweigen ist gut, besser reden, wer's kann.

9380. Schweigen tut nicht allweg gut.

9381. Durch Schweigen verdirbt viel Freundschaft.

9382. Schweigendem Mund ist nicht zu helfen.

9383. Mit Schweigen verschweigt man die Freunde.

9384. Schweig, Herz, und rede, Maul.

9385. Es mag einer seine Sache verschweigen, wenn er will.

9386. Viel Schweine machen den Trunk dünn.

9387. Man mästet das Schwein nicht um des Schweines willen.

9388. Wer will hadern um ein Schwein,
Nehm' die Wurst und lass' es sein.

9389. Schweine kümmern sich nicht um köstliche Salben.

9390. Er gibt gern zu essen, aber nur seinen Schweinen.

9391. Wo haben wir zusammen die Schweine gehütet?

9392. Alte Schweine haben harte Mäuler.

9393. Schweißwasser gibt guten Mörtel.

9394. Wer seines Schweißes genießen will, muß ihn warm zudecken.

9395. Schweizer für Geld.

9396. Als Demut weint' und Hoffart lacht',
Da ward der Schweizerbund gemacht.

9397. Stirbt der Schweizer heut, morgen ist er tot.

9398. Das Schwerste muß am meisten wiegen.

9399. *Ein* Schwert wetzt das andere.

9400. *Ein* Schwert hält das andre in der Scheide.

9401. Hast du ein Schwert, so haben wir Hellebarten.

9402. Mein Schwert schneidet auch.

9403. Mehr sind verdorben,
Als vom Schwert gestorben.

9404. Mancher hütet sich vor dem Schwert und kommt an den Galgen.

9405. Man soll ein gut Schwert nicht in alle Scheiden probieren.

9406. Schwieger,
Tiger.

9407. Schwiegermutter,
Tigermutter.

9408. Schwiegermutter,
Teufels Unterfutter.

9409. Die Schwieger liebt nie die Schnur.

9410. Eine Schwieger und Sohnsfrau sollte man nicht zusammen malen.

9411. Die Schwieger weiß nicht, daß sie Schnur gewesen.

9412. Die beste Schwiegermutter auf der Gänseweide (oder die ein grün Kleid anhat).

9412a. Schwieger und Geschweien
Sind krumme Schalmeien.

9413. Schwiele an der Hand hat mehr Ehre denn ein goldener
Ring am Finger.

9414. Die besten Schwimmer ertrinken, und die besten Klimmer brechen den Hals.

9415. Tiefe Schwimmer,
Hohe Klimmer
Sterben auf den Betten nimmer.

9415a. St. Jan
Will *einen* han,
Einen Schwimmer
Oder einen Klimmer.

9416. Die besten Schwimmer ersaufen, und die besten Fechter werden erschlagen.

9417. Gute Schwimmer ertrinken gar.

9418. Wer nicht schwimmen kann, gehe nicht ins Wasser.

9419. Geh nicht tiefer ins Wasser, als du schwimmen kannst.

9420. Man lernt nicht schwimmen, bis einem das Wasser ins
Maul läuft.

9421. Neben dem Schiff ist gut schwimmen.

9422. Schwingen wachsen im Fluge.

9423. Wer nicht schwitzt, den soll man reiben,
Wer nicht arbeitet, den soll man treiben.

9424. Hoch schwören zeigt tiefe Lügen.

9425. Wo du hörst hohe Schwüre,
Steht Lüge vor der Türe.

9426. Wer recht schwört, betet recht.

9427. Dem Teufel braucht man keinen Schwur zu halten.

9428. Ein Skorpion ist gut für Skorpionsstiche.

9429. Der heilige Sebastian ist gut, sprach der Mönch: wie ich
auch mit ihm teile, so schweigt er und ist zufrieden.

9430. Meiner Sechse!

9430a. Sechse sind kein Galgen voll.

9431. Sechse treffen,
Sieben äffen.

9432. Man muß nicht mit sechsen fahren, wenn man nur Futter für zweie hat.

9433. Wer auf der See ist, hat den Wind nicht in der Hand.

9434. Auf großen Seen sind große Wellen.

9435. Der erste und letzte, die über den See gehn, ertrinken.

9436. Lobe die See und bleib auf dem Lande.

9437. Um bald ein Bettler zu werden, muß man zur See handeln.

9437a. Die Seegroppen sterben nicht, sie ertrinken.

9438. Schöne Seele
Will reine Höhle.

9439. Schöne Seelen finden sich.

9440. Schwarze Seele in schönem Körper ist doppelte Gefahr.

9441. Je mehr Seelen, je mehr Freude.

9442. Seelsorger, Geldsorger.

9443. Seelensorger,
Seelenworger.

9444. Sie achten nicht der Seele, sondern des Säckels.

9445. Der Segen des Herrn macht reich.

9446. Des andern Segen
Ist dem Neidischen ein Degen.

9447. Er segnet *sich* zuerst wie die Pfaffen.

9448. Unterm Segel ist gut rudern.

9449. Am Gewäsche den Gimpel,
Den Segler am Wimpel!

9450. Sehen geht über Hören.

9451. Sehen geht vor Hörensagen.

9452. Ein Sehen ist besser denn zehen Hören.

9453. Was das Aug nicht sehen will,
Da helfen weder Licht noch Brill.

9454. Man muß sehen und nicht sehen.

9455. Wenn man nicht sieht, stößt man leicht aneinander.

9456. Wer schlecht sieht, soll desto besser tasten.

9457. Was man nicht sieht, muß man greifen.

9458. Sieh nicht über dich, sondern unter dich.

9459. Man sieht einem an,
Was er hat getan.

9460. Er darf sich sehen lassen, wie finster es auch ist.

9461. Man schießt auch wohl mit schlaffer Sehne.

9462. Er hat der Sehnen mehr an seiner Geige.

9463. Man spinnt nicht allweg Seide.

9464. Seid und Samt am Leibe löschen das Feuer in der
Küchen aus.

9465. So viel alte Seife, so viel alt Geld.

9466. Seil aus Sand,
Wie hält das Band?

9467. Mit kranken Seilen muß man gelinde ziehen.

9468. Das Seil, womit man fangen will, muß gedreht sein.

9469. Dem Seiler gerät's am besten, wenn's hinter sich geht.

9470. Man muß vor sich sehen und hinter sich gehn wie die
Seiler.

9471. Sein
Ist über Schein.

Sein – Selbst 481

9472. Sei, was du scheinen willst.

9473. Mehr sein als scheinen.

9474. Jedem das Seine.

9475. Jeder warte des Seinen.

9476. Wenn ein Ding sein soll, so hilft nichts dafür.

9477. Das sein soll,
Das schickt sich wohl.

9478. Was sein muß, das leide.

9479. Was nicht ist, kann noch werden.

9480. Am Selbende erkennt man das Tuch.

9481. Selbst ein gutes Kraut wächst aber nicht in allen Gärten.

9482. Selbst getan ist bald getan.

9483. Selb tut's gar, Heißen halb, Bitten ist vergeblich.

9484. Selber ist der Mann.

9485. Schau selbst nach deinem Dinge,
Willst du, daß dir gelinge.

9486. Um einen Herren steht es gut,
Der, was er befiehlt, selber tut.

9487. Wenn man selbst geht, betrügt einen der Bote nicht.

9488. Wo der Mann nicht selbst kommt, da wird ihm sein
Haupt nicht wohl gewaschen.

9489. Hilf dir selbst, so hilft dir Gott.

9490. Ich kann mit allen Sinnen
Mir selber nicht entrinnen.

9491. Wer sich selbst liebt allzusehr,
Den hassen andre desto mehr.

9492. Wer sein selbst ist, der ist des Teufels Knecht.

9493. Selber tun, selber haben.

9494. Selbe täte, selbe habe.

9495. Selbst eingebrockt, selbst ausgegessen.

9496. Was ich selber tu,
Trau ich andern zu.

9497. Sich selber loben ist Torheit, sich selber schänden ist
Unsinn.

9498. Wer sich selber schändet, den lobt niemand.

9499. Wer sich selbst kitzelt, lacht, wann er will.

9500. Sich selbst kennen ist die größte Kunst.

9501. Selbst essen macht satt.

9502. Rede nicht mit dir selber, sonst möchte man sagen, dein
Zuhörer wär' ein Narr.

9503. Was selten,
Muß gelten.

9504. Wer was will gelten,
Der komme selten.

9505. Selten ist angenehm.

9506. Wer alles haben will, was die Augen sehen, der heißt
Seltenreich.

9507. Zu Geschäften braucht man den Senf nicht mitzubrin-
gen, man wird ihn finden.

9508. Er sieht, als hätt' er Senf gegessen; wenn er lacht, fällt
ein Turm um.

9509. Sequester
Macht leere Nester.

9510. Den St. Servatius
Begleitet St. Bonifacius.

9511. Setz an! sagte Hans mit der wächsernen Nase.

9512. Er spielt Nummer Sicher.

9513. Sicherheit ist nirgends sicher.

9514. Sicherheit ist des Unglücks erste Ursache.

9515. Es ist bei ihm verschlossen
Wie Wasser in ein Sieb gegossen.

9516. Eine böse Sieben.

Sieben – Singen

9517. Sie ist aus der siebenten Bitte.

9518. Er riecht nach zweimal sieben.

9518a. Im siebenten Grade endet die Sippe.

9519. Wer von sieben redet, leugt gern.

9520. Wo sieben essen, da ißt auch noch einer.

9521. Die Siechen und Gesunden
Haben ungleiche Stunden.

9522. Siechbett lehrt beten.

9523. Das mögt ihr sieden oder braten!

9524. Der Socher
Überlebt den Pocher.

9525. Siegen
Kommt nicht von Liegen.

9526. Sieg liebt Sorge.

9527. Aller Sieg kommt von Gott.

9528. Der Sieg ist bei den Überwundnen.

9529. Die Frommen siegen
Im Erliegen.

9530. Wer unterwegs erliegt, von dem singt man kein Sieger-
lied.

9531. Der Sieg ist zu grob,
Der mit Blut liegt ob.

9532. Silber auf der Tasche und keins drin ist des Teufels
Arschwisch.

9533. Simon und Judä
Hängt an die Stauden Schnee.

9533a. Wenn Simon und Judä vorbei,
So rückt der Winter herbei.

9534. Er scheint sehr simpel, ist gleich sein Mantel doppelt.

9535. Singe, so lernst du singen.

484 *Singen – Soldat*

9536. Man kann nicht zumal singen und schlingen.

9537. Singen
Will im Glase springen.

9538. Singen und wenig schlingen macht dürren Hals.

9539. Gute Singer,
Gute Schlinger.

9540. Von Singen und Sagen
Läßt sich nichts zu Tische tragen.

9541. Er kann weder singen noch sagen.

9542. Wer nicht singen kann, mag pfeifen.

9543. Wer im Singen zu hoch anfängt, kommt nicht aus.

9544. Wer wenig kann, hat bald gesungen.

9545. Singen kannst du? sing. Springen? spring:
Treib, was du kannst, das ist ein fein Ding.

9546. Allein singen und allein dreschen ist eine langweilige
Arbeit.

9547. Hätten wir alle *einen* Sinn, wir liefen *einen* Weg.

9548. Er hat alle Sinne bis auf fünf.

9549. Schlechte Sitten machen gut Gesetz.

9550. Alte Schuhe verwirft man leicht, alte Sitten schwer.

9551. Wer wohl sitzt, der rücke nicht.

9552. Sitzest gut, so sitze fest,
Alter Sitz ist ja der best.

9553. Ich sitze wohl, sagte die Katze, da saß sie auf dem
Speck.

9554. Übel gesessen ist halb gefastet.

9555. Lieber eine Schüssel mehr und bequem sitzen.

9556. Wenn du deinen Sohn mit Füßen treten willst, so zieh
vorher die Schuh aus.

9557. Sohnesweib haßt Mannesmutter.

9558. Soldaten im Frieden sind Öfen im Sommer.

Soldat – Sommer

9559. Soldaten sind des Feindes Trutz,
Des Landes Schutz.

9560. Wenn Unfried ist in aller Welt,
Gilt der Soldat das meiste Geld.

9561. Guter Soldat
Erwägt seine Tat.

9562. Guter Soldat – hinter dem Ofen.

9563. Soldaten, das sind gute Häute:
Haben sie kein Geld, haben's andre Leute.

9564. Soldatenzähne tun den Bauern weh.

9565. Soldaten können die Bürger und Bauern viel unmögliche Dinge lehren.

9566. Soldaten, Wasser und Feuer, wo die überhand nehmen,
da machen sie wüste Plätze.

9567. Soldaten holen nur und bringen nichts.

9568. Soldaten stehlen nicht, sie beuten nur.

9569. Soldaten muß man wohl zahlen und wohl henken.

9570. Wer mit Soldaten will Ehr erjagen,
Muß sie wohl zahlen und tüchtig plagen.

9571. Soldatentod
Ist besser als Bettelbrot.

9572. Wenn die Buben Soldaten spielen, so gibt's Krieg.

9573. Der Sommer ist ein Nährer,
Der Winter ein Verzehrer.

9574. Der Sommer gibt Korn, der Herbst gibt Wein;
Der Winter verzehrt,
Was beide beschert.

9575. Wer im Sommer nicht arbeitet, muß im Winter Hunger leiden.

9576. Wer im Sommer die Kleider verreißt, muß im Winter frieren.

486 *Sommer – Sonne*

9577. Heiße Sommer und kalte Winter bringen keine böse Zeit.

9577a. Wenn's im Sommer warm ist, so ist's im Winter kalt.

9577b. Die gefährlichsten Sommer sind die fruchtbarsten.

9578. Den Sommer schändet kein Donnerwetter.

9579. Sommerroggen und Ziegenmist
Lassen den Bauern, wie er ist.

9580. Sommersaat und Weiberrat gerät alle sieben Jahre einmal.

9581. Es ist nichts so fein gesponnen,
Es kommt doch endlich an die Sonnen.

9582. Die Sonne bringt es an den Tag.

9583. Wenn die Sonne aufgeht, wird es Tag.

9584. Es ist nicht not, daß man der Sonne mit Fackeln helfe.

9585. Die Sonne schneuzen und ein alt Weib bessern sind zwei vergebne Dinge.

9586. Überall geht des Morgens die Sonne auf.

9587. Wo die Sonne aufgeht, da tagt es.

9588. Wenn die Sonne aufgeht, so helf' Gott dem Reif am Zaun.

9589. Die Sonne scheint keinen Hunger ins Land.

9590. Die Sonne hat noch keinen Bauern zum Lande hinausgeschienen.

9590a. Sonnenwarm
Macht niemand arm.

9591. An die Berge scheint die Sonne zuerst.

9592. Die Sonne scheint sich selber nicht.

9593. Wem die Sonne scheint, der fragt nichts nach den Sternen.

9594. Wenn die Sonne vom Himmel fiele, säßen wir alle im Dunkeln.

Sonne – Sorge   487

9595. Die aufgehende Sonne hat mehr Anbeter als die untergehende.

9595a. Am Sonntag bet und sing, am Werktag schaff dein Sach.

9596. Was man des Sonntags spinnt, gerät nicht.

9596a. Sonntagsgewinn sind Federn.

9597. Wenn zwei Sonntage in einer Woche kommen.

9598. Sonntag, kommst du morgen, wie gern wollen wir dich feiern!

9599. Unserm Herrgott ist nicht zu trauen, sagte jener Bauer, da machte er Heu am Sonntag.

9600. Er ist eine Sonnenuhr, zeigt nur, solange die Sonne scheint.

9601. Die Sonnenuhr zählt nur die heitern Stunden.

9602. Sorge fällt nicht um.

9603. Man sorgt sich eher alt als reich.

9604. Sorgen macht graue Haare
Und altert ohne Jahre.

9605. Sorge frißt den Weisen
Wie Rost das Eisen.

9606. Sorg und Klage
Wächst alle Tage.

9607. Alle Morgen
Neue Sorgen.

9608. Sorge nicht für morgen.

9609. Zuviel Sorge zerbricht das Glas.

9610. Sorge, aber nicht zuviel,
Es geschieht doch, was Gott will.

9611. Zuviel Sorge fällt in den Kot.

9612. Zu großer Sorge wird liederlich Rat.

9613. Unnütze Sorge macht früh alt.

488   *Sorge – Sparen*

9614. Der ist arm, den Sorgen grau machen.

9615. Ein Pfund Sorgen
Zahlt kein Lot Borgen.

9616. Hundert Pfund Sorgen bezahlt kein Lot Schulden.

9616a. Mit bloßen Sorgen kann man keinen Strohhalm zerbrechen.

9616b. Der Sorghaber ist auch die Stiegen hinabgefallen.

9617. Sorgen und Wachen
Sind Herrensachen.

9618. Wer über sich haut, dem fallen die Späne in die Augen.

9619. Es fallen keine Späne, man haue sie denn.

9620. Das kommt mir spanisch vor!

9621. Wer selbst nicht anspannt, dem kann man nicht vorspannen.

9622. Es hilft nicht spannen, man muß abschießen.

9623. Sparen ist größere Kunst denn erwerben.

9624. Erspart ist auch erobert.

9625. Der Groschen, den die Frau erspart, ist so gut, als den
der Mann erobert.

9626. Ein guter Sparer ist gleich einem guten Gewinner.

9627. Erspart ist so gut als erworben.

9628. Sparen ist verdienen.

9629. Wer heute spart, hat morgen etwas.

9629a. Wer spart, wenn er hat, findet, wenn er bedarf.

9630. Sparschaft
Gibt Barschaft.

9631. Sparhand und Nahrhand
Kaufen andrer Leute Land.

9632. Sparmund und Übelleb kaufen Herrn Wohlleb sein
Haus ab.

Sparen – Sparren 489

9633. Auf Sparen folgt Haben.

9634. Am Zapfen sparen und am Spundloch herauslassen spart nicht.

9635. Sparen ist ein großer Zoll.

9636. Spar dem Unfall!

9637. Wer nicht spart zur rechten Zeit, darbt zur Unzeit.

9638. Spar dein Brot,
So hast du in der Not.

9639. Spar in der Zeit, so hast du in der Not
Ein Brot.

9640. Sparen ist zu spät,
Wenn's an die Hofstatt geht.

9641. Sparen ist zu spät, wenn man im Beutel auf die Naht und im Faß auf den Boden greift.

9642. Auf den Sparer folgt der Zehrer.

9643. Der Sparer will einen Zehrer haben.

9644. Der Vater Alte ein Sparer, der Sohn ein Geuder.

9645. Der Vater spir und spar, der Sohn rips und raps.

9646. Das Seine ist nicht sein, er spart's einem andern.

9647. Was man vor den Frommen spart, wird den Bösen zuteil.

9648. Was man spart für den Mund,
Frißt Katz und Hund.

9649. Sparmund
Frißt Katz und Hund.

9650. Sparsam, sparsam! sagte X, den Schwefelspan in drei!

9651. Wer Sparsamkeit, die Mutter, begehrt,
Dem wird Reichtum, die Tochter, beschert.

9652. Sparwort ist bei Frauen teuer.

9653. Jeder hat einen Sparren, und der's nicht glaubt, hat zwei.

9654. Wo die Sparren faulen,
Stürzen bald die Saulen.

9655. Spaß ist nicht Ernst.

9656. Aus Spaß wird oft Ernst.

9657. Im Spaß gesagt, im Ernst gemeint.

9658. Wer keinen Spaß mag verstehn,
Soll nicht unter Leute gehn.

9659. Spaß muß sein, sagte Hans und kitzelte Greten mit der
Mistgabel.

9660. Fleißiger Spaten ist immer blank.

9661. Besser spät als gar nicht.

9662. Ein wenig zu spät ist viel zu spät.

9663. Wer zu spät kommt, wird übel logiert.

9664. Wer zu spät kommt, ißt mit den Gemalten an der
Wand.

9665. Je später, je härter.

9666. Es verderben wohl neun Spät,
Eh *ein* Früh zugrunde geht.

9667. Wen's immer allzu früh dünkt, der kommt gemeinlich
zu spät.

9667a. Spät nieder, spät auf
Ist aller faulen Leute Brauch.

9668. Wenn man gefallen ist, besieht man das Plätzchen zu
spät.

9669. Man besieht zu spät den Stein,
Darüber man fiel und brach ein Bein.

9670. Ach, es ist zu spät, sprach die Frau, als der Knecht sie
bei dem Leichenzug ihres Mannes um Heirat anging.

9670a. Besser ein Spatz im Hafen als gar kein Fleisch.

Spatzenarbeit – Speisen 491

9671. Spatzenarbeit, Finkenlohn.

9672. Speck soll man nicht spicken.

9673. Es gibt keinen Speck in die Bratwurst.

9674. Der Speck läßt von der Schwarte nicht.

9675. Speck und Schwart
Von einer Art.

9676. Mit Speck fängt man Mäuse.

9677. Der Speck ist allzeit feister in andrer Leute Pfannen.

9678. Man jagt die Katze zu spät vom Speck, wenn er gefressen ist.

9679. Finniger Speck, schmierige Butter.

9680. Das ist Speck auf die Falle.

9681. Was einer nicht gegessen hat, das kann er nicht speien.

9682. Wer einen voll macht, billig leid't,
Daß er ihm in den Busen speit.

9683. Speyrer Wind,
Heidelberger Kind
und Hessenblut
Tun selten gut.

9684. Schlechte Speis und Trank
Machen ei'm das Jahr lang.

9685. Je weniger Speise, je mehr Hunger.

9686. Wenn die Speise mindert, so mehrt der Hunger.

9687. Dem seine Speise stürzt, kann sie nicht all aufraffen.

9688. Tier und Vögel, die sind so weis,
Sie ruhn ein Stündlein auf ihr Speis.

9689. Aufgewärmte Speise wird leicht zuwider.

9690. Wie die Speise, so das Maul.

9690a. Was einer gern ißt, das ist seine Speise.

9690b. Bauen und viel Mäuler speisen
Tut zu großer Armut reißen.

492   *Sperling – Spielen*

9691. Besser ein Sperling in der Hand als ein Kranich auf dem
      Dach (über Land).

9692. Wenn der Sperling nisten will, sucht er viel Löcher.

9693. Auch ein Sperling findet ein Haus für sich.

9694. Sperlinge fängt man, wenn man ihnen Salz auf den
      Schwanz streut.

9695. Die Sperlinge singen's von den Dächern.

9696. Ist der Kranke genesen,
      So zahlt er ungern die Spesen.

9696a. Das hängt aneinander wie Speuzel und Papier.

9697. Es steckt nicht im Spiegel, was man im Spiegel sieht.

9698. Der Spiegel lügt,
      Der Schein trügt.

9699. Im Spiegel sieht man die Gestalt, im Wein das Herz.

9699a. Schau dich zuerst selbst im Spiegel.

9700. Wer sich an andern spiegelt, der spiegelt sich sanft.

9701. Wenn man nachts in den Spiegel sieht, guckt der Teufel
      heraus.

9702. Spiel, warte des Mundes.

9703. Das Spiel braucht Aufseher.

9704. Im Spiel gilt keine Brüderschaft.

9705. Wer des Spiels nicht kann, soll zusehn.

9706. Kein Spiel, so nicht seinen Vorteil hätte.

9707. Man muß das Spiel verstehen!

9708. Wer dem Spiele zusieht, kann's am besten.

9709. Sieht man's, so spiel ich's,
      Sieht man's nicht, so stiehl ich's.

9710. Manch Spiel ist der Sehenden, manches der Blinden.

9711. Mit dem Pfennig fängt man an zu spielen.

9712. Spielen ist keine Kunst, aber aufhören.

Spielen 493

9713. Ein gut Spiel soll bald aufhören.

9714. Wenn das Spiel am besten ist, soll man ablassen.

9715. Das beste Spiel
Wird auch zuviel.

9716. Es spielen sich eher zehn arm als *einer* reich.

9717. Viele spielen, *einer* gewinnt.

9718. Mancher Spieler verliert in *einer* Stunde, was er in seinem Leben nicht wieder gewinnt.

9719. Spielen, Fischen, Vogelstellen
Schänden manchen Junggesellen.

9720. Spieler und Rennpferde dauern nicht lange.

9721. Junger Spieler, alter Bettler.

9722. Reiche Spieler und alte Trompeter sind selten.

9723. Wenn das Spiel aus ist, sieht man, wer gewonnen hat.

9724. Sieh, wieviel du reicher bist,
Wenn das Spiel geendet ist.

9725. Nach dem Spiel will jeder wissen,
Wie man hätt' ausspielen müssen.

9726. Wer gewinnt, der spielt am besten.

9727. Schnell Spiel
Übersieht viel.

9728. Wer nicht gern verlieren will,
Der habe Achtung auf das Spiel.

9729. Es ist kein Spiel, es ist ein Übersehens dabei.

9730. Übersehen ist das Beste im Spiel.

9731. Übersehn ist auch verspielt.

9732. Hätt' ich den Stein nicht gezogen, ich hätte das ganze Spiel verloren.

9733. Glück im Spiel, Unglück in der Liebe.

9734. Wer Unglück im Spiel hat, ist glücklich im Heiraten.

9735. Wer mitspielen will, muß mit aufsetzen.

9735a.	Wer beim Spiel borgt, gewinnt.
9735b.	Wer beim Spiel wegleiht, verliert.
9735c.	Heut haben wir schön gespielt, sagt der Balgtreter.
9736.	Je besser Spiel, je ärger Schalk.
9737.	Es ist kein gut Spiel, das mit krummen Kolben schlägt.
9738.	Es ist ein bös Spiel, da der eine lacht und der andere weint.
9739.	Darnach das Spiel ist, macht man einen Strohwisch zum König.
9740.	Darnach das Spiel ist, muß man Herz wählen und nicht Schellen.
9741.	Darnach das Spiel ist, sticht die Sau den König.
9742.	Darnach das Spiel ist, sticht der Bub die Dame.
9743.	Beim Spiel gilt alles.
9744.	Schlechter Spielmann, der nur *eine* Weise kann.
9744a.	Der Spielmann gehört an die Hochzeit.
9745.	Da liegt ein Spielmann begraben.
9746.	Besser Spierlinge gefangen als stillgesessen.
9747.	Der Spierling macht, daß der Salm abschlägt.
9748.	Wer Spierlinge fängt, fängt auch Fische.
9749.	Der lange Spieß gilt nicht.
9750.	Mit langen Spießen ist gut kriegen.
9751.	Er ist bei der Hand wie der Spieß hinter der Türe.
9752.	Die Spinne saugt Gift, die Biene Honig aus allen Blumen.
9753.	Spinnen lernt man vom Spinnen.
9754.	Wie sie spann, So hat sie an.
9755.	Selbst gesponnen, selbst gemacht, Rein dabei, ist Bauerntracht.

Spinnwebe – Sprechen 495

9756. Es sind noch keine Spinnweben darüber.

9757. Ich bin in demselben Spital gewesen.

9758. Spitznase,
Übel Base.

9759. Spitzes Kinn,
Böser Sinn.

9760. Es sind nicht alle Spitzbuben, die von Hunden angebollen werden.

9761. Jeder hat seinen Splitter.

9762. Der Sporn lehrt das Roß traben.

9763. Spott und Schaden reimt sich wohl zusammen.

9764. Spott und Schaden stehen übel beisammen.

9765. Spotts kann sich niemand erwehren.

9766. Spötter essen auch Brot.

9767. Spöttertor steht jedem offen.

9768. Spott ist das Wetterleuchten der Verleumdung.

9769. Das ist ein Spott auf die Ware.

9770. Wahrer Spott, schlimmer Spott.

9771. Es tut ihm nichts, er hat Briefe, daß man sein nicht spotten soll.

9772. Man soll sein nicht spotten, allein mit Worten.

9773. Du mußt lange spotten, bis du mir ein Ohr abspottest.

9774. Viel Spreu, wenig Korn.

9775. Sprich wenig mit andern, viel mit dir selbst.

9775a. Wer viel spricht, muß viel wissen oder lügen.

9776. Wer wenig spricht, hat wenig zu verantworten.

9777. Traue nicht
Dem, der viel mit vielen spricht.

9778. Es wird selten von jemand gesprochen, es ist etwas daran.

496   *Sprichwort – Stadt*

9779. Sprichwort,
Wahr Wort.

9780. Wir Deutschen haben viel grobe Sprichwörter, aber
gute Meinung.

9781. Niemand kann weiter springen, als sein Springstock
lang ist.

9782. Hätte mancher einen Stab, so könnte er auch hinüber-
springen.

9783. Mancher springt über einen Besen und fällt über einen
Hundedreck.

9784. Böse Sprünge geraten selten.

9785. Junger Springer, alter Stelzer.

9786. Wer einen großen Sprung tun will, geht erst rückwärts.

9787. Schnelle Sprünge geraten selten.

9788. Die Spritzen kommen, wenn das Haus abgebrannt ist.

9789. Wenn es brennt, vermißt man die Spritzen.

9790. Weise Sprüche, gute Lehren
Soll man tun und nicht bloß hören.

9791. Es ist nicht alles Spuk in des Töchterleins Kammer.

9792. Wo's spukt, da liebt oder diebt sich's.

9793a. Sau de Staut (Staat),
Sau auk de Praut.

9794. Das Urteil ist gesprochen,
Der Stab, der ist gebrochen.

9795. Auf einem Stabe geritten ist halb gegangen.

9796. Es ist Dockenwerk, auf Stäben reiten, es ist wohl halb
zu Fuß gegangen.

9797. Ohne Stab ist bös weit springen.

9798. Wider den Stachel ist bös lecken.

9799. Große Stadt, große Wüstenei.

9800. Große Städte, große Sünden.

9801. Wer mit Städten zu schaffen hat, bedarf Glück und sonderliche Fürsorge.

9801a. Ander Städtchen,
Ander Mädchen.

9802. Er sieht die Stadt vor Häusern nicht.

9803. Stadtrecht bricht Landrecht.

9803a. In der Stadt gaaet de Klocken jümmer an beeden Böörden.

9803b. Es ist eine Stadt wie sieben Häuser ein Dorf.

9804. Wer nur über eine Staffel will, kommt nie über eine Stiege.

9805. Ein Stahl bricht den andern.

9806. Wie Stall, so Vieh.

9807. Man tut den Stall zu, wenn das Pferd fortgelaufen ist.

9808. Miste vorher *deinen* Stall.

9809. Man geht niemals in den Stall, man findet einen Groschen darin.

9809a. Dem Stammelnden ist nicht zu trauen.

9810. Gott hat drei Ständ erschaffen,
Adel, Bauernvolk und Pfaffen.

9811. Jeder halte sich nach seinem Stande.

9812. Stangenhengst
Wiehert allerlängst.

9813. Stank
Für Dank.

9814. Stank
Ist des Teufels Dank.

9815. Stark bei mild,
Ein goldner Schild.

9816. Starke Leute haben starke Krankheit.

9817. Der Starke schiebt den Schwachen in den Sack.

498   *Stark – Stehlen*

9818. Starker Leute Spiel ist schwacher Leute Tod.

9819. Hilft der Starke dem Schwachen, so geschieht es zum Garaus.

9820. Stärke ist nicht in den Beinen, sondern im Gemüt.

9821. Stärke ohne Rat ist tot.

9821a. So Stärke nicht hilft, muß man List versuchen.

9822. Es ist keiner so stark, er findet einen Stärkern.

9823. Willst du stark sein, so überwinde dich selbst.

9824. Stärke wächst im Geduldgarten.

9825. Der Stärkste hat recht.

9826. Statt und Stunde heißen den Dieb stehlen.

9827. Statzler verstehen einander wohl.

9828. Bei Statzlern lernt man gatzen.

9829. Aus dem Staube in die Mühle.

9830. Staub bleibt Staub, und wenn er bis zum Himmel fliegt.

9831. Wer den Staub scheut, bleibe von der Tenne.

9832. Wer alle Stauden flieht, kommt nie in einen Wald.

9833. Außer der Stauden ist gut teidigen (tagedingen).

9834. Staupenschlag ist die Einweihung zum Galgen.

9835. Ei, ei! sagt der Steckbohrer.

9836. Jeder hat sein Steckenpferd
(Das ist ihm über alles wert).

9837. Steckenpferde sind teurer als arabische Hengste.

9838. Wer einem in Stegreif hilft, den hebt man zu Dank aus dem Sattel.

9838a. Das will mehr sagen, als ohne Stegreif in den Sattel springen.

9839. Wer da steht, sehe zu, daß er nicht falle.

9840. Stehlen und Sackaufheben ist eins wie das andere.

9841. Besser stehlen denn anzeigen.

Stehlen – Stein 499

9842. Besser stehlen denn zeugen.

9843. Stehler, Hehler und Befehler sind drei Diebe.

9844. Wer sich Stehlens getröstet, getröstet sich auch des Galgens.

9845. Wer zum Stehlen ist geboren,
Ist zum Hängen auserkoren.

9846. Es ist schwer stehlen, wo der Wirt ein Dieb ist.

9847. Wer einmal stiehlt, ist immer ein Dieb.

9848. Stiehl einmal und bleib dein Lebtag ein Dieb.

9849. Gestohlen Brot schmeckt wohl.

9850. Gestohlen Wasser ist Malvasier.

9851. Wer viel gestohlen Brot oder Käs ißt, bekommt das Schlucken davon.

9852. Das Kleine wird gestohlen, das Große genommen.

9852a. Wer im kleinen anfängt zu stehlen, der treibt ins Große.

9853. Stiehl viel, gib wenig, so kommst du davon.

9854. Wer das Tuch zum Mantel stiehlt, dem schafft der Teufel das Unterfutter.

9855. Stehlen und Lügen ist gern beieinander.

9856. Hohe Steiger fallen tief.

9857. Steige nicht zu hoch, so fällst du nicht zu tief.

9858. Also geht es in der Welt,
Der eine steigt, der andre fällt.

9859. Wer hinaufsteigen will, muß unten anfangen.

9860. Wer einem in den Steigbügel hilft, dem muß man zum Dank aus dem Sattel helfen.

9861. Der Stein ist fromm, aber man stößt sich übel daran.

9862. Zwei harte Steine
Mahlen selten kleine.

9863. Großer Stein ist schwer zu werfen.

9864. Wer einen Stein über sich wirft, dem fällt er leicht auf den Kopf.

9864a. Der eine rafft die Steine, der andre wirft sie.

9865. Den Stein, den ich nicht heben kann, laß ich liegen.

9866. Den Stein, den man allein nicht heben kann, soll man selbander liegen lassen.

9867. Wer den Stein nicht heben kann, der muß ihn wälzen.

9868. Walzender Stein wird nicht moosig.

9869. Den Stein nach dem Senkel und nicht den Senkel nach dem Steine.

9870. Wenn der Stein aus der Hand ist, ist er des Teufels.

9871. Wer aus einem Stein einen Hosenbändel machen will, der hat unnütze Arbeit.

9871a. Nicht alle Steine sind ohne Wert.

9871b. Mancher Stein wird nach einer Kuh geworfen, der schätzbarer ist als die Kuh.

9872. Die Steine auf der Gasse reden davon.

9873. Zwei kalte Steine, die sich reiben, fangen auch Feuer.

9873a. Ich will dir auch einmal einen Stein in den Garten werfen.

9874. Das möchte einen Stein erbarmen!

9875. Der Stein ist der Deutschen, das Zipperlein der Engländer Krankheit.

9876. Wer bei dem Stelzler dient, lernt bald hinken.

9877. Kannst du regnen, so kann ich auf Stelzen gehen.

9878. Sterben ist auch eine Kunst.

9878a. Sterben ist kein Kinderspiel.

9878b. Im Sterben sind wir alle Meister und alle Lehrjungen.

9879. Sterben ist mein Gewinn.

Sterben – Stiefel

9880. Niemand stirbt vor seinem Tage.

9881. Wohl sterben
Ist nicht verderben,
Sondern das ewige Leben erben.

9881a. Darnach einer wirbt,
Darnach er stirbt.

9882. Die Sterben für Gewinn achten, sind schwer zu besiegen.

9883. Wer stirbt, eh' er stirbt, der stirbt nicht, wenn er stirbt.

9883a. Werden und sterben ist allen Menschen gemein.

9884. Sterben und geboren werden
Ist des Menschen Tun auf Erden.

9885. Es stirbt kein Gut zurück, sondern vorwärts.

9886. Stirbst du, so begräbt man dich mit der Haut: das tut man einem Esel nicht.

9887. Wem alle Sterne gram sind, den wird der Mond nicht liebhaben.

9888. Ein Stich ist bald geschehen in einen nackenden Menschen.

9889. Ein Stich, so nicht blutet,
Wird mit drei Hellern vergutet.

9890. Stiche, die nicht bluten, tun weher denn andre.

9891. Behalt etwas auf den letzten Stich.

9892. Das hält Stich wie der calvinsche Glaube.

9892a. Gestochen ist nicht gehauen.

9893. Alte Stiefeln bedürfen viel Schmierens.

9894. An alten Stiefeln mag der Hund sich abkiefeln.

9895. Er will mit Stiefeln und Sporen in den Himmel.

9896. Aus Stiefeln macht man leicht Pantoffeln.

9897. Stiefmutter
Ist des Teufels Unterfutter.

9897a. Stiefmutter, Stiefätti
Mett daß der Tüfel hätti.

9898. Wer eine Stiefmutter hat, hat auch einen Stiefvater.

9899. Stiefmütter sind am besten im grünen Kleide.

9900. Von Staffel zu Staffel kommt man die Stiege hinauf.

9901. Wenn man die Stiege wischt, so fängt man oben an.

9902. Die Stiege hinauffallen kostet die Elle drei Batzen.

9903. Ich kam nie recht denn einmal: da warf man mich die
Stiege hinab.

9904. Wo die Stiegel nieder sind, hüpfen die Hunde drüber.

9905. Der Stiel zur Haue findet sich bald, wenn man einem
übelwill.

9906. Stößigem Stier wachsen kurze Hörner.

9907. Stillstand
Ist kein Friedensband.

9908. Wer die meisten Stimmen hat, hat das meiste Recht.

9909. Die meisten Stimmen gelten.

9910. Die Stimme ist größer als der Mann.

9911. Wo es nicht stinken darf, muß man nicht f–.

9912. Die Stirn leugt und treugt.

9913. Eines Menschen Tun und Wesen,
An der Stirne ist's zu lesen.

9914. Wenn man stöbert, fängt man oben an.

9915. Wer im Stocke sitzt, singt nicht hoch.

9916. Im Stock geht man mit beiden Beinen nicht besser als
mit einem.

9917. Neben dem Stock ist gut springen.

9918. Man muß es ins Narrenbuch zu Stockach schreiben.

Stockfisch – Strafe 503

9919. Es ist ein Stockfisch, läßt sich aber nicht klopfen.

9920. Es steht ihm an wie dem Stoffel der Degen.

9921. Stolz geht voran und Schande hintennach.

9922. Wo Stolz, da Schmach.

9923. Der Stolz frühstückt mit dem Überflusse, speist zu Mittag mit der Armut und ißt zu Abend mit der Schande.

9924. Daß Stolz Narrheit, ist bekannt,
Denn Stultus ist von Stolz genannt;
Auch sagt man wohl, Stultus und Stolz
Wachsen beid auf *einem* Holz.

9925. Wer stolz ist, der ist grob.

9926. Der Stolz meint, sein Ei habe allzeit zwei Dotter.

9927. Der Stolz meint, seine Würfel würfen allzeit achtzehn.

9928. Wenn der Storch die Erbsenstoppel sieht, jagt er die Jungen vom Neste.

9929. Die Störche fliegen hoch und tragen im Schnabel Kröten und Schlangen.

9930. Laß den Storch in seinem Nest zufrieden.

9931. Dem Storch gefällt sein Klappern wohl.

9932. Er lobt den Storch, damit er ihm übers Jahr rote Schuhe bringe.

9932a. Es sagt ein Storch dem andern Langhals.

9933. Er ist Storch und Klappermaul.

9934. Ein Stoß ans Schienbein macht lautre Augen.

9935. Er schlägt nichts aus als Stöß und Schläge.

9936. Wer stößig ist, dem sagt man Bock.

9937. Stotterbernd hat Stotterhennecken lieb.

9938. Ein Stottrer versteht einen Stammler.

9939. Wo Strafe, da Zucht,
Wo Friede, da Frucht.

504   *Strafe – Strecken*

9940. Strafe um Sünde bleibt nicht aus.

9941. Was Strafen sind, die muß man leiden.

9942. Wer das Böse nicht straft, lädt es zu Hause.

9943. Selber schuldig ist der Tat,
      Wer nicht straft die Missetat.

9944. Des Vaters Strafe ist die rechte Liebe.

9945. Wer *einen* straft, straft hundert.

9946. Wer andre strafen will, muß selbst rein sein.

9947. Man straft keinen mit doppelter Rute.

9948. Strafe im Zorn kennt weder Maß noch Ziel.

9949. So weit ein Strafgericht, so weit auch der Forst.

9950. Der Strang ist mit fünf Gulden bezahlt.

9951. Wer da bauet an der Straßen,
      Muß die Leute reden lassen.

9952. Wäre Straßburg vom Himmel gefallen, es wäre nicht
      schöner zu liegen gekommen.

9953. Zeug gen Straßburg: da findest du den Tisch gedeckt.

9954. Die von Straßburg fragen viel darnach, was die von
      Köln in den Rhein pissen.

9955. Straßburger Geschütz,
      Nürnberger Witz,
      Venediger Macht,
      Augsburger Pracht,
      Ulmer Geld
      Bezwingt die ganze Welt.

9956. Niemand steckt einen Strauß aus um *eines* Gastes
      willen.

9956a. Die Straubinger lassen fünf gerade sein.

9957. Strecke
      Dich nach der Decke.

9958. Viel Streiche
Fällen die Eiche.

9959. Was *ein* Streich nicht kann, das tun zehne.

9960. *Ein* Streich
Macht den Stockfisch nicht weich.

9961. Von viel Streichen wird der Stockfisch gelind.

9962. Es ist kein Streich verloren, als der nebenbei fällt.

9963. Verwegne Streiche soll man lassen
Und soll mit leeren Karten passen.

9964. Streicheln
Tut verweichen.

9964a. Was hilft das Streicheln? Wenn man einem den Kopf
abgebissen hat, kann man ihn ihm nicht wieder aufsetzen.

9965. Weit vom Streite
Macht alte Kriegsleute.

9966. Wenn man einen Streit mit Wein begießt, richtet man
mehr aus als mit einem Prozeß.

9967. Man streitet mehr um Schalen, Hülsen und Kleien als
um Kern und Frucht.

9968. Sie streiten um ein Ei und lassen die Henne fliegen.

9968a. Streithafter Jäger macht feiges Wild.

9969. Zwei Streitköpfe werden nimmer eins.

9969a. Wer allzu streng ist, um den gibt man nichts.

9970. Man zerreißt den Strick, wo er am dünnsten ist.

9971. Wenn der Strick am strengsten ist, reißt er.

9972. Mit schwachem Strick muß man leise ziehen.

9973. Wer einen Strick fordert, erhängt sich nicht.

9974. Im Hause des Gehängten sprich nicht vom Strick.

9975. Je ärger Strick,
Je besser Glück.

506 *Strick – Stuhl*

9976. Wo alle Stricke reißen, ist viel Knüpfens.

9977. Stroh vom Feuer!

9978. Stroh entbrennt beim Feuer
(Vorwitz macht die Jungfern teuer).

9979. Wer sich zwischen Stroh und Feuer legt, verbrennt sich gern.

9980. Viel Stroh, wenig Korn.

9981. Stroh im Schuh, Spindel im Sack, Hur im Haus
Gucken allzeit heraus.

9982. Jeder hält sein Stroh für Heu und des andern Heu für Stroh.

9983. Wer übel geht, fällt über ein Stroh.

9984. Fahr wohl, Strohsack, ich hab ein Bett überkommen.

9985. Wider den Strom ist übel schwimmen.

9986. In Strumpf gesch– und Wurst gemacht.

9986a. Strümpf und Schuh tun's nicht aneinander.

9987. Wirf die Stube nicht zum Fenster hinaus.

9988. Je ärger das Stück,
Je größer das Glück.

9989. Das ist ein Stück! sagte Beckmann, da saß er mit der Ziege auf dem Dache.

9990. Studentenblut, das edle Gut,
Wenig gewinnt und viel vertut.

9991. Je ärgrer Student, je frömmerer Pastor.

9992. Die ärgsten Studenten werden die frömmsten Prediger.

9993. Studentengut ist zollfrei.

9994. Es heißt auch studiert, wenn man das Geld vertan hat.

9995. Wer zuviel studiert, wird ein Phantast.

9996. Viel essen macht nicht feißt,
Viel studieren nicht fromm und weis.

9997. Wer keinen Stuhl hat, muß auf der Bank sitzen.

Stuhl – Sünde 507

9997a. Der Stuhl gehört unter die Bank; geht's nicht, so sägt man ihm die Beine ab.

9998. Wer auf zwei Stühlen sitzen will, fällt oft mitten durch.

9999. Auf hohen Stühlen sitzt man schlecht.

10000. Der Stumme muß wohl ziehen, was der Unvernünftige auflegt.

10001. Die großen Stümper machen die meisten Späne.

10002. Zu aller Stund
Weint die Frau und pißt der Hund.

10003. Das Stündlein
Bringt das Kindlein.

10004. Ein Stündlein bringt oft, was Jahre nicht bringen.

10005. Was eine Stunde nicht tut, tun zwei.

10006. Nach dem Sturme Sonnenschein.

10007. Subtil
Frommt nicht viel.

10008. Zuletzt muß man es doch suchen, wo es ist.

10009. Er kann gut suchen, aber nicht gut finden.

10010. Suche, so wirst du finden.

10010a. Wo man mich sucht, da findet man mich.

10011. Was jeder sucht, das findet er.

10012. Was du nicht haben willst, das suche nicht.

10013. Er rührt's durcheinander wie der Sudelkoch allerlei Brühen.

10014. Er sucht und bittet Gott, daß er nicht finde.

10015. Alle Sünden geschehen freiwillig.

10015a. Unwissend sündigt nicht.

10016. Auf Sünde folgt Strafe.

10017. Sünde büßt sich selbst.

10018. Sünden werden vergeben, aber die Strafe folgt nach.

508 *Sünde – Suppe*

10019. Gleiche Sünde, gleiche Strafe.

10020. Sünde verteidigen heißt selber sündigen.

10021. Wer sich seiner Sünden rühmt, sündigt doppelt.

10022. Sünden kehren lachend ein und weinend aus.

10022a. Die Sünde geht süß ein, aber bitter wieder aus.

10023. Alle vergessenen Sünden sind quitt.

10024. Der sündigt zwiefach, der sich des Frevels rühmt.

10025. Womit man sündigt, daran wird man gestraft.

10026. Wer das Sündigen nicht hindert, wo er kann, der gebietet es.

10027. Sündegut, Schandegut.

10028. Was Sünd ist zu tun, ist auch Schande zu reden.

10029. Alte Sünde macht oft neue Schande.

10030. Ade Sünde, ade Schande!

10031. Was keine Sünd ist, ist keine Schande.

10032. Wir sind alle arme Sünder.

10033. Wären keine Sünder, so wären keine Heiligen.

10034. Wer kleine Sünden meidet, fällt nicht in große.

10035. Suppen machen Schnuppen,
Füllen den Bauern nicht die Juppen.

10036. Viel Suppen machen dünne Backen.

10037. Wer lange suppt, lebt lange.

10038. Es ist keine Suppe so teuer, als die man umsonst ißt.

10039. Mit der Suppe muß man nicht artig sein.

10040. Zwischen der Suppe und dem Mund kann sich vieles ereignen.

10041. Ein Glas Wein auf die Suppe ist dem Arzt einen Taler entzogen.

10041a. Die Suppe ist versalzen, du bist verliebt.

| Suppe – Tadeln | 509 |

10041b. Man soll die Suppe nicht versalzen, wenn man gleich
Salz genug hätte.

10042. Diese Suppe ist ihm zu fett.

10042a. Ich habe noch keine so gute Suppe gegessen, seit ich
Gerichtsvogt bin.

10042b. Er ist mir verwandt, aus der neunten Suppe ein
Tünklein.

10042c. Daß Gott erbarm'!
Sieben Suppen und keine warm.

10043. Supplizieren und appellieren ist niemand verboten.

10044. Süß ohne Reu
Wird alle Tage neu.

10045. Was süß ist, kommt sauer an.

10046. Süßes kriegt der nicht zu lecken,
Der nicht will das Saure schmecken.

10047. Süß getrunken, sauer bezahlt.

10048. Hast du Lust zum Süßen,
Laß dich Bittres nicht verdrießen.

10049. Wer nie bitter geschmeckt hat, weiß nicht, was süß ist.

10050. Süßer Wein gibt sauern Essig.

T*

10051. Es ist leichter tadeln als besser machen.

10052. Tadeln kann ein jeder Bauer,
Besser machen wird ihm sauer.

* Zur Schreibung *T/Th* siehe Seite 19.

10053. Es ist keine Kunst, ein Ding tadeln: nachtun tut's, wer's könnte!

10054. Wer getadelt sein will, muß freien; wer gelobt sein will, sterben.

10055. Wer viel tafelt, macht kurzes Testament.

10055a. Tag und Nacht währt ewig.

10056. Gute Tage wollen starke Beine haben.

10057. Gute Tage stehlen das Herz.

10058. Gute Tage kosten Geld.

10059. Ein guter Tag fängt morgens an.

10060. Es wird Tag, wenn auch der Hahn nicht kräht.

10061. Es ist kein Tag, er bringt seinen Abend mit.

10062. Ist der Tag auch noch so lang, dennoch kommt der Abend.

10063. Man soll den Tag nicht vor dem Abend loben.

10064. Schöne Tage soll man abends loben und schöne Frauen morgens.

10065. Auf einen bösen Tag gehört ein guter Abend.

10066. Jeder Tag hat seine Plage.

10067. Jeder Tag hat sein Lieb und Leid.

10068. *Ein* Tag lehrt den andern.

10069. Ein Tag ist des andern Lehrmeister.

10070. Ein Tag ist des andern Schulknabe.

10071. Der heutige Tag ist des gestrigen Jünger.

10072. Denk auf faule Tage und arbeite drauflos.

10073. Ein klarer Tag vertreibt viel düstre Tage.

10074. Ein Tag kann bringen, was ein Jahr nicht bringen mag.

10075. Ein Tag verleiht, was das ganze Jahr weigert.

10076. Denk oft an den Tag,
Den niemand vermeiden mag:
Wer stets gedenkt zu sterben,
Kann nimmermehr verderben.

10077. Am Jüngsten Tage wird's erschaut,
Was mancher hier für Bier gebraut.

10078. Am Jüngsten Tage muß man ihn totschlagen.

10079. Wenn die Tage langen,
Kommt der Winter gegangen.

10080. Wenn die Tage längen,
Fangen sie an zu strengen.

10081. Werden die Tage länger,
So wird die Kälte strenger.

10082. Je länger der Tag, je kürzer der Faden.

10083. Aus Tagen werden Wochen, aus Monden Jahre.

10084. Der Tag verrät's alles.

10085. Es kommt alles an den Tag.

10086. Es kommt alles an den Tag, was man unterm Schnee
verbirgt.

10087. Es liegt am Tage wie der Bauer an der Sonne.

10088. Alle Werktag um den Herd
Ist des Sonntags schämenswert.

10089. Der Tag ist ihm eher im Hause denn Brot.

10089a. Drei Finger vor Tag,
Das hält von elf bis Mittag.

10090. Tanz und Gelag
Ist des Teufels Feiertag.

10091. Kein Tanz,
Der Teufel hat dabei den Schwanz.

10092. Tanz
Ist der Huren Finanz.

512   *Tanzen – Taube*

10 093. Wenn du tanzen willst, so sieh zu, welche du bei der Hand nimmst.

10 094. Beim Tanz zettelt man an, was hernach ausgewoben wird.

10 094 a. Wenn die Keuschheit zum Tanz kommt, so tanzt sie auf gläsernen Schuhen.

10 095. Es gehört mehr zum Tanz als rote Schuh.

10 096. *Ein* Mann macht keinen Tanz.

10 096 a. Tanzen mag: nit allein,
Es muß no öppert bei mir sein.

10 097. Tanzen lernt man nicht vom Pfeifer.

10 098. Wer gern tanzt, dem ist leicht gepfiffen.

10 099. Wer tanzen will, der zieh' auf, wenn man pfeift.

10 100. Tät' er das, der Tanz würd' ihm nicht halb so wohl anstehen.

10 101. Er sieht gern tanzen, aber mit den Zähnen nicht.

10 102. Tapfer angegriffen ist halb gefochten.

10 103. Besser des Tapfern Blick als des Feigen Schwert.

10 104. Wer ertappt wird, muß das Bad austragen.

10 105. Ein rechter Tappinsmus!

10 106. Es ist nichts stolzer als eine volle Tasche.

10 107. Sie hat ihn lieb auf der Seite, wo die Tasche hängt.

10 108. Man muß dem Taschenspieler auf die Hand lugen, nicht auf die Augen.

10 109. Tauben haben keine Krall (Gall)
Und sind der Leute überall.

10 110. Wo Tauben sind, da fliegen Tauben zu.

10 111. Man fängt nicht zwei Tauben mit *einer* Bohne.

10 112. Die gebratenen Tauben fliegen einem nicht ins Maul.

10 113. Wer sich zur Taube macht, den fressen die Falken.

Taube – Testament 513

10114. Die Tauben, so unter Dach bleiben, sind vor dem Stoßvogel sicher.

10114a. Wer ein Biedermann will sein und heißen,
Der hüte sich vor Tauben und Geißen.

10115. Keine Taube heckt einen Sperber.

10116. Die Täublein müssen Federn lassen.

10117. Wer keine Taube hat, der hat Mücken.

10118. Keinem Tauben soll man zwei Messen singen.

10118a. Den Tauben ist gut predigen.

10118b. Tauben Ohren ist bös predigen.

10119. Der Mann taub und die Frau stumm gibt die besten Ehen.

10120. Das heißt einem Tauben ins Ohr geraunt.

10120a. Wart, es ist noch ein Kind zu taufen.

10121. Wenn das Kind getauft ist, will es jedermann heben.

10122. Er hat vor der Taufe geniest.

10123. Der Taufstein scheidet.

10124. Wer sich selbst nichts taugt, taugt keinem andern.

10125. Er taugt weder zu sieden noch zu braten.

10126. Tausch ist kein Raub.

10127. Getauscht ist getauscht.

10128. Ehrlicher Tausch ist kein Schelmstück.

10129. Wer Lust hat zu tauschen, hat Lust zu betrügen.

10130. Beim Tauschen
Laß niemand lauschen.

10131. Tausend können mehr als einer.

10132. Tausendguldenkraut tut Wunder.

10133. Tax läßt sich machen, aber nicht Käufer dazu.

10134. Alles versoffen bis ans End,
Macht ein richtig Testament.

514 *Teufel*

10 135. Dem Teufel opfert man am meisten.

10 136. Dem Teufel muß man bisweilen auch einen Maien stecken.

10 137. Man muß dem Teufel ein Kerzchen aufstecken.

10 138. Dem Teufel muß man zwei Kerzen aufstecken, daß er uns ungeschoren lasse.

10 139. Den Teufel muß man anbeten, daß er einem keinen Schaden tut.

10 140. Wer den Teufel zum Freunde haben will, der zündet ihm eine Fackel an.

10 141. Man darf den Teufel nicht zu Gevatter bitten.

10 142. Man soll den Teufel nicht an die Wand malen.

10 142a. Auf des Teufels Eis ist nicht gut gehen.

10 143. Teufel darf man nicht rufen, er kommt wohl von selbst.

10 144. Man soll nicht mehr Teufel rufen, als man bannen kann.

10 145. Wer den Teufel bannen will, muß rein sein von Sünden.

10 146. Der Teufel ist gut laden, aber schwer loswerden.

10 147. Wer den Teufel geladen hat, der muß ihm auch Arbeit geben.

10 148. Wer den Teufel im Schiff hat, der muß ihn fahren.

10 148a. Den Teufel zu beherbergen kostet einen klugen Wirt.

10 149. Wo man des Teufels gedenkt, da will er sein.

10 150. Der Teufel feiert nicht.

10 151. Je mehr der Teufel hat, je mehr will er haben.

10 152. Wer mit dem Teufel essen will, muß einen langen Löffel haben.

Teufel 515

10153. Laß dich den Teufel bei *einem* Haare fassen, und du bist sein auf ewig.

10154. Wenn man den Teufel in die Kirche läßt kommen, will er gar auf den Altar (die Kanzel).

10154a. Der Teufel traue dem Teufel und seinem Anhang.

10155. Wer den Teufel schrecken will, muß überlaut schreien.

10156. Den Teufel jagt man hinaus, der Satan kommt wieder herein.

10157. Der Teufel macht anfangs stark und hinterdrein verzagt.

10158. Der Teufel hinterläßt immer einen Gestank.

10159. Wenn der Teufel ledig wird, so hüte dich.

10160. Wenn der Teufel die Leute betrügen will, so ist er schön wie ein Engel.

10161. Der Teufel war schön – in seiner Jugend.

10162. Der Teufel pfeift süß, soll man ihm auf den Kloben sitzen.

10163. Der Teufel pfeift süß, eh man aufsitzt.

10164. Der Teufel ist artig, wenn man ihm schmeichelt.

10164a. Der Teufel ist ein Schelm.

10165. Hexerei und Schelmerei
Ist des Teufels Liverei.

10166. Der Teufel ist nicht so schwarz, als man ihn malt.

10167. Der Teufel ist schwärzer, als man ihn malt.

10168. Wer vor der Hölle wohnt, muß den Teufel zum Freunde haben.

10169. Wer den Teufel zum Freund hat, hat's gut in der Hölle.

10170. Wenn der Engel zum Teufel wird, so gibt es einen bösen Teufel.

10 171. Wem der Teufel einheizt, den friert nicht.

10 172. Wen der Teufel treibt, der muß wohl laufen.

10 173. Wen der Teufel treibt, der hat Eile.

10 174. Der ist nicht frei, der dem Teufel zu eigen ist.

10 175. Jedes Land hat seinen Teufel, der von Deutschland heißt Weinschlauch und Saufaus.

10 176. Der Teufel ist unsres Herrgotts Affe.

10 177. Der Teufel hat mehr denn zwölf Apostel.

10 178. Der Teufel mag's wohl leiden, daß Christus über die Zunge geht, wenn *er* darunterliegt.

10 179. Du mußt dem Teufel die Herberg aufkündigen, wenn Gott bei dir einkehren soll.

10 180. Was der Teufel gefügt hat, scheidet Gott nicht.

10 181. Er will Gott und Teufel in *ein* Glas bannen.

10 182. Dem Teufel wehrt man mit dem Kreuz, den Leuten mit Fäusten.

10 183. Wo der Teufel das Kreuz voranträgt, da gehe nicht nach.

10 184. Der flieht das Licht wie der Teufel das Kreuz.

10 185. Er ist darauf erpicht wie der Teufel auf eine arme Seele.

10 186. Wie kommt der Teufel an eine arme Seele?

10 187. Der Teufel holt keine finnige Sau.

10 188. Der Teufel nimmt keine finnige Sau, denn was nichts wert ist, wird ihm ohnedas wohl.

10 189. Der Teufel holt keinen Zahltag.

10 190. Der Teufel hofiert immer auf den größten Haufen.

10 191. Der Teufel gießt gern, wo's schon naß ist.

10 192. Der Teufel wirft gern ein Gleiches.

10 193. Der Teufel ist alt.

Teufel

10194. Wenn man rückwärts geht, trägt man dem Teufel Wasser in die Küche.

10195. Der Teufel will kein Lehrbub und kein Küchenjung im Kloster sein.

10196. Der Teufel will alles werden, nur kein Lehrjung.

10197. Der Teufel schlägt seine Mutter, daß sie Öl gibt.

10198. Der Teufel bleicht seine Großmutter.

10199. Er ist dem Teufel aus der Bleiche gelaufen.

10200. Der Teufel hält den Schwanz darüber.

10200a. Man muß dem Teufel auf den Schwanz treten.

10201. Der Teufel hat sein Hütlein drüber.

10202. Des Teufels Maß ist immer zu kurz oder zu lang.

10203. Der Teufel stelle sich, wie er will, immer ragen ihm die Füße hervor.

10204. Jeder hat seinen eigenen Teufel.

10205. Einer ist des andern Teufel.

10206. Tu recht und scheue den Teufel nicht.

10207. Wenn der Teufel krank wird, will er ein Mönch werden.

10208. Der Teufel ist arm, hat weder Leib noch Seele.

10208a. Des Teufels Mehl wird zu Grüsch.

10209. Was man zu Ehren erspart, führt der Teufel oft dahin.

10210. Was man lang erspart hat, führt der Teufel auf *einmal* hin.

10211. Wenn der Teufel das Pferd holt, holt er auch den Zaum dazu.

10211a. Hast den Teufel gefressen, so friß die Hörner auch.

10212. Er nimmt's überhaupt, wie der Teufel die Bauern.

10213. Das ist, als wenn der Teufel einen Betteljungen kriegt.

10214. Der Teufel hat sein Spiel.

518   *Teufel*

10215. Der Teufel hat gewonnen Spiel.

10215a. Was zum Teufel will, das läßt sich nicht aufhalten.

10216. Teufel muß man mit Teufeln austreiben.

10217. Ihr kommt noch früh genug – in des Teufels Küche.

10217a. Wie der Teufel ist, so traktiert er seine Gäste.

10217b. Wenn man hinter sich geht, trägt man dem Teufel
       Wasser in die Küche.

10217c. Wenn man zu Nacht in den Spiegel schaut, so sieht
       der Teufel mit hinein.

10218. Er soll Vergebung seiner Sünden finden, wenn der
       Teufel sie erlangt.

10219. Der Teufel mag Herrgott sein, rief der Bauer, der
       Christum spielte, und warf das Kreuz hinweg.

10220. Schreibe dem Teufel auf ein Horn: guter Engel! und
       manche glauben's.

10221. Was der Teufel tut, da drückt er allweg sein Insiegel
       mit dem A– darauf.

10222. Der Teufel läßt allezit einen bösen Gestank hinter
       sich.

10222a. Der Teufel hat ihr ein Paar rote Schuh über den Bach
        geboten.

10223. Wo der Teufel nicht hin mag kommen, da schickt er
       seinen Boten (ein alt Weib) hin.

10223a. Wenn der Teufel zwischen zwei alten Weibern sitzt,
        ist's purer Hochmut.

10224. Er weiß, wo der Teufel sein Nest hat.

10225. Den Teufel sind wir los, die Bösen sind geblieben.

10226. Es wäre gut Teufel nach ihm malen.

10227. Du verklagst den Teufel bei seiner Mutter.

10227a. Uf zu Gott! der Teufel holt die Haut!

Teufel – Tat   519

10227b. Was hilft's, wenn ihn der Teufel holt und ich muß
das Fuhrlohn bezahlen?

10228. Nur weiter im Text!

10229. Taler klappen,
Worte lappen.

10230. Wo der Taler geschlagen ist, gilt er am meisten.

10231. Es ist ein guter Taler, mit dem man viel Taler erwirbt.

10232. Wenn mit dem Taler geläutet wird, gehen alle Türen
auf.

10233. Nach der Tat
Kommt der Rat
Allzuspat.

10234. Vor der Tat
Halte Rat.

10235. Nach der Tat
Weiß auch der Gimpel Rat.

10236. Hüt dich vor der Tat,
Der Lügen wird schon Rat.

10237. Böse Tat
Hat keinen Rat.

10238. Halbe Tat
Ist Torenrat.

10239. Tat
Bringt Rat.

10240. Die Tat tötet den Mann.

10241. Jeden kleidet seine Tat.

10242. Üble Taten mehr verkehren,
Als die besten Worte lehren.

10243. Die Tat wird es weisen.

10244. Wie die Tat, so der Lohn.

10245. Mittaten,
Mitraten.

10246. Wenn es taut, so kommt an Tag,
Was unterm Schnee verborgen lag.

10247. Der Ältere teilt, der Jüngere kiest.

10248. Gleich Teil macht keinen Krieg.

10249. Ungleich Teil macht scheele Augen.

10250. Viele Teile, schmale Brocken.

10250a. Viel Teile, schmal Eigen.

10251. Man muß beide Teile hören, eh man urteilt.

10252. Teuer geschätzt ist nicht verkauft.

10253. Teuer getauft
Ist nicht verkauft.

10254. Was man teuer verkaufen will, muß man teuer
schätzen.

10255. Teuer in den Sack, teuer wieder hinaus.

10256. Teuer verkaufen ist keine Sünde, wohl aber falsch
messen.

10257. Teuer einkaufen, wenn's wohlfeil, und wohlfeil verkaufen, wenn's teuer ist, macht mit Ehren reich.

10258. Was teuer, das lieb.

10259. Tierschinder, Leuteschinder.

10260. Tiere sind auch unseres Herrgotts Kostgänger.

10260a. Alle Tierlein leben gerne.

10261. Fremdes Tier bedeutet fremde Gäste.

10262. Thomas, zweifelst du noch?
So leg deinen Finger in mein Loch.

10263. Ein ungläubiger Thomas!

10264. Tor,
Laß dir machen ein Ohr.

10265. Torheit ist die schwerste Krankheit.

10266. Wer einen Toren sendet, dem kommt ein Narr
wieder.

Tor – Tun   521

10267. Torheit wohnt bei den Reichen.

10268. Ein weiser Mann ward nie genannt,
       An dem sich keine Torheit fand.

10269. Torheit zu gelegner Zeit
       Ist die größte Weisheit.

10270. Suchst du einen Toren,
       So fang dich selbst bei den Ohren.

10271. Anderer Torheit bemerkt man eher als eigene.

10272. Anderer Torheit sei deine Weisheit.

10273. Kurze Torheit die beste.

10274. Kurze Torheit und kleine Hafen sind die besten.

10275. Man findet so leicht einen alten Toren als einen
       jungen.

10276. Der Tor bessert sein Leben wie der Krebs seinen
       Gang.

10277. Torheit und Stolz
       Wachsen auf einem Holz.

10278. Torheit schmeckt wohl, ist aber schwer zu verdauen.

10279. Wenn das Schiff bricht, so weiß ein Tor, daß nicht
       recht gefahren ist.

10280. Tränen sind des Leidenden Balsam.

10281. Hitzige Tränen trocknen bald.

10282. Tränen bringen niemand aus dem Grabe zurück.

10283. Tu ich's nicht, so tut's ein anderer.

10284. Tu ein Ding, daß es getan heißt.

10285. Tu gemach,
       Willst du haben Gemach.

10286. Tu gemach und lach,
       So gewinnst alle Sach.

10287. Tu gemach, sieh, hinter wem du sitzest.

522   *Tun*

10288. Tu recht und eile,
       Doch rat mit Weile.

10289. Tu ihm recht oder laß es ungetan.

10290. Tu das Deine,
       Gott tut das Seine.

10291. Tu wohl, sieh nicht, wem,
       Das ist Gott angenehm.

10292. Wer tut, was er kann, tut soviel als der Papst zu Rom.

10293. Tu, was du tust.

10294. Nichts tun lehrt übeltun.

10295. Wie du tust,
       Also gewinnst ein Blust.

10296. Wer vieles zugleich tut,
       Macht nicht alles gleich gut.

10297. Wer gern zu tun hat, dem gibt Gott zu schaffen.

10298. Was einer tun darf, dürfen andere sagen.

10299. Vorgetan und nachbedacht
       Hat manchen in groß Leid gebracht.

10300. Was du nicht willst, daß dir geschicht,
       Das tu auch einem andern nicht.

10301. Was du selbst nicht tun würdest, begehre nicht von
       andern.

10301a. Es tu mit Willen jedermann,
        Was er am allerbesten kann.

10302. Wer tut, was er kann und will, tut oft, was er nicht
       soll.

10303. Was du tun mußt, das tue gern.

10304. Was man nicht gern tut, soll man zuerst tun.

10305. Was du tun willst, das tue bald.

10306. Wer gut tut, der soll's gut finden.

Tun – Tiegel 523

10307. Wer mir's tut, dem tu ich's wieder, sprach die Frau, als sie ihres Mannes Hemden flickte.

10308. 's tut nichts hat schon manchen ins Grab gelegt.

10309. Da hast du deinen: es tut dir nichts.

10310. Jeder fege vor seiner Türe.

10311. Fege vor deiner Tür, so brauchst du Besen genug.

10312. Wenn jedes vor seiner Türe fegt, so wird es überall sauber.

10313. Er kehrt vor fremder Tür und hält seine eigne nicht rein.

10314. Vor der Tür ist draußen.

10315. Zwischen Tür und Wand
Lege niemand seine Hand.

10316. Wer die Finger zwischen Tür und Angel steckt, der klemmt sich gern.

10316a. Wenn Gott den Angel rührt, so wird die Übertür erschüttert.

10317. Man sucht keinen hinter der Tür, man habe denn selbst dahinter gesteckt.

10318. Mach dich nicht zu hoch, die Tür ist nieder!

10319. Einer gibt dem andern die Tür in die Hand.

10320. Vor Türen und Toren
Gehn Kinder verloren.

10321. Offene Türe verführt einen Heiligen.

10321a. Er red't von Herrn Tillmanns Kappe.

10321b. Er ist wie Herr Tillmann mit einem Kissen durch beide A–backen geschossen.

10322. Durch Tiefen zu fahren, muß der Knecht voran.

10323. Er malt schwarz und weiß aus *einem* Tiegel.

10323a. Man muß sich nicht tiefer hineinlassen, als man Grund hat.

10324. Bei Tisch und im Bette soll man nicht blöde sein.

10324a. Wer bei Tisch was vermag,
Kann auch werken den ganzen Tag.

10325. Bei Tisch soll man keines Haders gedenken.

10326. Bei Tisch soll Freude den Vorsitz führen.

10327. Das Tischrecht heißt: Nimm für gut,
Wie man *dir* tut.

10328. Du sollst die Füße nicht unter eines andern Tisch stellen.

10329. Wer bei Tisch singt, bekommt ein närrisch Weib.

10330. Du darfst nur sagen: Tischchen deck dich!

10331. Wer lange tischelt, der wird alt.

10332. Wehrt man nicht, so wachsen die Tannen in die Tischlade.

10333. Wer nicht paßt auf den Tisch, muß essen, was übrigbleibt.

10334. Titel kostet kein Geld.

10335. Was hilft der Titel
Ohne Mittel?

10335a. Was hilft der Titel
Ohne den Kittel?

10336. Titel ohne Mittel sind wie ein Haus ohne Dach.

10337. Vom Titel kann man nichts herunternagen.

10338. Besser Mittel
Als Titel.

10339. Er ist zufrieden titulo pro vitulo.

10340. Wer die Tochter haben will, halt' es mit der Mutter.

10341. Mit der Mutter soll beginnen,
Wer die Tochter will gewinnen.

Tochter – Tod

10342. Willst du gern die Tochter han,
Sieh vorher die Mutter an.

10343. Die Tochter geht vor der Mutter, aber der Sohn folgt
hinter dem Vater.

10343a. Die Töchter sind wie fahrende Habe.

10344. Die Tochter frißt die Mutter.

10345. Töchter sind leicht zu erziehen, aber schwer zu ver-
heiraten.

10346. Reicher Leute Töchter und armer Leute Kälber kommen bald an Mann.

10347. Man darf ihn heut um keine Tochter bitten.

10348. Er will mit *einer* Tochter zwei Eidame beraten.

10349. Der Tod
Ist das Ende aller Not.

10350. Arm ist, wer den Tod wünscht, aber ärmer, wer ihn
fürchtet.

10351. Der Tod
Ist des Lebens Botenbrot.

10352. Der Tod hebt alles auf.

10353. Der Tod scheidet allen Krieg.

10354. Der Tod macht mit allem Feierabend.

10355. Tod ist Todes Ausgang.

10356. Der Tod macht alles gleich,
Er frißt Arm und Reich.

10357. Der Tod zahlt alle Schulden.

10357a. Nach dem Tod gilt das Geld nicht mehr.

10358. Der Tod ist ein gleicher Richter.

10359. Tod macht uns im Grabe gleich, in der Ewigkeit ungleich.

10360. Des *einen* Tod,
Des andern Brot.

10361. Gedächtnis des Todes sündigt nicht.

10362. Niemand kann dem Tod entlaufen.

10362a. Dem Tod ist niemand zu stark.

10363. Was geboren ist, ist vom Tod geworben.

10364. Für den Tod ist kein Kraut gewachsen.

10364a. Wider des Todes Kraft
Hilfe kein Kräutersaft.

10365. Der Tod
Ist unvermeidliche Not.

10366. Den Tod frißt ein jeder am ersten Brei.

10367. Des Todes Pfad ist stets geebnet.

10368. Es weiß niemand, wie ihm sein Tod beschert ist.

10369. Der Tod kommt ungeladen.

10370. Der Tod will eine Ursache (einen Anfang) haben.

10371. Der Tod hat keinen Kalender.

10372. Der Tod kommt als ein Dieb
Und scheidet Leid und Lieb.

10373. Es ist ein gut Ding um den Tod,
Er hilft uns ja aus aller Not.

10374. Es ist ein bitter Kraut um den Tod.

10375. Man soll keinen vor seinem Tode glücklich preisen.

10376. Zum Todesschlaf ist keiner müde.

10377. Wenn ich tot bin, gilt mir ein Rübenschnitz so viel als
ein Dukat.

10378. Was tot ist, beißt nicht mehr.

10379. Die Toten sind verschwiegen.

10380. Wer tot ist, kommt nicht wieder.

10381. Laßt die Toten ruhen.

10382. Der Tod und die Kirche geben nichts zurück.

10383. Laß die Toten unbestichelt.

Tod – Töpfchen 527

10384. Von Toten soll man nichts Übles reden.

10384a. Mit den Toten kann man nicht zürnen.

10385. Tod und Ehrabschneiden
Muß ein jeder leiden.

10386. Du kannst nach dem Tode nicht besser sein, als du im
Leben geworden bist.

10387. Man lobt im Tode manchen Mann,
Der Lob im Leben nie gewann.

10388. Die rechten Toten muß man nicht in den Gräbern
suchen.

10389. Der ist lange tot, der vorm Jahre starb.

10390. Ist er tot,
So ißt er nimmer Brot.

10391. Toter Mann macht keinen Krieg.

10392. Wenn er tot ist, sch– ihm der Hund aufs Grab.

10393. Besser tot denn friedlos.

10394. Besser totgefressen als totgefochten.

10395. Der Tote erbt den Lebendigen.

10396. Nach dem toten Mund muß der Erbe wider den Kläger beweisen.

10397. Dem einen tödlich, dem andern läßlich.

10397a. Auf einen gottlobigen Tod kommt gern ein trau-
riger.

10398. Er ist gut nach dem Tode zu schicken.

10399. Toll ist glückhaftig.

10400. Tollkühn ergreift das Glück.

10401. Wer singt im alten Ton,
Bekommt nur alten Lohn.

10402. Leere Tonnen geben großen Klang.

10403. Kein Töpfchen so schief, es findet sich ein Deckelchen
drauf.

528 *Topf – Trauen*

10404. Auf schiefen Topf ein schiefer Deckel.

10405. Auf einen solchen Topf gehört eine solche Stürze.

10406. Der Topf lacht über den Kessel.

10407. Der Topf verweist es dem Kessel, daß er schwarz ist.

10408. Kleine Töpfe haben auch Ohren.

10409. Kleine Töpfe kochen leicht über.

10410. Besser stolz am irdnen Topfe als demütig am goldnen Tisch.

10411. Den Narren am Kopf,
Am Klange den Topf.

10412. Es wagt keiner einen Heller an einen Topf, er klopft erst an, ob er klingt.

10413. Im kleinsten Töpfchen ist oft die beste Salbe.

10414. Wenn *ein* Topf auf den andern stößt, so brechen beide.

10415. *Ein* Topf hat den andern zerbrochen.

10416. Man sieht's an Scherben noch, was der Topf gewesen.

10417. In allen Landen findet man zerbrochene Töpfe.

10418. Besser in deinen Topf
Als in des Nachbars Kropf.

10419. Es ist noch nicht in dem Topfe, worin es kochen soll.

10420. Ach Gott, meine arme Dreizehn, sagte der Töpfer und fiel mit zwölf Töpfen vom Boden.

10421. Torgauer Bier
Ist der Armen Malvasier.

10422. Trag auf und zettle nicht.

10423. Trägheit geht langsam voran, Armut holt sie bald ein.

10424. Trau, schau wem.

10425. Zu viel Trauen ist unbequem.

10426. Traue, aber nicht zuviel.

Trauen – Trauern   529

10427. Trau niemand, du habest denn ein Scheffel Salz mit
ihm gegessen.

10428. *Einem* trauen ist genug,
Keinem trauen ist nicht klug.

10428a. Wer nicht traut, dem ist nicht zu trauen.

10429. Trau keinem Wetter im April
Und keinem Schwörer bei dem Spiel.

10430. Traue nicht lachenden Wirten und weinenden Bettlern.

10431. Aus Trauen wird leicht Trauern.

10432. Wer leicht traut, wird leicht betrogen.

10433. Traunit
Ist Betrugs quitt.

10434. Traunicht ist gut vor Betrug.

10435. Trauwohl ritt das Pferd hinweg.

10436. Trauwohl stahl die Kuh aus dem Stall.

10437. Sieh für dich,
Trauen ist mißlich.

10438. Eine Traube rötet die andre.

10439. Die süßesten Trauben hängen am höchsten.

10439a. Die Trauben sind sauer, sagte der Fuchs.

10440. Die schwarzen Trauben sind so süß als die weißen.

10441. Sind die Trauben gekeltert, so achtet man nicht der
Trestern.

10442. Wo Trauer im Haus ist, da steht Trübsal vor der Tür.

10443. Langes Trauern, kurzes Leben; kurz trauern, lang
leben.

10444. Für Trauern hilft kein Saitenspiel.

10445. Traurigkeit heckt alle Nacht neuen Harm aus.

10446. Trauern
Kann nicht lange dauern.

10447. Träume sind Gäume (Wahrnehmungen).

10448. Träume sind Fäume.

10449. Träume sind Schäume.

10450. Die Träume sind heute noch so wahr als vor hundert Jahren.

10451. Traum ist heute noch so wahr,
Als er war vor hundert Jahr.

10452. Ein Traum ist ein Dreck,
Wer dran glaubt, ist ein Geck.

10453. Wenn alle Träume wahr wären, bliebe keine Nonne fromm.

10453a. Womit einer des Tags umgeht, davon träumt ihm des Nachts.

10454. Ein Traum ist ein Trug, aber was man ins Bette macht, das findet man wieder.

10455. Wie man's treibt, so geht's.

10456. Treib's, so geht's.

10457. Treib, was du kannst, das ist ein gut Ding!

10458. Was man treibt,
Das bleibt.

10459. Nur stet! es treibt uns ja niemand.

10460. Treff ist Trumpf.

10461. Mancher trifft's wie die Buhler, die zielen ins Weiße und treffen ins Schwarze.

10462. Mancher schießt ins Blaue und trifft ins Schwarze.

10463. Wer getroffen wird, der regt sich.

10464. Wer sich getroffen fühlt, der meldet sich.

10465. Das war getroffen, sagte der Jung, da schmiß er seiner Mutter ein Aug aus dem Kopf.

10466. Alle Leute konnten nicht treffen, aber mein Sohn schoß dicht vorbei.

Treppe – Trieb   531

10467. Wenn man die Treppe scheuert, fängt man von oben
an.

10468. Treue wird um Treu erkauft.

10469. Treue ist ein selten Wildbret.

10470. Treue ist ein seltner Gast,
Halt ihn fest, wenn du ihn hast.

10471. Treu ist klein,
Hoffart gemein,
Wahrheit gefangen,
Gerechtigkeit vergangen.

10472. Da die Treue ward geborn,
Da kroch sie in ein Jägerhorn;
Der Jäger blies sie in den Wind,
Daher man keine Treu mehr find't.

10473. Es ist weder Treue noch Glauben auf Erden.

10474. Treue Hand
Geht durchs ganze Land.

10475. Wo Treue Wurzel schlägt, macht Gott einen Baum
daraus.

10476. Treu und Glauben ist besser als bares Geld.

10477. Treue kann man nie genug vergelten, Untreue nie
genug bestrafen.

10478. Wer im Kleinen nicht treu ist, der ist es noch weniger
im Großen.

10479. Treue hat Brot,
Untreue leidet Not.

10480. Treu und frank,
Gott und Menschen zu Dank.

10481. Durch den Trichter gießt der Wirt in sein Faß, was er
will.

10482. Trieb
Macht lieb.

532 · *Trinken*

10 483. Trink und iß,
Gottes nicht vergiß.

10 484. Trink und iß,
Der Armen nicht vergiß.

10 485. Trink Wein, beschert dir Gott Wein.

10 485a. Wer gern trinkt, dem beschert Gott genug; ist's nicht
Wein, so ist es Wasser.

10 486. Je mehr einer trinkt, je mehr ihn dürstet.

10 487. Man sagt wohl von vielem Trinken, aber nicht von
großem Durst.

10 487a. Was einer braut, das muß er auch trinken können.

10 488. Wer trinkt ohne Durst, ißt ohne Hunger,
Stirbt desto junger.

10 489. Es trinken tausend sich den Tod,
Eh *einer* stirbt von Durstes Not.

10 490. Wer nicht trinken kann, der soll ins Bad gehen; wer
nicht beten, aufs Meer; wer nicht schlafen, in die
Predigt.

10 491. Wo Trinken eine Ehr ist, da ist Speien keine Schande.

10 492. Je stärker getrunken, je schwächer geworden.

10 493. Trinken,
Daß die Zungen hinken.

10 494. Wollen wir gar austrinken, so werden wir zu Narren.

10 495. Trink nicht in die Suppe.

10 496. Dreimal über Tisch getrunken ist das Allergesün-
deste.

10 497. Wer mit will trinken,
Muß mit klinken.

10 498. Sachs, Bayer, Schwab und Frank,
Sie lieben alle den Trank.

10 499. Wenn der Trank kommt, ist die Red aus.

Trinken – Trunk

533

10500. Da wir tranken unsern Trank,
Da wir sangen unsern Sang,
Da wir trugen unser Gewand,
Da stund es wohl in unserm Land.

10501. Ein Trunk auf einen Salat
Schadet dem Doktor einen Dukat;
Ein Trunk auf ein Ei
Schadet ihm zwei.

10502. Auf a Tünkli
Gehört a Trünkli.

10503. Ein guter Trunk
Macht alle jung.

10504. Trunk
Gilt für Sprung.

10505. Ein Trunk fordert den andern.

10506. Beim Trunk lernt man seine Leute kennen.

10507. Beim Trunk und im Zorn
Erkennt man den Tor'n.

10507a. Ist der Trunk im Manne,
So ist der Verstand in der Kanne.

10508. Beim Trunk werden Heiraten gemacht.

10509. Was beim Trunke geschwatzt wird, soll man nüchtern
vergessen.

10510. Trunken geschwatzt, nüchtern vergessen.

10511. Trunken gesündigt, nüchtern gebüßt.

10512. Trunken gestohlen, nüchtern gehängt.

10513. Trunkene Freude, nüchternes Leid.

10514. Trunken klug, nüchtern närrisch.

10515. Wer trunken wird, ist schuldig, nicht der Wein.

10515a. Trunkner Mund
Verrät des Herzens Grund.

10515b. Das Trünklein macht schwatzen.

534　　　　　　　　　*Trunken – Trübsal*

10516. Dem trunknen Mann soll ein Fuder Heu ausweichen.

10517. Den Armen machet reich der Wein,
Drum sollt' er allzeit trunken sein.

10518. Trunkenbold
Hat Schimpf zum Sold.

10519. Trunkenheit Sünde, Schaden, Schande.

10520. Der Trunk ist Geldes wert.

10521. Nach großer Trocknis kommt großer Regen.

10521a. Ein trocknes Jahr gibt zwei nassen zu essen.

10522. Trocknes Brot mit Freuden ist besser als Gebratenes
mit Kummer.

10523. Er will überall mit im Troge liegen.

10524. Die Trommel gellt, weil sie leer ist.

10525. Zur Trommel muß man pfeifen.

10526. Mit der Trommel gewonnen, mit der Flöte verspielt.

10527. Wer einen Tropf ausschickt, dem kommt ein Narr
wieder.

10528. Steter Tropfen höhlt den Stein.

10528a. Wer den letzten Tropfen schnappen will, dem fällt
der Deckel auf den Schnabel.

10529. Wenn es auch nur tröpfelt, so macht es doch naß, wo
es hinfällt.

10530. Solang es tropft, versiegt es nicht.

10531. Wo es immer tröpfelt, wird es nimmer trocken.

10532. Die Weiber nehmen Drescher für Tröster.

10533. Im Trüben ist gut fischen.

10534. Es ist kein Wässerchen so klar, es trübt sich doch
einmal.

10535. Trübsal macht gläubig.

10536. Trübsal lehrt aufs Wort merken.

Truthahn – Tugend 535

10537. Er macht's wie der Truthahn in Dresden; spricht er nicht, so denkt er desto mehr.

10538. Rein und ganz
Gibt dem schlechtesten Tuche Glanz.

10539. Wie man's spinnt, so tucht es sich.

10540. Es ist gut, den Schnitt an fremdem Tuch lernen.

10541. Je mehr Tücke,
Je besser Glücke.

10542. Tückische Feinde sind die bösesten.

10543. Tugend ist der beste Adel.

10544. Tugend ist der beste Schmuck.

10545. Wer von der Tugend weicht, der weicht von seinem Glücke.

10546. Tugend ist ein Ehrenkleid, drum spart es jedermann.

10547. Tugend macht edel, aber Adel macht nicht Tugend.

10548. Tugend hat eine tiefe Wurzel.

10549. Tugend
Hat ewige Jugend.

10550. Tugend altert nie.

10551. Tugend ist auch ohne Glück Tugend.

10552. Tugend wächst in eitel Unglück.

10553. Tugend kommt nicht um.

10554. Tugend leid't oft Not,
Aber nicht den Tod.

10555. Tugend wird gedrückt,
Aber nicht erstickt.

10556. Verdunkelte Tugend scheint heller.

10557. Tugend kennt sich selber nicht.

10558. Tugend überwindet Gewalt.

10559. Tugend und Gewürz werden je mehr gestoßen, je stärker.

536   *Tugend – Übel*

10560. Der Tugend Lob stirbt nimmermehr.

10561. Alles vergeht,
Tugend besteht.

10562. Tugend und Öl schwimmen immer über Wasser.

10563. Tugend stößt keinen von sich.

10564. Tugend und Jugend sind selten beisammen.

10565. Tugend macht und erhält Freundschaft.

10565a. Wer Tugend hat, ist wohlgeboren.

10566. Die Leute geben der Tugend die Hände, aber nicht das
Herz.

10567. Tugend und gute Sitten erben nicht.

10568. Die langsamen Turniere werden gern gut.

10569. Tyrannen
Machen weit wannen.

10570. Der Tyrann muß einen Pfaffen haben und der Pfaff
einen Tyrannen.

10571. Unter den wilden Tieren ist der Tyrann, unter den
zahmen der Schmeichler das gefährlichste.

10572. Tyrannengewalt
Wird nicht alt.

U

10573. Übel gewonnen, übel verloren.

10574. Übel gewonnen, übel verschlungen.

10575. Übel gewonnen,
Übel zerronnen.

Übel – Übergeben 537

10576. Übel gewonnen
Kommt selten an die Sonnen.

10576a. Man muß nicht Übel ärger machen.

10577. Nichts ist übel oder gut,
Wenn man's nicht so nennen tut.

10578. Übel gesprochen ist wohl appelliert.

10579. Wenn man einem übelwill,
Find't man der Axt leicht einen Stiel.

10580. Vergiß des Übels, so bist du genesen.

10581. Dem Übel soll man entgegen gehn und stehn.

10582. Wer das Übel flieht, den verfolgt es.

10583. Wer's Übel nicht straft, lädt es zu Hause.

10584. Von zweien Übeln soll man das kleinste wählen.

10585. Übelleb kauft dem Wohlleb sein Haus ab.

10586. Hüte dich vor Übeltaten,
Feld und Wald kann dich verraten.

10587. Der Übeltäter Tod ist des Frommen Gnade.

10588. Tu übel und wähne nicht Besseres.

10589. Niemand nimmt sich selbst was vor übel.

10590. Übereilen
Bringt Verweilen.

10591. Übereilen tut niemals gut.

10592. Überfluß
Bringt Überdruß.

10593. Überfluß
Macht Verdruß.

10593a. Überführen ohn Ertränken.

10594. Es ist nur ein Übergang, sprach der Fuchs, als man
ihm den Balg über die Ohren zog.

10595. Übergeben,
Nimmer leben.

538   *Übergeben – Umgehen*

10596. Es übergibt sich niemand leicht.

10597. Überladener Wagen bricht leicht.

10598. Übermach es nicht.

10599. Übermut
Tut selten gut.

10600. Kein Übermut
Entläuft der Rut.

10601. Übernommen ist nicht gewonnen.

10602. Wer den andern übersieht, der hat das beste Ziel.

10603. Die hoch stehen,
Müssen viel übersehen.

10604. Wer nicht übersehen und überhören kann, der kann
auch nicht regieren.

10605. Man überredet einen, daß er tanzt, wo er weinen
möchte.

10606. Überweibe dich nicht.

10607. Wer überwinden will, lerne vertragen.

10608. Übriger Wein macht Durst.

10609. Übrige Ehr ist halb Schande.

10610. Wo recht viel zum Besten ist, da bleibt nicht viel
übrig.

10611. Übung macht den Meister.

10612. Übung ist der beste Schulmeister.

10613. Übung bringt Kunst.

10614. Ufer halten das Wasser.

10614a. Gebt ihm, er ist von Ulm.

10615. Womit man umgeht, das hängt einem an.

10616. Womit man bei Tage umgeht, davon träumt man des
Nachts.

Umgehen – Undank 539

10617. Sage mir, mit wem du umgehst, so sage ich dir, wer du bist.

10618. Guter Umgang verbessert schlechte Sitten.

10619. Besser umkehren als irregehn.

10620. Ohne Umkehren ist kein Rechtlaufen.

10621. Umgekehrt wird ein Schuh daraus.

10622. Umsonst ist der Tod; aber er kostet das Leben.

10622a. Umsonst ist der Tod, aber er kostet Leute.

10623. Es ist alles gut genug, was man umsonst gibt.

10624. Du wirst noch was von Umstoßen kosten, wenn du stehend stirbst.

10625. Dreimal umgezogen ist einmal abgebrannt.

10626. Unausgemachte Sachen soll man niemand verweisen.

10627. Unbedacht
Hat manches schon ans Licht gebracht.

10628. Unbekannt, unverlangt.

10629. Unbekannte Kälber lecken auch einander.

10629a. Unbill stößt auf die Tür.

10629b. Unbill tut wehe.

10630. Undank ist der Welt Lohn.

10631. Man diene, wie man wolle, so ist Undank der Lohn.

10632. Undank
Macht Wohltun krank.

10633. Undank haut der Wohltat den Zapfen ab.

10634. Undank
Ist ein gemeiner Stank.

10635. Undank schadet auch dem Unschuldigen.

10636. Ein Undankbarer schadet zehen Armen.

10637. Undank berechtigt nicht zu Undienstfertigkeit.

540   *Undankbar – Ungeschehen*

10638. Wenn man einen Undankbaren trunken macht, speit er's einem in den Busen.

10639. Es ist alles verloren, was man dem Undankbaren tut.

10640. Wo Uneinigkeit sich straußt, da wird das Haus zu enge.

10640a. Ungarn ist der Kirchhof der Deutschen.

10640b. Von ungefähr, wie die Predigermönche nach Dießenhofen auf die Kilbe kommen.

10641. Unfall macht weit umsehen.

10642. Unfall will seinen Willen haben.

10643. Wer ungeheißen zur Arbeit geht, geht ungedankt davon.

10644. Ungeheißen Vornehmen hat kein gut Aufnehmen.

10645. Ungeduld hilft dem Kreuz nicht ab.

10646. Ungeduld verschüttet alle Tugend.

10647. Ungefreit, unverworren.

10647a. Man verschläft viel Ungemach.

10647b. Jedes Dach hat sein Ungemach.

10647c. Wer das Ungemach fürchtet, muß daheim bleiben.

10648. Ungemessen
Wird auch gegessen.

10649. Je ungelehrter, je hoffärtiger.

10650. Zwei Schelme will ungerecht Gut:
Einen, der's gewinnt, und einen, der's vertut.

10651. Ungerecht Gut muß zwei Schelme haben: einer muß es hinein, der andere muß es hinaus schelmen.

10652. Ein ungerechter Heller frißt einen Taler.

10653. Ungeschaffenes Angesicht, ungeschaffene Sitten.

10654. Ungeschaffene Weiber hüten das Haus wohl.

10655. Ungeschehen mag noch geschehen.

Ungeschickt – Unglück 541

10656. Der Ungeschickte hat bald Feierabend.

10656a. Der Ungeschickte gehört hinten dran.

10657. Ungeschickt ist zu kurz zu allen Dingen, und wenn er auf einer Leiter stünde.

10658. Ungeschliffen schneidet nicht.

10659. Ungesehen macht oft ein Ansehen.

10660. Ungestüm will durchdringen,
Und sollt' es der Nonn ein Kind bringen.

[10661. *fehlt bei Simrock.*]

10662. Ungewohnte Arbeit wird uns sauer.

10663. Es müssen allewege zwei Ungleiche zusammenkommen.

10664. Zwei Ungleiche machen *ein* Grades.

10665. Ungleich
Weicht dem Streich.

10666. Unglück, Holz und Haar
Wachsen immerdar.

10667. Unglück trifft nur die Armen.

10668. Unglück macht Unglauben.

10669. Dem Unglück kann man nicht entlaufen.

10670. Es kommt kein Unglück allein.

10671. Es ist nicht genug, daß das Haus voll Unglück ist, es steht auch noch ein Wagen voll vor der Tür.

10672. Ein Unglück tritt dem andern auf die Fersen.

10673. Unglück gewinnt bald einen breiten Fuß.

10674. Unglück hat breite Füße.

10675. Kein Unglück so groß, es ist ein Glück dabei.

10675a. Kein Unglück so groß,
Es hat ein Glück im Schoß.

10676. Das Unglück kommt bei Haufen.

542 *Unglück*

10677. Wer kann für Unglück, wenn's Haus voll ist!

10678. Ein Unglück, kein Unglück.

10679. Will's Unglück, so fällt eine Katze vom Stuhl.

10680. Wer Unglück haben soll, bricht den Finger im Hirse-
brei.

10681. Wer Unglück hat, kann einen Finger – – zerbrechen.

10682. Wenn ein Unglück sein soll, so kannst du auf den
Rücken fallen und die Nas abbrechen.

10683. Wer Unglück haben soll, stolpert im Grase,
Fällt auf den Rücken und bricht die Nase.

10684. Unglück kommt ungerufen.

10685. Nach Unglück braucht keiner viel zu gehen.

10686. Man darf dem Unglück keine Boten senden.

10686a. Wer nach Unglück ringt, dem begegnet es.

10687. Laß dir kein Unglück über die Knie gehen.

10688. Wenn Unglück dem Reichen bis an die Knie geht, so
geht es dem Armen bis an den Hals.

10689. Unglück sitzt nicht immer vor armer Leute Tür.

10690. Unglück sitzt nicht immer vor *einer* Tür.

10691. Ein übler Trost, im Unglück nicht allein zu sein.

10692. Beim Unglück ist feiern das beste.

10693. Das Unglück muß man überbösen.

10694. Wer Unglück gekostet hat, weiß, wie's einem andern
schmeckt.

10694a. Wer's Unglück nicht versucht hat, ist des Glücks
nicht wert.

10695. Wer Unglück sät, will Unglück ernten.

10696. Selbstgeschaffnes Unglück lastet schwer.

10697. Alles Unglück ist gut, wenn man Brot dabei hat.

10698. Gleiches Unglück macht Freundschaft.

Unglück – Unmöglich 543

10699. Gemeinsam Unglück tröstet wohl.

10700. Unglück ist leichter zu tragen als Wohltat.

10701. Unglück hat ein scharf Gehör.

10702. Einem ungewaschenen Maul ist Unglück zum Ziel gesteckt.

10702a. Unglück bessert die Menschen.

10703. Wider Unglück hilft keine Kunst.

10704. Wenn's Unglück vorüber ist, denkt man mit Lust daran.

10704a. Man kommt zum Unglück allzeit früh genug.

10705. Nichts für ungut.

10706. Lieber unhöflich als überlästig.

10707. Wer nichts hinauf (auf die Universität) bringt, bringt nichts herunter.

10708. Unkraut vergeht nicht.

10708a. Unkeuschheit läßt sich aus den Augen sehen.

10709. Unkraut wächst in jedermanns Garten.

10710. Unkraut läßt vom Garten nicht.

10711. Unkraut wächst ungesät.

10712. Unkraut wächst auch ungewartet.

10713. Unkraut wächst besser als der Weizen.

10714. Unkraut verdirbt nicht, es käm' eher ein Platzregen drauf.

10715. Unkunde macht Unfreundschaft.

10716. Unmaß währt nicht dreißig Jahr.

10717. Unmaß steht nicht lange.

10718. Unmäßigkeit ist der Ärzte Säugamme.

10719. Unmäßigkeit macht arm, träg und krank.

10720. Unmögliche Dinge verbieten sich selber.

544   *Unmöglich – Unrecht*

10721. Daß eine Mücke sollt' husten wie ein Pferd, das ist
       unmöglich.

10721a. Er ist unmäßiger als 's Käterli Künzli, die saß neun
        Jahr in einer Badstube zu Haus und hatte nie Zeit,
        sich zu waschen.

10722. Laß dir keinen Unmut übers Knie (zum Herzen)
       gehen.

10723. Sich selber unnütz ist keinem nütz.

10724. Willst du nichts Unnützes kaufen,
       Mußt nicht auf den Jahrmarkt laufen.

10725. Unnütz ist schädlich.

10726. Unrat
       Frißt Sack und Saat.

10727. Unrat nimmt Sack und Samen.

10728. Unrecht und Klage
       Mehrt sich alle Tage.

10729. Unrecht Urteil trifft den Richter.

10730. Hundert Jahre Unrecht ist noch keine Stunde Recht.

10731. Was einmal Unrecht gewesen ist,
       Bleibt Unrecht zu aller Frist.

10732. Besser klein Unrecht gelitten
       Als vor Gericht gestritten.

10733. Auch die Unrecht tun, hassen das Unrecht.

10734. Unrecht himmelt nicht.

10735. Unrecht gewonnen
       Kommt selten an die Sonnen.

10736. Unrecht ist auch Recht.

10737. Unrecht Gut gedeiht nicht.

10738. Unrecht Gut faselt nicht.

10739. Unrecht Gut reichet nicht.

10740. Unrecht Gut kommt nicht auf den dritten Erben.

Unrecht – Untertan 545

10741. Unrecht Gut ist ein Funken im Kleiderkasten.

10742. Was unrecht ist, nimmt Überhang.

10743. Wer altes Unrecht duldet, lädt neues ins Haus.

10744. Besser Unrecht leiden als Unrecht tun.

10745. Wer das Recht nicht will leiden, darf über Unrecht nicht klagen.

10746. Denk nimmer dran,
Wer dir unrecht hat getan.

10747. Wer dich einmal betrügt, tut dir unrecht; wer zweimal, tut dir eben recht.

10748. Unsauber macht fett.

10749. Unschuld verloren, alles verloren.

10750. Unschuld ist die stärkste Bastei.

10751. Der Unschuldige muß viel leiden.

10752. Der Unschuldige muß das Gelag bezahlen.

10753. Die Unschuld muß allemal den Hund heben.

10754. Der Unschuldige muß oft mit dem Schuldigen herhalten.

10755. Der Untergang hat keinen Grund.

10756. Wenig unternehmen gibt viel Frieden.

10757. Auf dem, der unterliegt, soll man nicht sitzen.

10758. Es ist ein großer Unterschied zwischen dem König David und einem Hutmachergesellen.

10759. Es ist ein großer Unterschied zwischen Venedig und Sempach: Venedig liegt im Wasser und Sempach im Kot.

10760. Genau untersuchen kommt von armen Leuten.

10761. Wenn die Untertanen bellen, soll der Fürst die Ohren spitzen.

10762. Was die Untertanen beschwert, tut den Herrn nicht weh.

10763. Wenn die Untertanen verderben,
Kann die Herrschaft nichts von ihnen erben.

10764. Untertan und Obrigkeit
Fehlen öfter beiderseit.

10765. Wer unterwegs ist, muß fort.

10766. Untreue schlägt ihren eignen Herrn.

10767. Untreue geht hin, kommt aber nicht herwider.

10768. Sieh dich vor, Untreue geht dir zur Seite.

10769. Vor Untreue mag sich niemand bewahren.

10770. Untreu und böses Geld
Findet man in aller Welt.

10771. Untreu macht die Herren weis.

10772. Der Untreue ist gegen alle Menschen mißtrauisch.

10773. Untreu wird gern mit Untreu bezahlt.

10774. Frau Untreu ist Königin bei Hofe.

10775. Untreu räche mit Vergessen.

10776. Unverdrossen
Hat es oft genossen.

10777. Unverhofft
Kommt oft.

10778. Unverschämt läßt nicht gut, nährt aber gut.

10779. Unversehen
Ist bald geschehen.

10780. Unversucht, unerfahren.

10781. Es taugt nichts unversucht.

10782. Unversucht schmeckt nicht.

10783. Was schmeckt unversucht? sprach der Abt zur Jungfrau.

10784. Unverworren ist das beste.

10785. Unverworren ist gut haspeln.

10 786. Unverworren gibt gut Garn.

10 787. Unverzagt
Hat's oft gewagt.

10 788. Unwissenheit ist kühn.

10 789. Je unwissender, je kecker.

10 790. Geheime Unzucht, offene Schande.

10 791. Der Unzufriedene hat oft zuviel, aber nie genug.

10 792. Auf St. Urben
Ist das Korn weder geraten noch verdurben.

10 793. St. Urban ist auch ein Weinheld.

V

10 794. Den Vater kennt man an dem Kind,
Den Herrn an seinem Hausgesind.

10 795. Wie der Acker, so die Ruben,
Wie der Vater, so die Buben.

10 796. Was Vater und Mutter nicht ziehen kann, das ziehe
der Henker.

10 797. Wer dem Vater nicht folgen will, der folge dem Kalbs-
fell.

10 798. Wer seinem Vater nicht gehorchen will, muß seinem
Stiefvater gehorchen.

10 799. Der Vater sieht nicht wohl, die Mutter drückt ein
Auge zu.

10 800. Ein Vater ernährt eher zehn Kinder als zehn Kinder
einen Vater.

10 801. Wenn's der Vater sieht, tut's der Sohn nicht.

548 *Vater – Verachtung*

10 802. Stiehlt mein Vater, so hängt ein Dieb.

10 803. Er will seinen Vater lehren Kinder machen.

10 804. Kein Vater kann seinen Sohn schelten.

10 805. Wo man Vater und Mutter spricht, da hört man die freundlichsten Namen.

10 806. Der Vater muß dem Kinde den Namen geben.

10 807. Was der Vater erspart, vertut der Sohn.

10 808. Mein Vater hat mich nicht gelehrt aus einem leeren Glase trinken.

10 808a. Das will ich tun, es ist des Vaters Wille.

10 809. Vatersegen baut den Kindern Häuser, Mutterfluch reißt sie nieder.

10 810. Wo es mir wohlgeht, da ist mein Vaterland.

10 811. Der Gläubigen Vaterunser und heiße Tränen sind wohl zu fürchten.

10 812. Vaterunser ist der Armen Zinsgut.

10 813. Es ist ihm so geläufig wie das Vaterunser.

10 814. Wer soll den Vater loben als ein ungeratner Sohn?

10 815. Frau Venus und Geld
Regieren die Welt.

10 816. Es gilt gleich Vater oder Pater, sprach die Frau bei Nacht.

10 816a. Venedig liegt im Wasser und Sempach im Kot.

10 817. Ohne Wein und Brot
Leidet Venus Not.

10 818. Verachte keinen andern nicht,
Du weißt nicht, was noch dir geschicht.

10 819. Verachte keinen Feind,
Wie schlecht er immer scheint.

10 820. Verachtung des Reichtums der höchste Reichtum.

Verachten – Verdruß 549

10821. Verachtete Gefahr
Kommt vor dem Jahr.

10822. Veränder eh nicht deinen Stand,
Bis du Beßres hast zur Hand.

10823. Was man verbeut,
Das tun die Leut.

10824. Was man einem verbeut, das geliebt ihm erst.

10825. Verbotene Wasser sind oft besser als Wein.

10826. Verbotenes Wasser ist Malvasier.

10827. In verbotenen Teichen fischt man gern.

10828. Verborgener Schatz liegt sicher.

10829. Wer das Maul verbrannt hat, bläst die Suppe.

10830. Der Verdächtige und der Schuldige sind einander
gleich.

10830a. Wenn einer verderben soll, so muß alles dazu helfen.

10831. Viel verdirbt,
Des niemand wirbt.

10832. Es ist nicht so leicht verdient als vertan.

10833. Dem Verdienste seine Krone.

10834. Wer seine Verdienste in Kleidern hat, dem fressen sie
die Motten.

10835. Wenn dein Verdienst bei Weisen gilt,
Sei ruhig, wenn der Tor dich schilt.

10836. Der Herren Güter sind nicht denen, die sie verdienen,
sondern denen man sie gönnt.

10837. Verdingt bringt nicht Eilwerk, aber Weilwerk.

10838. Mancher verdirbt,
Eh er stirbt.

10839. Besser der erste Verdruß als der letzte.

10840. Ohne Verdruß
Ist kein Genuß.

550   *Verdruß – Verirrt*

10841. Kleiner Verdruß
Bringt oft großen Genuß.

10842. Verdrossen
Hält alles für Possen.

10843. Man muß seinen Verdruß nicht merken lassen.

10844. Wer alles will verfechten,
Hat allezeit zu rechten.

10845. Gott, Eltern und Lehrern kann man nie vergelten.

10846. Vergeben ist nicht vergessen.

10847. Ich will dir's vergeben – aber nicht vergessen.

10848. Ich will dir's vergessen, aber Jockeli, denk du daran,
sagt der Schwabe.

10849. Vergessen ist für Schaden gut.

10850. Vergiß des Übels, so bist du genesen.

10851. Zum Verlieren ist nichts besser als Vergessen.

10852. Vergessenheit
Hilft für das Leid.

10853. Vergeßlichkeit und Faulheit sind Geschwisterkinder.

10854. Ein magerer Vergleich ist besser als ein fetter Prozeß.

10855. Vergleichen und Vertragen
Frommt mehr als Zank und Klagen.

10856. Ist deine Sache gut, so schreite zum Vergleiche,
Ist sie schlimm, so sei besonnen und weiche.

10857. Vergnügt sein geht über reich sein.

10858. Verheißen macht Schuld.

10858a. Verheißen macht Schuld und Halten macht ledig.

10859. Verheißen geht nicht ohne Schaden ab.

10860. Verheißen bindet den Narren.

10861. Verheiß ihm's und gib's einem andern.

10862. Ist man verirrt,
Wird man verwirrt.

Verkehrt – Verräter 551

10863. Alles, was verkehrt ist, das treib ich,
Und wo man mich nicht gerne sieht, da bleib ich.

10864. Wir wollen's unterdessen verkühlen lassen.

10865. Nichts ist so schlecht als ein schlechter Verlaß.

10866. Wer sich auf andere verläßt, der ist verlassen.

10867. Mit Verlaub kann man dem Bauern das Pferd aus dem
Stall stehlen.

10868. Met Verlöf
K– de Buuren de Höf.

10869. Wer dem Verleumder nicht in die Rede fällt, bestellt
ihn.

10870. Der Verleumder schadet sich, dem Beleidigten und
dem Zuhörer.

10871. Der Verleumder hat den Teufel auf der Zunge, und
wer ihm zuhört, den Teufel in den Ohren.

10872. Verletzen ist leicht, heilen schwer.

10873. Verlust ist gut widers Lachen.

10874. Was man verlacht, bessert sich nicht.

10875. Verliebte Köchin versalzt die Speisen.

10876. Wer nicht verlieren will, der spiele nicht.

10877. Nichts ist verloren, als was man nicht mehr findet.

10877a. Nach verlornen Dingen
Soll man zu sehr nicht ringen.

10878. Es ist verloren wie eine Judenseele.

10879. Heimlich Verlöbnis stiftet keine Ehe.

10880. Leb mit Vernunft,
So kommst nicht in der Armen Zunft.

10881. Vernünfteln bannt Vernunft.

10882. Verrats kann sich niemand erwehren.

10883. Der Verräter schläft nicht.

552   *Verräter – Versengt*

10884. Vom Verräter frißt kein Rabe.

10885. Verrat ist angenehm, Verräter verhaßt.

10886. Verrechnet ist nicht betrogen.

10887. Man hat sich eher verred't als verschwiegen.

10888. Man hat sich so leicht verred't als vertan.

10889. Man muß nichts verreden als das Nasabbeißen.

10890. Zehn Versagen sind besser als *ein* Lügen.

10891. Besser freundlich versagen als unwillig gewähren.

10892. Versage niemand, was du selbst begehren dürftest.

10893. Versatz verjährt nicht.

10894. Was er verschenkt, ist gut für die Augen.

10895. Verschloßner Mund und offene Augen haben niemand was geschadet.

10896. Ein verschmähter Freund, ein hungriger Hund
Gehn traurig schlafen zu mancher Stund.

10897. Verschmitzt wie eine Fuhrmannspeitsche.

10898. Verschoben
Ist nicht aufgehoben.

10899. Wenn der Verschwender nicht eigene Güter hat, so nimmt er, was er findet.

10900. Verschwiegenheit bringt ihren Lohn.

10901. Wer will, mag seinen Schaden verschweigen.

10902. Versehen
Ist bald geschehen.

10903. Versehen ist auch verspielt.

10904. Er versah sich wie Vetter Lorenz, der wollt' ein Pfund Tabak kaufen und stahl eins.

10905. Das versengt mir den Weiher nicht.

10906. Versengte Katzen leben lange.

Verspielen – Verstand   553

10 907. Man verspielt auch mit guten Karten.

10 908. Was versehrt,
Das lehrt.

10 909. Versprechen und halten
Ziemt wohl Jungen und Alten.

10 910. Versprechen ist eins und halten ein anderes.

10 911. Versprechen will ein Halten haben.

10 912. Wer nichts verspricht, braucht nichts zu halten.

10 913. Versprechen
Muß man nicht brechen.

10 914. Versprechen macht Schulden.

10 915. Versprechen ist ehrlich,
Halten beschwerlich.

10 916. Versprechen ist herrisch, halten bäurisch.

10 917. Versprechen füllt den Magen nicht.

10 918. Nichts wiegt leichter als ein Versprechen.

10 919. Er verspricht goldene Berge und ist keinen Heller
wert.

10 920. Verstand und Nachgedanken kommt nicht vor den
Jahren.

10 921. Verstand ist nicht immer daheim.

10 922. Verstand muß man mitbringen, man kauft ihn nicht
auf dem Markte.

10 923. Viel Verstand hat wenig Glück.

10 924. Wo ein Verstand ist, der birgt sich nicht, er bricht
heraus.

10 925. Grober Verstand
Ist eine Felsenwand.

10 926. Plumper Verstand hält fest.

10 927. Verstand und Schönheit sind selten beisammen.

554   *Verstellen – Verzehren*

10928. Wer sich nicht verstellen kann, taugt nicht zum Regieren.

10929. Versuch's und hang die Angel ein,
Was gilt's, es werden Fische dein.

10930. Vertun ist leichter als gewinnen.

10931. Es ist leichter ein Dorf vertun als eine Hütte erwerben.

10932. Viel vertun und wenig erwerben
Ist der Weg zum Verderben.

10933. Vertrag bricht allen Streit.

10934. Vertragenen Hader soll man nicht wieder anregen.

10935. Vertraue, doch nicht zuviel.

10935a. Wer Dirnen vertraut seinen Rat,
Den Gänsen seine Saat,
Den Böcken seinen Garten,
Der darf des Glücks nicht warten.

10936. Mit jedermann dich freundlich halt,
Vertrau doch nicht, die Lieb ist kalt.

10937. Jedem vertrauen ist töricht, keinem tyrannisch.

10938. Vertrauen weckt Vertrauen.

10939. Vertraulichkeit war in der Arche Noahs.

10940. Besser verwahrt als beklagt.

10941. Etwas Verwandtschaft macht gute Freundschaft.

10942. Verzagt hält übel Haus.

10943. Verzagt Herz freit nimmer ein schönes Weib.

10944. Verzehr nicht über Gewinnen,
Es wird dir sonst zerrinnen.

10945. Es ist bald verzehrt, was man langsam erworben hat.

10946. Wer mehr verzehrt, als er gewinnt, der muß nachher mit den Mäusen essen.

Verzehren – Viel

10 947. Wer mehr will verzehren,
Als sein Pflug mag erähren,
Der mag sich nicht erwehren,
Ihn muß Bettel oder Stegreif nähren.

10 948. Es läßt sich wohl ein Kaisersgut verzehren.

10 949. Verzeih dir nichts und andern viel.

10 950. Eine Viertelstunde Verzug bringt oft jahrelangen Aufschub.

10 951. Unnötiger Verzug bringt keinen Vorteil.

10 952. Verzweifle nicht, mein frommer Christ.

10 953. Das währt von der Vesper bis die Hühner auffliegen!

10 954. Aufgewichst, der Herr Vetter kommt!

10 955. Stecke dich nicht zwischen Vettern und Freunde, sonst klemmst du dich.

10 956. Eisern Vieh stirbt nicht.

10 957. Kein Vieh verbüßt Gewette.

10 958. Klein Vieh macht auch Mist.

10 959. Gleich Vieh leckt sich gern.

10 960. Vieh und Menschen muß man nicht zusammenrechnen.

10 961. Das Vieh ist wie der Stall.

10 962. Gibst du deinem Vieh, so gibt es dir wieder.

10 963. Viele können *einem* helfen.

10 963 a. Viel und gut ist nicht beisammen.

10 964. Viele können mehr denn einer.

10 964 a. Es gibt viel Hände; was die eine nicht kann, macht die andere.

10 965. Dem Vielen fehlt das Viel.

10966. Drei Viel und drei Wenig sind schädlich:
Viel reden und wenig wissen,
Viel vertun und wenig haben,
Viel sich dünken und wenig denken.

10967. Wo viel ist, da will auch viel hin.

10968. Vieler Zugriff
Hält ein Schiff.

10969. Mit vielem geudet man, mit wenigem spart man.

10970. Ein Vielfraß wird nicht geboren, sondern erzogen.

10970a. Was man zu Abend um vieri tut,
Kommt ei'm zu Nacht um nüni gut.

10971. Die vierte Frau bringt die Schüppe.

10972. Das sind alte Violen, die riechen nicht mehr.

10973. Nach *der* Violine läßt sich gut tanzen, sagte der Bauer,
da kriegt' er einen Schinken.

10974. Vinzenzen Sonnenschein
Füllt die Fässer mit Wein.

10975. Virtus in medio, sagte der Teufel, da ging er zwischen
zwei Huren.

10976. Vit
Bringt die Fliegen mit.

10977. Um Viti kommen die Fliegen selbneun.

10978. Säst du die Gerste nach St. Vit,
Bist du sie samt dem Sacke quitt.

10979. Friß, Vogel, oder stirb.

10980. Den Vogel kennt man am Gesang,
Den Hafen an dem Klang,
Den Esel an den Ohren,
Und am Gesang den Toren.

10981. Besser *ein* Vogel in der Hand
Als zehn am Strand.

Vogel 557

10982. Besser *ein* Vogel im Netz als zehn in der Weite.

10983. *Ein* Vogel in der Schüssel ist besser als zehn in der Luft.

10984. Man kennt den Vogel an den Federn.

10984a. Man sieht's am Schwanz, was es für ein Vogel ist.

10985. Laß mir den Vogel und behalt du die Federn.

10986. Was nicht am Vogel ist, das ist an den Federn.

10987. Die Vögel, die zuviel Federn haben, fliegen nicht hoch.

10988. Die Vögel gesellen sich zu ihresgleichen.

10989. Vögel von gleichen Federn fliegen gern beisammen.

10989a. Einerlei Vögel hocken auf einerlei Nest.

10990. Mit welchen Vögeln man fliegt, mit denen wird man gefangen.

10991. Wer Vögel fangen will, muß süß pfeifen und nicht mit Knitteln dreinschlagen.

10992. Wer Vögel fangen will, muß nicht mit Prügeln dreinwerfen.

10993. Klopf auf den Busch, so fliegen die Vögel heraus.

10994. Man muß den Vögeln richten, wenn sie im Striche sind.

10995. Man muß den Vogel erst im Käficht haben, eh man ihn singen lehrt.

10996. Die Vögel, die zu früh singen, holt am Abend die Katze.

10997. Böser Vogel, böses Ei.

10998. Böser Vogel, böser Gesang.

10999. Mancherlei Vögel, mancherlei Sang.

11000. Jeder Vogel singt, wie ihm der Schnabel gewachsen ist.

11001. Jeder Vogel singt seinen Gesang.

558   *Vogel – Vogler*

11 002. Kein Vogel fliegt so hoch, er kommt wieder auf die
Erde.

11 003. Jedem Vogel gefällt sein Nest.

11 004. Jeder Vogel hat sein Nest lieb.

11 005. Nach und nach macht der Vogel sein Nest.

11 006. Kleine Vöglein, kleine Nestlein.

11 007. Alter Vogel,
Steifer Kogel.

11 008. Alte Vögel sind schwer rupfen.

11 009. Jung Vöglein, weich Schnäblein.

11 010. Scharrenden Vogel brate schnell, schwimmenden
langsam.

11 011. Scharrenden Vogel brat mit Eile,
Schwimmendem aber laß die Weile.

11 012. Er hat gewiß Vögel unterm Hut, daß er nicht grüßt.

11 013. Gemalte Vögel sind gut schießen,
Aber nicht gut genießen.

11 014. Laß die Vöglein sorgen, die schwache Beinlein haben.

11 014a. Was den Vögeln gehört, wird den Fischen nicht.

11 015. Sie leben wie die Vöglein im Hanfsamen.

11 016. Besser im Vogelgesang
Als im Eisengeklang.

11 017. Besser Vogelfangen als ganz stille sitzen.

11 018. Vogelfang gehört zum Wildbann.

11 018a. Viel kleine Vögel geben auch einen Braten.

11 019. Wie es vogelt, so legt es Eier.

11 020. Vogler und Jäger
Sind üble Landpfleger.

11 021. Jeder Vogler lobt seinen Kauz.

Vogelfrei – Voll 559

11 022. Vogelfreier Wicht
Bedarf des Galgens nicht.

11 022 a. Wo das Volk ist, da ist Nahrung.

11 023. Volkes Stimme, Gottes Stimme.

11 024. Voll ist toll.

11 025. Voll Land,
Toll Land.

11 026. Je voller,
Je toller.

11 027. Voller Kropf,
Toller Kopf.

11 028. Bist du voll, so leg dich nieder,
Nach dem Schlafen saufe wieder:
So vertreibt ein Schwein das ander,
Spricht der König Alexander.

11 029. Voll macht faul.

11 030. Voller Mann, fauler Mann.

11 031. Voller Bauch studiert nicht gern.

11 032. Der Volle redet schwer.

11 033. Voller Mund
Sagt des Herzens Grund.

11 034. Einem vollen Mann soll ein Fuder Heu ausweichen.

11 035. Bei Vollen lernt man saufen,
Bei Krämern lernt man kaufen.

11 036. Voll ist nichts, aber knatschvoll.

11 037. Völlerei bringt Buhlerei, Buhlerei bringt Buberei.

11 038. Nicht voll und satt,
Das macht dich matt;
Doch auch nicht hungrig,
Das macht dich lungrig.

11 039. Volle Fässer klingen nicht.

11040. Voller Sack pfeift.

11041. Voller Gaul springt.

11041a. Wo eine Völle ist, kann man schon hausen.

11042. Vorangehen macht Nachgehen.

11043. Vorbedacht
Hat Rat gebracht.

11044. Die vordersten tun, was die hintersten nicht vermögen.

11045. Kannst du nicht im Vorderzug sein, so zieh im Troß nach.

11046. Unsere Vorfahren waren auch keine Narren.

11047. Wohl vorgehen macht wohl folgen.

11048. Wer unrecht vorgeht, ist ärger, als wer ihm folgt.

11049. Guter Vorgänger macht gute Nachtreter.

11050. Vorgegessen Brot macht langsam arbeiten.

11051. Vorgetan und nachbedacht
Hat manchen in groß Leid gebracht.

11052. Vorher schön zum Küssen,
Nachher zum Anpissen.

11053. Vorher Bescheid
Gibt nachher keinen Streit.

11054. Vormund nimmt so viel, daß Nachmund darben muß.

11055. Der Vormund nimmt oft so viel, daß dem Nachmund nichts übrigbleibt.

11056. Es wird kein treuer Vormund gefunden.

11057. Wenn der Teufel einen Vormund hätte, käm' er um die Hölle.

11058. Vorne fix
Hinten nix.

11059. Vorrat
Nimmer schad't.

Vorrat – Vorwort 561

11 059a. Laß dich mit wenigem Vorrat begnügen.

11 060. Vorrede spart Nachrede.

11 061. So das Vorroß irrt, verführt es die andern allesamt.

11 062. Der Weg zur Hölle ist mit guten Vorsätzen gepflastert.

11 063. Vorsicht
Schadet nicht.

11 064. Vorsorge verhütet Nachsorge.

11 065. Besser ein Vorsorger denn ein Nachsorger.

11 066. Alle Vorteile gelten.

11 067. Alle Vorteile helfen, sind sie noch so klein.

11 068. Vorteil trifft zwei Fliegen auf einen Schlag.

11 069. Vorteil hat bald Feierabend.

11 070. Vorteil geht vor Stärke.

11 071. Vorteil schlägt die Leute.

11 072. Wer seinen Vorteil nicht versteht, den will der König nicht im Lande wissen.

11 072a. Was helfen die Vorteile, wenn man sie nicht braucht?

11 073. Vorteil ist nicht allezeit Gewinn.

11 074. Ein wenig Vorteils bringt den Mann aus den Kleidern.

11 075. Kleiner Vorteil macht großen Schalk.

11 076. Kein Vorteil ohne seinen Nachteil.

11 077. Wer nicht vorwärts geht, der kommt zurück.

11 078. Vorwärts wie ich, sagt der Krebs.

11 079. Vorwitz macht Jungfern teuer.

11 080. Vorwitzig ist nicht witzig.

11 081. Vorwitzig macht faulwitzig.

11 082. Vorworten bricht allen Streit.

11 083. Vorworte brechen Nachworte.

W

11 084. W macht mir Weh.

11 085. Drei W bringen Pein:
Weiber, Würfel und der Wein.

11 086. Drei W sind große Räuber:
Wein, Würfelspiel und Weiber.

11 087. Wehe dem, der sich vor dreien nicht hütet: Wollust,
Wein und Würfel.

11 088. Böse Ware muß man aufschwatzen.

11 089. An böser Ware ist nichts zu gewinnen.

11 090. Schlechte Ware wird jedem angetragen.

11 091. Angebotene Ware stinkt.

11 091 a. Wer die Ware schilt, hat Lust dazu.

11 092. An fauler War
Ist kein gut Haar.

11 093. Gute Ware lobt sich selbst.

11 094. Darnach Ware, darnach Geld.

11 095. Allzuteuer geboten macht die Ware unwert.

11 096. Mit Wachen und mit Wagen
Muß man das Glück erjagen.

11 096 a. Wachen und Beten
Läßt die Frucht nicht zertreten.

11 097. Alte Wachteln sind übel fangen.

11 098. So vielmal als die Wachtel schlägt, so viel gilt der Laib
Brot.

11 099. Wenn der Wächter nicht wacht, wacht der Dieb.

11 100. Nahe beim Feuer schmilzt das Wachs.

11 101. Die Waage zeigt, ob schwer, ob leicht, aber nicht, ob
Gold, ob Silber.

11 102. Als man rief Waden,
Verstand er Spaden.

11 103. Wagen gewinnt, Wagen verliert.

11 103 a. Wer nicht wagt,
Der nicht winnt.

11 104. Wagemann, Winnemann.

11 105. Wer nicht wagt,
Der nicht nagt.

11 106. Wer nichts will wagen,
Bekommt nicht Pferd noch Wagen.

11 106 a. Wer nicht wagt, kommt nicht nach Wehlau.

11 107. Wagen hat Glück.

11 108. Erst wäg's, dann wag's.

11 108 a. Wagen ist besser als wägen.

11 109. Ich wag's.
Gott vermag's.

11 109 a. Wag's und laß Gott walten.

11 110. Waghals bricht den Hals.

11 111. Wer nach einem goldenen Wagen trachtet, bekommt
doch wohl eine Speiche davon.

11 112. Der Wagen muß gehn, wie ihn die Pferde führen.

11 113. Wenn der Wagen fällt, hat er fünf Räder.

11 114. Der leere Wagen muß dem vollen ausweichen.

11 115. Wenn der Wagen im Kote steckt, werden viel Worte
gemacht.

11 116. Es ist gut neben seinem Wagen gehen.

11 117. Kannst du nicht mit Wagen fahren, so fahre mit einem
Karren.

11 118. Wahl
Macht Qual.

11 119. Wer die Wahl hat, hat die Qual.

564 · Wahn – Wahrheit

11 120. Wahn erheischt viel, Notdurft wenig.

11 121. Der Wahn allein ist reich und arm.

11 122. Wer wohl wähnt, dem ist wohl.

11 123. Wahnolf ist Trügolfs Bruder.

11 124. Sprich, was wahr ist,
Trink, was klar ist,
Iß, was gar ist.

11 125. Wahr,
Fahr.

11 126. Kommt's nicht gleich, das Wahr,
So kommt es übers Jahr.

11 127. Wahrheit ist der Zeit Tochter.

11 128. Unzeitige Wahrheit ist einer Lüge gleich.

11 129. Wenn's nicht wahr wär',
Käm's nicht gedruckt her.

11 130. Wahrheit leid't wohl Not,
Doch nicht den Tod.

11 131. Wahrheit wird wohl gedrückt, aber nicht erstickt.

11 132. Zuletzt siegt Wahrheit, Tugend und Mut.

11 133. Zum Begräbnis der Wahrheit gehören viel Schaufeln.

11 134. Die Wahrheit will an den Tag.

11 135. Wahrheit kriecht in keine Mauselöcher.

11 136. Mit der Wahrheit kommt man am weitesten.

11 137. Die Wahrheit nimmt kein Blatt vor den Mund.

11 138. Wahrheit sagt den Text ohne Glossen.

11 139. Wahrmanns Haus steht am längsten.

11 140. Wer die Wahrheit geigt, dem schlägt man den Fidelbogen um den Kopf.

11 141. Schieb den Riegel vor, so einer stets die Wahrheit
geigt.

11 142. Wahrheit findet keine Herberge.

Wahrheit 565

11 143. Wer will die Wahrheit sagen,
Muß schnell von dannen jagen.

11 144. Wahrheit tut der Zunge weh.

11 145. Mit der Wahrheit kommt man ins Geschrei.

11 146. Wahrheit muß ins Hundeloch.

11 147. Die Wahrheit ist der Welt leid.

11 148. Willfahren macht Freunde, Wahrsagen Feinde.

11 149. Wer die Wahrheit auf großer Herren Tisch bringen
will, muß viel süße Brühen daran machen.

11 150. Wahrheit gebraucht man kaum an Feiertagen, ge-
schweige daß man sollte Alltagshosen daraus machen.

11 151. Die Wahrheit hat ein schönes Angesicht, aber zerrissene Kleider.

11 152. Die Wahrheit ist ein Kleinod, darum will sie mancher
nicht alle Tage zur Schau tragen.

11 153. Die Wahrheit wird mit Tüchern behängt, wie die
Altäre in den Fasten.

11 154. Mit der Wahrheit spielt man alle Tage den Karfreitag.

11 155. Wahrheit gibt kurzen Bescheid, Lüge macht viel Re-
dens.

11 155a. Die Wahrheit hat nur _eine_ Farbe, die Lüge mancherlei.

11 156. Wahrheit ist ein selten Kraut,
Noch seltner, wer sie wohl verdaut.

11 157. Wahrheit ist ein selten Wildbret.

11 158. Wahrheit leidet keinen Schimpf, sprach der Beck, als
man ihn Mehldieb nannte.

11 159. Mich dünkt, ich wähn, ich acht, ich halt
Tut oft der Wahrheit groß Gewalt.

566   *Wahrheit – Wanderer*

11 160. Mancher besteht bei der Wahrheit wie Butter bei der
        Sonne.

11 161. Gewährsmann haben hilft nicht.

11 162. Was lange währt, wird gut.

11 163. Wald hat Ohren, Feld hat Augen.

11 164. Der Wald hat keinen Baum.

11 165. Er sieht den Wald vor Bäumen nicht.

11 166. Dem reichen Walde wenig schadet,
        Daß sich ein Mann mit Holz beladet.

11 167. Der kommt nimmer in den Wald, der jeden Strauch
        fürchtet.

11 168. Wie man in den Wald schreit, so schallt es wieder
        heraus.

11 169. Wallfahrer kommen selten heiliger nach Hause.

11 170. Regen auf Walburgisnacht
        Hat stets ein gutes Jahr gebracht.

11 171. Hüte dich vor einem deutschen Welschen.

11 172. Vor roten Welschen, weißen Franzosen und schwar-
        zen Deutschen hüte dich.

11 173. Einen Welschen zu hintergehen,
        Muß man morgens früh aufstehen.

11 174. Welsch Blut
        Tut keinem Deutschen gut.

11 174a. Man kann durch eine Wand sehen, wenn ein Loch
         darin ist.

11 175. Die Wände haben Ohren.

11 176. Einer Wand, die fallen will, gibt jedermann Stöße.

11 177. Was man nicht erlernt, kann man erwandern.

11 178. Wenn der Wanderer getrunken hat, wendet er dem
        Brunnen den Rücken zu.

11 179. Der beste Wanderer muß vorangehen.

Wandern – Warten

11 180. Er ist ein gewanderter Gesell, einmal zu Markt, zweimal zur Mühle und dreimal zu Bade gewesen.

11 181. Wanne ist kein Korb.

11 182. Wenn das nicht gut für die Wanzen ist!

11 183. Alle Wappen müssen Gold oder Silber haben.

11 184. Er hat einen Lappen als Wappen auf dem A–.

11 185. Warm ist das Leben, kalt der Tod.

11 186. Er bläst warm und kalt aus *einem* Munde.

11 187. Wer den andern warnt, der ist sein Freund.

11 188. Gewarnter Mann ist halb gerettet.

11 189. Wer sich warnt, der wehrt sich.

11 190. Es hat gewarnt – den Augenblick wird's schlagen.

11 191. Es heißt: Auf der hohen Wart,
Da ißt man übel und liegt hart.

11 192. Lang Warten ist nicht geschenkt.

11 193. Warten vexiert.

11 194. Warten erfreut wie Essig die Zähne und Rauch die Augen.

11 195. Die warten kann,
Kriegt auch einen Mann.

11 196. Wart,
Über eine Weile kommt dein Part.

11 197. Wer warten kann, hat viel getan.

11 198. Wer nicht warten kann, muß laufen.

11 199. Darauf ist gut warten, aber übel fasten.

11 200. Wer bis an den Jüngsten Tag warten kann, ist leicht Herr der ganzen Welt.

11 200a. Wer zu lange wartet, wird übel gewartet.

11 200b. Wer wartet, den belangt.

11 200c. Was man gern hätte, mag man nicht erwarten.

11 201. Wart a Weil, harr a Weil, sitz a Weil nieder,
Und wenn du Weil gesessen bist, so komm und sag
mir's wieder.

11 202. Wart's ab, sagt Tuckermann.

11 203. Jeder warte des Seinen und laufe nicht fort.

11 204. Warte des Deinen.

11 205. Warum? Darum.

11 206. Kein Warum ohne ein Darum.

11 207. Um der Warzen willen trage ich Handschuhe.

11 208. Besser eine Warze auf dem Rücken als eine Sommer-
sprosse im Gesicht.

11 209. Es ist kein Was ohne Weil.

11 210. Wasch du mich, so wasch ich dich, so werden wir
beide hübsch.

11 211. Viel in der Wasche,
Wenig in der Tasche.

11 212. Ich habe kein Hemd in dieser Wasche.

11 213. Viel Holz, gute Aschen
Hilft den faulen Wäschern waschen.

11 214. Reine Wäsch und Höflichkeit
Zieren einen allezeit.

11 214a. Wenn die Frau eine Wasche hat, so hat der Mann eine
seltsame Frau und ein böses Hemd.

11 215. Das Wasser hat keine Balken.

11 216. Das Wasser ist nicht gebälkt, sagt der Jüd.

11 217. Wer auf dem Wasser fährt, hat den Wind nicht in der
Hand.

11 218. Dem Wasser ist nicht zu trauen, es reißt den Mühl-
gang weg.

11 219. Wenn kein Wasser auf der Mühle ist, so tanzt der Esel.

11 220. Das ist Wasser auf meine Mühle.

11 221.	Er weiß, woher das Wasser zur Mühle fließt.
11 222.	Wasser ist das stärkste Getränk, es treibt Mühlen.
11 223.	Stillem Wasser und schweigenden Leuten ist nicht zu trauen.
11 224.	Stille Wasser sind (gründen) tief.
11 225.	Stille Wasser, tiefe Gründe.
11 225 a.	Stille Wasser fressen auch Grund.
11 226.	Es ist kein Wasser so tief, man findet den Grund.
11 227.	Alle kleinen Wasser laufen in die großen.
11 228.	Im großen Wasser fängt man große, im kleinen Wasser gute Fische.
11 229.	In kleinen Wassern fängt man auch gute Fische.
11 230.	Große Wasser, große Kriege.
11 231.	Wo Wasser gewesen ist, da kommt Wasser wieder.
11 232.	Wer dem Wasser wehren will, muß die Quellen stopfen.
11 233.	Das Wasser will über die Körbe gehen.
11 234.	Wenn das Wasser über die Körbe geht, soll man das Schiff ösen.
11 234 a.	Wenn ich gutes Wasser habe, laß ich das Bier stehen und trinke Wein.
11 234 b.	Das Wasser ist am besten an der Quelle.
11 235.	Das Neunkircher Mädlein hat gesagt: Kann ich das Wasser beim obern Brunnen holen, so geh ich nicht zum untern.
11 236.	Stehende Wasser werden endlich faul und stinkend.
11 237.	Kein Wässerchen so klar, es trübt sich einmal.
11 237 a.	Et es ken Water so klar, et fleimt sik.
11 238.	Das Wasser läuft den Berg nicht hinauf.
11 239.	Bis dahin läuft noch viel Wasser den Rhein hinunter.

570   *Wasser – Weg*

11 240. Das hieße Wasser in den Rhein tragen.

11 241. Ohne Wasser schleift sich's übel.

11 242. Wer des Wassers bedarf, sucht es im Brunnen.

11 243. Es hilt kein Wasser wider die Wassersucht.

11 244. Bei Wasser und Brot
Wird man nicht tot.

11 245. Trink Wasser wie ein Ochs und Wein wie ein König.

11 245a. Wenn Wasser Wein wäre, wer wüßte, wer Wirt
wäre?

11 246. Den Wassertrinker geht kein Schick an.

11 247. Es ist ein schlimm Wasser, das den Durst nicht löscht.

11 248. Wasserkrug
Ist nimmer klug
(spricht der Wein).

11 248a. Mit Wasser und Brot
Kommt man durch alle Not.

11 249. Gut gewässert ist halb gebleicht.

11 250. Wenn das Wasser über die Steine läuft, wird es rein.

11 251. Man muß unreines Wasser nicht eher weggießen, bis
man reines hat.

11 252. Soll ich ersaufen, so muß es in sauberm Wasser sein.

11 253. In unsauberm Wasser mag man sich nicht reinwaschen.

11 254. Wenn sich das Wasser bläsert, regnet es bald.

11 254a. Wasser reich, Land arm.

11 254b. Mit dem Weck kann man das Brot ersparen.

11 255. Der gerade Weg ist der beste.

11 256. Der gelindeste Weg ist der beste.

11 257. Der auf halbem Weg umkehrt, irrt nur um die Hälfte.

11 258. Der auf übelm Weg ist, hat Not davon zu kommen.

Weg – Weib

11 259. Was hilft laufen, wenn man nicht auf dem rechten
Weg ist?

11 260. Wer aus dem Weg ist, wär' gern wieder drein.

11 261. Gut Weg um
War nie krumm.

11 262. Wer den Weg ans Meer nicht weiß, gehe nur dem
Flusse nach.

11 263. Auf dem Weg, den viele gehn, wächst kein Gras.

11 264. Gemeinen Weg kann niemand verbieten.

11 264a. Alte Wege und alte Freunde soll man in Würden
halten.

11 265. Alle Dinge stehen in einer Wegscheide.

11 266. Was man zu weit wegwirft, hätte man gerne.

11 267. Wo es einem wehe tut, dahin greift man sich oft.

11 268. Was wehe tut, das lehrt.

11 269. Wer nicht sagen darf, daß ihm wehe ist, dem ist weh.

11 270. Was man einem wehrt,
Das ist ihm wert.

11 271. Wehrender Hand wird immer Rat.

11 272. Der sich ehrt,
Der sich wehrt.

11 273. Viel Wehr,
Viel Ehr.

11 274. Wem zu wohl ist, der nehm' ein Weib.

11 275. Guter Mut ist halber Leib:
Hüte dich und nimm kein Weib.

11 276. Weib und Leinwand kauft man nicht bei Lichte.

11 277. Es ist besser Weiber begraben denn zur Kirche
führen.

11 278. Es nimmt keiner ein Weib, er sei denn unsinnig.

11 279. Wer nichts zu zanken hat, der nehm' ein Weib.

11 280. Man sieht es an der Nase bald,
Ob Weiber warm sind oder kalt.

11 281. Es soll keiner ein Weib nehmen, er könne denn drei
ernähren.

11 282. Nimm das Weib, so wirst du sie los.

11 283. Auf Weiber und Gewinn
Steht aller Welt der Sinn.

11 284. Weiber sind anfangs leicht, werden aber immer
schwerer.

11 285. Junges Weib ist altem Mann das Postpferd zum
Grabe.

11 286. Junges Weib bei altem Mann ist bei Tag Weib und bei
Nacht Witwe.

11 287. Es nimmt kein Weib einen alten Mann um Gottes
willen.

11 288. Weiber nehmen ist kein Pferdehandel.

11 289. Nimm ein Weib um das, was sie hat, einen Freund um
das, was er tut, und eine Ware um das, was sie gilt.

11 290. Keiner nimmt ein Weib um Gottes willen: Jeder hat
gern Fleisch mit guter Brühe.

11 291. Häßliche Weiber hüten das Haus wohl.

11 292. Ein häßlich Weib ist eine gute Haushälterin.

11 293. Ein häßliches Weib ist ein guter Zaun um den Garten.

11 294. Es ist leichter wider den Satan streiten als wider ein
schönes Weib.

11 295. Feuer brennt in der Nähe, ein schönes Weib nah und
fern.

11 296. Schöne Weiber machen schöne Sitten.

11 297. Schön Weib, viel Stolz.

11 298. Jedes Weib will lieber schön als fromm sein.

Weib

11299. Weiberschönheit, das Echo im Wald
Und Regenbogen vergehen bald.

11300. Schöne Weiber und zerschnittene Kleider bleiben
gern hangen.

11301. Weiberaugen, Feuerspiegel.

11302. Ein schön Weib ist nur ein Bubenspiegel.

11303. Schön Weib ist ein zartes Kleid, wenn man's viel
antut, verdirbt es.

11304. Je schöner Weib, je schlechtere Schüssel.

11305. Es gibt nur zwei gute Weiber auf der Welt: die eine ist
gestorben, die andere nicht zu finden.

11306. Ein klaffend Weib ist selten stumm,
Ein still Weib liebt man um und um.

11307. Weiber findet man nimmer ohne Rede.

11308. Drei Weiber, drei Gänse und drei Frösche machen
einen Jahrmarkt.

11309. Dreier Weiber Gezänk macht einen Jahrmarkt.

11310. Ein Weib verschweigt, was sie nicht weiß.

11311. Bei Weibern ist des Schwatzens hohe Schule.

11312. Weiberreden, armes Reden.

11313. Es ist beim Weibe verschlossen
Wie Wasser in ein Sieb gegossen.

11314. Die Weiber führen das Schwert im Maul, darum muß
man sie auf die Scheide schlagen.

11315. Die Weiber sind furchtsam und rufen bald St. Peter
zu: Steck ein dein Schwert.

11316. Ein Sack voll Flöhe ist leichter zu hüten als ein Weib.

11317. Weiber hüten ist vergebliche Arbeit.

11318. Das beste Weib schilt des Mannes Hut.

11319. Schöne Weiber sind Irrwische, verführen bei hellem
Tag.

574   *Weib*

11 320. Ein geil alt Weib ist des Todes Fastnachtspiel.

11 321. Man sucht von Weibern und von Fischen
        Das Mittelstück zu erwischen.

11 322. Viel Weiber tragen offene Kleider, um den Milch-
        markt nicht zu bedecken.

11 323. Bitt ein Weib, du verlierst nichts daran.

11 324. Ein Weib den Edelknaben küßt,
        Daß sie nicht ihres Manns vergißt.

11 325. Weiber, Glück und Gold
        Sind allen Narren hold.

11 326. Mit Weibern, die das Küssen erlauben, ist man bald
        auf dem Bette.

11 327. In der Weiber Kram findet sich immer etwas feil.

11 328. Weiber nehmen gern Drescher für Tröster.

11 329. Mit einem bösen Weibe finge man den Teufel im
        freien Feld.

11 330. Wen der Teufel ärgern will, schickt er böse Weiber ins
        Haus.

11 330a. Wer ein böses Weib hat, braucht keinen Teufel.

11 331. Bösem Weibe kann niemand steuern.

11 332. Wer sich von einem bösen Weibe scheidet, macht eine
        gute Tagreise.

11 333. Ein bös Weib ist der Schiffbruch des Mannes.

11 334. Gilt die Bosheit etwas, so ist ein Weib teurer als zehn
        Männer.

11 335. Es gibt nur *ein* böses Weib; aber ein jeder meint, *er*
        hätt' es.

11 336. Es sind nur drei gute Weiber gewesen: die eine ist aus
        der Welt geloffen, die andre ist im Bad ersoffen, die
        dritte sucht man noch.

11 337. Weiberlieb und Herrengunst
Sind nicht mehr als blauer Dunst.

11 338. Weibsbild
Soll nicht sein wild.

11 339. Es ist schlimmer, ein Weib zu reizen als einen bissigen
Hund.

11 340. Weiber sind Katzen
Mit glatten Bälgen und scharfen Tatzen.

11 341. Schlimme Weiber, aus denen man nicht kommen
kann.

11 342. Beileibe
Trau keinem Weibe,
Obgleich sie tot ist.

11 343. Glaub keinem Weibe, wenn sie auch tot ist.

11 344. Die Weiber haben drei Häute.

11 345. Weibern und Geschossen soll niemand trauen.

11 346. Weiberrache hat keine Grenzen.

11 347. Kein Mann ohne Wolfszahn, kein Roß ohne Tücke,
kein Weib ohne Teufel.

11 348. Kein Weib ohne ein nisi, die beste, die es bedeckt.

11 349. Weiber sind des Teufels Kloben, darin er fängt, was
aufsitzt.

11 350. Der Weiber Schmuck ist des Teufels Zuggarn.

11 351. Weiberlist,
Nichts drüber ist!

11 352. Weiberlist
Geht über alle List.

11 353. Brunst, Flut und Weibertücke
Gehn über alle Stücke.

11 354. In bösen Räten ist das Weib des Mannes Männin.

576 *Weib*

11355. Das Weib ist ein Geschwinddoktor: sie hat eine List
erfunden, so oft sie auf die Erde sieht.

11356. Der Weiber Weinen ist heimlich Lachen.

11357. Weiber sind veränderlich wie Aprilwetter.

11358. Zwischen eines Weibes Ja und Nein läßt sich keine
Nadelspitze stecken.

11359. Weiber haben langes Haar und kurzen Sinn.

11360. Wenn ein alt Weib tanzt, macht sie dem Tod ein Hofrecht.

11361. Wenn alte Weiber tanzen, machen sie viel Gestäub.

11362. Es ist kein Kinderspiel, so ein alt Weib tanzt.

11363. Wer ein alt Weib nimmt des Geldes willen, bekommt
den Sack gewiß; wie es um das Geld steht, wird sich
finden.

11364. Gehorsam und Geduld wachsen nicht im Weiber-
garten.

11365. Wo Weiber regieren, steigen die Stühle auf die Bänke.

11366. Weiberregiment
Nimmt selten gut End.

11367. Wo Weiber und Hasen zu Felde blasen,
Da geht es ab mit langen Nasen.

11367a. Bieter 'n schluuten Wiif as 'n kiiwen Wiif.

11367b. 'n Wiif, dat met 'n Koppe will buawen uut,
Dat doot viel Schaaden un richt't nicks uut.

11368. Wer eine Weiberhaube aufsetzt, den schlagen die
Pferde.

11369. Nährt das Weib den Mann, so muß er ihr Spielball
sein.

11370. Wenn die Weiber waschen und backen,
Haben sie den Teufel im Nacken.

Weib 577

11371. Wenn das Weib die Töpfe zerbricht und der Mann die Krüge, so gibt es viel Scherben im Haus.

11372. Die Weiber werden niemals fertig.

11373. Weiber sind unrichtige Uhren.

11374. Weiber und Rosse wollen gewartet sein.

11375. Wer Weib und Kinder hat, darf nicht um Arbeit sorgen.

11376. Karges Weib geht selten zur Kiste.

11377. Karges Weib geht oft zur Kiste.

11378. Ein Weib soll weder geben noch nehmen.

11379. Wenn ein Weib Geschenke nimmt, so hat sie sich selbst verkauft.

11380. Dein Weib, dein Schwert und dein Pferd magst du wohl zeigen, aber nicht ausleihen.

11381. Verliehen Weib, Roß, Laut und Wehr
Bekommst im vor'gen Stand nicht mehr.

11382. Das Weib fragt,
Der Mann sagt.

11383. Das Weib und der Ofen sind eine Hauszierde.

11384. Es ist der beste Hausrat, der ein fromm Weib hat.

11385. Ein fromm Weib
Ist ihres Mannes Leib.

11386. Fromm Weib, des Lebens Heil,
Man findet's aber selten feil.

11387. Ein fromm Weib beherrscht ihren Mann mit Gehorsam.

11388. Ein fromm Weib kann man mit Gold nicht überwägen.

11389. Fromm Weib hat nur *ein* Vaterunser.

11390. Ein ungeziert Weib ist die beste Hausfrau.

578   *Weib – Weichen*

11 390a. Wer sein Weib schlägt, jagt einen Teufel hinaus und
          zehn hinein.

11 391. Wer sein Weib schlägt, macht sich drei Fasttage und
         ihr drei Feiertage.

11 392. Wer da schlägt sein Weib,
         Trifft seinen eignen Leib.

11 393. Wer sein Weib schlägt, schlägt mit der rechten Hand
         seine linke.

11 394. Am Weib schlägt der Mann seine Schande.

11 395. Weiber schlagen gibt schlechte Ehre.

11 396. Wer sein Weib einmal schlägt, schlägt es mehrmal.

11 397. Ein Weib hat nicht alle Schlüssel anhängen.

11 398. Ein Weib kann nicht Brot backen ohne Mehl.

11 399. Was ein Weib bei sich selbst gedenkt, ist henkenswert.

11 400. Versagen ist der Weiber Sitte;
         Doch wollen sie, daß man sie bitte.

11 401. Lösche das Licht aus, so sind alle Weiber gleich.

11 402. Weiberkleider decken des Nachts wohl.

11 403. Trunken Weib,
         Gemeiner Leib.

11 404. Ein Weiberschoppen ist neun halbe.

11 405. Mit viel Weibern zeugt man viel Kinder.

11 406. Reiche Weiber machen arme Kinder.

11 407. Weiber, Wein und Würfelspiel
         Verderben manchen, wer's merken will.

11 408. Das meiste Teil am Menschen ist Weiberfleisch.

11 408a. Wem man weich bettet, der wird faul.

11 408b. Weiberkrieg gilt nichts.

11 409. Weichst du mir, so weich ich dir.

11 409a. Es ist besser weichen als zanken.

Weichen – Wein 579

11410. Weichen ist keine Schand,
Bist du übermannt.

11411. Wer weicht, kann ein andermal schlagen.

11412. Ein wenig Weigerns steht wohl.

11413. Grüne Weihnachten, weiße Ostern.

11414. Weihnachten im Klee,
Ostern im Schnee.

11415. Der Wein für die Leute, das Wasser für die Gänse!

11416. Guter Wein bedarf keines Kranzes.

11417. Altem Wein gehört kein neuer Kranz.

11418. Guter Wein verkauft sich selbst.

11419. Der Wein ist gut, wenn er auch den Mann die Treppe
hinunterwirft.

11420. Wer nicht liebt Wein, Weib und Gesang,
Der bleibt ein Narr sein Leben lang.

11421. Alle Freude steckt in der Weinkarte.

11422. Wein ist der Poeten Heiliger Geist.

11423. Nahe beim Wein und weit vom Schuß.

11424. Trink Wein und erwirb,
Trink Wasser und stirb:
Besser Wein getrunken und erworben
Als Wasser getrunken und gestorben.

11425. Trink Wein, so beschert Gott Wein.

11426. Der Wein ist ein Wahrsager.

11427. Wein sagt die Wahrheit.

11428. Wein hat keinen Riegel vor.

11429. Wein
Hat keinen Schrein.

11430. Wein
Hat offnen Schrein.

11431. Das Herz im Wein, die Gestalt im Spiegel.

580 *Wein*

11 432. Der Wein nimmt kein Blatt vors Maul.

11 433. Wenn der Wein eingeht, geht der Mund auf.

11 434. Beim Wein geht die Zunge auf Stelzen.

11 434a. Wenn der Wein niedersitzt, schwimmen die Worte
empor.

11 435. Guter Wein
Lehrt gut Latein.

11 436. Mit Wein macht man den Psittich schwatzen.

11 437. Wer redet gut Latein,
Der trinke guten Wein.

11 438. Wein red't viel; aber bös Latein.

11 439. Was der Mann kann,
Zeigt der Wein an.

11 440. Wein
Hilft dem Alten aufs Bein.

11 441. Der Wein macht die Alten beritten.

11 442. Guter Wein ist der Alten Milch.

11 443. Wien up Melk
Is vor Elk,
Melk up Wien
Is Venien.

11 444. Der Wein ist kein Narr, aber macht Narren.

11 445. Wein und Weiber machen alle Welt zu Narren.

11 446. Die Weinreden haben ihren Wert nur beim Wein.

11 447. Was hinterm Weine geredet wird, gilt nicht.

11 448. Je süßer der Wein, je saurer der Essig.

11 449. Süßer Wein gibt sauern Essig.

11 450. Junger Wein ist süß, hat aber viel Hefen.

11 451. Wenn man Wein abläßt, laufen die Hefen mit.

11 452. Jeder Wein hat seine Hefen, jedes Mehl seine Kleien.

Wein 581

11453. Wein
Hält nicht rein.

11454. Alter Wein, gesunder Wein.

11455. Wein trinken, Wein bezahlen.

11456. Wo der beste Wein wächst, trinkt man den schlechtesten.

11457. Erst guter Wein, und wenn die Leute trunken sind, der schlechte, ist Wirtspraktik.

11458. Der Wein kann schwimmen, darum ersäuft er nicht leicht, wenn die Wirte Wasser drein schütten.

11459. Der Wein ersöffe im Wasser, hätt' er nicht schwimmen gelernt.

11460. Wer täglich im Wein schwimmt, muß endlich drin ersaufen.

11461. In Wein und Bier ertrinken mehr denn im Wasser.

11462. Viele fallen durch das Schwert, mehr noch vom Wein.

11463. Es gibt mehr alte Weintrinker als alte Ärzte.

11464. Nimmt der Wein den Kopf dir ein,
Sind auch die Füße nicht mehr dein.

11465. Wein und Bier schmeckt süß,
Versauf ich gleich die Schuh, behalt ich doch die Füß.

11466. Wo Wein eingeht, da geht der Witz aus.

11467. Wo Wein geht ein, geht Scham aus.

11468. Wenn der Wein zu wild wird, so schlag ihn mit der Wasserstange, damit er dich nicht schlage.

11469. Guter Wein macht böse Köpfe.

11470. Guter Wein hat auch Hefen.

11471. Der Wein ist ein Raufbold, er schlägt einem ein Bein unter.

11472. Wein, Weiber und Würden ändern den ganzen Menschen.

582   Wein – Weise

11 473. Wein, Geld und Gut
         Verkehrt der Weisen Mut.

11 474. Übriger Wein macht Durst.

11 475. Zu Bacharach am Rheine,
         Zu Klingenberg am Maine,
         Zu Würzburg an dem Steine,
         Da wachsen gute Weine.

11 476. Frankenwein,
         Krankenwein;
         Neckerwein,
         Schleckerwein;
         Rheinwein,
         Fein Wein.

11 477. Der Edelwein am Rhein
         Muß aller König sein.

11 478. Der Wein schmeckt nach dem Fasse.

11 479. Schade um guten Wein in bösem Fasse.

11 480. Der Wein gärt, wenn die Trauben blühn.

11 481. Man kauft den Wein nicht nach dem Ansehen.

11 482. Man gießt den Wein nicht in die Schuhe.

11 483. Wein und Brot gibt auch eine Suppe.

11 484. Im Weinfaß steckt viel Ehr und Freundschaft.

11 484a. Es liegt in einem Eimer Wein viel Ehre.

11 485. Beim Wein wird mancher Freund gemacht,
         Beim Weinen auf die Prob gebracht.

11 486. Zum Weinen hilft kein Saitenspiel.

11 486a. Jammer lernt weinen.

11 487. Man sieht manchen weinen, dem sonst die Augen
         nicht tränen.

11 487a. Wie die Weise, so der Sang.

11 488. Jeder hat so seine Weise.

Weise 583

11489. Angenommene Weis
Zergeht wie Eis.

11490. Jedem gefällt seine Weise wohl,
Drum ist das Land der Narren voll.

11491. Weise sein ist nicht allzeit gut.

11492. Weisem Kind ist man feind.

11493. Früh weis
Wird bald greis.

11494. Weisheit kommt nicht vor den Jahren.

11495. Die Weisheitszähne kommen spät und fallen früh wieder aus.

11495a. Zur Weisheit gehört mehr denn ein roter Hut.

11496. Zuviel Weisheit ist Torheit.

11497. Zu weise ist Narrei.

11498. Wer meinet, daß er weise sei,
Dem wohnt ein Esel nahe bei.

11499. Bei Weisheit muß eine Torheit sein.

11500. Wo Weise sind, da finden sich auch Toren.

11501. Kein weiser Mann ward je genannt,
Bei dem sich keine Torheit fand.

11502. Dem Weisen widerfährt keine kleine Torheit.

11503. Was in des Weisen Gedanken ist, das ist in des Narren Munde.

11504. Der Weise tut das am Anfang, was der Narr am Ende tut.

11505. Was Weisheit nicht bindet, löst Torheit leicht auf.

11506. Weiser Mann, starker Mann.

11507. Weisheit ist des Lebens Auge.

11508. Der Weise allein ist reich.

11509. Der Weise hat Vorteil in allen Landen.

11510. Wo *einer* weise ist, sind zweie glücklich.

11511. Der Weisheit Lob und Ehr
Erstirbt nimmermehr.

11512. Der Weise trägt sein Glück bei sich.

11513. Weis ist der und wohlgelehrt,
Der alles gern zum Besten kehrt.

11514. Die Weisheit läßt ihre Stimme hören auf der Gasse,
aber niemand achtet ihrer.

11515. Weiser Mann hat Ohren lang und Zunge kurz.

11516. Der Weise hat seinen Mund im Herzen.

11517. Man schüttelt die Weisheit nicht aus dem Ärmel
heraus.

11518. Niemand ist sich weise genug.

11519. Ein Gesunder ist geschickt zu wandeln,
Ein Weiser zu handeln.

11520. Weisheit hat bei Armut Leid.

11521. Der ist gar ein weiser Mann,
Der von Holdern Abbrech machen kann.

11522. Er will uns weismachen, Gott heiße Gerhard.

11523. So lange ißt man Weißbrot, bis man das schwarze
begehrt.

11524. Weiß erkennt man am besten, wenn man schwarz
dagegen hält.

11525. Er malt weiß und schwarz aus *einem* Tiegel.

11525a. Wenn der Weißdorn blüht, hören die Hechte auf zu
laichen.

11526. Weit davon ist gut vorm Schuß.

11527. Weit vom Geschütz macht alte Kriegsleute.

11528. Wer weit will gehen,
Muß früh aufstehen.

Weit – Welt 585

11 528a. Geh ich weit aus,
Hab ich weit nach Haus.

11 529. Weit beherret und nah befreundet.

11 530. Die Welt ist blind,
Läßt sich regieren wie ein Kind.

11 531. Die Welt ist des Teufels Braut.

11 532. Die Welt spinnt lauter grobes Garn.

11 533. O du dulle Welt, wat krabbelst du im Düstern.

11 534. Die Welt wäre schon gut genug, wenn nur die Leute
was nutze wären.

11 535. Die Welt gibt bösen Lohn.

11 536. Wer der Welt am besten dient, dem lohnt sie am übel-
sten.

11 537. Schick dich in die Welt.

11 538. Welt ist Welt,
Wer sich drauf läßt, der fällt.

11 539. Schick dich in die Welt hinein,
Denn dein Kopf ist viel zu klein,
Daß die Welt sich schicke drein.

11 540. Nimm die Welt, wie sie ist, nicht wie sie sein sollte.

11 540a. Den Himmel in'n Augen, die Welt zu'n Füßen.

11 541. Hüte dich, sei witzig,
Die Welt ist spitzig!

11 542. Wer alle Welt fressen will, muß ein großes Maul
haben.

11 543. Alle Welt hat nur *einen* Willen: daß es ihr wohlgehe.

11 544. *Eine* Hälfte der Welt verlacht die andre.

11 545. Lobe gern die alte Welt
Und tu, was der neuen gefällt.

11 546. Es gibt zwei Welten: die eine zürnt, die andre achtet
nicht drauf.

586 *Welt – Wenn*

11 547. In Schurken und Narren teilt sich die Welt.

11 548. Die Welt betrügt und will betrogen sein.

11 549. Die Welt ist unseres Herrgotts Spielkarte.

11 550. Alle zwanzig Jahr eine neue Welt.

11 551. Die Welt glaubt nicht, bis ihr das Wasser ins Maul rinnt.

11 552. Die Welt ist kein Strumpf.

11 553. Die Welt ist nicht mit Brettern zugenagelt.

11 553 a. Die Welt ist nun einmal voll Haken und Ösen.

11 554. Die Welt ist rund und will sich drehn.

11 555. Wie die Welt auf und nieder geht, sagte der Teufel, da saß er auf dem Brunnenschwengel.

11 556. Er hat sich der Welt abgetan und zu den Leuten bekehrt.

11 557. Wenig zuwenig macht zuletzt viel.

11 557 a. Wenig und oft macht zuletzt viel.

11 558. Wenig schadet wenig.

11 559. Mit wenig lebt man wohl.

11 560. Weniger Rat und vieler Hände.

11 561. Was man mit wenigem kann schlichten,
Soll man mit vielem nicht verrichten.

11 562. Wenig gedeiht,
Zuviel zerstreut.

11 563. Es ist ein weniges, das die Kinder freut.

11 564. Mancher söffe das ganze Meer,
Wenn nur nicht Wenn und Aber wär'.

11 565. Wer das Wenn erstiegen,
Sieht das Aber liegen.

11 565 a. Was einer nicht ist, kann er noch werden.

11 565 b. Wenn's Wenn nicht wär', wär' mancher Bauer ein Edelmann.

Wenn – Wetter 587

11 565 c. Wenn's Wenn nicht wär',
So wär' mein Vater ein Ratsherr.

11 566. Immer neu Werg an der Kunkel gibt wenig Gespinst.

11 567. Wo *der* Werg aus dem Hause trägt, da will ich nicht
Flachs suchen.

11 568. Das Werk lobt den Meister.

11 569. Gut Werkzeug, gute Arbeit.

11 570. Wenn das Werk getan ist, ist der Tadel unwert.

11 571. Werkleute findet man leichter als Meister.

11 572. Verlaß deine Werkstatt nicht, so wird sie dich auch
nicht verlassen.

11 573. Was einer wert ist, das widerfährt ihm.

11 574. In Westfalen geht man durchs Kamin ins Haus.

11 575. Wo ein Westfale verdirbt und eine Weide vergeht, da
muß es dürre sein.

11 576. Grob Brot, dünn Bier, lange Meilen:
Sunt in Westphalia: si non vis credere, lauf dar.

11 576 a. Schlecht Logement und lange Meilen,
Grob Brot, schlimm Bier und Schweinekeilen
Gibt's überall in Westfalen.

11 577. Wo zwei wetten, muß einer verlieren.

11 578. Das Wetter erkennt man an dem Wind
(Den Vater an dem Kind,
Den Herrn an dem Gesind).

11 579. Duck dich, laß vorübergahn,
Das Wetter will seinen Willen han.

11 580. Bei schönem Wetter nimm den Mantel mit; regnet es,
so halt es, wie du willst.

11 581. Das Wetter schlägt gern in die hohen Türme.

11 581 a. Wo die ersten Wetter hinziehen, da ziehen auch die
andern hin.

11 581 b. Wenn das erste Wetter hagelt, so hageln die folgenden auch gern.

11 581 c. Es ist gut, daß die Leute das Wetter nicht machen.

11 582. Wetterschaden macht keine Teurung.

11 583. Wenn sich der Wetterhahn nicht dreht, zerbricht ihn der Sturm.

11 584. Wetzen hält den Mäher nicht auf.

11 584 a. Zu Wetzlar an dem Dom
Sitzt der Teufel auf der Nonn.

11 585. Der Wetzstein schärft die Messer und bleibt selber stumpf.

11 586. Arme Leute vernähen das Gold in einen Wetzstein.

11 587. Was soll der Wetzstein ohne Wasser?

11 587 a. Wenn man die Wiede zu viel umdreht, so bricht der Knebel.

11 588. Der Wiedehopf ist des Kuckucks Küster.

11 589. Je mehr Widerstand, je mehr Fortgang.

11 589 a. Es ist gut Land und Leute einnehmen, wo kein Widerstand ist.

11 590. Wie du mir,
So ich dir.

11 591. Wie du mir, so ich dir, sprach die Frau zu dem Mann in der Brautnacht.

11 592. Wie und wer, nicht was.

11 593. Wiederkäuen verdrießt, wenn man keinen Magen dazu hat.

11 594. Wiederkommen hat den Krämer betrogen.

11 595. Wiedersehen macht,
Daß man Scheidens nicht acht't.

11 596. Wiedervergelten ist auch nicht verboten.

11 597. Mit dieser Wiege bin ich gewiegt.

Wien – Wille

11 598. Wien ist entweder windig oder giftig.

11 599. Schick ihn gen Wien nach Beuteltuch.

11 600. Wiesen und Zehent sind leicht unterhalten.

11 601. Wer seine Wiesen verpachtet, darf nicht drauf grasen.

11 602. Die Wiese geht ins Heu zu St. Georgentag.

11 603. Wo die Wies ist gemein,
Ist das Gras gerne klein.

11 604. Ich will dir auch einmal dein Wieslein wässern.

11 605. Wer Wild zu sehr liebt, der wird wild.

11 605a. Zu solchem Wild gehört solcher Waidmann.

11 606. Das Wild frißt armer Leute Brot und der Teufel den
Jäger.

11 607. Dieser jagt das Wild, jener ißt den Braten.

11 608. Wild in der Jugend
Bringt im Alter Tugend.

11 609. Aller Will
Ist haben viel.

11 610. Die größte Eintracht wächst nicht eben, wo jeder will,
was der andre.

11 611. Guter Will ist kein Erbe.

11 612. Guter Wille ist kein Recht.

11 613. Guter Wille geht vor Gold.

11 614. Man muß den Willen für das Werk nehmen.

11 615. Der Wille gilt oft für die Tat.

11 616. Guter Wille erhält das Regiment.

11 617. Guter Wille tut viel, aber nicht alles.

11 618. Guter Wille muß am Ende betteln gehn.

11 619. Des Menschen Willen ist sein Himmelreich.

11 620. Der Wille gibt dem Werk den Namen.

590   *Wille – Willkommen*

11621. Der Wille ist des Werkes Seele.

11622. Der Wille ist und tut alles.

11623. Der Wille tut's.

11624. Der Wille tut's, sprach jener und küßte den Flegel.

11625. Den Willen gibt Gott,
Den Zwang die Not.

11626. Willst du nicht, so mußt du wohl.

11627. Man kann alles, was man will.

11628. Wer nur will, der kann wohl.

11629. Willst du mich, so hole mich.

11630. Wer recht will, dem ist wohl zu helfen.

11630a. Wer will, findet immer was zu tun.

11631. Wer tut, was er will, tut oft, was er nicht soll.

11631a. Wer nicht will, der hat gegessen.

11631b. Wer nicht will, hat schon gehabt.

11632. Wider Willen kann man einem nehmen, aber nicht
geben.

11633. Willegis, Willegis,
Deiner Abkunft nicht vergiß.

11634. Ich will dich schon ist minder gut,
Ich hab dich schon am besten tut.

11635. Dem Willigen ist gut winken.

11635a. Ein Williger ist gut zu bereden.

11636. Willig Herz macht leichte Füße.

11637. Wer willig ist, der kommt bald.

11638. Willige Rosse soll man nicht übertreiben.

11639. Willkommen, der bringt.

11640. Willkommen ist ein freundlich Wort,
Doch bitter lautet Scherdichfort.

Willkür – Winter 591

11 641. Willkür bricht Stadtrecht, Stadtrecht bricht Landrecht, Landrecht bricht gemeines Recht.

11 642. Dem Wind und dem Narren laß seinen Lauf.

11 643. Bei stillem Wind ist gut Hafer säen.

11 644. Wer allzeit auf den Wind will sehen,
Der wird nicht säen und nicht mähen.

11 645. Wer Wind sät, wird Sturm ernten.

11 646. Wer wider den Wind brunzt, macht sich nasse Hosen.

11 647. Bei gutem Winde ist gut segeln.

11 648. Fehlt es am Wind, so greife zum Ruder.

11 649. Der Wind läßt sich nicht auf Flaschen ziehn.

11 650. Es weht nicht immer *ein* Wind.

11 651. Wenn der warme Wind kommt, so schmilzt das Eis.

11 652. Großer Wind bringt oft nur kleinen Regen.

11 653. Großer Wind ist selten ohne Regen.

11 654. Große Winde, große Kriege.

11 655. Vom Winde lebt niemand.

11 656. Wo viel Wind ist, da ist selten Staub.

11 657. Der Wind weht wohl Sandberge zusammen, aber
nicht dicke Bäuche.

11 658. Der Wind weht wohl Schneeberge zusammen, aber
kein dickes Eis.

11 659. Der Wind gehört der Herrschaft.

11 660. Windmühlen kann man nicht mit Blasbälgen treiben.

11 661. Jeder Winkel
Hat seinen Dünkel.

11 662. Später Winter, spätes Frühjahr.

11 663. Wenn es nicht vorwintert, so nachwintert es gern.

11 664. Im Winter werden die Bäume fahl, der Stamm bleibt
darum doch gesund.

592 Winter – Wirt

11665. Man merkt's von weitem, daß der Winter kalt ist.

11666. Es muß ein kalter Winter sein, wo ein Wolf den andern frißt.

11667. Ein schöner Wintertag macht keinen lustigen Vogel.

11668. Der Sommer gibt Korn,
Der Herbst leert sein Horn:
Der Winter verzehrt,
Was die beiden beschert.

11668a. Der Winter ist ein unwerter Gast für alte Leute.

11669. Wer nicht wirbt,
Der verdirbt.

11670. Wirf noch einmal, so triffst du.

11671. Wie der Wirt, so der Gast.

11672. Zeige mir den Wirt, ich zeige dir den Gast.

11673. Wie der Wirt, so schickt ihm Gott die Gäste.

11674. Kein Wirt steckt den Reif aus *eines* Gastes wegen.

11675. Wo der Wirt vor der Türe steht, da sind nicht viel Gäste.

11676. Der Wirt ist der beste,
Der mehr trinkt als die Gäste.

11677. Der Wirt schiert den Wirt nicht.

11677a. Caute, caute, ihr Gesellen, der Wirt versteht auch Latein.

11678. Wo die Wirte Hahnrei sind, da kehren die Gäste gern ein.

11679. Ist die Wirtin schön, ist auch der Wein schön.

11680. Je schöner die Wirtin, je schwerer die Zeche.

11681. So die Wirte lachen,
Gib acht auf deine Sachen.

11682. Vor lachenden Wirten und weinenden Pfaffen hüte dich.

Wirt – Wissen 593

11 683. Beim Wirt muß man für das Lachen bezahlen.

11 684. Ein schlechter Wirt, der nicht eine Zeche borgen kann.

11 685. Besser beim Wirt als beim Wirtlein.

11 686. Lieber dem Wirt als dem Apotheker.

11 687. Das Wirtshausschild mahnt andere einzukehren und bleibt selbst draußen.

11 688. Was der Wirt schenkt, hängt er am Schild aus.

11 689. Lauf hin, wohin du willst, du wirst überall den Wirt daheim finden.

11 690. Wirte und Huren bezahlt man vor dem Zapfen.

11 691. Wirten und Huren darf man nichts schuldig bleiben.

11 692. Mit dem Wirt ändert sich das Haus.

11 693. Der Wirt läßt die Weine Hochzeit machen.

11 694. Wie sollen die Wirte in den Himmel kommen, die unserm Herrgott seine Kunst abgelernt?

11 695. Er fragt den Wirt, ob er guten Wein hat.

11 696. Wissen ist leichter als tun.

11 697. Das Wissen hilft nichts, wenn man nicht darnach tut.

11 698. Viel Wissen macht Kopfweh.

11 699. Wüßt' ein Mensch recht, wer er wär',
Er würde fröhlich nimmermehr.

11 700. Nicht viel wissen, sondern viel tun ist wohlgetan.

11 700a. Die Alten hatten Gewissen ohne Wissen, wir heutzutage haben das Wissen ohne Gewissen.

11 701. Viele wissen viel, niemand alles.

11 702. Viele wissen viel, aber sich selbst nicht.

11 703. Viele wissen viel, aber sich selbst hat niemand ausgelernt.

11 704. Sich wissen ist viel wissen, Gott wissen ist alles wissen.

594 *Wissen*

11705. Viel Wissen,
Wenig Gewissen.

11706. Wer alle Dinge wüßte, der täte darnach.

11707. Man muß alles wissen, aber nicht alles zu Bolzen drehen.

11708. Wer alles wissen will, weiß gewöhnlich nichts.

11709. Wer alles vorher wüßte, würde bald reich.

11710. Was du allein willst wissen, das sage niemand.

11711. Was dreie wissen, wissen hundert.

11712. Wer's wissen soll, erfährt's zuletzt.

11713. Was wir nicht wissen sollen,
Das sollen wir nicht wissen wollen.

11714. Ohne Wissen, ohne Sünde.

11715. Wissen, Wollen, Können macht 'nen guten Meister.

11716. Wer will wissen, was er sei,
Schelte seiner Nachbarn zwei oder drei:
Werden's ihm die drei vertragen,
So wird es ihm der vierte sagen.

11717. Was ich nicht weiß,
Macht mich nicht heiß.

11718. Was ich nicht weiß, darf ich nicht verantworten.

11719. Wer nichts weiß, dem entfällt auch nichts.

11720. Es weiß niemand davon als die jungen Kinder und die alten Leute.

11721. Davon weiß niemand außer Gott und Menschen.

11721a. Es weiß es niemand als Kirchenmarktleut.

11722. Das hab ich schon gewußt, als meine Schuhe noch drei Sechser kosteten.

11723. Wer weiß, wem der Vater den Schimmel schenkt?

11723a. Man weiß nicht, wen der Herr schickt.

11 724. Man ward nig eer weeten,
Eer man is half versleeten.

11 725. Alles hat seine Wissenschaft, sagte das kleine Mädchen, da hatt' es das Licht mit dem H– ausgepustet.

11 726. Gott kann nicht wittern, daß es jedem gefällt, sonst kann er alles.

11 727. Frei um die Witwe, dieweil sie noch trauert.

11 728. Einer Witwe Andacht währt nicht länger, als bis sie einer aufnestelt.

11 729. Ein Witwer eine Witwe nahm,
Der Teufel zu seiner Großmutter kam.

11 730. Man sieht nicht mit einem schmutzigen Maul zum Fenster hinaus, man habe denn einen reichen Witwer geheiratet.

11 730a. Ein Witwer ist ein Stecken ohne Rebe.

11 730b. Eine Witwe ist ein niedriger Zaun, worüber alles springt.

11 731. Witz kommt nicht vor Jahren.

11 732. Früher Witz, früher Aberwitz.

11 733. Frühzeitiger Witz ist Vorwitz.

11 734. Steif dich nicht auf deinen Witz.

11 735. Witz
Litz (wenig),
Übler Sitz.

11 736. Witz
Kann für das Unglück litz.

11 737. Gelehrter Witz
Ist selten nütz.

11 738. Wer des Tags witzig ist, den hält man nachts nicht für einen Narren.

11 739. Man witzigt einen nur einmal.

11740. Es gilt keine andere Ware, wo Witzbold die seine aus-
legt.

11741. Die Woche zwier,
Macht des Jahres hundertvier,
Schadet weder mir noch dir.

11742. Ist die Woche wunderlich,
Ist der Freitag absunderlich.

11743. Ist's in der ersten Woche heiß,
So bleibt der Winter lange weiß.

11744. Wohl und übel, untereinander, wie es kommt.

11745. Allen Wohl und niemand Wehe.

11746. Es ist besser zweimal wohl als einmal übel.

11746a. Halt dich wohl und fürcht dich übel.

11747. Wem wohl ist, der bleibe.

11748. Wem wohl ist, der schweige.

11749. Ist dir wohl, so bleib davon.

11750. Wohlerzogen
Hat nie gelogen.

11751. Wohlfeil kostet viel Geld.

11751a. Wohlfeil kramen, nichts verschenken.

11752. Wohlschmack
Bringt Bettelsack.

11753. Tu wohl, sieh nicht wem,
Das ist Gott angenehm.

11754. Wohl oder besser tun ist niemand verboten.

11755. Wer wohltut, darf nicht umsehen.

11756. Wer wohltut, lobt sich wohl.

11757. Wohltun ist bald tun.

11758. Wohlgetan
Ist viel getan.

Wohltun – Wolf 597

11 759. Wer wohltut, braucht keinen Kranz auszuhängen.

11 760. Wohltun und übel hören ist königlich.

11 761. Wohlgetan überlebt den Tod.

11 762. Wohltaten schreibt man nicht in den Kalender.

11 763. Man vergißt nichts so bald als Wohltaten.

11 764. Unzeitige Wohltat hat keinen Dank.

11 765. Wohltun trägt Zinsen.

11 766. Mit Wohltun gewinnt man den ärgsten Feind.

11 767. Wohltat annehmen ist Freiheit verkaufen.

11 768. Wohltat ist gar bald vergessen,
Übeltat hart zugemessen.

11 768 a. Wohlerhalten verliegt sich nicht.

11 768 b. Der Wolf kann nicht schmeicheln.

11 769. Der Wolf frißt kein Ziel.

11 770. Es hat noch kein Wolf einen Winter gefressen.

11 771. Frißt der Wolf ein ganzes Schaf, so frißt er auch ein
Ohr davon.

11 772. Der Wolf frißt auch die gezählten (gezeichneten)
Schafe.

11 773. Der Wolf beißt das Schaf um eine Kleinigkeit.

11 774. Der Wolf findet leicht eine Ursache, wenn er das Schaf
fressen will.

11 775. Es ist ein albern Schaf, das dem Wolf beichtet.

11 776. Es grüßt kein Wolf ein Lamm.

11 777. Lamm, Lamm! ist des Wolfes Vesperglocke.

11 778. Der Wolf schnappt nach dem Lamm noch, wenn ihm
die Seel ausgeht.

11 779. Wenn das Schaf gestohlen ist, so sagt der Schäfer: der
Wolf hat's getan.

11 780. Dem schlafenden Wolf läuft kein Schaf ins Maul.

598   *Wolf*

11 781. Ein Wolf im Schlaf
        Fing nie ein Schaf.

11 782. Wer des Wolfes schont, der gefährdet die Schafe.

11 783. Wölfe raten den Schafen nicht, was ihnen zuträglich
        ist.

11 784. Wo der Wolf Schafhirt ist, da geht es nicht bloß an die
        Wolle, sondern auch ans Fell.

11 785. Wo der Wolf wird der Hirt,
        Da sind die Schafe verirrt.

11 786. Wo der Wolf weidet die Herd,
        Sind die Schäflein bald verzehrt.

11 787. Der Wölfe Tod ist der Schafe Heil.

11 788. Oft ist eines Wolfes Herz bedeckt mit Schaffellen.

11 789. Wenn der Wolf das Schaf heiratet!

11 790. Wenn der Wolf die Geißen beten lehrt, frißt er sie fürs
        Lehrgeld.

11 790a. Wenn der Wolf psalmodiert, gelüstet ihn der Schafe.

11 791. Er jagt dem Wolf das gefressene Schaf ab.

11 792. Besser, es fresse mich ein Wolf als ein Schaf.

11 792a. Wenn der Wolf gefangen ist, stellt er sich wie ein
         Schaf.

11 792b. Nicht um meinetwillen, sagt der Wolf, aber ein
         Schaf schmeckt doch gut.

11 793. Der schreit zu langsam, den der Wolf erwürgt.

11 794. Bliebe der Wolf im Walde, so würd’ er nicht be-
        schrien.

11 795. Ließe der Wolf sein Laufen, das Volk ließe sein Rufen.

11 795a. Der Wolf kreist nicht, daß er Mücken fange.

11 796. Es muß ein junger Wolf sein, der nie ein Geschrei
        gehört hat.

Wolf

599

11 797. Wer beim Wolf zu Gevatter stehen will, muß einen Hund unterm Mantel haben.

11 798. Zu Wolfsfleisch gehört ein Hundszahn.

11 799. Man muß zuvor eine Grube machen, wenn man den Wolf fangen will.

11 800. Was ein Wolf gebissen oder ein Pfaffe, das heilt hart.

11 800 a. Wen der Wolf rächt, ist wohl gerochen.

11 801. Wenn man unter den Wölfen ist, muß man mit ihnen heulen.

11 802. Wer mit den Wölfen essen will, muß mit den Wölfen heulen.

11 803. Bei Wölfen und Eulen
Lernt man heulen.

11 804. Wenn man vom Wolfe spricht, ist er nicht weit.

11 805. Wenn man vom Wolfe redet, guckt er über die Hecke.

11 805 a. Wenn man vom Wolf redet, so sieht man [von] ihm den Schwanz.

11 806. Wenn man den Wolf nennt,
So kommt er gerennt.

11 807. Ich schweige – der Wolf ist mir nicht fern.

11 808. Wolf und Fuchs haben ungleiche Stimmen, aber gleichen Sinn.

11 809. Wolfes Mut
Ward nimmer gut:
Jahre nehmen ihm die Haar,
Aber nicht die Bosheit gar.

11 809 a. Wie der Wolf behäutet ist, wird er wohl behaaren.

11 810. Der Fuchs ändert den Balg
Und bleibt ein Schalk;
Der Wolf ändert das Haar
Und bleibt, wie er war.

11 810 a. Der Wolf wird älter, aber nicht besser.

600   *Wolf – Wollust*

11 811. Ein Wolf und eine Hure bessern nicht.

11 812. *Ein* Wolf kennt den andern wohl.

11 813. Wenn *ein* Wolf den andern frißt, ist Hungersnot im
        Walde.

11 814. *Ein* Wolf beschreit den andern nicht.

11 814a. Was dem Wolf in die Kehle kommt, ist alles ver-
        loren.

11 814b. Es beißt kein Wolf den andern.

11 815. Man kennt den Wolf am Gang,
        Die Glock am Klang,
        Den Franziskaner am Strang,
        Den Bauer an der Gabel,
        Den Advokaten am Schnabel.

11 816. Wenn der Wolf altet, reiten ihn die Krähen.

11 817. Wölfe tragen auch die weisen Hündlein ins Holz.

11 818. Nicht alle Wolken regnen.

11 819. Trübe Wolken sind selten ohne Regen.

11 820. Was kümmern uns Wolken und Schnee vom vorigen
        Jahr?

11 821. Wenn nicht, wie wir wollen, so doch, wie wir
        können.

11 821a. Man muß scheren, wo Wolle ist.

11 822. Nach Wolle ging schon mancher aus
        Und kam geschoren selbst nach Haus.

11 823. Wolle liegt sich zu Mist, Flachs liegt sich zu Seide.

11 824. Wer nicht auf dem Wollsack liegen mag, dem wird der
        Strohsack.

11 824a. Wollust hat ein schön Gesicht und ein besch– Gesäß.

11 825. Wollust hat keine Ohren.

11 826. Wollust pfeift dem Fleisch zum Tanz.

11 827. Wollust nährt Sünde.

Wollust – Wort 601

11828. Wollust ist der Sünden Köder.

11829. Wollust
Bringt Unlust.

11830. Wollust,
Freud Verlust.

11830a. Wollust ist ein böser Zundel.

11831. Wollt ihr einen Trunk? sagen die von Worms.

11832. Worte tun's nicht.

11833. Worte füllen den Sack nicht.

11834. Worte sind keine Taler.

11835. Worte sind nicht Stüber.

11836. Ein Wort ist ein Hauch, ein Hauch ist Wind.

11837. Worte backen nicht Küchlein.

11838. An Worten und ungenetztem Tuche geht viel ein.

11839. Worte schlagen kein Loch in den Kopf.

11840. Ein Wort ist kein Pfeil.

11841. Wörter sind auch Schwerter.

11841a. Viel Wort,
Ein halber Mord.

11842. Worte sind gut, aber Hühner legen Eier.

11843. Dir ist es in Worten wie manchem im Sinn.

11844. Er bleibt bei seinen Worten wie ein Pelz auf dem Ärmel.

11845. Er bleibt bei seinen Worten wie der Hase bei der Trommel (bei seinen Jungen).

11846. Wär' sein Wort eine Brücke, ich ginge nicht darüber.

11847. Niemand will ein Sklave seiner Worte sein.

11848. Von Worten zu Werken ein weiter Weg.

11849. Viel Worte, wenig Werke.

11 850. In Worten zart,
Zu Werken hart.

11 851. Folget meinen Worten, aber nicht meinen Werken.

11 852. Große Worte, kleine Werke.

11 853. Große Worte und nichts dahinter.

11 854. Große Worte und Federn gehen viel auf ein Pfund.

11 855. In viel Worten ist viel Sünde.

11 856. Je weniger Worte, je besser Gebet.

11 857. Schöne Worte helfen nicht,
Wo das Wort nicht kommt ans Licht.

11 858. Schöne Worte machen den Gecken fröhlich.

11 859. Mit glatten Worten täuscht man die Leute.

11 860. Schöne Worte, böser Kauf.

11 861. Schöne Worte gemacht ist halb verkauft.

11 862. Schöne Worte machen den Kohl nicht fett.

11 863. Schöne Worte helfen viel und kosten wenig.

11 864. Gutes Wort findet gute Statt.

11 865. Gut Wort
Find't guten Ort.

11 866. Ein gut Wort richtet mehr aus als ein Fähnlein Landsknechte.

11 867. Mit Worten richtet man mehr aus als mit Händen.

11 868. Worte tun oft mehr als Schläge.

11 868a. Aufs Wörtlein folgen Streiche.

11 869. *Ein* Wort dringt so tief als sieben Briefe.

11 870. Wer um gute Worte nichts gibt, bei dem helfen auch
Schläge nichts.

11 871. Ein Wort ist genug für den, der's merken mag.

11 872. Was schadet ein gut Wort? Darf man's doch nicht
kaufen.

Wort 603

11 873. Worte darf man nicht kaufen.

11 874. Freundliche Worte machen die Zähne nicht stumpf und ein helles Ansehen.

11 875. Gutes Wort ist halbes Futter.

11 876. Worte speisen und tränken auch.

11 877. Ein tröstliches Wort ist Arznei dem Trauernden.

[11 878. *fehlt bei Simrock.*]

11 879. Ein tröstlich Wort ist des Gemütes Speise.

11 880. Höfliche Worte vermögen viel und kosten wenig.

11 880 a. Ein gutes Wort kostet nichts.

11 881. Gute Wort ohne Gunst
Ist ein Stück von Judas' Kunst.

11 882. Die Worte sind gut, sprach der Wolf, aber ich komm ins Dorf nicht.

11 883. Allzu gute Worte haben wenig Glaubens.

11 884. Mit guten Worten fängt man die Leute.

11 885. Gute Worte müssen böse Ware verkaufen.

11 886. *Ein* Wort gibt das andere.

11 886 a. So manches Wort, so manche Antwort.

11 887. Kurze Worte haben Ende.

11 888. Ein Wort ein Wort, ein Mann ein Mann.

11 888 a. Ein Mann ein Wort, ein Wort ein Mann.

11 889. Aus kleinen Worten oft großer Zank.

11 890. Man nimmt den Mann beim Wort und den Hund beim Schwanz.

11 890 a. Man faßt das Pferd beim Zaum, den Mann beim Wort.

11 891. Der Mann ist nicht besser als sein Wort.

11 892. Wer einem ins Wort fällt, der will sich selbst hören.

11 893. Wider spitze Worte gehören verharschte Ohren.

604   *Wort – Wunde*

11 894. Die Wahrheit bedarf nicht viel Worte, die Lüge kann nie genug haben.

11 895. Man muß die Worte nicht auf die Goldwaage legen.

11 896. Es soll einer neunmal ein Wort im Mund umkehren, eh er es sagt.

11 897. Wenn das Wort heraus ist, ist es eines andern.

11 898. Man hört an den Worten wohl, was Kaufmannschaft er treibt.

11 899. An dem Wort erkennt man Toren
Wie den Esel an den Ohren.

11 900. Man kennt den Esel an den Ohren,
An den Worten kennt man Toren.

11 901. 's ist ärger als der tolle Wrangel.

11 901 a. Wucher und Geiz hindern Gottes Segen.

11 902. Wucher greift um sich wie Krebsschaden.

11 903. Wucher hat schnelle Füße, er läuft, eh man sich umsieht.

11 904. Wenn der Wucherer stirbt, freuen sich viere: der Erbe wegen des Geldes, der Glöckner wegen der Leiche, der Arme wegen des wohlfeilen Brots und der Teufel um die Seele.

11 905. Wer sagt, daß Wucher Sünde sei,
Der hat kein Geld, das glaube frei.

11 906. Wer sagt, daß Wucher nicht Sünde sei,
Der hat keinen Gott, das glaub mir frei.

11 907. Wer wissen will, was Wucher fresse,
Der fahr' nach Frankfurt auf die Messe.

11 908. Wucher ist mir verboten, es fehlt mir an der Hauptsumme.

11 909. Gott und der Erde ist gut auf Wucher leihen, sie zahlen reichlich.

11 910. Alte Wunden bluten leicht.

Wunde – Würfel 605

11911. Alte Wunden soll man nicht aufreißen.

11912. Auch geheilte Wunden lassen Narben zurück.

11913. Die Wunden heilen übel, die man sich selber schlägt.

11914. Was zeitig wund wird, das ficht sein Lebtage gern.

11915. Wenn der Kopf wund ist, verbindet man umsonst die Füße.

11916. Wünschen fördert keine Arbeit.

11917. Von Wünschen ward noch niemand reich.

11918. Wenn Wünschen hülfe, wären alle reich.

11919. Die viel wünschen, werden oft reich.

11919a. Wer viel wünscht, dem fehlt viel.

11920. Es gehn viel Wünsche in *einen* Sack.

11921. Wünscher und Woller sind keine guten Haushälter.

11922. So man in die eine Hand wünscht und in die andere pfeift, hat man in beiden gleich viel.

11923. Was man wünscht, das glaubt man gern.

11924. Würden,
Bürden.

11925. Der erste Wurf taugt nichts.

11926. Trifft der erste Wurf nicht, so fällt die Birn vom andern.

11927. Wenn der Wurf aus der Hand ist, ist er des Teufels.

11928. Das war ein Wurf, sagte Hans, da schmiß er seine Frau zum Dachfenster hinaus.

11929. Viel Werfen bringt allerlei Würfel.

11930. Würfelspiel ist nicht Andacht.

11931. Der Teufel schuf das Würfelspiel.

11932. Würfel, Weiber, Federspiel
Haben der Treue selten viel.

11933. Wer im Finstern doppelt, verliert die Würfel.

11934. Jeder hat seinen Wurm.

11935. Kein Wurm so klein, er krümmt sich, wenn er getreten wird.

11936. Wenn man den Wurm tritt, so krümmt er sich.

11937. Wurst wider Wurst.

11938. Es heißt immer: Wurst wider Wurst und der Magd ein Trinkgeld.

11939. Wurst wider Wurst und einen Zipfel zu.

11940. Wurst wider Wurst, sagte der dicken Annemarie ihr Mann, da küßte er des Pastors Köchin.

11941. Man muß die Wurst nach der Speckseite werfen.

11942. Brätst du mir die Wurst,
So lösch ich dir den Durst
(sagt der Kellner zum Koch).

11943. Von einer Wurst kommt ein ganz Haus voll Rauch.

11944. Grade wie bei uns zuland
Hängt man die Wurst auch an die Wand.

11945. Das gibt nicht Speck in die Würste.

11945a. Es paßt ihm wie dem Hund die Wurst.

11945b. Eine gebratene Wurst hat zwei Zipfel.

11946. Die Württemberger haben die Himmel im Stalle und die Ingel im Hemmel.

11947. Aus böser Wurzel üble Frucht.

11948. Wust heraus, laß den Unflat ein!

11949. Wüst tut wüst.

X

11 950. Laß dir kein X für ein U machen.

11 951. Schreib ein X für ein U,
So kommst du mit der Rechnung zu.

11 952. Auf eine schwere Reise darf man wohl ein X für ein U
setzen.

11 953. Man darf ein X hinter sein O setzen.

Z

11 954. Zachäus ist auf allen Kirchweihen.

11 954 a. Zage haben kein Glück.

11 955. Ein Zager legt nimmermehr Ehr ein.

11 956. Es wird kein Zager ein Kaufherr.

11 957. Die ungerade Zahl ist eine heilige Zahl.

11 958. Zahltag kommt alle Tag.

11 959. Was zahlt, das gilt.

11 960. Wer nicht denkt zu bezahlen,
Pflegt von Schenken viel zu prahlen.

11 961. Was zähmt,
Das lähmt.

11 962. Gute Zähne haben und nichts zu essen ist verdorben
Werk.

11 963. Der Zahn beißt oft die Zunge, und doch bleiben sie
gute Nachbarn.

11964. Gesunder Zahn
Kaut Brot zu Marzipan.

11964a. Zwischen Zahn und Hand
Geht viel zuschand.

11965. Wer den andern Saures essen sieht, dem stumpfen die
Zähne.

11966. Zähnepein ist große Pein,
Aber ohne Mann sein
Ist noch größre Pein.

11966a. Zähne und Erbe verlassen tut wehe.

11966b. Er hat mit guten Zähnen übel zu beißen.

11967. Kleiner Zank,
Großer Stank.

11968. Zänker
Sind Stänker.

11969. Zänker
Sind des Nächsten Kränker.

11970. Wer Zank liebt, liebt Sünde.

11971. Wer Zank und Streit abtut, verwandelt Fluch in
Segen.

11972. Der Zänker faßt immer gern den fünften Zipfel am
Sack.

11973. Wer gern zankt, findet leicht eine Ursache.

11974. Zanken zwei, so haben beide unrecht.

11975. Der Buhler Zank
Ist der Liebe Anfang.

11976. Alter Zank wird leicht erneut.

11977. Während ihrer zwei
Zanken um ein Ei,
Steckt's der dritte bei.

11978. Ein zänkischer Mensch richtet nur Unglück an.

Zank – Zehnte 609

11 979. Wo kein Zank ist, da ist auch keine Ehre, sprach der Glöckner und schlug seine Heiligen.

11 980. Wein und Bier folgen dem Zapfen.

11 981. Der Zaum geht mit dem Pferde.

11 982. Hat der Teufel den Gaul geholt, so nehm' er auch den Zaum.

11 983. Goldner Zaum macht schlechtes Pferd nicht besser.

11 983 a. Es ist ihm nicht um den Zaum, es ist ihm ums Roß.

11 984. In den Zaum beißen hilft nicht.

11 985. Wo der Zaun am niedrigsten ist, springt jeder über.

11 986. Wenn der Zaun fällt, springen die Hunde darüber.

11 987. Hab ich den Zaun zerrissen, kann ich ihn wieder zumachen.

11 988. Wie einer den Zaun hält, hält er auch das Gut.

11 989. Ein Zaun dazwischen
Mag die Lieb erfrischen.

11 990. Man grüßt oft den Zaun des Gartens willen.

11 991. Was übern Zaun fällt, ist des Nachbarn.

11 992. Außer dem Zaun ist gut dingen.

11 993. Große Herren brechen leicht eine Ursache vom Zaun.

11 994. Ein Zaun währt drei Jahre,
Ein Hund überwährt drei Zäune,
Ein Pferd drei Hunde,
Ein Mensch drei Pferde.

11 995. Schrei nicht juchhe!, bis du über den Zaun bist.

11 996. Beizeiten auf die Zäune, so trocknen die Windeln.

11 997. Man soll die Zeche nicht ohne den Wirt machen.

11 998. Sitz nieder und rechne es an den Zehen aus.

11 999. Der zehnte weiß nicht, wovon der eilfte lebt.

12000. Der zehnte weiß nicht, wo den eilften der Schuh drückt.

12001. Besser eine kleine Zehent als eine große Zent.

12002. Viel Zehren und Gasten
Leert Keller und Kasten.

12003. Genau Zehrgeld lehrt wohl sparen.

12004. Alle Zeichen lügen nicht.

12005. Hüte dich vor denen, die Gott gezeichnet hat.

12006. Es ist ein schlimm Zeichen, wenn die Henne kräht und die Frau das Meisterlied singt.

12007. Vier Füße mit einem weißen Zeichen
Dürfen keinen Zoll abreichen.

12008. Er ist wie der Zeiger an der Uhr, er geht, wie man ihn stellt.

12009. Wie der Zeiger geht, so geht auch das Regiment.

12010. Leichter zeihen als beweisen.

12011. Es ist besser stehlen als zeihen.

12012. Alles hat seine Zeit.

12013. Alles hat seine Zeit, nur die alten Weiber nicht.

12014. Alles zu seiner Zeit, ein Buchweizenkuchen im Herbste.

12015. Alles zu seiner Zeit, sagt der weise Salomon: zu seiner Zeit essen, zu seiner Zeit trinken, zu seiner Zeit an die Pump tasten.

12016. Man soll's melken, wenn's Zeit ist.

12017. Man muß die Zeit nehmen, wie sie kommt, sagte jener und ging um Weihnachten in die Haselnüsse.

12018. Zeit zu reden, Zeit zu schweigen, Zeit aufzuhören.

12019. Sperr auf zu rechter Zeit!

12020. Man muß der Zeit ihr Recht tun.

Zeit

611

12021. Man muß sich nach der Zeit richten, die Zeit richtet
sich nicht nach uns.

12022. Wer der Zeit nicht tut ihr Recht,
Der fährt in Geschäften schlecht.

12022a. Jeder Zeit ihr Recht
Macht manchen armen Knecht.

12023. Man muß der Zeit nicht vorgreifen.

12024. Schick dich in die Zeit.

12025. Wenn die Zeit kommt, dann, alsdann!

12025a. Wer auf die Zeit wartet, dem mangelt die Zeit.

12026. Die Zeit gibt's.

12027. Zeit gibt und nimmt alles.

12028. Zeit bringt alles, wer warten kann.

12029. Zeit
Bringt Getreid (nicht der Acker).

12030. Zeit
Bringt Bescheid.

12031. Die Zeit
Gibt Bescheid
Und verrät alle Bosheit.

12032. Zeit verrät und entdeckt alles.

12033. Zeit gebiert Wahrheit.

12034. Zeit bringt Rosen (nicht der Stock).

12035. Zeit bringt Rosen, aber auch Dornen.

12035a. Zeit bringt Rosen und nimmt sie wieder hin.

12036. Zeit macht Heu.

12037. Zeit und Stroh macht die Mispeln reif.

12038. Mit Zeit und Geduld wird aus dem Hanfstengel ein
Halskragen.

612   Zeit

12039. Mit Geduld und Zeit
       Wird aus dem Maulbeerbaum ein Seidenkleid.

12040. Mit der Zeit kommt Jan ins Wams.

12041. Mit der Zeit
       Kommt Freud und Leid.

12042. Mit Zeit und Weile lernt ein wilder Ochs das Joch
       tragen.

12043. Mit der Zeit wird dir hold,
       Was vorher dein nicht gewollt.

12044. Mit Zeit und Weile kommt man nach Rom.

12045. Der Zeit muß man viel befehlen.

12046. Zeit heilt alle Wunden.

12047. Die Zeit ist der beste Arzt.

12048. Zeit ist des Zornes Arznei.

12049. Zeit stillt den Zorn.

12050. Zeit macht gesund.

12051. Zeit verrät und hängt den Dieb.

12052. Zeit, Ebbe und Flut wartet auf niemand.

12053. Die Zeit frißt alles.

12054. Die Zeit frißt jeden Strick,
       Und wär' er noch so dick.

12055. Zeit frißt uns das Herz ab.

12056. Die Zeit ist an keinen Pfahl gebunden.

12057. Die Zeit frißt Stahl und Eisen.

12057a. Zeit frißt Berg und Tal,
        Eisen und Stahl.

12058. Die Zeit vergeht, nicht aber wir.

12059. Zeit macht und tötet die Leute.

12060. Die Zeit hat Flügel.

Zeit   613

12061. Wer nicht kommt zu rechter Zeit,
Der versäumt die Mahlzeit.

12062. Zeit und Staat
Bringt manchen Unflat.

12063. Zeit gedenkt und vergißt aller Dinge.

12064. Aller Dinge soll man mild sein, nur der Zeit nicht.

12065. Zeit gewonnen, viel gewonnen;
Zeit verloren, viel verloren.

12066. Zeit und Gelegenheit hat niemand im Ärmel.

12067. Zeit darf man nicht nehmen, Gott gibt sie umsonst.

12068. Wer sich Zeit nimmt, kommt auch.

12069. Zeit ist ein gnädiger Gott.

12070. Zeit ist Schickelmann.

12071. Die Zeit ist des Menschen Lehrmeisterin.

12072. Zeit ist der beste Ratgeber.

12073. Kommt Zeit, kommt Rat.

12074. Wer die Zeit ehrt, den ehrt sie wieder.

12075. Zeit hat Ehre, Zucht hat Zierde.

12076. Zeit hat Ehre, sprach die Magd, als sie zur Mettezeit
vom Tanz nach Hause ging.

12077. Laß die Zeit und iß Brot dazu.

12078. Andere Zeiten, andere Sitten.

12079. Andre Zeit, andre Lehre.

12080. Zur Zeit ein Narr sein ist auch eine Kunst.

12081. Zeit und Stunde sind ungleich.

12082. Es ist nicht mehr die Zeit, da man Esel suchte und
Kronen fand.

12083. Die Zeit ist vorbei, da Bertha spann.

12084. Die Zeit kann kommen, da die Kuh ihren Sterz
braucht.

614   Zeit – Ziege

12 085. Zu seiner Zeit gilt ein Trunk Wasser ein Glas Wein,
        ein Heller einen Gulden.

12 086. Ungleiche Zeit
        Macht ungleiche Leut.

12 087. Die Zeit ist unstet wie ein Rohr,
        Wer ihr vertraut, der ist ein Tor.

12 088. Wer der Zeit dient, dient wohl.

12 088a. Es sind keine Zeiten gewesen, sie kommen wieder.

12 089. Die giftigsten Zeitlosen sind bei Hofe.

12 090. Neue Zeitung hört man gern.

12 090a. Die Zeitung ist eine Lügnerin.

12 091. Wer gern neue Zeitungen hört, dem werden auch viele
        zugetragen.

12 091a. Zerrissene Kleider soll man nicht gleich wegwerfen.

12 092. Der Zettel ist gut, aber der Einschlag taugt nichts.

12 093. *Ein* Zeuge
        Ist einäuge.

12 094. *Ein* Zeuge, kein Zeuge.

12 095. Durch zweier Zeugen Mund
        Wird allerwärts die Wahrheit kund.

12 096. Zeuge von Hörensagen gilt im Recht nicht.

12 097. Die Zeugen, denen man das Recht in die Hand legt,
        reden am besten.

12 098. Zu gutem Zeug ein wackrer Meister.

12 099. Alte Ziegen lecken auch gern Salz.

12 100. Der Himmel läßt der Ziege den Schwanz nicht zu lang
        wachsen.

12 101. Johännsken, Johännsken! Wat sast (wirst) du schlob-
        bern, wann use Hippe (Ziege) melk wät!

12 102. Die Ziegen haben es in sich.

Ziegel – Zins

12103. Den Ziegel und den bösen Mann
Niemand reinwaschen kann.

12104. So einer zieht ein, soll man ihm helfen mit Rat,
So einer zieht aus, soll man ihm nehmen, was er hat.

12105. Wir zielen nur, das Schicksal steuert.

12106. So der Mensch sich setzt ein Ziel,
Flugs tut Gott das Widerspiel.

12107. Zielen ist nicht genug, es gilt Treffen.

12108. Mancher zielt weiter, als er trifft.

12109. Gut gezielt und schlecht getroffen,
Schlecht gezielt und gut getroffen.

12109a. Ziel und Bolz ist nah beisammen.

12110. Er ißt das Zicklein, eh die Geiß gelammt hat.

12111. Die Zicklein heißen alle wie ihre Mutter Geiß.

12112. Zigeunerleben, Greinerleben.

12113. Du gäbst einen bösen Zigeuner, du kannst nicht wahrsagen.

12114. Zimmerleut und Maurer
Sind die ärgsten Laurer:
Mit Essen, Trinken und sich Besinnen
Geht der halbe Tag von hinnen.

12115. Wo man zimmert, da fallen Späne.

12116. Wenn der Zimmermann spielen geht, fallen keine
Späne.

12117. Wenn der Zimmermann lang ums Holz spaziert, fällt
kein Span davon.

12118. Gute Zimmerleute machen wenig Späne.

12119. Dem Zimmermann ist im Sommer keine Kanne zu
teuer und im Winter keine Rinde zu hart.

12120. Hier hat der Zimmermann ein Loch gelassen.

12121. Zinsen machen alt und jung.

616   *Zins – Zorn*

12 122. Zins hat schnelle Füße, er läuft, eh man sich umsieht.

12 123. Zins und Miete schlafen nicht.

12 124. Zion soll man nicht mit Fleisch und Blut bauen.

12 125. Ist es zu lang, so schlage den Zipfel ein.

12 126. Hüte dich vor jenen, so zwei Zipfel haben.

12 127. Du suchst den fünften Zipfel am Sack.

12 128. Welches der vordere Zipfel an der Bratwurst sei,
erfährt man, wenn man sie auf die Achsel legt.

12 129. Zirlimirli machen fördert nicht.

12 130. Es hilft kein Zittern für den Frost.

12 131. Wer sein Leib und Gut wagen will, ist zollfrei.

12 132. Mancher hat kein Haar am Kopf
Und kriegt doch einen tüchtigen Zopf.

12 133. Hüte dich vor dem Tier, das Zöpfe hat.

12 134. Zorn gebiert Zorn.

12 135. Zorn
Macht verworrn.

12 136. Zorn erwürgt den Toren.

12 137. Am Zorn erkennt man den Toren.

12 138. Geringer Leute Zorn
Ist nicht wert ein Haferkorn.

12 138a. Um schlechter Leute Zorn gibt man wenig.

12 139. Des Armen Zorn ist sein eigen Unheil.

12 140. Ohne Macht ist der Zorn eitel.

12 141. Zorn ohne Macht
Wird verlacht.

12 141a. Der Könige Zorn ist ein Vorbote des Todes.

12 142. Besser ein kleiner Zorn denn ein großer Schaden.

12 143. Wer zum Zorn reizt, zwingt Hader heraus.

12 144. Wer im Zorn handelt, geht im Sturm unter Segel.

Zorn – Zucht

12 145. Der Zorn wirft blinde Jungen wie die Hündin.

12 146. Der Zornige hat alle Sinne bei sich bis auf fünf.

12 146a. Zorn hängt den Narren um.

12 146b. Zorn und Geld
Verwirren die Welt.

12 147. Ein zorniger Kopf ist leicht blutend zu machen.

12 148. Zorn tut nichts mit Rat.

12 149. Dem Zorn geht die Reu auf den Socken nach.

12 150. Zorn beginnt mit Torheit und endet mit Reue.

12 151. Des Zornes Ausgang ist der Reue Anfang.

12 152. Harren ist des Zornes Arznei (Gegengift).

12 153. Zorn altert langsam.

12 154. Wer seinen Zorn bezwingt, hat einen großen Feind
besiegt.

12 155. Der tolle Zorn tut mehr Schaden als drei Dreschflegel.

12 156. Der Zorn bringt greuliche Gäste mit sich.

12 157. Dem Zornigen soll man das Schwert nehmen.

12 158. Wer zürnt, dem reiche kein Messer.

12 158a. Tapfrer Mann,
Der den Zorn meistern kann.

12 159. Wer leicht zürnt, sündigt leicht.

12 160. Wer langsam zürnt, zürnt schwer.

12 160a. Welche langsam zürnen, die zürnen lang.

12 161. Es gibt zweierlei Geschlechter der Menschen: eins
zürnt gern, das andere gibt nichts drauf.

12 162. Wie die Zucht,
So die Frucht.

12 163. Je früher die Zucht,
Je besser die Frucht.

12 164. Zucht ist das beste Heiratsgut.

618   *Zucht – Zunge*

12 165. Die beste Zucht sind gute Worte und harte Strafe.

12 166. Wo keine Zucht ist, ist keine Ehre.

12 167. Die beste Zucht ist, die der Mensch sich selbst tut.

12 168. Zucht ist junger Leute bester Schmuck.

12 168a. Zucht der Jugend
        Ist eine Anzeige der Tugend.

12 169. Züchtig, fromm, bescheiden sein,
        Das steht allen Menschen fein.

12 169a. Züchtiger Mann ist ein Hort.

12 170. Zuckend, wie der Wolf das Lamm fraß.

12 171. Zucker in der Jugend macht faule Zähne im Alter.

12 172. Zufriedenheit ist der größte Reichtum.

12 173. Zufrieden sein
        Wandelt Wasser in Wein.

12 174. Zufrieden sein ist große Kunst,
        Zufrieden scheinen bloßer Dunst,
        Zufrieden werden großes Glück,
        Zufrieden bleiben Meisterstück.

12 175. Zufriedenheit wohnt mehr in Hütten als in Palästen.

12 176. Wer wohl zufrieden ist, ist wohl bezahlt.

12 177. Fleißige Zuhörer machen fleißigen Prediger.

12 178. Das Zukünftige ist ungewiß.

12 178a. Zukünftiges ist uns alles verborgen.

12 178b. Zuletzt muß doch der Fuchs zum Loch heraus.

12 179. Es muß guter Zunder sein, der fangen soll.

12 180. Männer von der Zunft
        Walten mit Unvernunft.

12 181. Die Zunge ist des Herzens Dolmetsch.

12 182. Die Zunge ist der falscheste Zeuge des Herzens.

12 183. Alle Glieder am Menschen sind Zungen.

Zunge – Zusagen 619

12 184. Sind Hände und Füße gebunden, so läuft die Zunge
am meisten.

12 185. Lieber mit den Füßen gestrauchelt als mit der Zunge.

12 186. Vor Schande war nie beßre List,
Als wer der Zunge Meister ist.

12 187. Eine gezähmte Zunge ist ein seltener Vogel.

12 188. Hütet eurer Zungen
Ist Alten gut und Jungen.

12 189. Böse Zungen schneiden schärfer als Schwerter.

12 189a. Für böse Zungen hilft kein Harnisch.

12 189b. Eine freche Zunge macht keinen frommen Mann.

12 189c. Die Zunge soll nicht klüger sein als der Kopf.

12 189d. Die Zunge läßt sich nicht meistern.

12 190. Wäre die Zunge ein Spieß, so täte mancher mehr als
zehn andere.

12 191. Böse Zunge, bös Gewehr.

12 192. Eine Zunge ist kein Bein,
Schlägt aber manchem den Rücken ein.

12 193. Böse Zunge und böses Ohr sind beide des Teufels.

12 194. Zwo Zungen stehen übel in einem Munde.

12 195. Die von Zürich leiden eher einen Schaden als eine
Schande.

12 195a. O Zürich, deine Almosen erhalten dich!

12 195b. Tannast,
Die Züricher fliehen fast.

12 195c. Wer guten Rat nötig hat, gehe nach Zürich.

12 195d. Die Züricher kennen keine Kreuzer.

12 196. Wen Gott liebhat, dem gibt er ein Haus in Zürich.

12 197. Wir müssen eben nicht ins Zurzacher Schiff.

12 198. Zusagen macht Schuld.

12 199. Zusagen ist eine Brücke von Worten.

12 200. Zusagen steht im Willen, aber dem Halten ist ein Seil
über die Hörner geworfen.

12 201. Böser Pfennig, zugesagt und nicht bezahlt, schadet
zwei.

12 202. Es ist keiner so fein Gold, er hat einen Zusatz.

12 203. Dem Zuschauer ist keine Arbeit zuviel, kein Spiel zu
hoch.

12 204. Die Zuschauer sind oft ärger als der Tänzer.

12 205. Wer zuschlägt, trägt sein Haupt feil.

12 206. Zuviel ist ungesund.

12 207. Zuviel zerreißt den Sack.

12 208. Zuviel muß bald brechen.

12 209. Zuwenig und zuviel
Ist des Teufels Spiel.

12 210. Zuviel
Verderbt gut Spiel.

12 211. Zuviel
Ist Satans Spiel.

12 212. Zuwenig und zuviel
Ist aller Narren Ziel.

12 213. Zuviel und zuwing (wenig)
Ist *ein* Ding.

12 214. Zuviel ist bitter, und wenn es lauter Honig wäre.

12 215. Wer zuviel haben will, dem wird zuwenig.

12 216. Zuwenig kann einen Zusatz leiden, aber zuviel hat
kein Rezept.

12 217. Zuviel hat keine Ehre.

12 218. Was zuviel, ist zuviel.

12 219. Nimmt man zuviel unter den Arm, so läßt man eins
fallen.

Zuviel – Zweimal   621

12 220. Zuviel ist zuviel, sagte jener Mann und hatte seine Frau totgeschlagen.

12 221. Zwang
Währt nicht lang.

12 222. Zwang macht keine Christen.

12 223. Wo kein Zwang ist, ist auch keine Ehre.

12 224. Zwang ist ein Pechpflaster, das Geld aus dem Säckel zieht.

12 225. Zwang ist kein guter Wille.

12 226. Zwinge dich selber, als daß du dich zwingen lässest.

12 227. Wer zwingt, der tut Gewalt, wer überredet, verführt den Verstand.

12 228. Gezwungene Liebe und gefärbte Schönheit halten nicht Farbe.

12 229. Zwinge mich, so tu ich keine Sünde, sprach das Mädchen.

12 230. Der Zweck heiligt das Mittel nicht.

12 231. Zweie sind *eines* Herr, drei fressen ihn gar.

12 232. Zwei um ein ist fadenrecht.

12 232a. Zwei für eins ist Wrakesrecht.

12 233. Zweie tun immer verschieden.

12 234. Wo sich zwei zanken, gewinnt der dritte.

12 235. Was zweien recht ist, ist dreien zu enge.

12 236. Was *einem* zu eng ist, ist zweien zu weit; das dritte Haupt trägt schwer daran.

12 237. Was über zwei Herzen kommt, kommt aus.

12 238. Was zweie wissen, erfahren hundert.

12 239. Was sich zweit, das dreit sich gern.

12 240. Können zweie sich vertragen,
Hat der dritte nichts zu sagen.

12 241. Zweimal darf man wohl ausbleiben.

12 242. Ist es einfach zu lang, so nimm's zweifach.

12 243. Zweifel hat viel Deckmantel.

12 244. Dem Zweifler gebührt nichts.

12 245. Wer zweifelt, steht am Kreuzweg.

12 246. Wer zweifelt, muß wagen.

12 247. Wer zuviel zweifelt, verzweifelt.

12 248. Einen jungen Zweig biegt man, wohin man will.

12 248a. Die Zwickauer leben und sterben in Meißen und werden im Voigtland begraben.

12 249. Die Zwiebel hat sieben Häute, ein Weib neun.

12 250. Zwiebeln trägt man hin, Knoblauch bringt man wieder.

12 251. Zwietracht
Oft Freundschaft macht.

12 252. Wer Zwietracht sät, arbeitet für des Teufels Scheuer.

12 253. Aus Zwilchsäcken macht man keine Seidenbeutel.

12 254. Es ist noch kein Zwilchsack seiden worden, wenn er auch voll Taler war.

12 255. Es hält von zwölf Uhr bis Mittag.

12 256. Zwischen zwölf und Mittag
Gar vieles noch geschehen mag.

12 257. Zwo Hosen *eines* Tuchs.

12 258. Zwölf Stunden sind im Tag: was eine nicht bringt, das bringt die andere.

12 259. Wer A sagt, kommt zuletzt bis zum Z.

Nachlese

12260. Bist du ein Ackerochs, so begehr keines Sattels.

12260a. Adams Kinder sind Adam gleich.

12261. Der Adel macht die Klöster reich und die Klöster den Adel arm.

12261a. Adel ist von Bauern her.

12262. *Ein* Affe macht viel Affen.

12263. Es ist kein größer Almosen, als das ein Bettler dem andern gibt.

12264. Es fällt kein Süßapfel von einem Sauerapfelbaum.

12265. April
Frißt der Lämmer viel.

12266. Zwei Augen decken vier.

12267. Was das Bad bringt, muß es wieder nehmen.

12268. Wer unter der Bank liegt, fällt nicht hoch herab.

12269. Es gehen achtzehn Basler auf einen Juden.

12270. Wer baß mag, der feiert nicht.

12271. Ich will den Bauern essen bis auf die Stiefel.

12272. Bura sind Lura,
Schelme von Natura.

12273. Der Bauer ist nie ärmer, als wenn er eingesammelt hat.

12274. Es ist kein Baum so glatt, er hat einen Ast.

12275. Man kann sich selbst keine Bäume pflanzen.

12276. Kein Bericht, guter Bericht.

12277. Gott ist Bürger worden zu Bern.

12278. Bern hat schöne Gassen und ein wüstes und wildes Land.

12279. Die Husaren beten um Krieg und der Doktor ums Fieber.

624 _Nachlese_

12 280. Binz und Benz haben einander getroffen.

12 281. Er nimmt's an seinen Birnen ab, wie andrer Leute ihre teigen.

12 282. Der Bock traut der Geiß,
Was er selbst wohl weiß.

12 283. Erst Brot und dann Fleisch.

12 283 a. Ein nachtalt Brot gibt neun Stärke.

12 284. Burschenschaft ist Burschenschaft, sagt Kampz.

12 284 a. Bis ein deutscher Schuster sein Werkzeug beisammen hat, hat ein Welscher ein Paar Schuhe gemacht.

12 285. Herr Doktor kehrt das Blatt um, da steht's anders.

12 286. Wenn man einen Acker nicht eggt, ist schon das erste Wetter darübergegangen.

12 287. Man soll einem Menschen die Ehre neunmal verdecken.

12 288. Ehr ist der Tugend Sold,
Sagt der alte Ehrenhold.

12 289. Wenn's Haus brennt, ist Eile gut, sonst nicht.

12 290. Eingenoß baut, Zweigenoß zerstört.

12 291. Es sieht ein Ei dem andern gleich.

12 292. Gewärmte Essen munden nicht.

12 293. Wer heute gegessen, den hungert morgen wieder.

12 294. Was einer gern ißt, das ist seine Speise.

12 295. Er fällt wie eine Sau ins Credo.

12 296. Was Farb halten soll, muß man etliche Mal einstoßen.

12 297. Es ist ihm nicht um die Fastnacht, es ist ihm um die Küchlein.

12 298. Großes Feuer löscht das kleine.

12 299. Man muß den Fisch nicht aus dem Garn lassen.

Binz – Haberjahr   625

12 300. Man muß den Flegel nicht aufhenken, eh man gedroschen hat.

12 301. Wenn die Forellen früh laichen, so gibt es viel Schnee.

12 302. Man kann fragen, es ist deutsch bis Welschland.

12 302 a. Böse Frauen machen die besten Käse.

12 303. Sei mein Freund und leih mir fünf Groschen.

12 304. Wer frei darf denken, denket wohl.

12 304 a. Freiheit und Schwarzbrot (geht über alles).

12 305. Dem Friedemacher gebührt der Lohn.

12 306. Über frisch Fleisch macht man keinen gelben Pfeffer.

12 307. Wo Füchse und Hasen einander gute Nacht sagen.

12 308. Es stecken viel Esel in einem Fuchs.

12 308 a. Der listige Fuchs wird doch endlich unterm Arm zur
Kirche getragen.

12 308 b. Auf fremden Füßen ist fährlich stehen.

12 309. Wenn eine Gans gaggt, so gaggt die andre auch.

12 310. Wenn mir einer einmal gitzelt, so ist er mir eine Geiß.

12 311. Wer Geld in Händen hat, dem bleibt allzeit etwas
kleben.

12 312. Ich warte immer, bis der Geldhusten kommt.

12 313. Gertraut
Sät Zwiebeln und Kraut.

12 313 a. Das dritte Teil am Kind ist vom Gevatter.

12 313 b. Ein Gleichnis hat nicht alle vier Füße.

12 314. Gott ist alt, aber nicht krank.

12 315. Gott führt wohl in die Grube, aber auch wieder
hinaus.

12 316. Trag Holz und laß Gott kochen.

12 317. Haberjahr,
Schaberjahr.

626 *Nachlese*

12318. Wer keine Hand hat, kann keine Faust machen.

12319. Handwerk haßt einander.

12320. Wenn der Has in den Pfeffer kommt, wird er schwarz.

12320a. Baust du ein Haus,
So guckt ein andrer zum Fenster hinaus.

12321. Und als das Haus gebaut war, da lag er nieder und starb.

12322. In kleiner Haut stecken auch Leute.

12323. Es kann jeder seine Haut gerben lassen, wo er will.

12324. Man muß dem Alter hausen.

12325. Hehl du mir, so hehl ich dir.

12325a. Der Heiligen Gut hat der Wehre nicht.

12326. Heimat mein,
Was kann besser sein?

12327. Heiraten ist kein Bauerndienst.

12328. Herrendienst geht vor Gottesdienst.

12329. Neue Herren und neue Schuh hat man lieber als die alten.

12330. Was von Herzen kommt, glaubt das Herz.

12331. Man kann auf keinem Kissen in den Himmel rutschen.

12332. Wer eines Hinkenden spotten will, muß selbst gerade sein.

12332a. Jeder Hirt lobt seine Keule.

12333. Wenn Hochzeiter und Braut beisammen sind, hat der Teufel Fastnacht.

12334. Wie bald hat ein Huhn ein Ei verlegt.

12334a. Die Hühner legen Eier durch den Kropf.

12335. Ein Huhn und Reben
Tun nichts vergeben.

12336. Er macht's wie Fuggers Hund.

Hand – Kind 627

12337. Er läuft davon wie's Hündlein von Bretten.

12338. Er meint, er sei des großen Hunds Großvater.

12339. Man kann sich an einem Hund versündigen.

12340. Man muß einem bösen Hund ein Stück Brot ins Maul werfen.

12341. Es ist bös dem Hund das Bein abjagen.

12342. Er sagt immer ja, damit er kein krummes Maul mache.

12343. Ein Jäger und ein Schütz
Tun manchen Gang unnütz.

12344. Ein trocknes Jahr gibt zwei nassen zu essen.

12345. Jenner,
Holzverbrenner.

12346. Wo die Jesuiten Schul halten, da hat man bald keinen Schweinhirten mehr.

12347. Die Immen können das Fluchen nicht leiden.

12348. Man muß den Immen die Waben nehmen.

12349. Zwei Juden wissen immer, was eine Brille kostet.

12349a. Das Kalb lehrt die Kuh kalben.

12350. Ein zwanzigjährig Kalb gibt keine geschickte Kuh mehr.

12351. Was gut ist für den Kalt, ist auch gut für den Warm.

12351a. Da liegt der Käse, was gilt die Butter?

12352. Man muß den Schmer der Katze nicht abkaufen.

12353. Die Katze hat bald vergessen, daß sie das Licht halten muß.

12354. Es ist keine Katze so glatt, sie hat scharfe Nägel.

12355. Niemand will gerne der Katze die Schelle anhenken.

12356. Man muß nicht mit der großen Kelle anrichten.

12357. Es ist noch nicht aller Kellen Abend.

12358. Man sieht's dem Kind an, was es für einen Vater hat.

628   *Nachlese*

12358a. Ein Kind, kein Kind; zwei Kind, Spielkind; drei
Kind, viel Kind; vier Kind, ein ganzes Haus voll
Kinder.

12359. Ein Kind redet, wie es weise ist.

12359a. Die Kirch ist kein Hase.

12359b. Klein und wacker
Baut den Acker.

12360. Kleinen Leuten liegt der Dreck nahe beim Herzen.

12361. Köpfe wollen wir, Köpfe.

12362. Wenn der Kopf ein Narr ist, muß es der ganze Leib
entgelten.

12363. Wer zwei Kriege hat, soll den einen schlichten und
den andern führen.

12364. Wer in den Krieg will, der nehm' ein Weib.

12365. Es wird ihm kein Kropf wachsen, er redet frei.

12365a. Die Kühe melkt man durch den Hals.

12366. Das Leben ist schön, aber kostspielig.

12367. Wer groß Leibgeding hat, stirbt nicht gern.

12367a. Lichtmeß,
Spinnen vergeß.

12368. Es ist nicht alles Zucker in der Liebe.

12369. Von den Lumpen muß man den Wein kaufen.

12369a. Die Mädchen beten gern vor dem Spiegel.

12370. Die geteilten Mahle sind die besten.

12371. Es ist kein Haus
Ohn eine Maus.

12372. Märzenluft, Aprilenwind
Schaden manchem Mutterkind.

12373. Michelswein, süßer Wein.

12373a. Auf einen guten Montag folgt stets ein böser
Samstag.

Kind – Wind 629

12374. Man kann nicht zwei Mus in einem Hafen kochen.

12375. Gute Leute, aber schlechte Musikanten.

12376. Müßige Leute haben seltsame Gedanken.

12377. Man kann nicht umsonst Narr sein.

12378. Bist du ein Narr, so laß dir eine Kappe machen.

12379. Wenn die Pfaffen reisen, so regnet es.

12380. Hätte die Pfalz Wiesen und Holz,
So wär' sie aller Länder Stolz.

12380a. Es kommt allzeit Pharao, der Joseph nicht kennt.

12381. Es ist besser, ein Pferd an einen fremden Zaun binden
als an seinen eigenen.

12382. Die Raben
Wollen einen Geier haben.

12383. Der Teufel ist Abt in der Welt, und seine Brüder sind
allzumal Bruder Rausch.

12384. Die Reben erfordern einen Herrn.

12385. Recht hast du, aber schweigen mußt du.

12386. Schnell reichen tut nicht wohl.

12387. Wenn der Ruß an der Pfanne brennt, so gibt's Regen.

12388. Es bindet mancher eine Rute für seinen eignen Hintern.

12389. Ein Schuster, der schlechte Stiefel macht, kommt in
die Hölle.

12390. Sonntagsbeschäftigung macht Montagsarbeit.

12391. Es ist zu spät, sagt der Wolf, da war er mit dem Sterz
im Eis angefroren.

12392. Es ist der meiste Streit um Ja und Nein, Mein und
Dein.

12393. Vornehmer Wind,
Vorne Locken, hinten Grind.

630   *Nachlese*

12394. Besser im Vogelgesang
       Denn im Eisengeklang.

12395. Dem ärgsten Zimmermann das beste Beil.

12396. Du mußt lange zürnen, ehe du einem ein Bein ab-
       zürnst.

Inhalt

Einleitung	7
Literaturhinweise	16
Zu dieser Ausgabe	19

Deutsche Sprichwörter

Vorwort	23
A–Z	25
Nachlese	623